# 保险学概论

## （第 4 版）

王绪瑾　主编

国家开放大学出版社·北京

图书在版编目（CIP）数据

保险学概论／王绪瑾主编. —4 版. —北京：
国家开放大学出版社，2018.1（2018.5 重印）
ISBN 978 - 7 - 304 - 07462 - 3

Ⅰ. ①保… Ⅱ. ①王… Ⅲ. ①保险学—开放
教育—教材 Ⅳ. ① F840

中国版本图书馆 CIP 数据核字（2017）第 322934 号

保险学概论（第 4 版）

BAOXIANXUE GAILUN

王绪瑾　主编

出版·发行：国家开放大学出版社
电话：营销中心 010 - 68180820　　　总编室 010 - 68182524
网址：http://www.crtvup.com.cn
地址：北京市海淀区西四环中路 45 号　邮编：100039
经销：新华书店北京发行所

策划编辑：刘桂伟　　　　　　　版式设计：黄　晓
责任编辑：王　可　　　　　　　责任校对：赵　洋
责任印制：赵连生

印刷：北京中科印刷有限公司　　印数：5001～10000
版本：2018 年 1 月第 4 版　　　2018 年 5 月第 2 次印刷
开本：787mm×1092mm　1/16　　印张：26　字数：578 千字

书号：ISBN 978 - 7 - 304 - 07462 - 3
定价：42.00 元

# 第4版前言 □□□

本书是专门为国家开放大学金融学本科专业保险学概论课程编写的文字主教材，自2001年第1版出版后，先后经过了三次修订。本次修订是在2011年第3版的基础上，根据保险业的发展变化而加以修改、补充和完善的。

过去的6年，中国保险业发展迅速，全国保费收入规模从2011年的全球第6位跨入2017年的全球第2位。如果说，2012年下半年保险投资监管的完善，提高了保险公司的盈利能力，从而提高了保险公司的偿付能力、承保能力的话，那么，近几年的保险组织形式多元化，则激活了保险的潜在需求；可以预见，以大数据为载体的保险服务化，将使我国保险业迈向一个更高的台阶，促使我国由保险大国迈向保险强国。同时，由大数据时代带来的区块链、产业链、物联网、车联网的形成，使中国保险业的经营与监管发生了巨大的变化。互联网保险、机动车保险改革、创新尤为突出。为了适应保险业态的这些变化，作为源于实践又指导实践的保险教科书，也有必要进行适时的修订。

第4版的修订内容着重体现在以下几个方面：第一，国内外理论创新和发展，修订补充了有关内容，如互联网保险、保险服务化等；第二，结合国内外保险市场变化的数据，修订、补充了有关内容；第三，结合2015年新修订的《中华人民共和国保险法》及相关法律、法规，更新了保险合同、保险投资、社会保险、保险监管的部分内容；第四，结合中国保险行业协会2014年公布的《中国保险行业协会机动车综合商业保险示范条款》，修改了机动车保险的相关内容；第五，补充了社会保险新内容；第六，根据修订了的生命表，补充了保险数理基础的内容；第七，结合教学情况，进一步完善了相关章节的内容安排。

本书的修订工作仍然由第1版的主编和主要参编人员完成，参与本次修订的是王绪瑾、朱志忠、彭喜锋、徐徐、宁威老师。在修订工作中，我们还注意吸纳本课程一线辅导教师的意见，以求能尽量贴近教学需要。即使如此，本书仍可能存在不足、缺憾甚至谬误，恳切希望广大师生在使用本书的过程中，不断发现问题、提出宝贵意见，若能将教材体系、内容安排、文字叙述等方面的建议及时反馈给我们，将不胜感激。

王绪瑾

2017年10月

于北京工商大学

# 第1版前言 □ □ □                                                    PREFACE

　　本书是专门为中央广播电视大学开放教育本科金融学专业编写的教材，也适用于金融专业保险方向专科及广播电视大学其他相关专业保险学概论课程的教学。但本科与专科在教学要求的层面上应当有所区别。

　　保险作为一种经济补偿手段和社会产品再分配的特殊方式，在现代经济生活中占据着非常重要而特殊的地位，保险业与银行业、证券业一起构成了现代金融的三大支柱。随着我国改革开放的深入和经济的高速发展，保险业在稳定社会、促进国民经济发展等诸多方面发挥着越来越重要的作用。为了适应社会对保险人才的需求，许多高等院校纷纷设立了保险系部或保险专业，财经院校的经济类专业也都先后开设了保险基础课程，广播电视大学开放教育金融学专业本科也将保险学概论作为必修课程列入教学计划，旨在完善学生的知识结构，以适应新形势对经济管理人才的要求。

　　与"保险热"相呼应的是保险学教科书的大量面世。近年来，如雨后春笋般地出现在我们的视野里的保险学方面的教材、论著，既有保险学老前辈们的呕心沥血之作，也有保险学界新生力量的探索成果。同行们的这些努力为繁荣保险教育、普及保险知识作出了积极贡献。本书的撰写也或多或少地受益于已出版的保险学方面的教科书。

　　与以往的同类教科书所不同的是，本书立足于成人教育特别是广播电视大学的开放教育，因此我们试图在编写体例上、文字叙述上更适合于成人的自学。我们在每章的开头都列有本章的教学目标，每章的最后还有综合练习，以便读者能够高效率地掌握教学内容的重点。同时，我们在全书的编写风格上力求做到理论性、基础性与实务性并重，并注意吸收保险学界最新的研究成果，书中所引介的保险法规、相关数据等也尽可能是本书截稿时的最权威内容。

　　本书由北京工商大学保险学系主任王绪瑾教授主编，参与本书编写的还有中央广播电视大学朱志忠副教授、上海电视大学彭喜锋副教授、北京工商大学保险学系副主任李怡老师、北京工商大学保险研究中心副主任汪福安老师等。并且，朱志忠副教授和彭喜锋副教授参与了本书的大纲设计和全书的总纂工作。在本书的策划、编写与出版过程中，中央广播电视大学财经部的领导给予了大力的支持；北京工商大学保险学系研究生卓宇同学、肖志光同学、王轫同学、徐东炜同学、戴丽丽同学、赵妍慧同学，为本书的修订、校对做了大量有益的工作；中央广播电视大学出版社的李朔同志、张轶同志也为本书的顺利如期出版倾注了大量的心血，在此一并表示真诚的谢意！

　　囿于编者的水平，本书一定存在不少不足甚至谬误之处，恳请各位专家及广大读者不吝赐教，以便在再版时加以完善。

编　　者

2001 年 6 月

# 目 录 □□□ CONTENTS

第一章　风险与保险 ………………………………………………………………… 1

第一节　风险概述 …………………………………………………………………… 1
第二节　风险管理 …………………………………………………………………… 8
第三节　风险与保险的关系 ……………………………………………………… 12

第二章　保险的本质 ……………………………………………………………… 18

第一节　保险概述 ………………………………………………………………… 18
第二节　保险的职能与作用 ……………………………………………………… 23
第三节　保险的分类 ……………………………………………………………… 25
第四节　保险的产生与发展 ……………………………………………………… 30

第三章　保险合同的基本原则 …………………………………………………… 49

第一节　最大诚信原则 …………………………………………………………… 49
第二节　保险利益原则 …………………………………………………………… 53
第三节　近因原则 ………………………………………………………………… 57
第四节　损失补偿原则 …………………………………………………………… 59

第四章　保险法与保险合同 ……………………………………………………… 76

第一节　保险法概述 ……………………………………………………………… 76
第二节　保险合同及其特征 ……………………………………………………… 78
第三节　保险合同的要素 ………………………………………………………… 83
第四节　保险合同的订立、变更、转让、无效和终止 ………………………… 91
第五节　保险合同争议的处理 …………………………………………………… 99

第五章　财产保险 ………………………………………………………………… 112

第一节　财产保险概述 …………………………………………………………… 112

第二节　财产损失保险 …………………………………………… 114
第三节　责任保险 ………………………………………………… 186
第四节　信用保险和保证保险 …………………………………… 199

## 第六章　人身保险 …………………………………………… 219

第一节　人身保险概述 …………………………………………… 219
第二节　人寿保险 ………………………………………………… 226
第三节　健康保险 ………………………………………………… 237
第四节　意外伤害保险 …………………………………………… 241

## 第七章　再保险 ……………………………………………… 245

第一节　再保险概述 ……………………………………………… 245
第二节　再保险的方式 …………………………………………… 249
第三节　再保险合同 ……………………………………………… 253

## 第八章　保险运行环节 …………………………………… 257

第一节　展业 ……………………………………………………… 257
第二节　承保 ……………………………………………………… 260
第三节　保险防灾防损 …………………………………………… 261
第四节　保险理赔 ………………………………………………… 262

## 第九章　保险经营 …………………………………………… 265

第一节　保险经营的特征与原则 ………………………………… 265
第二节　保险经营的数理基础 …………………………………… 267
第三节　保险基金 ………………………………………………… 288
第四节　保险投资 ………………………………………………… 294

## 第十章　保险市场 …………………………………………… 301

第一节　保险市场概述 …………………………………………… 301
第二节　保险的组织形式 ………………………………………… 304
第三节　保险市场的需求与供给 ………………………………… 309

## 第十一章　保险监管 ………………………………………… 317

第一节　保险监管概述 …………………………………………… 317
第二节　保险监管的内容 ………………………………………… 320

**第十二章 社会保险** ···················································· 341

第一节 社会保险概述 ················································ 341

第二节 社会保险的种类 ·············································· 351

**参考文献** ·································································· 363

**附录** ······································································ 365

附录一 《中华人民共和国保险法》 ···························· 365

附录二 《保险公司管理规定》 ································· 387

附录三 《国务院关于修改〈机动车交通事故责任强制保险条例〉的决定》 ······ 398

**第1版后记** ······························································ 405

# 第一章　风险与保险

## 教学目标

了解风险的概念、风险的种类、风险管理的方法；掌握风险因素、风险事故以及损失的基本含义；深刻理解可保风险的条件；能解释风险管理与保险的关系。

## 第一节　风险概述

### 一、风险的概念

#### （一）什么是风险

风险是损失的不确定性。它有两层含义：一是可能存在损失；二是这种损失是不确定的。所谓不确定，是指是否发生不确定；发生的时间不确定；发生的空间不确定，即在什么地点发生不确定；发生的过程和结果不确定，即损失程度不确定。这是从风险管理与保险的关系角度出发，以概率的观点对风险进行定义的。不确定的程度可以用概率来描述，当概率为 0 到 0.5 时，随着概率的增加，不确定性也相应增加；当概率为 0.5 时，不确定性最大；当概率为 0.5 至 1 时，随着概率的增加，不确定性随之减少；当概率等于 0 或 1 时，不确定事件转化为确定事件。概率为 0，表示事件肯定不发生；概率为 1，表示事件肯定发生。

#### （二）损失频率与损失程度

损失频率亦称损失机会，是指在一定时间内一定数目的危险单位中可能受到损失的次数或程度。损失频率通常以分数或百分数表示，即

$$损失频率 = \frac{损失次数}{危险单位数}$$

损失程度是标的物发生一次事故损失的额度与标的完好价值的比率，即

$$损失程度 = \frac{实际损失额}{发生事故标的完好价值}$$

损失频率与损失程度之间一般成反比例关系：往往损失频率很高，但损失程度不大；损失频率很低，但损失程度大。例如，家庭发生火灾的事故很多，但房屋全部被烧毁的情况极少。损失频率与损失程度之间的关系如图1-1所示。

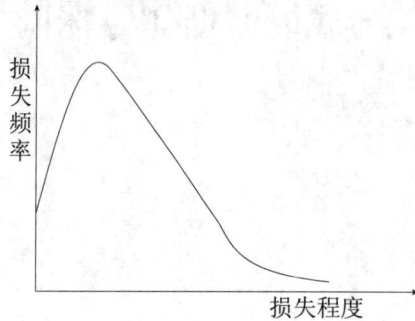

**图1-1 损失频率与损失程度之间的关系（1）**

图1-1说明，事故发生的频率很高，损失程度不大。

在研究损失频率与损失程度之间的关系时，常用工业意外事故的例子来加以说明。两者关系由一种人人皆知的图解来表示，称为"汉立区三角"（Heinrich Triangle）图，如图1-2所示。

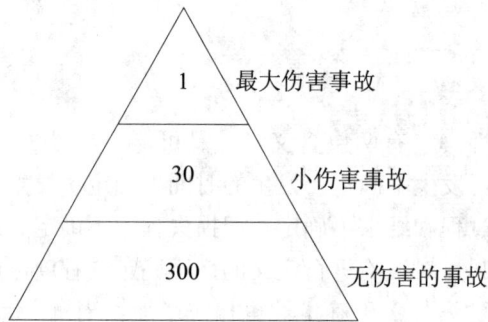

**图1-2 汉立区三角**

图1-2说明：在工业事故中，每发生1次大的伤害事故，就伴随有30次小的伤害事故和300次无伤害的事故。这个三角图解是对几千件小事故的研究得出的结论，它有利于我们理解损失频率与损失程度之间的关系。

但也有例外，在某些特殊情形下，事故发生的频率不高，但损失程度很高。如航空风险，航空事故一旦发生，多半是全损，而不是小事故。此时，损失频率与损失程度之间的关系如图1-3所示。

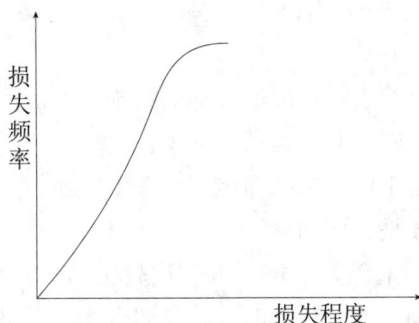

**图 1 - 3　损失频率与损失程度之间的关系（2）**

### （三）风险与概率

**1. 概率**

概率是不确定事件的确定性程度，是衡量随机事件出现可能性大小的尺度。它是用来表示随机发生可能性大小的一个量。人们很自然地把必然发生的事件的概率定为 1，把不可能发生的事件的概率定为 0，而一般随机事件发生的概率介于 0 与 1 之间。用公式表示为

$$0 \leqslant P(A) \leqslant 1$$

式中：$A$ 表示某种随机事件；

$P$ 表示事件的概率逐渐趋于某个常数；

$P$（$A$）表示常数 $P$ 为事件 $A$ 的概率；

1 表示必然事件发生的概率；

0 表示不可能事件发生的概率。

在一般条件下，概率大，表示某种随机事件出现的可能性大；概率小，则表示某种随机事件出现的可能性小。概率的数值永远是正数。如果将同类事件的所有不同结果的概率都相加，则概率之和必为 1，即

$$\sum_{i=1}^{n} P_i = 1$$

以概率为尺度，从数量的角度来研究随机现象变动的关系和规律性的科学称为概率论。

**2. 大数法则**

大数法则是指在随机事件大量出现时往往呈现几乎一致的规律。大数法则是概率论的法则之一，是保险的数理基础。

保险人在对任何一个风险损失的概率做出比较精确的估算时，都需要根据大数法则的需要，通过大量的观察和统计，得出损失概率。根据大数法则，承保的风险单位越多，损失概率的偏差越小；反之，则越大。而非寿险的保险费率的大小又是以损失率的大小为依据的。损失概率大的风险，费率就高；损失概率小的风险，费率就低。

### （四）危险单位

危险单位是指发生一次风险事故可能造成标的物损失的范围。它是保险公司确定其能够承担的最高保险责任的计算基础。其分类通常如下：

第一，地段危险单位。由于保险标的在地理位置上毗连，具有不可分割性，故当风险事故发生时，它们受损失的机会是相同的。

第二，一个投保单位为一个危险单位。该方法较为简单，对于一个危险单位，无须勘查、制图和分别险位，只要投保单位将其财产足额投保，则将投保单位作为一个危险单位，按其占用性质和建筑等级来确定费率。

第三，一个标的为一个危险单位。与其他标的无毗连关系，风险集中于一体的保险标的即作为危险单位，如一颗卫星、一架飞机等。对于这种危险单位风险集中，一旦发生风险事故，将造成巨大的经济损失。

## 二、风险的基本要素及其关系

风险的基本要素有风险因素、风险事故和损失。

### （一）风险因素

风险因素是指引起或增加风险事故发生的机会或扩大损失幅度的原因和条件。它是风险事故发生的潜在原因，是造成损失的内在的或间接的原因。例如，酒后开车、汽车刹车系统失灵是导致车祸的原因等。风险因素根据性质，通常分为实质风险因素、道德风险因素和心理风险因素三种类型。

实质风险因素是有形的并能直接影响事物物理功能的因素，又称物理风险因素，属于有形的因素，即某一标的本身所具有的足以引起或增加损失的机会或扩大损失幅度的客观原因及条件。例如，汽车的刹车系统失灵是车祸发生的实质风险因素；环境污染是影响人们健康的实质风险因素。

道德风险因素是与人的品德修养有关的无形的因素，即个人的不诚实、不正直或不轨企图促使风险事故发生，以致引起社会财富损毁或人身伤亡的原因和条件。例如，欺诈、纵火骗赔、盗窃、抢劫、贪污等都属于道德风险因素。

心理风险因素是与人的心理状态有关的无形的因素，又称风纪风险因素。它是人们主观上的疏忽或过失，以致增加风险事故发生的机会或扩大损失程度的原因和条件。例如，由于投保人的疏忽，出门忘了锁门；锅炉工忽视了及时给锅炉加水，增加了发生爆炸的可能性。

在上述三种风险因素中，道德风险因素和心理风险因素均为与人的行为有关的风险因素，故两者合并可称为无形风险因素或人为风险因素。

### （二）风险事故

风险事故是造成生命财产损失的偶发事件，又称风险事件。也就是说，风险事故是损失的媒介，是造成损失的直接的或外在的原因，即风险只有通过风险事故的发生，才能导致损失。例如，刹车系统失灵酿成车祸而导致人员伤亡，其中，刹车系统失灵是风险因素，车祸是风险事故，人员伤亡是损失。如果仅有刹车系统失灵，而未导致车祸，则不会导致人员伤亡。但有时风险因素与风险事故很难区分，某一事件在一定条件下为风险因素，在另一条件下则为风险事故。例如，下冰雹，使得路滑而发生车祸，造成人员伤亡，此时冰雹是风险因素，车祸是风险事故；若冰雹直接击伤行人，则它为风险事故。因此，应以导致损失的原因来区分，导致损失的直接原因是风险事故，导致损失的间接原因则为风险因素。

### （三）损失

在风险管理中，损失是指非故意的、非预期的和非计划的经济价值的减少。显然，风险管理中的损失包括两方面的条件：一为非故意的、非预期的和非计划的观念；二为经济价值的观念，即损失必须能以货币来衡量。两者缺一不可。例如，折旧、馈赠，虽有经济价值的减少，但不符合第一个条件，所以不能称为损失；某人因病而导致智力下降，虽然符合第一个条件，但不符合第二条件，所以也不能称智力下降为损失。

在保险实务中，损失分为直接损失和间接损失。前者是实质的、直接的损失；后者包括额外费用损失、收入损失和责任损失。每一种风险事故所造成的损失形态均不会脱离上述范畴。

### （四）三者的关系

三者的关系为：风险因素、风险事故和损失三个要素共同构成风险，风险因素引起风险事故或增加风险事故发生的可能性；风险事故发生可能造成损失。如图 1-4 所示。

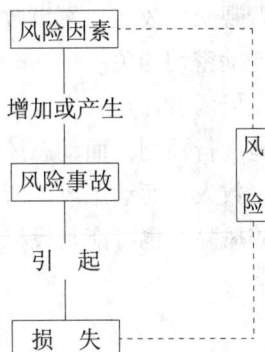

**图 1-4　风险的基本要素关系图**

上述三者之间存在一种因果关系：风险因素增加或产生风险事故；风险事故引起损失。

### 三、风险的种类

对风险进行分类有助于我们对风险不确定性的认识、测定和管理。风险有各种各样的分类，但基本的分类法有以下五种。

#### （一）纯粹风险和投机风险

这是按风险的性质进行的分类。

纯粹风险是指只有造成损失而无获利可能性的风险。其所致结果只有两种：损失和无损失。例如，火灾、车祸、坠机、疾病、战争等都属于纯粹风险。纯粹风险能够预测，为风险管理的主要对象。

投机风险是指既可能造成损失也可能产生收益的风险。其所致结果有三种可能：损失、无损失和获利。例如，股市行情的变动、价格涨落、赌博等都属于投机风险。

纯粹风险和投机风险的区别在于：前者总是不幸的，事故发生可能带来损失，为人们所畏惧和厌恶；后者由于有可能获利，具有诱惑力，故有些人为了获利，甘愿冒这种风险。

#### （二）静态风险和动态风险

这是按产生风险的环境进行的分类。

静态风险是自然力变动或人的行为失常所引起的风险。前者如地震、海难、雹灾等；后者如人的死亡、残疾、盗窃、欺诈等。此类风险大多在社会经济结构未发生变化的条件下发生，因此它是静态风险。又如，自然力不规则运动引起的暴风等自然风险、盗窃等人的故意行为及医疗事故等人的过失行为所致的人为风险，均为静态风险。

动态风险是由于人类社会活动而产生的各种风险。例如，政府经济政策的改变、新技术的运用、产业结构的调整、人们消费观念的改变、军事政变等所导致的风险，如战争、通货膨胀等。此类风险多与经济及社会变动密切相关。

上述两种风险都具有不确定性，但两者存在一定区别：静态风险的变化比较规则，能较好地适用大数法则，因此能比较好地进行预测，而动态风险的运动极不规则，难以进行综合预测；静态风险所波的面只涉及少数人，而动态风险所涉及的面较为广泛；静态风险总是纯粹风险，而动态风险既可能是纯粹风险，也可能是投机风险。

#### （三）基本风险和特定风险

这是按风险影响的范围对象进行的分类，由美国保险学者卡尔普（C. A. Kulp）最先提出。

基本风险是风险的起源与影响方面都不与特定的人有关，至少是个人所不能阻止的风险，即全社会普遍存在的风险。在这些风险中，可能与社会、政治有关的风险（如战争、罢工等），以及可能与自然灾害有关的风险（如地震），都属于基本风险。

特定风险是与特定的个人有因果关系的风险，即由特定的个人所引起且损失仅涉及个人的风险。例如，盗窃、火灾、爆炸等导致财产损失的风险均为特定风险。

对基本风险和特定风险的界定不是绝对的，它随着时代和观念的不同而不同。例如，失业、车祸和职业灾害过去均被认为是特定风险，现在被视为基本风险。

一般情况下，特定风险属于纯粹风险；基本风险则包括纯粹风险和投机风险。

### （四）财产风险、人身风险、责任风险和信用风险

这是按风险损失的对象进行的分类。

财产风险是可能导致财产发生毁损、灭失和贬值的风险。例如，厂房、机器设备等因风险事故的发生，一方面，直接导致厂房、机器设备的经济价值的减少；另一方面，使企业不能再凭借这些厂房、机器设备获取正常经济利益的利润损失。

人身风险是指人的生、老、病、死、伤残等原因而导致经济损失的风险。例如，疾病、伤残、死亡、失业等导致个人、家庭或企业经济收入减少。生、老、病、死虽然是人生的必然现象，但对于其在何时发生并不确定。一旦发生，将给其本人或家属在精神和经济生活上造成困难。

责任风险是指因侵权或违约依法对他人遭受的人身伤亡或财产损失应负赔偿责任的风险。例如，汽车撞伤了行人，如果属于驾驶员的过失，那么按照法律规定，驾驶员就须对受害人或其家属给付赔偿金。

信用风险是指在经济交往中，权利人与义务人之间，由于一方违约或犯罪而给对方造成经济损失的风险。

### （五）自然风险、社会风险、经济风险和政治风险

这是按损失发生的原因进行的分类。

自然风险是指自然现象或物理现象所导致的风险。例如，洪水、地震、风暴、火灾、泥石流等所致的人身伤亡或财产损失的风险。

社会风险是指个人行为的反常或不可预料的团体行为所致损失的风险。例如，偷窃、抢劫、罢工、动乱等。其产生有两种情况：一是个人行为失常（如盗窃、疏忽等）而引起损失的风险；二是不可预料的团体行为（如罢工）引起损失的风险。

经济风险是指在产销过程中，各种因素的变动或估计的错误，导致产量减少或价格涨跌所致损失的风险。它是在生产经营过程中，经营管理不善、市场预测错误，或者其他相关因素的变化导致的企业收入损失甚至破产的风险。

政治风险是种族宗教的冲突、叛乱、战争所引起的风险。社会风险与政治风险很难严格区分，如一项社会问题本为社会风险，但很可能累积过久而成为政治问题，从而引起政治风险。

此外，按风险能否处理，分为可管理风险和不可管理风险；按对风险是否可进行客观的计算，分为客观风险和主观风险；按造成损失的大小，分为一级风险、二级风险、三级风险。

### 四、风险成本

风险成本又称为风险的代价，风险成本是指由于风险的存在和风险事故发生后人们所必须支出的费用和预期经济利益的减少。

对风险成本有多种分类，有的分为风险因素成本和风险事故成本；有的则分为风险的经济成本和风险的社会成本。但一般将风险成本分为三类：风险损失的实际成本、风险损失的无形成本、预防或控制风险损失的成本。其中，风险损失的实际成本由风险造成的直接损失成本和间接损失成本共同构成；风险损失的无形成本是指风险对社会经济福利、社会生产率、社会资源配置以及社会再生产等诸方面的破坏后果；预防或控制风险损失的成本是指为预防或控制风险损失，必须采取各种措施，如购置用于预防的设备以及其维护费、咨询费等。

## 第二节　风险管理

### 一、风险管理的概念与目标

#### （一）风险管理的概念

风险管理是经济单位通过对风险的认识、衡量和分析，以最小的成本取得最大安全保障的管理方法。风险管理是研究风险发生规律和风险控制技术的一门新兴管理学科，各经济单位通过风险识别、风险估测、风险评价，并在此基础上优化组合各种风险管理技术对风险实施有效的控制和妥善处理风险所致损失的后果，期望达到以最小的成本获得最大安全保障的目标。

#### （二）风险管理的目标

风险管理的目标由两个部分组成：损失发生前的风险管理目标和损失发生后的风险管理目标。前者是避免或减少风险事故形成的机会，包括节约经营成本、减少忧虑心理；后者是努力使损失的标的恢复到损失前的状态，包括维持企业的继续生存、生产服务的持续、稳定的收入、生产的持续增长、社会责任。二者有效结合，构成完整、系统的风险管理目标。

风险管理自 20 世纪 30 年代在美国产生，20 世纪 50 年代末得到推广，20 世纪 70 年代得到迅速发展。在西方发达国家中，风险管理已普及大中小企业。在现代社会中，风险管理已在许多发达国家广泛运用。风险管理已成为企业中的一个重要职能部门，它与企业的计划、财务、会计等部门一道，共同为实现企业的经营目标而努力。

风险管理对整个经济、社会的作用在于：风险管理有利于资源分配最佳组合的实现；风险管理有助于消除风险给整个经济社会带来的灾害损失及其他连锁反应，从而有利于经济的稳定发展；风险管理有助于提高和创造一个有利于经济发展和保障人民生活的良好的社会经济环境。

风险管理对单个企业的作用主要体现在以下几方面：通过系统地处置与控制风险，保障企业经营目标的顺利实现；风险管理有助于企业各项决策的科学化和合理化，减少决策的风险性；风险管理有助于提高企业的经营效益；风险管理措施能够为企业提供一个安全、稳定的生产经营环境。

## 二、风险管理的基本程序

风险管理的基本程序包括风险的识别、风险的估测、风险管理方法的选择、风险管理效果评价等环节。

### （一）风险的识别

风险的识别是经济单位和个人对所面临的以及潜在的风险加以判断、归类整理，并对风险的性质进行鉴定的过程。它是风险管理的第一步。风险是多种多样、错综复杂的，因此，必须采取有效的方法和途径识别潜在风险，并进行经验判断和归纳整理，对风险的性质予以鉴定。对风险的识别，一方面，依靠感性认识、经验判断；另一方面，可利用现场调查法、生产流程图法等进行分析、归类整理，从而发现各种风险的损害情况以及具有规律性的损害风险。在此基础上，鉴定风险的性质，从而为风险衡量做准备。

风险识别的方法主要有以下几种：

1. 现场调查法

现场调查法是风险管理部门通过现场考察企业的设备、财产以及生产流程发现许多潜在风险，并能及时地对风险进行处理的方法。

2. 风险列举法

风险列举法是风险管理部门根据本企业的生产流程，按生产环节的先后顺序进行风险排列的方法。一般从列出企业购买过程可能遇到的风险开始，继而列出生产过程、销售过程中可能面临的所有风险因素。

3. 生产流程图法

这种方法是在风险列举法的基础上发展起来的。它是风险管理部门根据生产流程图，从企业的原材料、电力等投入开始，经生产过程，到产品抵达消费者手中，将一切环节系统化、顺序化，制成流程图，以便发现企业面临的风险。该方法的优点是简明扼要，可以揭示生产流程中的薄弱环节。

4. 财务报表分析法

财务报表分析法是根据企业的资产负债表、财产目录、损益计算书等资料，对企业的固定资产和流动资产的分布进行风险分析，以便从财务的角度发现企业面临的潜在风险和财务损失。

风险管理部门在风险识别的过程中，可以选择上述一种方法，也可以选择几种方法的组合。

### （二）风险的估测

风险的估测是指在风险识别的基础上，通过对所收集的大量详细损失资料加以分析，运用概率论和数理统计，估计和预测风险发生的概率与损失程度。风险估测的内容主要包括损失频率和损失程度两个方面。损失频率的高低取决于风险单位数目、损失形态和风险事故。损失程度是指某一特定风险发生的严重程度。风险估测不仅使风险管理建立在科学的基础上，而且使风险分析定量化，损失分布的建立、损失概率和损失期望值的预测值则为风险管理者进行风险决策、选择最佳管理技术提供了可靠的科学依据。它要求企业从风险发生频率、风险发生后所致损失的程度和自身的经济情况入手，分析自己的风险承受力，为正确选择风险的处理方法提供根据。

### （三）风险管理方法的选择

风险管理方法分为控制法和财务法两大类，选择前者的目的是降低损失频率和损失程度，重点在于改变引起风险事故和扩大损失的各种条件；选择后者的目的是事先做好吸纳风险成本的财务安排。

1. 控制法

控制法是指避免、消除风险或减少风险发生频率及控制风险损失扩大的一种风险管理方法。它主要包括：

（1）避免。避免是放弃某项活动，以达到回避从事该项活动可能导致风险损失的目的。它是处理风险的一种消极方法。通常在两种情况下进行：一种是当某特定风险所致损失频率和损失幅度相当高时；另一种是在处理风险的成本大于其产生的效益时。避免风险虽简单易行，有时能够彻底根除风险，如担心锅炉爆炸，就放弃利用锅炉烧水，改用电热炉等。但有时回避风险放弃了经济利益，增加了机会成本，且避免的采用通常会受到限制。

（2）预防。预防是指在风险发生前，为了消除或减少可能引发损失的各种因素而采取的处理风险的具体措施。其目的在于通过消除或减少风险因素而达到降低损失频率的目的。例如，精心选择建筑材料，以防止火灾风险；对设计、施工人员及住户进行教育等，以防人为风险因素。

（3）抑制。抑制是指风险事故发生时或之后采取的各种防止损失扩大的措施。它是处理风险的有效技术。例如，在建筑物上安装火灾警报器和自动喷淋系统等，可减轻火灾损失的程度，防止损失扩大，降低损失程度。

（4）风险中和。风险中和是风险管理人采取措施将损失机会与获利机会进行平分。例如，企业为应付价格变动的风险，可以在签订买卖合同的同时进行现货和期货买卖。风险中和一般只限用于对投机风险的处理。

（5）集合或分散。集合或分散是集合性质相同的多数单位来直接分担所遭受的损失，以提高每一单位承受风险的能力。对于纯粹风险，可使实际损失的变异局限于预期的幅度内，适用于大数法则的要求；对于投机风险，可通过购并、联营等手段，以此增加单位数目，提高风险的可测性，达到把握风险、分担风险、降低风险成本的目的。该方法适用于大数法则，但只适用于特殊的行业、地区或时期。

2. 财务法

财务法是通过提留风险准备金事先做好吸纳风险成本的财务安排来降低风险成本的一种风险管理方法，即对无法控制的风险事前所做的财务安排，具体包括：

（1）自留或承担。自留是经济单位或个人自己承担全部风险成本的一种风险管理方法，即对风险的自我承担。自留有主动自留和被动自留之分。采取自留方法时，应考虑经济上的合算性和可行性。一般来说，在风险所致损失频率和幅度低、损失短期内可预测以及最大损失不足以影响自己的财务稳定时，宜采用自留方法。

（2）转移。转移是一些单位或个人为避免承担风险损失而有意识地将风险损失或风险损失有关的财务后果转嫁给另一个单位或个人承担的一种风险管理方式。

转移分为直接转移和间接转移。直接转移是指风险管理人将与风险有关的财产或业务直接转移给他人；间接转移是指风险管理人在不转移财产或业务本身的条件下，将与财产或业务相关的风险转移给他人。前者主要包括转让、转包等；后者主要包括租赁、保证、保险等。其中，转让是通过买卖或赠予的方式，将可能面临风险的标的的所有权让渡给他人；转包是通过承包的方式，将可能面临风险的标的的经营权或管理权让渡给他人；租赁是通过出租财产或业务的方式，将与该项财产或业务有关的风险转移给承租人；保证是保证人和债权人约定，当债务人不履行债务时，保证人按照约定履行债务或者承担责任的行为；保险则是通过支付保费购买保险，将自身面临的风险转嫁给保险人的行为。例如，企业通过分包合同，将土木建筑工程中的水下作业转移、将带有较大风险的建筑物出售等。

### （四）风险管理效果评价

风险管理效果评价是分析、比较已实施的风险管理方法的结果与预期目标的契合程度，以此来评判管理方案的科学性、适应性和收益性。由于风险性质的可变性，人们对风险认识的阶段性以及风险管理技术处于不断完善之中，因此，需要对风险的识别、估测、评价及管理方法进行定期检查、修正，以保证风险管理方法适应变化了的新情况。因此，我们把风险管理视为一个周而复始的管理过程。风险管理效益的大小取决于是否能以最小风险成本取得最大安全保障,同时还要考虑与整体管理目标是否一致,以及具体实施的可行性、可操作性和有效性。

## 第三节　风险与保险的关系

### 一、可保风险

可保风险是保险人可接受承保的风险,即符合保险人承保条件的风险。它是风险的一种形式。如前所述,并不是所有风险都可以通过保险转移方式转移给保险人承担。一般而言,可保风险必须具备下列条件:

第一,可保风险是纯粹风险。保险人可承保的风险不是投机风险,原因在于:投机风险的运动不规则,难以使用大数法则准确计量;有些投机风险为国家法律所禁止,不为社会道德所公允;承保投机风险有可能引起道德风险,使被保险人因投保而获得额外收益,违反保险的原则;承保投机风险将使整个社会失去发展的动力。

第二,风险的发生必须具有偶然性。风险发生的偶然性是对每一个具体标的而言的,若知道某一具体标的肯定不可能遭受某种风险损失,则保险就没有必要;反之,则保险人一般不予承保,如自然损耗、折旧等一般属于不保风险。对于建筑物的火灾风险,在风险事故发生前,人们无法知道火灾是否发生、何时发生,以及发生是否有损失和损失大小,则该风险属于可保风险。

第三,风险的发生是意外的。所谓意外,是非人们的故意行为所致。故意行为容易引起道德风险,为法律所禁止;必然发生能被人们准确预期。因此,故意行为引起的风险及必然发生的风险都不可能通过保险来转移,属于不保风险。

第四,风险必须是大量标的均有遭受损失的可能性。这是由于保险需要大数定律作为保险人建立稳固的保险基金的数理基础,只有一个或少量标的所具有的风险是不具备这种基础的。要准确地认识风险,就必须通过大量的风险事故,才可能对风险进行测定,认识风险的运动规律。

第五,风险的损失必须是可以用货币计量的。凡是不能用货币计量其损失的风险都是不保风险。但对人身保险而言,很难计算一个人的伤残程度或死亡所蒙受损失的价值量,所以死亡给付的标准在出立保单时就确定了,即人身保险的保险金额是根据投保人支付保险费的能力与保险人双方约定的。

以上五个可保风险必须具备的条件是相互联系、相互制约的。在确认可保风险时,必须综合考虑这五个条件,全面评估,以免发生承保失误。

应当指出的是,可保风险是个相对的概念。随着保险市场需求的不断扩大和保险技术的日益进步，可保风险的范围也会随之改变。

## 二、风险管理与保险的关系

风险管理与保险的研究对象都是风险，二者相辅相成，存在密切的关系，主要表现在以下几方面：

第一，风险是保险产生和存在的前提。"无风险，则无保险"。风险是客观存在的，时时处处威胁着人们的生命和物质财产安全，是不以人的意志为转移的。风险的发生直接影响社会生产过程的继续进行和家庭的正常生活，因而产生了人们对损失进行补偿的需要。保险是一种被社会普遍接受的经济补偿方式，因此，风险是保险产生和存在的前提，风险的存在是保险关系确立的基础。

第二，风险的发展是保险发展的客观依据。社会进步、生产发展、现代科学技术的应用在有助于人类社会克服原有风险的同时，也带来了新风险。新风险对保险提出了新的要求，促使保险业不断设计新险种、开发新业务。从保险的现状和发展趋势看，作为高风险系统的核电站、石油化学工业、航空航天事业的风险，都可以被纳入保险的责任范围。

第三，保险是风险处理的传统、有效的措施。在人们面临的各种风险损失中，有一部分可以通过控制的方法消除或减少，但不可能消除全部。面对各种风险造成的损失，单靠自身力量解决，就需要提留与自身财产价值等量的后备基金，这样既造成了资金浪费，又难以解决巨灾损失的补偿问题。因此，转移就成为风险管理的重要手段。保险作为转移方法之一，长期以来被人们视为传统的处理风险手段。通过保险，人们把不能自行承担的集中风险转嫁给保险人，以小额的固定支出换取对巨额风险的经济保障，使保险成为处理风险的有效措施。

第四，保险经营效益要受风险管理技术的制约。保险经营效益的大小受多种因素的制约，风险管理技术作为非常重要的因素，对保险经营效益有很大的影响。例如，对风险的识别是否全面、对损失频率和损失程度的估测是否准确、可保风险的范围、保险的成本与效益的比较等，均制约着保险的经营效益。

## ⯐ 综合练习

### 一、填空题

1. 风险的基本要素包括_____、_____和_____。
2. 风险因素根据性质不同，通常分为_____、_____和_____。
3. 按风险的性质，风险分为_____和_____。
4. 按风险的损失对象，风险分为_____、_____、_____和_____。
5. 按产生风险的环境，风险分为_____和_____。

6. 按风险影响的范围对象，风险分为＿＿＿＿＿＿＿和＿＿＿＿＿＿＿。

7. 按损失发生的原因，风险分为＿＿＿＿＿＿＿、＿＿＿＿＿＿＿、＿＿＿＿＿＿＿和
＿＿＿＿＿＿＿。

8. 纯粹风险导致两种结果，即＿＿＿＿＿＿＿和＿＿＿＿＿＿＿；投机风险导致三种结果，即
＿＿＿＿＿＿＿、＿＿＿＿＿＿＿和＿＿＿＿＿＿＿。

9. 风险管理方法分为＿＿＿＿＿＿＿和＿＿＿＿＿＿＿两大类。

10. 风险管理的基本程序包括＿＿＿＿＿＿＿、＿＿＿＿＿＿＿、＿＿＿＿＿＿＿、＿＿＿＿＿＿＿。

## 二、单项选择题

1. 按风险的性质，风险可分为（　　　）。

A. 人身风险与财产风险　　　　　　　　B. 纯粹风险与投机风险

C. 经济风险与技术风险　　　　　　　　D. 自然风险与社会风险

2. 下列选项中，不属于可保风险特性的有（　　　）。

A. 风险是投机性的　　　　　　　　　　B. 风险必须具有偶然性

C. 风险必须是意外的　　　　　　　　　D. 风险必须是相同性质的

3. 传统、有效的风险处理措施是（　　　）。

A. 预防　　　　　　　　　　　　　　　B. 分散

C. 避免　　　　　　　　　　　　　　　D. 保险

4. 风险管理中最为重要的环节是（　　　）。

A. 风险识别　　　　　　　　　　　　　B. 风险评价

C. 风险估测　　　　　　　　　　　　　D. 选择风险管理技术

5. 下列选项中，属于控制型风险管理技术的有（　　　）。

A. 抑制与避免　　　　　　　　　　　　B. 抑制与自留

C. 转移与分散　　　　　　　　　　　　D. 保险与自留

6. 股市波动的风险属于（　　　）。

A. 自然风险　　　　　　　　　　　　　B. 投机风险

C. 社会风险　　　　　　　　　　　　　D. 纯粹风险

7. 识别风险主要包括（　　　）。

A. 感知风险和评估风险　　　　　　　　B. 分析风险和评估风险

C. 感知风险和控制风险　　　　　　　　D. 感知风险和分析风险

8. 风险估测是建立在（　　　）基础之上的。

A. 风险评价　　　　　　　　　　　　　B. 风险选择

C. 风险识别　　　　　　　　　　　　　D. 风险效果评价

9. 某建筑工程队在施工时偷工减料导致建筑物塌陷，则造成损失事故发生的风险因素
是（　　　）。

A. 物质风险因素　　　　　　　　　　　B. 心理风险因素

C. 道德风险因素　　　　　　　　　　D. 思想风险因素

10. 某房东外出时忘记锁门，结果小偷进屋、家具被偷，则风险因素是（　　　）。

A. 小偷进屋　　　　　　　　　　　　B. 家具被偷

C. 房东外出时忘记锁门　　　　　　　D. 房东外出

11. 第 10 小题中的风险因素属于（　　　）。

A. 物质风险因素　　　　　　　　　　B. 心理风险因素

C. 道德风险因素　　　　　　　　　　D. 思想风险因素

### 三、多项选择题

1. 风险的基本要素包括（　　　）。

A. 风险因素　　　　　　　　　　　　B. 风险事故

C. 风险处理　　　　　　　　　　　　D. 风险评估

E. 损失

2. 下列有关保险的陈述中，正确的有（　　　）。

A. 保险是风险处理的传统、有效的措施

B. 保险是分摊意外事故损失的一种财务安排

C. 保险体现的是一种民事法律关系

D. 保险不具有商品属性

E. 保险的基本职能包括分摊损失与防灾防损

3. 下列有关风险的陈述中，正确的有（　　　）。

A. 风险是指某种损失发生的可能性

B. 风险的存在与客观环境及一定的时空条件有关

C. 风险是风险因素、风险事故与损失的统一体

D. 没有人类的活动，也就不存在风险

E. 风险是不可转移的

4. 按风险损害的对象，风险可分为（　　　）。

A. 财产风险　　　　　　　　　　　　B. 人身风险

C. 经济风险　　　　　　　　　　　　D. 政治风险

E. 责任风险

5. 商业保险一般可承保下列风险中的（　　　）。

A. 纯粹风险　　　　　　　　　　　　B. 自然风险

C. 责任风险　　　　　　　　　　　　D. 投机风险

E. 战争风险

6. 控制型风险管理方法主要有（　　　）。

A. 预防　　　　　　　　　　　　　　B. 抑制

C. 转移                           D. 分散

E. 避免

7. 下列对风险因素、风险事故和损失三者之间关系的陈述中，正确的有（     ）。

A. 风险因素引起损失                  B. 风险事故引起损失

C. 风险因素产生风险事故           D. 风险因素增加风险事故

E. 风险事故引起风险因素

8. 风险事故的不确定性表现在（     ）。

A. 风险是否发生不确定              B. 风险发生的时间不确定

C. 风险发生的过程和结果不确定     D. 风险发生的地点不确定

E. 风险发生的概率确定

9. 可保风险的特性有（     ）。

A. 风险不是投机性的

B. 风险必须具有不确定性

C. 风险必须是少量标的具有遭受损失的可能性

D. 风险可能导致较大损失

E. 风险在合同期内预期的损失是可计算的

10. 下列事件中，属于投机风险的是（     ）。

A. 车祸                          B. 疾病

C. 赌博                          D. 股票买卖

E. 通货膨胀

## 四、判断题

1. 如果损失频率为 0 或 1，风险不存在。                              （      ）

2. 当损失频率为 0.5 时，风险最大。                                    （      ）

3. 纯粹风险所导致的结果有三种，即损失、无损失和盈利。        （      ）

4. 运用控制型风险管理方法的目的是降低损失频率和损失程度。    （      ）

5. 参加人身保险是一种自助行为。                                       （      ）

6. 权利人因义务人不履约而遭受经济损失的风险是责任风险。     （      ）

7. 风险管理中最为重要的环节是风险识别。                             （      ）

## 五、名词解释

风险   纯粹风险   投机风险   责任风险   经济风险   财产风险   人身风险
信用风险   危险单位   大数法则   概率损失   风险事故

## 六、简答题

1. 简述损失概率和风险大小的关系。

2. 风险的基本因素有哪些？它们之间的关系如何？

3. 简述风险管理的定义及其基本程序。

4. 什么是可保风险？其条件有哪些？

5. 简述风险的概念及其分类。

6. 简述风险管理的方法。

7. 简述风险管理与保险的关系。

8. 什么叫风险成本？它包括哪些内容？

# 第二章　保险的本质

🗐 **教学目标**

了解保险的概念、保险的作用、保险的产生与发展；掌握保险的基本要素、职能和分类等保险基础知识。

## 第一节　保险概述

### 一、保险的概念

保险的定义有多种，这里用一般的定义：保险是保险人通过收取保险费的形式建立保险基金，用于补偿自然灾害和意外事故所造成的经济损失或在人身保险事故（包括死亡、疾病、伤残、年老、失业等）发生时给付保险金的一种经济补偿制度。任何一种保险形式都包括三个要点：保险人、保险基金和保险事故。从性质上说，保险是一种经济补偿制度。其中，保险事故是保险合同约定的保险责任范围内的事故，它是风险事故的一部分。财产保险的保险事故是保险合同约定的自然灾害或意外事故所造成经济损失的风险事故；人身保险的保险事故则是保险合同约定的人们遭受生、老、病、死、伤残、失业等风险事故。保险人对保险责任范围内的风险事故所致损失负赔付保险金责任。这是一般意义上的解释。从保险定义的外延上看，由于其形式上的差异，保险一般可分为相互保险、合作保险、社会保险和商业保险等，因而其定义也有区别。

我国 1995 年 6 月 30 日第八届全国人民代表大会常务委员会第十四次会议通过、2002 年 10 月 28 日第一次修正、2009 年 2 月 28 日第二次修正、2015 年 4 月 24 日第三次修正的《中华人民共和国保险法》（以下简称《保险法》）所称保险是指商业保险。该法第二条规定："保险，是指投保人根据合同约定，向保险人支付保险费，保险人对于合同约定的可能发生的事故因其发生所造成的财产损失承担赔偿保险金责任，或者当被保险人死亡、伤残、疾病或者达到合同约定的年龄、期限等条件时承担给付保险金责任的商业保险行为。"这说明我国的保险包括这样几层含义：一是商业保险行为；二是合同行为，保险双方当事人建立的保险关系通过订立保险合同进行；三是权利义务行为，保险双方当事人分别承担相应的民事义务，投保人有向保险人缴纳保险费的义务，保险人则在保险事故发生时，有向被保险人或受益人承担损失补偿或保险金给付的义务，一方的义务也就是另一方的权利，一方义务的不履行就意味着其相应权利的不享有；四是经济补偿或保险金给付以合同约定的保险事故发生为条件。

## 二、保险的基本要素

保险作为一种经济损失补偿方式，其基本要素包括以下几个：

第一，特定风险事故的存在。保险之所以产生并不断发展和完善，就在于它具有补偿风险事故所造成损失的功能，如果没有风险，也就没有保险；但保险只承保特定的风险事故。

第二，多数经济单位的结合。保险是通过集合危险实现其补偿职能的，即由多数人参加保险，分担少数人的损失，故保险以多数经济单位的结合为必要条件。对于所谓"多数"的含义，一般没有具体规定，但必须以收支平衡为最低保险基金，应与支出的保险金总额保持平衡。参加保险的经济单位越多，保险基金越雄厚，赔偿损失的能力越强，每个单位的分摊金额也就相应减少。

第三，费率的合理计算。保险不仅是一种经济保障活动，也是一种商品交换行为。保险的费率，即保险的价格如何制定，是不以人的主观意志为转移的。如果费率过高，就会增加被保险人的负担，从而失去保险的保障意义；如果费率过低，就会使被保险人缺乏足额的保险保障。因此，保险的费率必须进行合理计算。就一般商品而言，其价格制定要依据"成本＋平均利润"的原则，保险价格同样要依据这一原则来制定，但由于保险具有自身的核算特点，所以保险的价格制定还要依据概率论、大数法则的原理进行科学计算。

第四，保险基金的建立。保险基金是通过商业保险形式建立的后备基金，它是仅用于补偿或给付自然灾害、意外事故和人生自然规律所致的经济损失以及人身损害的专项货币基金。保险基金具有退还性、专项性、增值性、赔付责任的长期性，以及来源的分散性和广泛性等特点。可见，无保险基金，则无保险赔付的保障，也就无保险可言。

## 三、西方国家的保险学说

西方保险学术界对保险理论的研究因各自的研究角度不同，形成了多元化研究的特点。纵观各家学说，一般可分为损失说、非损失说和二元说三大流派。

### （一）损失说

损失说是以处理损失作为保险核心内容的一种学说，可分为损失赔偿说、损失分担说、风险转嫁说、人格保险说四种分支学说。

1. 损失赔偿说

风险赔偿说的代表人物是英国学者马歇尔（Marshall）和德国学者马斯修（E. A. Masius）。该学说认为，保险是一种损失赔偿合同。按此理论，当被保险人的财产发生损失时，其便可获得合同项下约定的赔偿金额。该学说排除了人身保险，是以海上保险为渊源的。

2. 损失分担说

损失分担说的代表人物是德国学者瓦格纳（A. Wagner）。该学说强调，在损失赔偿中，多数人互相合作、共同分摊损失，并以此来解释各种保险现象。该学说着眼于事后损失处理。

3. 风险转嫁说

风险转嫁说的代表人物是美国学者魏莱特（A. H. Willett）和休伯纳（S. S. Huebner）。该学说是从风险处理的角度来阐述保险的性质的，认为保险是一种风险转嫁机制，保险赔偿是通过众多的被保险人将风险转嫁给保险人来实现的。该学说的特点是把被保险人的风险转移视为保险的性质。

4. 人格保险说

人格保险说认为，人的生命与财产价值一样可以用货币来衡量，人类体内所具经济性的各种精神与力量（如健康、技能、经验、判断力、创造力等）可以产生金钱价值。因此，人寿保险既然以保障生命价值为目的，就可与财产保险理论相提并论。

### （二）非损失说

非损失说是不以处理损失作为保险核心内容的学说，可分为技术说、欲望满足说、相互金融说、共同准备财产说四种主要分支学说。

1. 技术说

技术说的代表人物为意大利学者韦宛特（C. Vivante）。该学说强调保险的计算基础，特别是保险在技术方面的特性。其理论依据是，保险基金的建立和保险费收取的标准是通过计算损失的概率来确定的。该学说认为，保险是将处于同等可能发生机会的同类风险下的多数个人或单位集中起来，测出事故发生的概率，根据概率计算保险费率，当偶然事件发生时，支付一定的保险金额。

2. 欲望满足说

欲望满足说又称为需要说，其代表人物为意大利学者戈彼（Gobbi）、德国学者马纳斯（Manes）。该学说的核心是以保险能够满足经济需要和金钱欲望来解释保险的性质。该学说认为，投保人缴付少量保费，而在发生灾害事故后获得部分或全部的损失补偿。由于保费缴付与赔偿金额严重不等，由此可以满足人们的经济需要和金钱欲望。

3. 相互金融说

相互金融说的代表人物是日本的米谷隆三和酒井正三郎。该学说认为，保险机构只不过是一种互助合作基础上的金融机构，与银行和信用社一样，都起着融通资金的职能。

4. 共同准备财产说

共同准备财产说认为，保险是为了保障社会经济生活的稳定，将多数经济单位集合起来根据大数法则所建立的共同准备财产的制度。

### （三）二元说

二元说是把寿险和非寿险区别开来分别规定各自含义的学说，又称为择一说。该学说的代表人物主要是德国学者爱伦伯格（N. Ehrenberg）。该学说将财产保险与人身保险分别定义。此种见解为许多国家的保险法所采用。但是，也有很多学者认为，财产保险和人身保险之间具有共性，应当给予其统一的解释和定义。

综上所述，各种学说都是针对保险的某一个侧面进行定义的。相对而言，损失说比较流行。英国的《不列颠百科全书》第15版修改后的保险定义如下："保险是处理风险的一种方法。一方面保险人向被保险人收取费用；另一方面，一旦被保险人在规定期限内发生某种意外事故而蒙受损失，保险人得按契约予以经济赔偿或提供劳务。"按此定义，保险应具有以下几个因素：保险的本质是一种经济制度；保险的目标是处理风险；保险的机能是赔偿损失；保险计算的基础是合理负担。

## 四、保险的特征

保险的特征包括其基本特征与比较特征，前者是一般特征；后者是通过与某特定行为比较来阐述其特征。保险的基本特征主要有经济性、互助性、契约性、科学性；保险的比较特征包括通过保险与赌博、储蓄、救济、保证、自保的对比来阐述保险的特征。下文主要介绍保险的比较特征。

### （一）保险与赌博

保险与赌博同属于由偶然事件所引起的经济行为，并且在给付与反给付的总量上都是相等的。但两者存在本质上的区别：第一，目的不同。保险的目的是互助共济，求得经济生活的安定；赌博的目的是图谋暴利。第二，手段不同。保险的手段是利己利人，以分散风险为原则，以转移风险为动机，以大数法则为计算风险损失的科学依据；赌博是冒险获利，完全以偶然性为前提。第三，结果不同。保险的结果变偶然事件为必然事件，变风险为安全，是风险的转移或减少；赌博的结果变确定为偶然，变安全为风险，是风险的创造与增加。第四，对标的的要求不同。投保人对保险标的必须具有保险利益；赌博则不然。第五，风险性质不同。保险的风险一般为纯粹风险；赌博风险是投机风险。

## （二）保险与储蓄

保险与储蓄都是为将来的经济需要进行的资金积累的一种形式，但二者存在区别：第一，支付的条件不同。保险的赔付是不确定的，只有在保险事故发生时，被保险人才能领取保险金；而储蓄的支付是确定的，存款人可获得本金，并且随着时间的推移领取利息。第二，计算技术要求不同。保险是集合多数经济单位所交的保险费，以备将来赔付用，其目的在于风险的共同分担，且以严格的数理计算为基础；储蓄则以自己积累的金额及其利息负担将来的所需，不需要特殊的计算技术。第三，财产准备的性质不同。保险是多数经济单位所形成的共同准备财产，由保险人统一运用，只能用于预定的损失补偿或保险金给付，不得任意使用，被保险人一般无权干涉；储蓄则是单独形成的准备财产，其所有权归存款人，存款人可以任意提取、使用。第四，行为性质不同。保险为互助共济的行为，是自力与他力的结合；储蓄则是个人的行为，无求于他人。

## （三）保险与保证

保证的种类甚多，最普通的保证是对买卖及债务的保证。保险与保证都是对将来偶然事件所致损失的补偿，但仍有下列区别：第一，参与的主体数量不同。保险是多数经济单位的集合组织；保证仅为个人间法律关系的约束。第二，合同性质不同。保险合同为独立合同，而保证合同为从属合同。保险以其行为本身的预想为目的，并不附属于他人的行为而生效；保证则附属于他人的行为而发生效力。第三，合同的对价要求不同。保险合同成立后，投保人必须交付保险费，保险人于保险事故发生时赔付保险金。保证合同成立后，在特定风险事故发生时，就买卖保证而言，仅卖方负一定的义务，并无对价关系；就债务保证而言，仅保证人负责代偿债务的给付，债权人不做任何对等的给付。第四，财产性质不同。保险基于合理的计算，有共同准备财产的形成；保证并无任何精确的计算，仅出于当事人当时心理或主观上的确信，或有特别的准备财产，但仅为当事人的个人行为。

## （四）保险和慈善

保险和慈善均为对经济生活不安定的一种补救行为，其目标均为努力使社会生活正常和稳定。二者的区别在于：第一，行为性质不同。保险实行的是有偿的经济保障；慈善实行的是无偿的经济帮助。第二，实施条件不同。保险当事人地位的确定基于双方一定的权利义务关系；慈善的授受双方无对等义务可言，并非一定的权利义务关系。第三，机构性质不同。保险机构是具有互助合作性质的经济实体；慈善机构则完全是依靠社会资助的事业机构。第四，行为依据不同。保险行为受保险合同的约束；慈善事业是根据社会救济政策履行职责。第五，财产性质不同，保险共同准备财产的形成以数学计算为基础；慈善则大都无准备财产，即使有准备财产，也是出资人的自愿行为。

## 第二节　保险的职能与作用

### 一、保险的职能

保险的职能是保险内在的、固有的功能，它是由保险的本质和内容决定的。我国保险界对保险的职能有不同的认识，有单一职能论、双重职能论、多重职能论。从多重职能论来看，保险的职能分为基本职能和派生职能。

#### （一）保险的基本职能

保险的基本职能是保险原始与固有的职能。关于保险的基本职能，主要有两种观点：一种观点认为，保险的基本职能是分摊损失和补偿损失或给付保险金；另一种观点认为，保险的基本职能是经济补偿和保险金给付职能。本书采用后一种观点。

经济补偿职能是在发生保险事故、造成保险标的损失时，保险人根据保险合同所赔偿的保险金正好填补被保险人因保险事故所造成的保险金额范围内的损失，这是财产保险的基本职能；保险金给付职能是在保险事故发生时，保险双方当事人根据保险合同约定的保险金额进行给付，这是人身保险的基本职能。

#### （二）保险的派生职能

保险的派生职能是在基本职能的基础上产生的职能，是防灾防损职能和融资职能。

1. 保险的防灾防损职能

防灾防损是风险管理的重要内容。保险经营的是风险，因此，保险本身也是风险管理的一项重要内容，而保险进行风险管理体现在防灾防损工作上。保险防灾防损工作的最大特点就在于积极主动地参与、配合其他防灾防损主管部门开展防灾防损工作。保险防灾防损工作体现于：从承保到理赔，履行社会责任；防范或减少保险事故；增加保险经营的收益；促进投保人的风险管理意识，从而促使其加强防灾防损工作。

2. 保险的融资职能

保险的融资职能是保险人参与社会资金融通的职能。其体现在两方面：一方面，其具有筹资职能；另一方面，通过购买有价证券、不动产等投资方式体现投资职能。

### 二、保险的作用

#### （一）保险的宏观作用

保险的宏观作用是保险对全社会和国民经济总体所产生的经济效应。其表现为以下几方面：

1. 有利于国民经济的持续、稳定发展

由于保险具有经济补偿和给付保险金的职能，所以任何单位只要交付了保险费，一旦发生保险事故，便可得到经济补偿，消除因自然灾害和意外事故造成经济损失引起的企业生产经营中断的可能，从而保证国民经济的持续、稳定发展。

2. 有利于科学技术的推广应用

任何一项科学技术的产生和应用，既可能带来巨大的物质财富，也可能遇到各种风险事故而造成经济损失。尤其是现代高科技的产生和应用，既克服了传统生产技术上的许多缺点和风险，也会产生一些新的危险。损失一旦发生，其幅度巨大，远非发明者所能承受。有了保险保障，则为科学技术的推广应用在遭受风险事故时提供了经济保证，加快了新技术的开发利用。例如，现代卫星技术的应用，如果没有卫星保险，卫星制造商和发射商之间都将受到很大的限制。

3. 有利于社会的安定

保险人是专业的风险管理部门，在被保险人由于风险事故遭受财产损失和人身伤亡时履行经济补偿或保险金给付职能。就总体来说，灾害事故的发生是必然的，造成财产损失和人员伤亡也是一定的。只要在保险责任范围内，保险人通过履行经济补偿和保险金给付职能就能使被保险人在最短的时间内恢复生产和经营，从而解决人们在经济上的各种后顾之忧，保障人们正常的经济生活，稳定社会。

4. 有利于对外贸易和国际经济交往，促进国际收支平衡

保险是对外贸易和国际经济交往中不可缺少的环节。在当今对外贸易和国际经济交往中，有无保险直接影响到一个国家的形象和信誉。保险不仅可以促进对外经济贸易、增加资本输出或引进外资，使国际经济交往得到保障，而且可以带来巨额无形贸易净收入，成为国家积累外汇资金的重要来源。

### （二）保险的微观作用

商业保险在微观经济中的作用是指保险作为经济单位或个人风险管理的财务处理手段所产生的经济效应。从一般意义上说，保险的微观作用表现在以下几方面：

1. 有助于企业及时恢复经营，稳定收入

无论何种性质的企业，在经营中都可能遭受自然灾害和意外事故的损害，造成经济损失，重大的损失甚至会影响企业的正常生产和经营。保险作为分散风险的中介，每个经济单位都可通过向保险人交付保险费的方式转嫁风险，一旦其遭受保险责任范围内的损失时，便可及时得到保险人相应的经济补偿，从而及时购买受损的生产资料，保证企业经营连续不断地进行，同时也减少了利润损失等间接损失。

2. 有利于企业加强经济核算

每个企业都面临着风险事故造成损失的可能，一旦发生这些灾害事故，必然影响企业经

济核算，甚至使其经营活动中断。通过参加保险的方式，将企业难以预测的巨灾和巨额损失化为固定的、少量的保险费支出，并列入营业费用，这样，便可平均分摊损失成本，保证经营稳定，加强经济核算，从而准确地反映企业经营成果。

3. 促进企业加强风险管理

保险公司作为经营风险的特殊企业，在其经营中积累了丰富的风险管理经验，为其提供风险管理的咨询和技术服务创造了有利条件。保险公司促进企业加强风险管理主要体现在保险经营活动中，包括以下几方面：通过合同方式订明双方当事人对防灾防损负有的责任，促使被保险人加强风险管理；指导企业防灾防损；通过费率差异，促进企业减少风险事故；从保险费收入中提取一定的防灾基金，促进全社会风险管理工作的开展。

4. 有利于安定人们的生活

通过保险安定人们的生活主要体现在两方面；一方面，通过与人们生活密切相关的险种来稳定人们的生活。通过家庭财产保险，保障人们家庭财产安全；通过人身保险，解决人们因生、老、病、死、伤、残等人身风险造成的经济困难；通过责任保险，保障因民事损害造成的对受害者应负的赔偿责任。另一方面，通过一般财产保险和信用保险，保障生产经营活动的正常进行。保险人通过各种保险对被保险人遭受财产风险或人身风险时提供赔偿或给付保险金，来稳定经营、安定人们的生活。

5. 提高企业和个人信用

在市场经济条件下，每个企业或个人均有遭受责任风险和信用风险的可能，被保险人通过购买责任保险，便可为在保险责任范围内的损失取得经济保障；通过保证保险，为义务人的信用风险提供了经济保障。因此，企业和个人因购买保险提高了偿债能力，也就提高了义务人的信用。

## 第三节 保险的分类

### 一、保险分类的目的

保险分类是按一定的标志对保险商品分组，其目的在于：改善保险企业的经营；加强对保险业的法律管理；加深对保险的认识和了解。

随着社会经济和保险业的发展，保险险种日益增多。为了满足各种不同的需要，应按照一定的标准对保险业务进行归类。一般来说，保险分类主要有理论分类、法定分类和实用分类，即保险分类主要用于满足保险理论研究需要、保险业务经营需要和国家法律监督管理需要。

### 二、保险的理论分类

保险业务的种类是根据不同的标准划分的，国际上并无严格的分类规定。以下仅介绍几种主要分类方法。

### (一) 法定保险和自愿保险

这是按保险实施的方式不同进行的分类。

法定保险又称为强制保险，是以国家的有关法律为依据而建立保险关系的一种保险。它是通过法律规定强制实行的，如汽车第三者责任保险、社会保险等。自愿保险是保险人和投保人在自愿原则的基础上，通过签订保险合同而建立保险关系的一种保险。例如，企业财产保险、车辆损失保险等都是自愿保险。

二者的区别主要有以下几方面：第一，范围和约束力不同。法定保险具有强制性和全面性，凡在法令规定范围内的保险对象，无论被保险人是否愿意，都必须投保；自愿保险的投保人投保与否完全由投保人自愿决定。第二，保险费和保险金额的规定标准不同。法定保险的保险费和保险金额一般由国家规定的统一标准确定；自愿保险的保费则由投保人自行选定。第三，责任产生的条件不同。法定保险的保险责任是自动产生的，凡属法律规定范围内的保险对象，不论其是否履行投保手续，其保险责任都自动产生；自愿保险的保险责任则在保险合同成立时才产生。第四，在支付保险费和赔款的时间上，法定保险都有一定的限制；自愿保险仅仅在赔款方面有一定的限制。

对于强制保险与自愿保险的选择，从经济学的层面而言，凡是市场能解决的，政府就不要干预，因为市场配置资源比政府配置资源要有效得多。但在市场失灵的情况下，政府就不得不干预，以矫正市场的偏差。这种干预在保险方面的体现可以分为国有化、政府政策扶持（含税收优惠、费用补贴等）、强制保险。从法律的层面而言，凡是不涉及第三者利益的，市场能解决的，政府就不要干预，但涉及第三者利益、市场失灵时，为了保护第三者（受害者）的利益，基于公平性的要求，政府就应干预，以矫正市场的偏差。这种干预在保险方面的体现同样可以分为国有化、政府政策扶持（含税收优惠、费用补贴等）、强制保险，但最常用的是实施强制保险①。

### (二) 财产保险和人身保险

这是按保险标的不同进行的分类。

财产保险是以财产及其有关利益为保险标的的一种保险。当保险财产遭受保险责任范围内的损失时，由保险人提供经济补偿。由于财产分为有形财产与无形财产，如厂房、机械设备、运输工具、产成品为有形财产；预期利益、权益、责任、信用为无形财产。前者属于物

---

① 一般应该慎用强制保险，因为往往会以牺牲效率换取公平。一般而言，可通过法治的完善，让加害人觉得侵权成本远远超过侵权收益的若干倍，此时，加害人为了转移风险，便会自愿投保，这是在法治非常完善的条件下适用的。但在法治尚待进一步完善，尤其是虽有法可依，但执法不十分严格的条件下，为了保护受害者的利益，最直接、有效的方式便是实施强制保险。

质财产，后者属于有关利益、责任和信用，所以其理论定义常为：财产保险是以物质财产及其有关利益、责任和信用为保险标的的保险。

人身保险是以人的生命和身体为保险标的的保险。它是以人的生命和身体为保险标的，并以人的生存、年老、伤残、疾病、死亡等人身风险为保险事故的一种保险。当被保险人遭遇保险事故时，由保险人依约给付一定的保险金。人身保险包括人寿保险、健康保险和意外伤害保险。

### （三）财产损失保险、信用保证保险、责任保险和人身保险

这是按保险保障的范围不同进行的分类。

财产损失保险是以物质财产及有关利益为保险标的的保险。这是一种狭义的财产保险，可分为火灾保险（含企业财产保险、家庭财产保险、利润损失保险）、货物运输保险、运输工具保险、工程保险、农业保险。其中，运输工具保险又可分为机动车辆保险、飞机保险、船舶保险；工程保险又可分为建筑工程一切险、安装工程一切险、机器损坏险、船舶工程保险、科技工程保险等。

信用保证保险是以被保证人履行合同为保险标的的一种保险，可分为信用保险和保证保险。其中，信用保险是保险人根据权利人的要求担保义务人（被保证人）信用的保险，即权利人投保他人信用的保险，包括国内商业信用保险、出口信用保险、投资保险。保证保险是义务人（被保证人）根据权利人的要求，要求保险人向权利人担保义务人自己信用的保险，即义务人投保义务人自己信用的保险，包括诚实保证保险和确实保证保险。

责任保险是以被保险人对第三者依法应负的赔偿责任为保险标的的保险。它包括基本的或附加的第三者责任保险和单独的责任保险，后者可分为公众责任险、雇主责任险、产品责任险、职业责任险等。

人身保险的概念及其内容如上文所述，在此不再重复。

### （四）营利性保险和非营利性保险

这是按经营目的不同进行的分类。

营利性保险为商业保险，是以盈利为目的的保险；非营利性保险是不以盈利为目的的保险，按经营主体不同、是否带有强制性，又可分为社会保险、政策性保险、相互保险、合作保险。

1. 社会保险和政策性保险

社会保险是国家通过立法在社会劳动者暂时或永久丧失劳动能力，或失业时提供一定的物质帮助，以保障其基本生活的一种社会保障制度。政策性保险是政府为了实施某项经济政策而实施的一种非营利性的自愿保险。

社会保险和政策性保险的经营主体是政府或政府委托的机构，其目的都是实施国家的某项政策。但二者的区别在于：一是性质不同。社会保险是强制性的；政策性保险是非强制性

的。二是保险标的不同。社会保险的保险标的是人身；政策性保险的保险标的一般是财产，如出口信用保险、投资保险、农业保险等。

2. 相互保险和合作保险

相互保险是参加保险的成员之间相互提供保险的制度，其组织形式有相互保险公司和相互保险社。合作保险是指参加保险的人以资金入股的方式积聚保险基金，为入股成员提供经济保障的制度，其组织形式是保险合作社。

### (五) 社会保险和商业保险

这是按保险政策不同进行的分类。

社会保险如上文所述，它是国家通过立法对工资劳动者遭受生育、年老、疾病、死亡、伤残、失业等风险时提供基本的生活保障，是由法律规定的将某些社会风险转移到政府或某一社会组织的一种风险管理措施。

商业保险是投保人根据合同约定，向保险人支付保险费，保险人对于合同约定的可能发生的事故因其发生所造成的财产损失承担赔偿保险金责任，或者当被保险人死亡、伤残、患有疾病或者达到合同约定的年龄、期限时承担给付保险金责任的保险行为。它是一种合同关系，通过投保人与保险人签订保险合同而建立保险关系：一方面，投保人根据保险合同负有向保险人支付保险费的义务；另一方面，保险人在保险事故发生时负有赔偿或给付保险金的义务。

### (六) 原保险、再保险、重复保险、共同保险

这是按业务承保方式的形式不同进行的分类。

1. 原保险

原保险又称为直接保险，是保险人与投保人签订保险合同，构成投保人与保险人权利义务关系的保险。它是由投保人与保险人之间直接签订保险合同而形成的保险关系，即投保人将风险转嫁给保险人。这种风险转嫁方式是投保人对原始风险的纵向转嫁，即第一次风险转嫁。

2. 再保险

再保险又称为分保，是一方保险人将原承保的部分或全部保险业务转让给另一方承担的保险，即对保险人的保险。分出再保险业务的人称为分出人；接受再保险业务的人称为分入人。它是保险人将其承担的保险业务以承保形式，部分或全部转移给其他保险人的行为。这种风险转嫁方式是原保险人对原承保业务风险的纵向转嫁，即第二次风险转嫁。

上述以风险分散的先后顺序为基础分为原保险和再保险。

3. 重复保险

重复保险是投保人对同一保险标的、同一保险利益、同一保险事故同时分别向两个以上保险人订立保险合同，其保险金额之和超过保险价值的保险。我国《保险法》规定：重复

保险是指投保人对同一保险标的、同一保险利益、同一保险事故分别向两个以上保险人订立保险合同的保险。重复保险的条件为：第一，保险标的相同。若保险标的不同，几个保险合同彼此之间便没有任何关系。第二，保险利益相同。保险标的与保险利益之间的关系存在不同的情形：或是完全相同，或是同一保险标的有着数个不同的利益等。基于同一保险标的的不同保险利益订立不同的保险合同不构成重复保险合同。第三，保险事故相同。若保险事故不同，则各自均为单保险合同。第四，与两个以上的保险人签订保险合同。一是有两个以上的保险人；二是有两个以上的保险合同，以区别于共同保险或联合保险。在有关的数个合同的主体上，投保人是同一个人，而保险人是两个以上不同的人。第五，保险期间相同，即便有交叉，但重叠部分属于重复保险。第六，保险金额之和超过保险价值。即便存在多个保险人，若保险金额之和不超过保险价值，也只是共同保险。

重复保险的情况比较复杂，多数情况是投保人以善良的内心状态进行重复保险，如海上货物运输保险合同常常既与发货方所在地的保险公司签订，又与收货方所在地的保险公司签订。但是也不排除有些投保人为获取两倍以上的赔偿而恶意地签订重复保险合同，正是鉴于此，我国《保险法》明确规定，各保险人的赔偿金额的总和不得超过保险价值，有些国家甚至不承认重复保险合同的法律效力。

4. 共同保险

共同保险是由两个或两个以上的保险人同时联合直接承保同一保险标的、同一保险利益、同一保险事故而保险金额之和不超过保险价值的保险，简称共保。在发生赔偿责任时，其赔偿按照各保险人各自承保的保险金额比例分摊。这种风险转嫁方式是保险人对原始风险的横向转嫁，仍属于第一次风险转嫁。

重复保险与共同保险的相同点在于：两者均存在数个保险人。重复保险与共同保险的区别在于：前者的保险金额之和超过保险价值，后者的保险金额之和不超过保险价值；前者存在数个保险合同，后者只有一个保险合同。

### （七）单一风险保险和综合风险保险

这是按所承保的风险不同进行的分类。

单一风险保险是在保险合同中只规定对某一种风险造成的损失承担保险责任的保险。例如，地震保险只对地震灾害负赔偿责任。综合风险保险是指保险合同中规定对数种风险造成的损失承担保险责任的保险。例如，我国企业财产险的保险责任就包括火灾、爆炸、冰雹、雷击、洪水等造成的损失。

### （八）团体保险和个人保险

这是按保障主体进行的分类。

团体保险是以集体名义使用一份总合同向其团体内成员所提供的保险。例如，机关、团体、企业等单位按集体投保方式，为其员工个人向保险人集体办理投保手续所建立的保险关系。个人保险是以个人名义向保险人投保的家庭财产保险和人身保险。

除上述八种分类方式外，还可以按经营的主体不同，将保险分为国营保险、私营保险、合营保险，或者民营保险、公营保险、合营保险；按保险期限不同，将保险分为长期保险和短期保险；按投保主体不同，将保险分为企业保险和个人保险；等等。

### 三、保险的法律分类

由于各国理论分类、法定分类和实用分类差异较大，分类标准不统一，所以保险分类也不统一。例如，美国的法律将保险分为财产和意外保险、人寿和健康保险两大类；日本的法律将保险分为损害保险和生命保险两大类；瑞士的法律将保险分为寿险和非寿险，非寿险又分为财产保险、意外伤害保险和健康保险。这也是国际习惯分类，其依据是经营的技术不同。

我国《保险法》将商业保险分为财产保险和人身保险两大类。《保险法》第九十五条规定，财产保险业务包括财产损失保险、责任保险、信用保险、保证保险等保险业务；人身保险业务包括人寿保险、健康保险、意外伤害保险等保险业务。

## 第四节　保险的产生与发展

### 一、古代保险思想

人类社会从一开始就遇到自然灾害和意外事故的侵扰，所以在古代社会里就萌生了抵御灾害事故的保险思想和原始形态的保险方法，这在中外历史上均有记载。回顾历史，有助于我们掌握保险产生和发展的规律，加深对现代保险制度的认识。

#### （一）外国古代保险思想和原始形态

根据史料记载，原始的保险思想和形式在西方出现较早，但不是在现代保险业发达的大国，而是处在东西方贸易要道上的文明古国，如古代的巴比伦、埃及、希腊和罗马。据古埃及的一项文件记载：公元前 4500 年，在从事金字塔修建的古埃及石匠中曾出现过一种互助基金组织，用参加者平时交付的互助会费支付会员死亡后的丧葬费用；在古罗马的士兵中曾出现过丧葬互助会，该组织用收取的会费作为士兵战死后付给其家属的抚恤费用，在士兵调职或退役时发给旅费。上述两种做法可以说是人身保险的最古老形态。

在公元前 18 世纪古巴比伦的《汉穆拉比法典》中有类似运输保险和火灾保险的规定。此后，随着对外贸易的发展，约在公元前 1792 年古巴比伦第六代国王汉穆拉比在位期间，古巴比伦人的对外贸易运输队中曾出现过马匹死亡的救济办法，即如果运输队中某个人的马匹死亡，则由运输队全体给予补偿，这可以说是运输保险的原始形式。

### (二) 我国古代保险思想和救济后备制度

在我国，保险思想和救济后备制度有较悠久的历史。在约 2500 年前，我国古代的大思想家孔子（前 551—前 479 年）在《礼记·礼运》中有这样一段话："大道之行也，天下为公；选贤与能，讲信修睦，故人不独亲其亲，不独子其子；使老有所终，壮有所用，幼有所长；鳏寡孤独废疾者皆有所养。"① 这一记载足以证明我国古代早有谋求经济生活之安定的强烈愿望，实为最古老的社会保险思想。

我国古代的救济后备一般采取实物的形式，即后备仓储制度。例如，根据《周礼·大司徒》记载，从公元前 11 世纪的周朝开始，就已建有后备仓储的制度，书中所称"……县都之委积，以待凶荒"，即指集粮储谷，以备荒年救灾之用。又如，西汉宣帝时创建的"常平仓"、隋文帝五年（公元 585 年）所推行的"义仓"。此外，宋朝和明朝还出现了民间的"社仓"制度，它属于相互保险形式；在宋朝还有专门赡养老幼贫病不能自我生存的"广惠仓"，这可以说是原始形态的人身救济后备制度。

尽管我国保险思想和救济后备制度产生的时间很早，但因中央集权的封建制度和重农抑商的传统观念，商品经济发展缓慢，缺乏经常性的海上贸易，所以在中国古代社会没有产生商业保险。

以上中外古代历史上所实行过的各种救济后备，无论西方采取的资金后备形式，还是我国采取的物资后备形式，都体现了互助共济的原始保险思想，蕴含着各种保险的雏形。

保险是社会经济发展到一定阶段的产物，其产生需要有一定的条件：自然灾害和意外事故的客观存在是保险产生的自然基础；剩余产品是保险产生的物质基础；商品经济是保险产生的经济基础。

## 二、外国保险的产生与发展

### (一) 商业保险的产生与发展

1. 原保险的产生与发展

（1）海上保险的起源与发展。海上保险是一种最古老的保险，近代保险也首先是从海上保险发展而来的。

①共同海损的分摊原则是海上保险的萌芽。在公元前 2000 年，地中海一带就有了广泛的海上贸易活动。为使航海船舶免遭倾覆，最有效的解救办法就是抛弃船上的货物，以减轻船舶的载重量。为了使被抛弃的货物能从其他受益方处获得补偿，当时的航海商提出了一条

---

① 礼记·礼运//中国古代经济文选：第一分册. 上海：上海人民出版社，1980：56.

共同遵循的原则，即"一人为众，众为一人"。该原则后来被公元前916年的《罗地安海商法》所采用，并正式规定为"凡因减轻船舶载重投弃大海的货物，如为全体利益而损失的，须由全体来分摊"，这就是著名的"共同海损分摊"原则。这一分摊原则至今仍为各国海商法所采用。该原则由于最早地体现了海上保险的分摊损失、互助共济的要求，因而被视为海上保险的萌芽。

②船舶抵押借款是海上保险的初级形式。公元前800至公元前700年，船舶抵押借款已在地中海的一些城市，特别是希腊的雅典广泛流行。船舶抵押借款方式最初起源于船舶航行在外急需用款时，船长以船舶和船上的货物向当地商人抵押借款。借款的办法是：如果船舶安全到达目的地，则本利均偿还；如果船舶在中途沉没，则债权即告消灭。由于当时航海的风险很大，且债主承担了船舶航行安全的风险，所以借款的利息高出一般借款利息很多。可以看出，如果船舶在中途沉没，"债权即告消灭"，意味着借款人所借的款项无须偿还，该借款实质上等于海上保险中预先支付的损失赔款；船舶抵押借款的利息高于一般借款的利息，其高出的部分实际上等于海上保险的保险费；在此项借款中的借款人、贷款人以及用作抵押的船舶，实质上与海上保险中的被保险人、保险人以及保险标的物相同。可见，船舶抵押借款是海上保险的初级形式。

③现代海上保险的发展。第一，意大利是现代海上保险的发源地。在14世纪中期经济繁荣的意大利北部出现了类似于现代形式的海上保险。意大利的伦巴第商人在1250年左右开始经营海上保险。起初，海上保险是由口头缔约的，后来出现了书面合同。现在世界上发现的最古老的保险单是一个名叫乔治·勒克维伦的热那亚商人在1347年10月23日出立的一张承保从热那亚到马乔卡的船舶保险单，这张保险单现在仍保存在热那亚国立博物馆里。该保险单被当地人称为Polizza，传入英国后被称为Policy，一直沿用至今，传入我国后被译为"保险单"。

第二，英国海上保险的发展。在美洲新大陆被发现之后，英国的对外贸易获得迅速发展，保险的中心逐渐转移到英国。1568年12月22日，经伦敦市市长批准开设了第一家皇家交易所，为海上保险提供了交易场所。1554年，英国商人从国王那里获得特许，组织贸易公司垄断经营海外业务。从此，对外贸易及海上保险开始由英国商人自己经营，海上保险的一些法令和制度也相继制定与建立。

英国政府于1720年批准"皇家交易"及"伦敦"两家保险公司享有经营海上保险的独占权，其他公司或合伙组织均不得经营海上保险业务。

1871年，在英国成立的劳合社（Lloyd's）是由1683年由爱德华·劳埃德（Edward Lloyd）所开设的咖啡馆（Lloyd's Coffee House）演变发展而来的。1691年，劳埃德咖啡馆从伦敦塔街迁至伦巴第街，不久成为船舶、货物和海上保险交易的中心。劳埃德咖啡馆在1696年出版了每周两次的《劳埃德新闻》（Lloyd's News）。劳合社不仅在英国保险业发展的历史上占有重要地位，也是目前世界上最大的保险垄断组织之一。劳合社本身不是保险公司，不直接承保业务，而是一个类似于交易所的保险市场。20世纪初，劳合社仅有600多名成员，但到 1988 年年底，劳合社注册的成员已达 32 433 人，其中大部分是英国人；其后有逐步减少的趋势，到 2000 年年底，劳合社的成员为 4 171 人。并组成了 200 多个承保组合。其承保的范围包括水险、非水险、航空保险、汽车保险等，其中最有影响力的是海上保险业务。据统计，在全世界远洋船舶的保险业务中，有 80% 直接或间接地同劳合社有关。另外，可在劳合社保险市场投保的非水险的范围也非常广泛，除了不包括水险、寿险等业务外，凡是被保险人享有保险利益的保险标的，几乎都可以在该市场上获得承保。

1884 年，英国伦敦经营海上保险业务的承保人成立了名为"伦敦保险人协会"的公会组织，这个组织在水险条款的标准化方面做了大量的工作。它所制定的保险条款在国际保险市场上获得了广泛应用。1906 年，英国制定了《海上保险法》，这个保险法是参照各国商业习惯和判例而制定的。长期以来，它对资本主义各国的保险立法有着深刻的影响。直到现在，它仍然是世界上最具权威性的一部海上保险法典。

（2）火灾保险的产生与发展。火灾保险始于德国。1591 年，德国汉堡市的造酒业者成立了火灾合作社。至 1676 年，由 46 个相互保险组织合并成立了汉堡火灾保险社，其后，合并为第一家公营保险公司——汉堡保险局。但这只是原始的火灾保险，现代的火灾保险制度起源于英国。

1666 年 9 月 2 日，英国伦敦大火的发生促成了 1667 年英国第一家火灾保险商行的设立。这场火灾持续了 5 天，使伦敦城约 80% 被毁，财产损失在 1 000 万英镑以上。1667 年，一位牙科医生尼古拉斯·巴蓬独资开办了一家专门承保火险的营业所，开创了私营火灾保险的先例，并于 1680 年创立了拥有 4 万英镑资金的火灾保险公司。保险费是根据房屋的租金和结构计算的，砖石建筑的费率定为 2.5%，木屋的费率为 5%。这种差别费率的方法被沿用至今，因而巴蓬有"现代火灾保险之父"的称号。

现代保险业比较发达的国家都是工业化国家。世界上最早的股份制保险公司是 1710 年由英国的查尔斯·波文创办的"太阳保险公司"，它将承保范围从不动产扩大到动产，是英国迄今为止仍存在的最古老的保险公司之一。美国的第一家保险公司是 1752 年由本杰明·富兰克林在费城创办的火灾保险社。

（3）人身保险的产生与发展。人身保险起源于海上保险。15 世纪末，奴隶贩子将奴隶作为货物投保海上保险。由于这是以人的生命和身体作为海上保险的保险标的，故人身保险可以此为起源。17 世纪中叶，意大利银行家洛伦佐·佟蒂设计了"联合养老保险法"（以下简称"佟蒂法"）。1689 年，法国的路易十四将"佟蒂法"用于筹集战争经费，获得了成功。"佟蒂法"是养老年金的一种起源，它以每人缴纳 300 法郎筹集到 140 万法郎的资金，规定在一定时期后开始每年支付利息，把认购人按年龄分为 14 个群，对年龄高的群多付利息，当认购人死亡后，利息总额在该群生者中间平均分配；当该群认购人全部死亡后，停止付息。由于这种办法不偿还本金，并引起了相互残杀，所以后来被禁止了，但"佟蒂法"引起了人们对生命统计研究的重视。因此，人身保险的创始人应首推洛伦佐·佟蒂。

英国数学家、天文学家埃德蒙·哈雷于 1693 年根据德国布雷斯劳市 1687—1691 年的市民按年龄分类的死亡统计资料，用数学方法编制了世界上第一张生命表，后人称之为哈雷生命表。该生命表为保险费的计算提供了数理依据，从而奠定了现代人寿保险的数理基础。1762年，由英国人辛浦逊和道森发起的人寿及遗属公平保险社首次将该生命表用于计算人寿保险的费率，这标志着现代人寿保险的开始。

（4）信用保证保险的产生与发展。信用保险产生于19世纪中叶的欧美国家，当时被称为商业信用保险，主要由一些私营保险公司承保，业务限于国内贸易。第一次世界大战后，信用保险得到了发展。1919年，英国首先成立了出口信用担保局，创立了一套完整的信用保险制度，以后各国纷纷效仿，开始了政府介入出口信用保险的时代。1934年，英国、法国、意大利和西班牙的信用保险机构发起并成立了"国际信用与投资保险人协会"，简称"伯尔尼协会"，加强了各保险机构之间的信息交流与合作，标志着出口信用保险业务发展进入了一个新阶段。之后，各国的信用保险业务又屡经动荡冲击，但都逐步稳定下来，并趋于完善。

第二次世界大战后不久，美国于1948年4月根据《对外援助法》制定了《经济合作法案》，开始实施马歇尔计划，并开始实行投资风险保险制度。进入20世纪60年代，许多亚洲、非洲和拉丁美洲国家独立之后，为了维护民族主权和发展本国经济，纷纷颁布法令，采取对外资企业实行国有化、限制外国资本汇出境外等措施，给发达国家的投资者带来了损失。发达国家为了保障本国对外投资者的经济利益，鼓励对外投资，创办了投资保证保险。因此，作为一项独立的新型保险业务，投资保证保险是于20世纪60年代在欧美国家形成的。此后，投资保证保险成了海外投资者进行投资活动的前提条件。

保证保险是随着商业信用的发展而产生的、由保险人承担各种信用风险的一项新兴保险业务。它产生于美国，随后西欧国家、日本等经济发达国家纷纷开办此项业务。

（5）责任保险的产生与发展。19世纪，法国《拿破仑法典》中开始出现关于民事损害赔偿责任的规定，奠定了责任保险产生的法律基础。它是随着财产保险的发展而产生的一种新型业务。早期的责任保险出现于19世纪中期的英国。1855年，英国铁路乘客公司开办了铁路承运人责任保险。

到1870年后，承保机器锅炉保险的工程保险商开始对因爆炸造成的第三者财产摧毁和生命伤害提供赔偿；1875年，伦敦暨地方铁路客车公司发行用于马车意外事故的第三者责任保险单；1880年后，先后出现了雇主责任保险、电梯责任保险、职业责任保险、产品责任保险、会计师责任保险、汽车第三者责任保险等险种，使责任保险趋于完善。

进入20世纪以后，现代保险的四大门类：财产保险、人身保险、责任保险和信用保证保险全部形成，保险业作为与金融业和贸易业并驾齐驱的现代市场经济发展的三大支柱，在商品经济的发展过程中发挥了精巧的社会稳定器的作用。

2. 再保险的产生与发展

现代保险制度从海上保险开始，随着海上保险的发展，产生了对再保险的需求。最早的海上再保险可追溯到1370年7月12日签发的一张保单，签发人是一位叫格斯特·克鲁丽杰的保险人，承保自意大利热那亚到荷兰斯卢丝之间的航程，并将其中一段经凯的斯至斯卢丝的航程责任转让给其他保险人，这是再保险的开始。虽然严格说来，这并不能算现代真正意义上的再保险，因为原保险人并非由于保额大才分保，而是把自己不愿承担的风险责任转移出去。

16世纪初，新航线的开辟使得世界贸易中心从地中海一带转移到大西洋沿岸，保险也随之由意大利转移到西班牙、比利时和英国。17世纪初，英国皇家保险交易所和劳合社开始经营再保险业务。1681年，法国路易十六曾公布法令，规定"保险人可以将自己承保的保险业务向他人进行再保险"，这个法令不仅在法国有效，而且在德国和西班牙的港口允许再保险。到18世纪，荷兰鹿特丹的一家保险公司于1720年将承保到西印度的海上保险在伦敦市场进行再保险，其后，丹麦、德国、西班牙、瑞典均出现了再保险的法律规定。

随着再保险的发展，再保险合同方式也在发生变化。由早期的临时再保险合同发展为后来的固定再保险合同，并成为再保险中的主要方式。再保险的承保方式也发生了变化，再保险产生初期都是比例再保险，但随着巨灾风险的频繁出现，劳合社承保人卡博托·希思第一次提出并设计了超额赔款分保。现在该方式正发挥着越来越重要的作用。

### （二）社会保险的产生与发展

社会保险作为社会保障的一种形式，是19世纪80年代在德国首先产生并形成的。它是一项社会政策，是强制性保险的一种形式。

德国是第一个推出社会保险制度的国家。从19世纪80年代起，德国陆续颁布了一系列社会保险法案，确定了社会保险的基本体系。由于德国的社会保险对安定劳动者的经济生活和稳定社会起了较大作用，所以1890—1919年，各工业国纷纷效仿建立了社会保险制度。在此期间，实行养老保险的有丹麦、奥地利、英国等16个国家；实行疾病、生育保险的有比利时、瑞士、英国等9个国家；实行失业保险的有英国、法国、西班牙等9个国家；实行工伤保险的有美国、波兰、南非等37个国家。

1935年后，社会保险得到了普遍的发展。1935年，在罗斯福总统的领导和主持下，美国颁布了第一部社会保障法典《社会保障法》，它包括养老保险、失业保险、盲人补助、老年补助、未成年人补助等。至第二次世界大战结束，有50多个国家先后建立了社会保险制度，几乎所有西方国家都完成了有关社会保险的立法，设立了社会保险的主要项目和管理机构。这标志着社会保险制度最终形成。

进入20世纪中叶，社会保险的涵盖面进一步扩展，有些国家将某些项目的保险对象扩展到全社会；有些国家则实施普遍福利政策，如英国、瑞典。1952年，国际劳工组织制定并通过的《社会保障最低标准公约》为各国制定社会保障制度提供了依据，是解释社会保障的权威性文件，极大地推动了世界社会保障制度的发展和完善。

## 三、中国保险的产生和发展

保险思想发源于我国，但我国商品经济长期不够发达，导致我国保险业起步较晚。我国现代保险业的发展大致可以以 1949 年为界，分为两个时期。

**（一）1949 年以前的中国保险业**

1949 年以前的中国保险业大致分为：

1. 外商保险公司垄断时期

在 1840 年之前，我国对外贸易仅限广州一地。1805 年，英国商人在广州开设了第一家外商保险公司——谏当保安行，亦译为广州保险公司，也曾译为广州保险社。这是外商在中国开设最早的保险公司，主要经营海上保险业务，1841 年，其总公司迁往香港。1835 年，英商保险公司在香港设立了保安保险公司，并在广州设立了分支机构。其后，英国的太阳保险公司和巴勒保险公司均在上海设立了分公司。1877 年，怡和洋行在上海设立保险部。继英国之后，美国、法国、德国、瑞士、日本等国的保险公司亦相继来华设立分公司或代理机构，经营保险业务，完全垄断了我国的保险市场。

2. 民族保险业的产生与发展

1865 年 5 月 25 日，上海华商义和公司保险行成立。这是我国第一家民族保险企业，它打破了外国保险公司对中国保险市场完全垄断的局面，标志着我国民族保险业的起步。1875 年 12 月，李鸿章授意轮船招商局集资 20 万两白银，在上海创办我国第一家规模较大的船舶保险公司——保险招商局。1876 年，在保险招商局开办一年业务的基础上，又集 25 万两白银，开设了仁和保险公司，但它仍属于轮船招商局。1885 年，保险招商局被改组为业务独立的仁和保险公司与济和保险公司两家保险公司，主要承办保险招商局所有的轮船和货物运输保险业务；1887 年，两家保险公司合并为仁济和保险公司，有股本规银 100 万两，其业务范围也开始从海上转向内地，承办各种水险及火灾保险业务。1905 年，黎元洪等官僚资本自办的华安合群人寿保险公司是中国第一家人寿保险公司。

其后，我国民族保险业得到了一定的发展。1865—1912 年的 40 多年间成立的保险公司约有 35 家，其中寿险公司有 8 家；1912—1925 年成立的保险公司有 39 家，其中寿险公司有 19 家。在此时期，民族资本保险公司的数量有了很大增加。20 世纪 20 年代至 30 年代，有 30 多家民族资本保险公司宣告成立，至 1935 年则增至 48 家。

1935 年 10 月至 1943 年，国民政府相继成立了中央信托局保险部、中国农业保险公司、太平洋保险公司、资源委员会保险事务所。官僚资本的保险公司为了瓜分业务、调和利益冲突，由前三家保险公司再加上中国保险公司四家联合组成四联盐运保险管理委员会，办理盐运保险。

抗日战争胜利后，各官僚资本及民营保险公司将其总公司从重庆迁回上海，投资保险事业的趋势又发展起来，仅上海一地的保险公司就有 232 家，其中华资保险公司有 168 家，恢复经营的外资公司有 64 家。当时外商在火险方面的承保能力为华商的 10 倍，在水险方面的承保能力为华商的 50～60 倍。据统计，到 1949 年 5 月，上海有中外保险公司 400 家左右，其中，华商保险公司只有 126 家。

在此同时，再保险得到了一定的发展。1933 年 6 月，在上海成立了唯一一家经营再保险业务的华联商合保险股份有限公司。第一家由华商组成的华商联合保险公司开始再保险业务。在抗日战争期间，由于和外商的分保关系中断，又不愿与日本的保险公司合作，民族保险公司先后成立了久联、太平、大上海、中保、华商联合等分保集团。抗战胜利后，民族再保险业务主要由中央信托局、中国再保险公司、华商联合保险公司经营，但总的来说，再保险基本上由外商垄断，民族保险公司的再保险公司自留额很低，保费大量外流。

同时，在保险法律方面也得到了一定的发展。1929 年 12 月 30 日，国民政府公布了《保险法》，但由于多种原因，该法未能施行。1935 年 5 月 10 日，国民政府公布了《简易人寿保险法》；1937 年 1 月 11 日，国民政府公布了修订后的《保险法》《保险业法》《保险业法施行法》。除《简易人寿保险法》以外，其余法规均未得到实施。

1949 年 10 月 1 日前，中国保险业的基本特征是保险市场基本被外国保险公司垄断，保险业起伏较大，未形成完整的市场体系和保险监管体系。外国保险公司通过组织洋商保险同业公会，垄断了保险规章、条款及费率等的制定；民族资本的保险公司虽然也组织了华商同业公会，但由于力量弱小，只能处于受支配地位。

### （二）1949 年后的中国保险业

1949 年以来，若按细分，中国保险业的发展经过了"四起三落"的坎坷历程。从 1949 年中国人民保险公司成立到 1952 年的大发展是一起；1953 年停办农村保险、整顿城市业务是一落；1954 年恢复农村保险业务、重点发展分散业务是二起；1958 年开始实行计划经济制度，由财政承担风险，因此停办了国内保险业务是二落；1964 年保险机构升格、大力发展国外业务是三起；1966 年"文化大革命"中几乎停办国外保险业务是三落，涉外保险人员一度减少到 9 人，史称"九人治丧委员会"；1979 年恢复国内保险业务，我国保险事业进入一个新时期是四起。若从大的方面划分，中国保险业的发展大致经历了创立、萧条和发展三个阶段。

1949 年 10 月 1 日后，一方面，我国整顿和改造原有保险业及保险市场，中央人民政府接管了官僚资本的保险公司，并批准一部分私营保险公司复业；另一方面，1949 年 10 月 20 日，经中央人民政府批准，成立了中国人民保险公司，这是中华人民共和国成立后设立的第一家全国性国有保险公司，至 1952 年年底，已在全国设立了 1 300 多个分支机构。1952 年，中国人民保险公司由中国人民银行领导改为由国家财政部领导。至此，我国由国营保险公司垄断的独立保险市场初步形成。1958 年年底，全国设有保险机构 600 多个，保险职工近 5 万人。保险对国家的经济建设起到了重大作用。1958 年，随着我国计划经济的逐步建立，财政统收统支，亏损了由财政补贴，盈利了上缴给财政，财政进行风险管理，因此，商业保险由财政风险管理所替代，自 1958 年开始停办国内保险业务，直至 1979 年才得到恢复。自 1979 年国务院批准恢复国内业务以来，保险市场发生了重大变化，尤其是 2001 年我国加入世界贸易组织以来发展更快，我国的保费收入在全球所占的地位从 2001 年的 13 位上升到

2015 年的第 3 位。这些变化主要表现在以下几方面。

1. 保险公司逐步多元化

1980 年，我国开始恢复国内财产保险业务；1982 年，恢复国内人身保险业务；至 1985 年，全国仅有一家保险公司——中国人民保险公司；1986 年，成立了新疆生产建设兵团保险公司（2002 年改为中华联合保险公司）；1992 年，平安保险公司由区域性保险公司改为中国平安保险公司；1991 年 4 月，中国太平洋保险公司成立。此后，1996 年，新华人寿保险公司、泰康人寿保险公司、华泰财产保险公司等保险公司相继成立；同年，随着《保险法》的颁布，保险公司分业经营，中保集团分为中保集团财产保险有限公司、中保集团人寿保险有限公司、中保集团再保险有限公司。1999 年 9 月，中保集团解散，原中保集团财产保险有限公司、中保集团人寿保险有限公司、中保集团再保险有限公司分别改为中国人民保险公司、中国人寿保险公司、中国再保险公司。2003 年，中国人民保险公司、中国人寿保险公司、中国再保险公司分别进行了股份制改造。中国人民保险公司改为中国保险控股公司，其后又改为中国人民保险集团股份有限公司，控股设立中国人民财产保险股份有限公司、中国人民人寿保险股份有限公司、中国人民健康保险股份有限公司、中国人保资产管理公司等 10 家子公司；中国人寿保险公司改为中国人寿（集团）公司，控股设立中国人寿保险股份有限公司、中国人寿资产管理有限公司、中国人寿财产保险股份有限公司、中国人寿养老保险股份有限公司、中国人寿保险（海外）股份有限公司、国寿投资控股有限公司等多家公司和机构；中国再保险公司改为中国再保险（集团）股份有限公司，控股设立中国财产再保险股份有限公司、中国人寿再保险股份有限公司、中国大地财产保险股份有限公司、中再资产管理股份有限公司、中国保险报业股份有限公司、华泰保险经纪有限公司。

至 2001 年年底，我国保险公司发展到 52 家，其中，中资保险公司有 20 家，外资和中外合资保险公司有 32 家。至 2016 年年底，保险公司发展到 214 家，其中，中资保险公司有 150 家，中外合资和外资保险公司分公司有 64 家；财产保险公司有 81 家，寿险公司有 84 家，再保险公司有 11 家，保险集团控股公司有 12 家，保险资产管理公司有 23 家；其他保险机构（如自保公司、保险互助社）有 4 家。

相应地，根据统计，市场占有率由 1985 年原中国人民保险公司独家垄断，变为 2016 年中国人寿保险公司和中国人民保险公司的保费收入市场占有率分别为 16.45%、14.43%，其余中资保险公司的市场占有率分别如下：中国平安保险公司为 15.41%，中国太平洋保险公司为 7.68%，新华人寿保险公司为 3.7%，泰康人寿保险公司为 3%。2016 年，在寿险市场上，中国人寿保险股份有限公司、中国平安人寿保险股份有限公司、中国太平洋保险股份有限公司的份额分别为 19.85%、12.69%、6.33%，而其余 72 家寿险公司的市场占有率为 61.13% [1]；在财产保险市场上，中国人民保险股份有限公司、中国平安财产保险股份有限

---

① 孙祁祥，郑伟. 中国保险业发展报告（2017）. 北京：北京大学出版社，2017：63 – 67.

公司、中国太平洋财产保险股份有限公司的市场占有率分别为 33.5%、19.2%、10.37%，其余 78 家保险公司的市场占有率为 36.93%[①]。这说明多主体的市场格局基本形成，已经开始从寡头垄断型保险市场向垄断竞争型市场过渡。

2. 保险收入快速增长，且潜力巨大

我国自 1980 年恢复国内保险业务到 2016 年，保费收入从 1980 年的 4.6 亿元增加到 2016 年的 30 959.1 亿元；1980 年我国的保险深度为 0.1%，2016 年为 4.16%；1980 年我国的保险密度为 0.48 元，2016 年为 2 258 元。这不仅说明我国的保险深度和保险密度增长速度快，也说明我国的保险市场有巨大的发展潜力。

在财产保险方面，随着我国经济的持续高速增长，财产保险业务也会相应增长。在未来的中国财产保险市场上，至少存在四大潜力：机动车保险、企业财产保险、家庭财产保险和责任保险。

在机动车保险方面，一方面，随着交通的逐步改善、人们收入水平的提高，个人购车将相应增加，机动车损失保险的业务量将会进一步增加；另一方面，由于《中华人民共和国道路交通安全法》《中华人民共和国侵权责任法》的进一步贯彻，机动车第三者责任保险的业务将会进一步增加。同时，我国目前机动车投保率仍然较低，也说明了机动车保险的市场潜力较大。

在企业财产保险方面，随着国有企业股份制的进一步改革和产权制度的明晰，一方面，企业将降低对财政的依赖度，将商业保险作为转移企业风险的一种主要方式；另一方面，企业效益的提高也将增加企业财产保险的需求。

在家庭财产保险方面，由于个人购房的增加和家庭物质财产的累积，家庭财产保险业务将会增加。

在责任保险方面，随着民事法律制度的完善，责任保险，尤其是公众责任保险、产品责任保险、雇主责任保险和职业责任保险蕴藏着巨大的潜力。

同时，随着个人购房和购车的增多，保证保险业务的规模也会增加，当然，这取决于经济发展状况；随着中国"一带一路"[②]战略的实施，工程保险、投资保险、出口信用保险也将得到较快的发展。

在寿险方面，目前占全世界人口 18.65% 的中国，2016 年，寿险保费收入仅占全世界寿险保费收入的 10.3%，居世界第 3 位；寿险的保险密度仅为 189.9 美元，在全世界统计的 88 个国家和地区中居第 44 位，这说明中国寿险市场的潜力巨大。随着国民经济的进一步快速增长、收入水平的提高、人口规模的增大、人口老龄化、社会保障制度的改革，以及投资环境的逐步改善和保险投资监管的进一步完善，中国寿险业将继续快速增长，尤其是在经济

---

① 孙祁祥，郑伟. 中国保险业发展报告（2017）. 北京：北京大学出版社，2017：31 – 34.

② 一带一路为丝绸之路经济带和 21 世纪海上丝绸之路。

发达地区，如上海、广东、北京、江苏、浙江，将呈现较快增长。其中，随着投资环境的逐步改善和保险投资监管的进一步完善，投资型保险产品，如万能寿险、分红寿险、投资连结保险等仍将具有巨大的市场潜力。

3. 保险商品多样化，商品结构趋于合理

基于社会经济发展和对外开放的需要，我国陆续开办了许多新的险种，如建筑工程险、安装工程险、海洋石油开发险、履约保险、政治风险保险、产品责任保险、卫星发射保险、核电站保险等。到1996年年底，我国开办的险种就已达700多个，比1980年增长了60多倍，比1990年增加了500多个。在人身险业务方面，自1982年恢复以来，其险种也在不断增加，客户在保险市场上基本能买到所需要的保险商品，并逐步开始由以保障型和储蓄型为主的险种向以投资型为主的险种转变。

同时，从以财产保险业务为主转向以人身保险业务为主。自1982年我国恢复人身保险业务以来，人身保险保费收入在全部保费收入中所占的比重明显上升，1982年为0.16%，1985年为13.32%，1990年为21.02%，1996年为41.73%；1997年和1998年由于下半年利率下降的影响，人身险保费收入的比重急剧上升为55.33%、59.05%；2010年为73.5%，2016年为71.8%。相应地，财产保险保费收入所占的比重则从1982年的99.84%降为1998年的40.5%，2001年为32.5%，2003年为22.4%，2010年为26.5%，2016年为28.2%。

预计今后5年仍将保持这一结构，但各自的内部结构将有所变化。随着社会保险制度的改革，在人身保险方面，健康保险、养老保险所占的比重将会上升；在财产保险方面，随着法律制度的完善，责任保险将有广阔的前景，保证保险所占的比重将会上升，机动车保险所占的比重则不会有大的变化，但其规模将会进一步扩大。

4. 保险展业方式多样化

中国自恢复国内保险业务以来，其展业渠道由最初的保险公司直接展业，转向保险代理人和保险经纪人展业。在恢复国内保险业务初期，最初展业渠道是保险公司的直接展业。这种方式展业成本高、信息渠道窄，导致保险业务量有限。尤其是在自1959年国内保险业务全面停办了21年后的中国，刚开始人们缺乏保险常识，对保险既不了解，也不信任，因而靠保险公司直接展业是非常有限的[①]。最初，保险公司通过有关部门发展兼业代理人，其后自1996年开始实施专业代理人、兼业代理人和个人代理人相结合的保险代理制度；自1995年12月以来，先后由有关保险监督管理部门组织了数十次全国保险代理人资格考试，取得保险代理人资格的有近200万人。自1999年以来，由保险监管部门组织了多次全国保险经纪人资格考试。至2002年年底，我国有保险经纪公司17家，保险专业代理公司127家，保险公估公司26家，保险兼业代理人约8万家。至2010年年底，我国有保险中介公司2 550家，其中，保险代理公司1 853家，保险经纪公司392家，保险公估公司305家。至2016年

---

① 王绪瑾. 保险市场的现状与趋势. 经济日报, 1998 - 10 - 5。

年底，我国有保险中介公司 2 603 家，其中，保险代理公司 1 774 家，保险经纪公司 469 家，保险公估公司 360 家。

目前，保险代理人所招揽的保费收入占保费总收入的比例超过 80%，并且呈逐步上升趋势。从长期来看，保险展业将从以保险公司展业为主向以保险代理人和保险经纪人展业为主转变。

另外，由于互联网的发展，互联网保险渠道也得到了快速发展，未来将会有巨大的成长空间；银行保险也得到了快速发展，随着市场经济制度的完善和利率市场化，企业融资由间接融资转为以直接融资为主，银行保险将会得到快速发展。

5. 保险市场的开放程度提高

我国自改革开放以来，一方面，允许外国保险公司进入中国保险市场。1992 年，批准美国友邦人寿保险公司在上海设立分公司。到 2000 年年底，已有中外合资和外资保险公司 17 家，并且已有 200 多家外资保险公司在中国设有代表处；到 2003 年年底，已有中外合资和外资保险公司 37 家，并且外资保险公司已在中国设立代表处的有 190 多家；到 2010 年年底，已有中外合资和外资保险公司 60 家；到 2016 年为 63 家。我国自 2001 年加入世界贸易组织以来的十年，外资保费收入占全国全部保费收入的比重从 2001 年的 1.49% 提高到 2010 年的 4.37%，2016 年为 5.1%。为履行加入世界贸易组织的承诺，我国保险市场已经全面开放。另一方面，鼓励国内保险公司在国外经营保险业务。从长期来看，我国加入世界贸易组织已经 16 年，保险市场将进一步对外开放，不仅在我国的外国保险公司会进一步增加，而且在经营业务的区域和险种上会进一步扩大，我国保险市场将逐步与国际保险市场接轨。

6. 保险法律与监管制度趋于完善

在保险业迅速发展的同时，保险法律制度也逐步完善。1983 年，国务院颁布了《中华人民共和国财产保险合同条例》；1985 年，国务院颁布了《保险企业管理暂行条例》；1992 年，中国人民银行公布了《保险代理机构管理暂行规定》，同年 9 月，公布了《上海外资保险机构暂行管理办法》；1995 年 6 月，全国人民代表大会颁布了《保险法》；1996 年 2 月，中国人民银行公布了《保险代理人管理暂行规定》，同年 7 月，公布了《保险管理暂行规定》；1997 年 11 月，中国人民银行修订并公布了《保险代理人管理规定（试行）》；1998 年 2 月，中国人民银行公布了《保险经纪人管理规定（试行）》；1999 年，中国保险监督管理委员会（以下简称中国保监会）公布了《保险机构高级管理人员任职资格暂行规定》，并分别于 2010 年、2014 年进行了两次修订；2000 年 1 月 3 日，中国保监会发布了《保险公司管理规定》，并分别于 2002 年、2004 年、2009 年、2015 年进行了 4 次修订并公布；2000 年，中国保监会公布了《保险公估人管理规定（试行）》，分别于 2009 年、2013 年、2015 年修订并公布了保险专业代理机构、保险经纪机构、保险公估机构管理规定；同时，与此相关的法律法规亦已颁布，2002 年，颁布了《中华人民共和国外资保险公司管理条例》（以下简称《外资保险公司管理条例》），2004 年 5 月，中国保监会公布了《外资保险公司管理条例实施细则》，并于 2013 年 5 月修订并颁布了《外资保险公司管理条例》；根据 2015 年 4 月 24 日第十二届全国人民代表大会常务委员会第十四次会议修正并颁布了《保险法》（第三次）。2004 年 10 月，中国保监会和中国证券监督管理委员会联合发布了《保险机构投资者股票投资管理暂行办法》；2010 年 7 月 30 日，中国保监会公布了《保险资金运用管理暂行办法》；2014 年 4 月 4 日，对其进行了修订并公布；中国保监会自 2012 年下半年以来，公布和修订了一系列各类保险资金运用监管的各类规章，使保险投资监管趋于完善，与此相适应的保险偿付能力监管等各类保险监管的法规和规章也不断完善，从而初步形成了以《保险法》为核心的保险法律法规体系。

与之相适应，1998 年 11 月 18 日，我国成立了专门的保险监督管理机关——中国保监会，取代中国人民银行专门监管中国的商业保险。自 2000 年 4 月以来，先后在上海、广州、北京、深圳等地设立中国保监会的派出机构，从而为加强保险监管提供了组织保证。

## 四、世界保险业的发展现状与趋势

### （一）世界保险业的发展现状

1. 保费收入

据瑞士再保险公司的 *Sigma* 杂志 2017 年第 3 期的统计资料，2016 年，全世界的保费收入为 47·321.88 亿美元①。其中，发达市场国家占全世界市场份额的 80.27%，美国占 28.58%，日本占 9.96%；新兴市场国家和地区占 19.73%。中国大陆在 88 个国家和地区中排第 3 位，占 9.85%。2015 年，保费收入最多的是美国，保费收入为 13 523.85 亿美元；其次是日本，保费收入为 4 712.95 亿美元；第三位是中国，保费收入为 4 661.31 美元；其后依次是英国（3 042.08 亿美元）、法国（2 376.44 亿美元）、德国（2 150.21 亿美元）、韩国（1 708.62 亿美元）、意大利（1 623.83 亿美元）、加拿大（1 145.23 亿美元）、中国台湾地区（1 014.45 亿美元）、澳大利亚（821.59 亿美元）、荷兰（801.3 亿美元）。2016 年，保费收入占全球保险市场份额前三位的依次为美国（28.58%）、日本（9.96%）、中国大陆（9.85%）。

从 2016 年保费收入的增长速度看，全球保费收入增长了 3.1%。根据地区比较，增长率排第一的是亚洲（7.9%），第二是北美洲（1.4%），第三是欧洲（1.3%），第四是非洲（0.8%），第五是拉丁美洲（0.2%），第六是大洋洲（－4.8%）。从国家和地区看，增长最快的是中国（25%），其次是土耳其（21%），第三为中国香港地区（20.6%），而厄瓜多尔、阿根廷、葡萄牙分别下降了 28.7%、16.8%、14.7%，是下降幅度较多的国家。

若根据险种比较，寿险和非寿险的增长率分别为 2.5%、3.7%。在 2016 年全球保费收

---

① 对 2016 年全球国家地区的保费收入进行分析，只有在 147 个国家或地区中选择的 88 个主要国家和地区才被统计列示。

入（47 321. 88 亿美元）中，从险种结构上看，寿险保费收入为 26 170. 16 亿美元，占全球保费收入的 56. 43%；而非寿险保费收入为 21 151. 72 亿美元，占全球保费收入的 43. 57%。

### 2. 保险深度

保险深度是保费收入占国内生产总值的比重。它反映了一个国家的保险业在整个国民经济中的地位。其计算公式为

$$保险深度 = \frac{保费收入}{国内生产总值}$$

以 2016 年的保险深度比较，全球平均为 6. 28%，居全球前 10 名的国家或地区依次为开曼群岛（22. 6% .8%）、中国台湾地区（19. 99%）、中国香港地区（17. 6%）、南非（14. 27%）、韩国（12. 08%）、芬兰（11. 75%）、荷兰（10. 39%）、英国（10. 16%）、丹麦（9. 58%）、日本（9. 51%）。中国大陆则在 88 个国家和地区中位列第 39 位，保险深度为 4. 15%。

保险深度按险种不同，分为寿险保险深度和非寿险保险深度。前者是寿险保费收入占国内生产总值的比重；后者是非寿险保费收入占国内生产总值的比重。2016 年，全球寿险保险深度平均为 3. 47%，最高为中国台湾地区（16. 65%），最低的是安哥拉（0. 01%），相差幅度非常大，在 88 个国家和地区中，寿险保险深度在 1%～4% 的国家和地区有 40 个；2016 年，全球非寿险保险深度平均为 2. 81%，各国家或地区的差异幅度更大，最高的是开曼群岛（21. 49%），最低的是孟加拉国（0. 18%）[①]，最低与最高分别为 0. 18%、21. 49%。非寿险保险深度在 1%～4% 的国家或地区有 64 个。

### 3. 保险密度

保险密度是指按全国人口计算的平均保费额。它反映了一个国家的国民受到保险保障的平均程度。其计算公式为

$$保险密度 = \frac{保费收入}{人口总数}$$

据瑞士再保险公司的 *Sigma* 杂志 2017 年第 3 期的统计资料，以 2016 年的保险密度比较，全球的保险密度为 638. 3 美元，其中，发达市场为 3 505 美元，新兴市场为 149 美元。就国别或地区而言，开曼群岛以 12 160. 3 美元的保险密度名列榜首，紧随其后的是中国香港地区，保险密度为 7 678. 8 美元。中国大陆的保险密度增长较快，但水平仍然较低，居第 47 位，为 337. 1 美元。

保险密度按险种不同，分为寿险保险密度和非寿险保险密度。前者是按全国人口计算的平均寿险保费额；后者是按全国人口计算的平均非寿险保费额。2016 年，全球寿险保险密度为 353 美元，其中发达市场为 1 954 美元，而新兴市场为 80 美元。2016 年，全球寿险保险密度最高的地区是中国香港地区（7 065. 6 美元），最低的是安哥拉（0. 5 美元）。2016

---

① 在 2017 年第 3 期的 *Sigma* 杂志中，没有显示列支敦士登的保险深度和保险密度的资料，故实际可比的只有 87 个国家和地区。

年，全球非寿险保险密度为 285.3 美元，其中发达市场为 1 550 美元，而新兴市场为 69 美元。2016 年，全球非寿险保险密度最高的国家是开曼群岛（11 564.6 美元），其次是荷兰（3 752.4 美元），最低的是孟加拉国（2.7 美元）。

**（二）世界保险业的发展趋势**

纵观现代保险事业的发展，大体上呈现出以下趋势：

1. 保险市场自由化

保险市场自由化是适应市场经济发展，满足投保人、被保险人的客观要求而采取的必要政策。这主要体现在以下几个方面：

（1）放松费率管制，使费率成为市场营销的一种策略。过高的保险费率必然会损害被保险人的利益，使保险企业获得不合理的利润。适度地放宽费率管制，对于保险企业的竞争十分有利。除具有地域性的业务仍采用管制费率之外，凡是具有国际性的业务，其费率的厘定应尽可能自由化。

（2）保险服务自由化。由于民众的保险意识提高，消费者对保险商品的需求在内容和形式上都有很大变化。保险企业为了满足消费者的保险需求，必须开发新险种，为被保险人服务。这就要求放宽对保险商品的管制，准许保险企业开辟新的保险服务领域，包括开发新险种，开辟新的保险领域；混业经营，即财产保险公司可以经营人身保险业务，寿险公司可以经营财产保险业务，这是为了适应投保人的需要，也是为了降低营业费用；同时，银行和保险业务相互融通。在欧洲的 500 家银行中，有 46% 拥有自己专门从事保险业务的附属机构，同时它们中大部分都比传统的保险公司在成本上占有优势。在欧洲，通过银行分销寿险保费收入占全部寿险收入的比重较大，1994 年，法国、荷兰、西班牙、英国、意大利、德国分别为 55%、22%、21%、16%、12%、8%；1995 年，分别上升到 60%、35%、40%、28%、30%、14%；2004 年，分别为 62.5%、23.1%、73.7%、17.2%、59.1%、23.5%。随着全球金融一体化浪潮的出现，美国政府于 1999 年 11 月颁布了确立银行业、保险业、证券业之间参股和业务渗透的合法性的《金融服务现代化法》；日本也在 1999 年实施了旨在促进金融一体化的改革方案。

银行保险业务融通的出现有其深层次的原因：金融市场上的竞争不断激化，银行和保险业出于各自利益的需要，把业务纷纷扩展到对方的领域，以至于出现了目前这种愈演愈烈的金融渗透和日益明显的相互融通的发展趋势；网络技术的发展为银保业务的融通提供了技术基础；客户对金融消费需求的综合化①使银保业务融通产生了必要。银行保险业务融通，可以优势互补、降低成本。银保融通的手段和常见的方式有相互合作、购并、独资设立子公司。

---

① 常形容该消费的综合需求为金融百货，亦称为金融套餐或金融超市。

（3）放松保险公司设立的限制。这样是为了增加市场主体、促进市场竞争，也是为了适应国际经济一体化的要求。

2. 保险业务国际化

一方面，国际贸易的发展为保险业务的国际化创造了机会；另一方面，随着科学技术的发展，保险价值巨大，如核电站、卫星、航天飞机等，这些保险标的都是国内保险业务难以承保的，必然在国际市场上寻求保险保障，如中国太平洋保险公司曾经承保的澳星发射16亿美元，分保97%。

3. 从业人员专业化

由于保险业是专业性和技术性较强的行业，为了赢得市场竞争和增加市场份额，除降低费率外，关键在于承保技术的创新和理赔技术的提高。因此，要求保险从业人员具有较高的专业水平，并经常进行专业培训。尤其是对高级管理人员有学历和资历的要求；对于保险公司高级管理人员和核保、理赔和财务人员，要经常进行专业训练；保险代理人和保险经纪人的从业人员要经过专业训练才开展业务。

4. 保险管理现代化

现代社会是信息社会，保险公司为了及时掌握市场信息，要求设备和管理人员现代化，设备的计算机化、网络化。这既是为了提高承保水平，也是为了防止保险欺诈，还是保额巨型化的需要。其好处在于：节约了大量的人工，加强了业务竞争能力，提高了科学管理水平。

5. 展业领域广泛化

保险事业是伴随着人类科学技术水平的提高而发展起来的"朝阳产业"。它蓬勃发展的趋势表现在如下方面：保险服务领域不断扩大；再保险业务领域不断被拓展；利用投资方式扩大保险事业对国民经济的影响。

6. 组织形式多样化

为了适应现代保险事业不断发展的需要，世界各国都根据本国的经济特点，分别采取了符合本国国情的保险组织形式。在这些组织形式中，既有国营保险公司，又有私营保险公司；既有公私合营的保险公司，又有合作形式的保险组织；此外，还有一些专业自保的机构。

7. 保险业务规模化

由于保险业务的巨型化，同时为了适应竞争的需要，在国际上，保险业出现了一股购并浪潮。例如，1996年，英国两家大型综合性保险公司太阳联合保险与皇家保险宣布合并，形成币值近95亿美元的皇家太阳联合保险公司，一跃成为英国最大的综合性保险公司；2001年4月，德国安联保险集团公司宣布收购德国的第三大银行——德累斯顿银行，合并后的公司将成为全球第四大金融集团。据专家预计，全球金融业将掀起新一轮兼并和联合浪潮。这种购并往往是强强联合，究其原因在于：优势互补，形成更大范围内的规模经营；提高经营效率，降低经营成本，有效地控制风险；提高新公司的实力和声誉。同时，还可以扩大自己的市场职能，把自己变成一家打破行业界限，能够从事保险、银行以及证券、基金等各种投资活动的全能型金融企业。

8. 营销渠道多元化

随着大数据时代的到来，保险营销渠道除了传统的陌生拜访、电话销售外，互联网保险将成为重要的销售渠道。同时，随着利率市场化，银行保险渠道销售也会增加。这样将形成陌生拜访、电话销售、互联网保险、银行保险多元化的保险营销渠道。

### 综合练习

**一、填空题**

1. 保险的基本职能是_____和_____。保险的派生职能是_____和_____。

2. 按保险的实施方式，保险分为_____和_____。

3. 按保险的标的，保险分为_____和_____。

4. 保险人把其原保险业务转让给其他保险人的方式叫_____。

5. 按保险政策不同，保险分为_____和_____。

6. 按业务承保方式，保险分为_____、_____、_____和_____。

7. 保险费率由_____和_____组成。

8. 火灾保险起源于_____。

9. 全球第一家公营火灾保险公司是_____。

10. _____被称为"现代火灾保险之父"。

11. _____的编制和运用奠定了现代人寿保险的数理基础。

12. _____年_____月，《中华人民共和国保险法》颁布。

**二、单项选择题**

1. 现代保险首先是从（　　）发展而来的。

A. 海上保险　　　　　　　　　　B. 火灾保险

C. 人寿保险　　　　　　　　　　D. 责任保险

2. 下列关于劳合社的表述中，正确的是（　　）。

A. 劳合社是一个保险公司　　　　B. 劳合社是一个保险市场

C. 劳合社的成员只能是法人　　　D. 投保人在投保时和承保辛迪加直接见面

3. 被称为"现代火灾保险之父"的是（　　）。

A. 乔治·勒克维伦　　　　　　　B. 爱德华·劳埃德

C. 尼古拉斯·巴蓬　　　　　　　D. 本杰明·福兰克林

4. 旧中国保险业的中心是（　　　）。

A. 广州 　　　　　　　　　　　　　B. 南京

C. 上海 　　　　　　　　　　　　　D. 北京

5. 1980 年以后，我国第一家股份制保险企业是（　　　）。

A. 中国太平洋保险公司 　　　　　　B. 平安保险公司

C. 天安保险公司 　　　　　　　　　D. 大众保险有限公司

6. 保费收入总额占国内生产总值的比重是指（　　　）。

A. 保险密度 　　　　　　　　　　　B. 保险深度

C. 保险金额 　　　　　　　　　　　D. 保险价值

7. 在各类保险中，最早的险种是（　　　）。

A. 火灾保险 　　　　　　　　　　　B. 人身保险

C. 财产保险 　　　　　　　　　　　D. 海上保险

8. 共同海损分摊原则最早出现在（　　　）。

A.《罗地安海商法》 　　　　　　　B.《罗马法典》

C. "佟蒂法" 　　　　　　　　　　　D.《海上保险法》

9. （　　　）在 1963 年编制了第一张生命表，提供了寿险计算的依据。

A. 巴蓬 　　　　　　　　　　　　　B. 哈雷

C. 辛普森 　　　　　　　　　　　　D. 陶德林

10. 牙科医生巴蓬的贡献在于（　　　）。

A. 建立了世界上第一家火灾保险公司　　B. 编制了第一张生命表

C. 提出了差别费率 　　　　　　　　D. 提出了均衡保费理论

11. 保险的基本职能是（　　　）。

A. 给付准备金和经济补偿 　　　　　B. 投资和防灾防损

C. 分摊风险和投资 　　　　　　　　D. 补偿损失和投资

## 三、多项选择题

1. 下列关于劳合社的表述中，正确的是（　　　）。

A. 劳合社不是一个保险公司，而是一个社团

B. 劳合社是一个保险市场

C. 劳合社的成员是自然人

D. 劳合社本身不经营承保业务，只向其成员提供交易场所

E. 投保人在投保时不能和承保辛迪加直接见面

2. 保险市场的买方是（　　　）。

A. 保险代理人 　　　　　　　　　　B. 被保险人

C. 投保人 　　　　　　　　　　　　D. 保险人

E. 受益人

3. 中华人民共和国成立后，采取的社会主义保险体系的措施是（　　）。

A. 接管官僚资本的保险机构　　　　　B. 和平改造民营保险机构

C. 切断外商保险公司的业务来源　　　D. 成立自己的保险公司

E. 取缔民营保险机构

4. 衡量一个国家保险市场的发达程度的指标有（　　）。

A. 保费收入总额及占世界保费收入总额的比例

B. 寿险保费收入

C. 非寿险保费收入

D. 保险密度

E. 保险深度

## 四、判断题

1. 最古老的保险是从火灾保险发展起来的。　　　　　　　　　　（　　）

2. 劳合社是世界著名的保险公司之一。　　　　　　　　　　　　（　　）

3. 第一张生命表是由辛普森于 1693 年编制的。　　　　　　　　（　　）

4. 人寿保险和火灾保险均起源于中世纪欧洲的基尔特制度。　　（　　）

5. 1710 年英国创办的太阳保险公司是最早的股份公司形式的保险组织。（　　）

6. 均衡费率是由牙科医生巴蓬提出的。　　　　　　　　　　　　（　　）

7. 中国第一家民族保险企业是 1865 年的上海义和公司保险行。　（　　）

8. 保险密度是指按全国人口计算人均交纳保险费。　　　　　　　（　　）

9. 中国保监会成立后，取代了中国人民银行行使保险监管的职责。（　　）

## 五、名词解释

共同海损　保险密度　保险深度　财产保险　人身保险　原保险　再保险　重复保险
共同保险　单一保险　综合保险　相互保险　合作保险　社会保险　政策性保险　信用保险
保证保险　责任保险

## 六、简答题

1. 简述保险的基本职能和派生职能。

2. 简述保险的作用。

3. 简述法定保险和自愿保险的区别。

4. 简述人身保险和财产保险的区别。

5. 简述劳合社的性质和特点。

6. 简述劳埃德、巴蓬和哈雷对现代保险的主要贡献。

7. 简述衡量一个国家保险市场发展程度的指标。

# 第三章　保险合同的基本原则

## 教学目标

了解保险合同的基本原则，包括最大诚信原则、保险利益原则、近因原则和损失补偿原则；掌握这些原则的含义和内容，并能运用这些原则解决保险合同与保险经营中的实际问题。

## 第一节　最大诚信原则

### 一、最大诚信原则的含义

诚实信用原则是民事法律关系的基本原则之一。在保险法律关系中，对当事人的诚信程度要求比一般民事活动更严格，必须遵循最大诚信原则，这是由保险经营的特点决定的。首先是信息不对称。由于保险业是风险管理行业，对保险人而言，风险的性质及大小直接决定了保险人是否承保及保险费率的高低，而投保人对保险标的的风险最为了解，保险人只能依据投保人告知的风险状况来决定是否承保和确定保险费率，尤其是所保保险标的（如船舶或货物）与保险合同订立地之间不一定一致，保险人无法对这些保险标的进行实地查勘，即使能实地查勘，也很难像投保人那样了解，这就要求投保人在投保时如实告知并信守承诺。对投保人而言，保险经营的技术程度较高，而格式保险条款及其费率是由保险人单方拟定的，其技术性较高，复杂程度远非一般人所能了解，投保人是否投保以及投保的条件完全取决于保险人的告知，这就要求保险人如实向投保人说明主要条款和责任免除条款。其次是保险的特殊性。保险一般具有射幸性，投保人在投保时只需支付少量的保费，而一旦保险标的发生保险事故，就能获得数十倍，甚至数百倍于保费支出的赔偿或给付。若投保人采取不诚实、不守信用的手段来投保和骗取保险金，则保险人将无法经营。因此，遵循最大诚信原则有利于保证保险业的稳健发展。

正因为如此，保险当事人双方签订保险合同是建立在诚实信用基础上的，任何一方违反最大诚信原则，均会伤害对方。据此，我国《保险法》第五条规定，"保险活动当事人行使权利、履行义务应当遵循诚实信用原则"。因此，最大诚信原则可表述为：保险合同当事人在订立合同时及在合同有效期内，应依法向对方提供影响对方是否缔约以及缔约条件的重要事实，同时绝对信守合同缔结的认定与承诺；否则，受害方可主张合同无效或解除合同，甚至要求对方赔偿因此而受到的损失。最大诚信原则是签订和履行保险合同所必须遵守的一项基本原则。最大诚信原则的内容主要包括如实告知、保证、弃权与禁止反言。

## 二、最大诚信原则的内容

### （一）告知

告知是保险合同当事人一方在合同缔结前和缔结时，以及在合同有效期内就重要事实向对方所做的口头或书面陈述。最大诚信原则要求的告知是如实告知，投保人或被保险人和保险人都有如实告知的义务。投保人或被保险人在保险合同缔结前或签订合同时，以及在合同有效期内，应尽量将已知和应知的与保险标的有关的重要事实如实告知保险人；保险人在保险合同缔结前或缔结时，也应将对投保人有利害关系的重要事实如实向投保人陈述。我国《保险法》第十六条、第十七条对此做了明确规定。告知的内容主要有以下几方面：

1. 投保人或被保险人的告知

投保人或被保险人必须告知的事实是重要事实。投保人或被保险人必须告知的重要事实是足以影响谨慎的保险人决定是否承保以及保险费率的事实。其包括有关保险标的的实际状况、风险程度、被保险人具有何种保险利益、合同有效期内保险标的的用途及风险的增加、权属关系的转移等事实。属于重要事实的主要有：超出事物正常状态的事实；保险人所负责任较大的事实；有关投保人和被保险人的详细情况；保险合同有效期内危险增加的事实；等等。我国《保险法》第十六条规定，"订立保险合同，保险人就保险标的或者被保险人的有关情况提出询问的，投保人应当如实告知"。

投保人或被保险人对某些事实在未经询问时可以保持沉默，无须告知，保险人不得以此为由，使合同无效或拒绝承担赔付责任。无须告知的事实一般包括：第一，减轻风险的任何情况；第二，保险人业务范围内知道或推定应该知道的情况，如海洛因是禁止贩卖和服用的毒品，国际、国内重大事件，癌症是当前致死率极高的疾病等；第三，保险人表示无须知道的情况；第四，根据明示和默示保证条款，无须再次申报的事实；第五，非保证范围内的、本质又非重要的事实；第六，与保险单的责任免除有关的事实。

2. 保险人告知

保险人必须告知的重大事实是足以影响善意的投保人或被保险人是否投保以及投保条件的事实。保险人告知的事实包括制定的条款、保险单的具体内容、保险费率及其他条件等。这些事实与投保人的利害相关，是足以影响投保人做出是否投保决定的事实。我国《保险法》第十七条分别就保险人的告知行为做出了明确规定，"订立保险合同，采用保险人提供的格式条款的，保险人向投保人提供的投保单应当附格式条款，保险人应当向投保人说明合同的内容。对保险合同中免除保险人责任的条款，保险人在订立合同时应当在投保单、保险单或者其他保险凭证上作出足以引起投保人注意的提示，并对该条款的内容以书面或者口头形式向投保人作出明确说明；未作提示或者明确说明的，该条款不产生效力"。

对于第十七条中"免除保险人责任的条款"，按照《最高人民法院关于适用＜中华人民共和国保险法＞若干问题的解释（二）》第九条规定，保险人提供的格式合同文本中的责任免除条款、免赔额、免赔率、比例赔付或者给付等免除或者减轻保险人责任的条款，可以认定为《保险法》第十七条规定的"免除保险人责任的条款"。保险人因投保人、被保险人违反法定或者约定义务，享有解除合同权利的条款，不属于《保险法》第十七条第二款规定的"免除保险人责任的条款"[①]。

由于投保人或被保险人违反最大诚信原则的可能性往往大于保险人，因而要求投保人或被保险人遵循最大诚信原则更严格。各国的保险法律都规定，投保人或被保险人如果违反了最大诚信原则，则保险人可以主张合同无效或解除合同，或不负赔偿责任。

### （二）保证

保证是投保人或被保险人在保险期间对某种事项的作为或不作为、存在或不存在的允诺。保证是一项从属于主要合同的承诺，违反保证使受害方有权请求赔偿；保证是保险合同成立的基本条件，它可以使受害方有权解除合同。

保险合同中的保证是投保人或被保险人就某一事项对保险人所做的担保。这是严格控制风险的一项原则。其内容是指担保对某事项的作为或不作为、存在或不存在。保证是保险人接受承保或承担保险责任所需投保人或被保险人履行的某种义务，是合同的重要条款之一。如被保险人保证在保险期间不载运危险货物，却载运了危险货物，这便违反了保证，增加了风险因素。因此，投保人若违反了保证条款，便违反了保险合同，保险人有权解除合同，并在保险标的发生保险事故导致损失时拒赔。

保证通常按形式的不同，分为明示保证和默示保证。明示保证是以保证条款形式在保险合同中载明的保证，即以条款形式附加在保险单上的保证；默示保证是指虽然未载明于保险合同中，但按照法律和惯例投保人应保证的事项。例如，海上保险的默示保证包括：船舶必须具备适航能力；不绕航；经营业务具有合法性。默示保证和明示保证具有同等效力。

### （三）弃权与禁止反言

弃权是合同一方以明示或默示的形式表示放弃其在保险合同中可以主张的权利。禁止反

---

[①]　参见《最高人民法院关于适用〈中华人民共和国保险法〉若干问题的解释（二）》，该规定于2013年5月6日由最高人民法院审判委员会第1 577次会议通过。

言是合同的一方既然已放弃在保险合同中可以主张的某种权利，便不得再向他方主张该种权利。从理论上说，保险合同双方都存在弃权与禁止反言的问题，但在保险实践上，弃权与禁止反言主要是约束保险人的。

保险人或保险代理人出现弃权的现象主要基于两种原因：一是疏忽；二是扩大业务或保险代理人取得更多的代理手续费。保险代理人的弃权行为可被视为保险人的弃权行为，保险人不得解除保险代理人已承保的、不符合保险条件的保单；若日后发生损失，保险人则不得以被保险人破坏保险单的规定为由而拒绝赔偿。我国《保险法》第十六条第六款规定，"保险人在合同订立时已经知道投保人未如实告知的情况的，保险人不得解除合同；发生保险事故的，保险人应当承担赔偿或者给付保险金的责任"。

## 三、最大诚信原则的违反与后果

### （一）告知的违反与后果

告知的违反有两个条件：这种事实是重要事实；未告知、误告、隐瞒或欺诈的事实存在。投保人或被保险人违反告知义务将影响保险合同的效力，保险人可采取的措施有：解除保险合同；不负赔偿责任；若已受到损害，除解除合同和不承担保险责任外，还可要求投保人或被保险人赔偿；出于多种原因继续维持合同效力或协商变更保险合同。根据我国《保险法》第十六条规定，投保人违反如实告知义务的后果主要有以下三种情况：

第一，投保人故意或者因重大过失不履行如实告知义务，足以影响保险人决定是否同意承保或者提高保险费率的，保险人有权解除合同。同时，对该合同解除权有一定的限制：自保险人知道有解除事由之日起，超过三十日不行使而消灭。自合同成立之日起超过二年的，保险人不得解除合同；发生保险事故的，保险人应当承担赔偿或者给付保险金的责任。

第二，投保人故意不履行如实告知义务的，保险人对于合同解除前发生的保险事故，不承担赔偿或者给付保险金的责任，并且不退还保险费。

【例 3 - 1】2010 年，北京郊县有一位女士甲某因患高血压在家休养。当年 8 月 18 日，她向 A 保险公司投保了保险金额为 20 万元、期限为 20 年的人寿保险，投保时隐瞒了病情。2011 年 3 月 16 日，该妇女高血压病情发作，不幸去世。被保险人的丈夫作为家属请求 A 保险公司给付保险金。问 A 保险公司是否履行给付责任？

分析：因为投保人在投保时隐瞒了病情，违反了如实告知义务。因此，A 保险公司有权解除保险合同，不承担给付保险金的责任，并且不退还保险费。

第三，投保人因重大过失未履行如实告知义务，对保险事故的发生有严重影响的，保险人对于合同解除前发生的保险事故，不承担赔偿或者给付保险金的责任，但应当退还保险费。

### （二）保证的违反与后果

由于保证是保险合同的一部分，保险合同涉及的所有保证内容均为重要事实，无须另作判断，投保人必须严格遵守，因而投保人或被保险人违反了保证，就意味着其未履行义务而违约，合同即告失效，而且保险人一般不需退还保险费，除非该破坏发生在保险人承保风险之前。被保险人违反了保证条款，保险人有权解除合同，并在以后保险标的发生损失时拒绝赔偿。因为保证的事项均假定为重要事项，保险人只要证明保证已被破坏即可；无论故意还是无意违反保证义务，对保险合同的影响都是一样的，无意的破坏不构成投保人抗辩的理由；即使违反保证的事实更有利于保险人，保险人仍可以违反保证为由，使合同无效或解除合同。故破坏确认保证，一般可退还保险费。破坏承诺保证，若在合同生效前，必退还保险费；若在合同生效后，不退还保险费。

【例3－2】某银行向 B 保险公司投保火险附加盗窃险，在投保单上写明 24 小时有警卫值班，B 保险公司予以承保，并以此作为减费的条件。后该银行被窃，经调查，某日有半小时警卫不在岗。问 B 保险公司是否承担赔偿责任？

分析：因为违反保证的后果是严格的，只要违反保证条款，不论这种违反行为是否给保险人造成损害，也不管是否与保险事故的发生有因果关系，保险人均可解除合同，并不承担赔偿或给付保险金责任。在本例中，银行在投保时保证 24 小时都有警卫值班，但某日有半小时警卫不在岗。不论警卫不在岗与银行被窃是否有因果关系，B 保险公司都不承担赔偿责任。

## 第二节 保险利益原则

### 一、保险利益原则的含义与条件

保险利益是投保人或被保险人对保险标的具有的法律上承认的利益。保险利益的英文名称为 insurable interest，严格来说，应译为可保利益。但在我国《保险法》中对保险利益有明确的定义和规定，故沿用这一规定。保险利益属于产生于投保人或被保险人与保险标的之间的经济联系，并为法律所承认的、可以投保的一种法定权利，是投保人或被保险人可以向保险人投保的利益，是保险人可提供保险保障的最大额度。它体现了投保人或被保险人对保险标的所具有的法律上承认的利害关系：投保人或被保险人因保险标的未发生风险事故而受益；因保险标的遭受风险事故而受到损失。保险利益的必要条件如下：

第一，保险利益必须是合法的利益。合法的利益是指投保人或被保险人对保险标的所具有的利益，即必须是法律上承认的利益。非法的利益不受法律保护，当然不能作为保险利益。

第二，保险利益必须是确定的利益。所谓确定的利益，是指已经确定或可以确定的利益，包括现有利益、预期利益、责任利益和合同利益。因此，保险利益必须是客观存在的、可实现的利益，而不是仅仅凭主观臆测、推断可能获得的利益。

第三，保险利益必须是经济利益。所谓经济利益，是指投保人或被保险人对保险标的的利益必须是可通过货币计量的利益。因为保险合同的目的是补偿损失，若其损失不能以货币计量，则无法计算损失的额度，也就无法理赔，保险补偿也就无从实现。

**【例3－3】** 一位游客到北京旅游，在游览了故宫博物院后，出于爱护国家财产的动机，自愿交付保险费为故宫博物院投保。问该游客对故宫博物院是否具有保险利益？

分析：游客对故宫博物院没有保险利益。因为保险利益是投保方对保险标的所具有的法律上承认的经济利益，当保险标的安全存在时，投保方可以由此而获得经济利益；若保险标的受损，则投保方会蒙受经济损失。在本例中，保险标的（故宫博物院）的存在不会为投保人（游客）带来法律上承认的经济利益，保险标的发生事故时也不会给投保人造成经济损失，所以该旅客对故宫博物院没有保险利益。

保险利益原则是指在订立和履行保险合同的过程中，投保人或被保险人应当对保险标的必须具有保险利益；否则，该保险合同无效。我国《保险法》明确规定，在人身保险合同中，"订立合同时，投保人对被保险人不具有保险利益的，合同无效"。在财产保险合同中，"保险事故发生时，被保险人对保险标的不具有保险利益的，不得向保险人请求赔偿保险金"。保险利益是承保与理赔环节中必须严格审查的关键问题，因此，投保人或被保险人应当对保险标的具有保险利益。这是判断保险合同是否有效的一项基本原则。遵循保险利益原则的主要目的在于：限制损害补偿的程度；避免将保险变为赌博行为；防止诱发道德风险。

## 二、保险利益原则的运用

### （一）保险利益的适用范围

1. 财产保险的保险利益

由于财产保险标的是财产及有关利益，因此，财产保险的保险利益产生于财产的不同关系中，根据民法债权和物权基本理论，这些不同关系产生不同利益，如现有利益、预期利益、责任利益和合同利益。

（1）现有利益。现有利益是投保人或被保险人对财产已享有且继续可享有的利益，如汽车、房屋、船舶、飞机、货物或其他财产的利益等。由于财产权分为物权、债权和知识权中的财产权，所以，投保人如果现时对财产具有合法的所有权、抵押权、质权、留置权、典权等关系且继续存在，则具有保险利益。如被保险人对于自己拥有所有权的汽车、房屋，便是依据所有权而享有其所有的利益。但现有利益并非以所有利益为限，抵押人对于抵押物、质权人对于质押物、债务人对于留置物等也具有现有利益，从而具有保险利益。现有利益随物权的存在而产生。

（2）预期利益。预期利益是因财产的现有利益而存在、确实可得的、依法律或合同产生的未来一定时期的利益。它包括利润利益、租金收入利益、运费收入利益等。例如，企业的预期利润、汽车的营运收入、货物预期利润等；又如，货物运输的承运人对于运费具有保险利益，若运输途中发生风险事故致使货物受损，则承运人的收入也会减少；同理，房屋的出租人对于出租房屋的预期租金具有保险利益等。但是预期利益必须是以现有利益为基础的，是确定的、在法律上认可的利益；反之，若仅仅为一种虚幻的期待，则不是保险利益。

（3）责任利益。责任利益是被保险人因其对第三者的民事损害行为依法应承担的赔偿责任，所以因承担赔偿责任而支付赔偿金额和其他费用的人具有责任保险的保险利益。它是基于法律上的民事赔偿责任而产生的保险利益，如对第三者的责任、职业责任、产品责任、公众责任、雇主责任等。根据责任险险种划分，下述人员具有保险利益：各种固定场所的所有者、经营者或管理者；制造商、销售商、修理商；雇主；各类专业人员；等等。例如，驾驶员驾驶汽车在行驶中因其过错撞伤他人，依法对受害人应负的赔偿责任；医生行医因其过错，依法对病人依法应负的赔偿责任；保险代理人因其过失，依法对当事人应负的赔偿责任；等等，这些均为责任利益。

（4）合同利益。合同利益是基于有效合同而产生的保险利益。虽然有效合同并非以物权为对象，但以财产为其履行对象。例如，在国际贸易中，卖方对已经售出的货物持有保险利益，当卖方将货物卖给买方，并已发运，但由于某种原因造成买方拒收货物；雇员对雇主的不忠实；等等。这样，债务人因种种原因不履行应尽义务，使权利人遭受损失，权利人对义务人的信用存在保险利益。

2. 人身保险的保险利益

在人身保险中，投保人对被保险人的寿命和身体具有保险利益。人身保险的保险利益虽然难以用货币估价，但同样要求投保人与保险标的（寿命或身体）之间具有经济利害关系，即投保人应具有保险利益。人身保险的保险利益可分两种情况：

（1）为自己投保。投保人以自己的寿命或身体为保险标的投保，当然具有保险利益。

（2）为他人投保，保险利益有严格的限制规定，主要包括：①血缘、婚姻及抚养关系。因根据伦理观点，一般不会出现道德风险，并相互之间具有法律规定的抚养或赡养责任。②债权债务关系。③业务关系。

对保险利益的要求，各国法律规定不一。一种是利害关系论；另一种是同意或承认论。从利害关系论而言，要求投保人在投保时对被保险人必须具有保险利益，即经济利害关系，否则，保险合同无效。例如，英国和美国采用这种原则，这是为了防止道德风险。从同意或承让论而言，要求只要投保人投保经过被保险人同意即可，这是基于被保险人自行把握投保人是否发生道德风险，尊重被保险人意思自治。例如，德国和日本采用这种原则。

我国采用利害关系论和同意或承让论相结合的原则。我国《保险法》第三十一条规定，投保人对下列人员具有保险利益：本人；配偶、子女、父母；前项以外与投保人有抚养、赡养或者扶养关系的家庭其他成员、近亲属；与投保人有劳动关系的劳动者。除前款规定外，被保险人同意投保人为其订立合同的，视为投保人对被保险人具有保险利益。

### （二）保险利益的适应时限

1. 财产保险保险利益的适应时期

财产保险的保险利益一般要求保险事故发生时对保险标的具有保险利益。如果保险合同订立时具有保险利益，而当保险事故发生时不具有保险利益，则保险人不得向被保险人赔偿保险金。我国《保险法》对此亦有明确规定。

【例3-4】王某向张某租借房屋，租期为10个月。租房合同中写明，王某在租借期内应对房屋损坏情况负责，为此，王某以所租借房屋投保火险一年。租期满后，王某按时退房。如果王某在退房时，将保单私下转让给张某，退房后半个月，房屋毁于火灾。问王某能否以被保险人身份向保险公司索赔？为什么？

分析：王某不能以被保险人身份向保险公司索赔。因为在本例中，王某虽然投保时具有保险利益，但保险事故发生时已经退房，对该房屋已经没有保险利益，故无权索赔。

海上货物运输保险中，投保人在投保时可以不具有保险利益，但当保险事故发生时，必须具有保险利益。这种规定是为了适应国际贸易的习惯做法。买方在投保时往往货物所有权尚未转移到自己手中，但因其货权的转移是必然的，可以投保海上货物运输保险。英国《海上保险法》规定，"尽管被保险人在保险单签发时可不具有可保利益，但当发生损失时他必须对保险标的物具有可保利益"。这一规定起源于海上贸易的习惯，即货物在运输途中，其所有权是可以转移的，而当所有权发生转移时，水险保单是重要的文件之一。因此，尽管签发保单时，货物的买方可能还不具有保险利益，但自货物转让时起，允许其对之具有合法的保险利益。

【例3-5】某外贸企业从国外进口一批货物，与卖方交易采取的是离岸价格。按该价格条件，应由买方投保。于是企业以这批尚未运抵取得的货物为保险标的投保海上货运险。问保险公司是否会承保？

分析：保险公司会承保。企业因尚未取得该批货物而没有保险利益，在一般财产保险中是不能投保的。但在海上货物运输保险中，订立保险合同时，投保人对保险标的没有保险利益也可投保。

2. 人身保险保险利益的适应时限

人身保险的保险利益存在于保险合同订立时。在保险合同订立时，要求投保人必须具有投保利益，而发生保险事故或发生保险事故给付时，不追究是否具有保险利益。例如，某投保人为其配偶投保人身保险，即使在保险期限内该夫妻离婚，保险合同依然有效，保险公司按规定给付保险金。该规定的原因在于，人寿保险的保险标的是人的寿命和身体，同时人寿保险具有储蓄性。因此，保险合同订立时必须具有保险利益，而当发生赔款时不要求具有保险利益。

【例3-6】李某于2015年以妻子为被保险人投保人寿保险，每年按期交付保费。夫妻双方于 2016 年离婚。此后，李某继续交付保费。2017 年，被保险人因保险事故死亡，问李某作为受益人能否向保险公司请求保险金给付？

分析：李某可以向保险公司请求保险金给付。因为人身保险的保险利益只要求在保险合同订立时存在，而不要求在保险事故发生时存在。在本例中，李某于 2015 年投保时，与被保险人（其妻子）存在保险利益关系，虽然在被保险人因保险事故死亡时已不存在保险利益，但不影响其获得保险金给付。

# 第三节　近因原则

## 一、近因原则的基本内容

近因是引起保险标的损失的直接、有效、起决定作用的因素。反之，引起保险标的损失的间接、不起决定作用的因素称为远因。在保险理赔中，近因原则的运用具有普遍的意义。近因原则就是，在处理赔案时，赔偿与给付保险金的条件是造成保险标的损失的近因必须属于保险责任。若造成保险标的损失的近因属于保险责任范围内的事故，则保险人负赔付责任；反之，若造成保险标的损失的近因属于责任免除，则保险人不负赔付责任。只有当保险事故的发生与损失的形成有直接因果关系时，才构成保险人赔付的条件。近因原则几乎为世界各国保险人在分析损失的原因和处理保险赔付责任时所采用。

近因原则的基本含义包括下列几点：若造成保险标的受损的近因属于保险责任范围内的事故，则保险人应负赔付责任；若造成保险标的受损的近因属于责任免除，则保险人不负赔付责任；若造成保险标的受损的近因兼有保险责任和责任免除，则区分不同情况处理。

## 二、近因原则的运用

损失与近因存在直接的因果关系，因此，要确定近因，首先要确定损失的因果关系。确定因果关系的基本方法有从原因推断结果和从结果推断原因两种。从近因认定和保险责任认定看，可分为下述情况：

### （一）损失由单一原因所致

若保险标的损失由单一原因所致，则该原因即为近因。若该原因属于保险责任事故，则保险人应负赔偿责任；反之，若该原因属于责任免除项目，则保险人不负赔偿责任。例如，某人因被盗导致家庭财产损失，若该被保险人只投保了家庭财产保险基本险，则保险人不负赔偿责任；若被保险人在家庭财产保险基本险的基础上加保了附加偷窃险，则保险人负赔偿责任。

### (二) 损失由多种原因所致

如果保险标的损失由两个或两个以上的原因所致，则应区别分析。

1. 多种原因同时发生导致损失

如果多种原因同时发生而无先后之分，且均为保险标的损失的近因，则应区别对待。若同时发生导致损失的多种原因均属于保险责任，则保险人应负责全部赔偿责任；若同时发生导致损失的多种原因均属于责任免除，则保险人不负任何赔偿责任；若同时发生导致损失的多种原因不全属于保险责任，则应严格区分，对能区分保险责任和责任免除的，保险人只负保险责任范围内所致损失的赔偿责任；对不能区分保险责任和责任免除的，则应当赔付。例如，船舶发生碰撞，海水涌入船舱，油罐破裂，装载货物既遭水渍，又受油污。若被保险人只投保了水渍险，则保险人只负水渍损失的赔偿责任；若被保险人在水渍险的基础上加保了混杂玷污险或投保了一切险，则保险人负赔偿责任。

2. 多种原因连续发生导致损失

如果多种原因连续发生导致损失，前因与后因之间具有因果关系，且各原因之间的因果关系没有中断，则最先发生并造成一连串风险事故的原因就是近因。保险人的责任可根据下列情况来确定：

(1) 若连续发生导致损失的多种原因均属于保险责任，则保险人应负全部赔偿责任。例如，船舶在运输途中因遭受雷击而引起火灾，火灾引起爆炸。由于三者均属于保险责任，则保险人对一切损失负全部赔偿责任。

(2) 若连续发生导致损失的多种原因均属于责任免除范围，则保险人不负赔偿责任。

(3) 若连续发生导致损失的多种原因不全属于保险责任，最先发生的原因属于保险责任，而后因不属于责任免除，则近因属于保险责任，保险人负赔偿责任。例如，皮革和烟草两样货物被承运人合理地装载于船舶的同一货舱，由于船舶在航行途中遭遇恶劣天气，海水进入货舱，浸湿了放置在货舱一侧的皮革，湿损的皮革腐烂，产生浓重的气味，将放置在货舱另一侧的烟草熏坏。烟草是被腐烂皮革散发出的气味熏坏的，而皮革发生腐烂是进入货舱的海水浸湿所致，因此，烟草损失的近因是海难，属于保险责任。显然，虽然烟草货主投保的是水渍险，并未加保串味险，但保险人应负赔偿责任。

(4) 最先发生的原因属于责任免除，其后发生的原因属于保险责任，则近因是责任免除项目，保险人不负赔偿责任。例如，船舶遭受敌人炮火被击坏，影响了航行能力，以致触礁沉没。显然，船舶沉没的近因是战争，而若被保险人未加保战争险，则保险人不负赔偿责任。虽然从时间上看，最近的原因是触礁，但该船舶被炮火击中后始终没有脱离危险。因此，被炮火击中是处于支配地位和起决定作用的原因。

3. 多种原因间断发生导致损失

致损原因有多个，它们是间断发生的，在一连串连续发生的原因中，有一种新的、独立的原因介入，使原有的因果关系链断裂，并导致损失，则新介入的独立原因是近因。若近因属于保险责任范围内的事故，则保险人应负赔偿责任；反之，若近因不属于保险责任范围，则保险人不负赔偿责任。例如，某人投保了意外伤害保险，有一天过马路时被一辆汽车撞倒，去医院检查，但未受伤，后因心脏病突发导致死亡。由于致死的近因是疾病，疾病属于意外伤害保险的除外责任，所以保险人对被保险人的死亡不承担给付保险金责任。

坚持近因原则的目的是分清与风险事故有关各方的责任，明确保险人承保的风险与保险标的损失结果之间存在的因果关系。虽然确定近因有其原则的规定，即以最具作用和最有效果的致损原因作为近因，但是在实践中，由于致损原因的发生与损失结果之间的因果关系错综复杂，所以判定近因和运用近因原则远不是轻而易举的事。除掌握近因和近因原则的理论以外，根据实际案情，仔细观察，认真辨别，实事求是地分析，遵循国际惯例，尤其是援用重要的判例，是正确推断近因与损失之间的因果关系和最终判定近因的基本要求。

【例3-7】某居民投保了意外伤害险。他在森林中打猎时从树上跌落受伤，于是爬到公路边等待救助。由于夜间天冷，他染上肺炎死亡。问保险人是否承担给付责任？

分析：在本例中，导致被保险人死亡的原因有两个：一个是从树上跌落；另一个是染上肺炎。前者是意外伤害，属于保险责任；后者是疾病，属于责任免除。由于他从树上跌落引发肺炎并最终导致死亡，所以死亡的近因是意外伤害，而非肺炎，保险人应负赔付保险金责任。

## 第四节　损失补偿原则

### 一、损失补偿的一般原则

#### （一）损失补偿原则的含义与目的

损失补偿原则是当保险事故发生时，被保险人从保险人处所得到的赔偿应正好填补被保险人因保险事故所造成的保险金额范围内的损失。这是保险中理赔的基本原则。在保险事故发生后，被保险人有权要求保险人按合同给予补偿，保险人则有义务向被保险人对其损失进行补偿。通过补偿，被保险人的保险标的在经济上恢复到受损前的状态，不允许被保险人因损失而获得额外的利益。

遵循损失补偿原则的目的在于：真正发挥保险的经济补偿职能；避免将保险演变成赌博行为；防止诱发道德风险的发生。损失补偿原则的实现方式通常有现金赔付、修理、更换和重置。

### （二）损失补偿原则的限制

保险人在运用损失补偿原则时，在补偿金额上应分情况掌握几个限度。

1. 损失补偿以实际损失为限

在超额保险条件下，由于保险金额超过保险价值，因此，当保险标的发生保险事故时，被保险人遭受的实际损失最大为保险价值，不可能等于或超过保险金额。因此，按照损失补偿原则，被保险人的保险标的在经济上恢复到损失前的状态，保险人只能以发生损失时的市场价格来确定赔偿金额，不得超过损失金额，以防被保险人获得额外利益。

【例 3 - 8】某企业将其所有的一台机器投保火险，保险金额为 100 万元。在保险期限内，发生保险事故致使其全部损毁，损失时机器的市价为 80 万元，问保险公司应赔偿多少？

分析：虽然保险金额为 100 万元，但由于实际损失只有 80 万元，根据损失补偿原则，保险公司应赔偿 80 万元。

2. 损失补偿以保险金额为限

保险金额是保险人承担赔偿或给付保险金责任的最高限额，投保人因保险标的受损所获得的损失补偿也就只能以保险金额为限。在保险标的发生全部损失时，若投保不定值保险，当保险金额等于或小于保险价值时或若投保定值保险，则补偿金额应以保险金额为限，以便填补被保险人的损失。

3. 损失补偿以保险利益为限

保险利益是投保人对保险标的所具有的法律上承认的利益。被保险人对所遭受损失的财产具有保险利益是被保险人索赔的基础，其所获得的赔款也不得超过其对被损财产所具有的保险利益。

【例 3 - 9】某银行将借款单位抵押给它的一栋房屋投保，保单约定保险期限从 2016 年 6 月 1 日至 2017 年 6 月 30 日。银行于 2016 年 11 月底收回全部借款，不料房屋于 2016 年 12 月 30 日被大火焚毁。问该银行能否获得保险公司的赔偿？

分析：因为银行在发生保险事故时对保险标的（房屋）已经没有保险利益，所以该银行不能获得保险公司的赔偿。

4. 损失补偿以保险价值为限

在不定值保险条件下，当存在超额保险时，若发生全部损失，则按照损失补偿原则，以保险价值为限。我国《保险法》规定，保险金额不得超过保险价值；超过保险价值的，超过的部分无效。

此外，在重复保险的条件下，为了避免被保险人因保险事故而获得多份赔偿，因而采用重复保险分摊原则；在保险事故由因第三者所致的情况下，为避免被保险人因保险事故而获得双份赔偿，采用代位求偿原则；在保险人按推定全损向被保险人赔偿全部损失后，为避免被保险人在因保险事故获得补偿后又获得受损标的物的所有权，采用委付。这些都是损失补偿原则的派生原则，它是一般补偿原则的补充，将于后文分别论述。

### （三）损失补偿的方式

**1. 比例赔偿方式**

（1）在不定值保险条件下，若保险金额大于或等于保险价值，即当足额或超额保险时，其赔偿金额等于损失金额；若保险金额小于保险价值，即当不足额保险时，其赔偿金额为

$$赔偿金额 = 损失金额 \times 保险保障程度$$

其中，

$$保险保障程度 = \frac{保险金额}{保险价值} \times 100\%$$

**【例3-10】** 某企业投保企业财产保险，保险金额为2 400万元。当保险事故发生时，保险价值为4 000万元。若发生全部损失，则保险人赔偿2 400万元；若发生部分损失，则损失金额为3 000万元。于是按比例计算的赔偿金额为

$$赔偿金额 = 3\ 000 \times \frac{2\ 400}{4\ 000} = 1\ 800（万元）$$

（2）在定值保险条件下，由于保险金额等于保险价值，因而若发生全损，损失金额等于保险价值，则赔偿金额等于保险金额；若发生部分损失，损失金额小于保险价值，则赔偿金额采用比例赔偿方式，即

$$赔偿金额 = 保险金额 \times 损失程度$$

其中，

$$损失程度 = \frac{损失价值}{保险标的完好价值} \times 100\%$$

**【例3-11】** 若对某货物投保了定值保险，其保险金额为200万元。当保险事故发生时，若发生全部损失，损失时的市场实际价值为300万元，则保险人赔偿200万元；若发生部分损失，损失程度为75%。于是按比例计算的赔偿金额为

$$赔偿金额 = 200 \times 75\% = 150（万元）$$

损失150万元，赔偿150万元，符合损失补偿原则。

**2. 第一危险赔偿方式**

第一危险是保险金额限度内的损失，超过保险金额的损失为第二危险。第一危险赔偿方式是指当保险事故发生时，保险人仅按保险金额限度内的实际损失金额予以赔偿，而对保险金额之外的损失不予赔偿的方式。该赔偿方式比较简便，但不够准确，主要适用于家庭财产保险。

例如，李某拥有100万元的家庭财产，向保险公司投保家庭财产保险，保险金额为60万元。在保险期间，李某家中失火，当家庭财产损失10万元时，保险公司应赔偿10万元。

**3. 限额赔偿方式**

（1）固定责任赔偿方式。这是指保险人在订立保险合同时规定保险保障的标准限额，保险人只对实际价值低于标准保障限额之差予以赔偿的方式。这种方式适用于农作物保险。

其计算公式为

$$赔偿金额 = 限额责任 - 实际收获量$$

（2）免赔限度赔偿方式。这是指保险人事先规定一个免赔限度，在损失超过该限度时才予以赔偿的方式。该方式可减少保险人大量小额赔偿的工作量，同时可增强被保险人的责任感。按免赔方式，又可将其细分为以下几类：

①相对免赔方式。它是保险标的的损失程度超过规定的免赔限度时，保险人按全部损失予以赔偿的方式，即

$$赔偿金额 = 保险金额 \times 损失率$$

其中，损失率大于免赔率。

②绝对免赔方式。它是保险标的的损失程度超过规定的免赔限度时，保险人只对超过限度的那部分损失予以赔偿的方式，即

$$赔偿金额 = 保险金额 \times （损失率 - 免赔率）$$

其中，损失率大于免赔率。

【例 3 - 12】王某向保险公司投保家庭财产保险，保险金额为 100 万元。在保险期间，王某家中失火，当绝对免赔率为 5%，家庭财产损失 2 万元时，保险公司应赔偿多少？

分析：因为采用了绝对免赔率，当保险事故损失小于免赔额，即 $100 \times 5\% = 5$（万元）时，保险人不负赔偿责任。因此，当家庭财产损失 2 万元时，保险公司不赔偿。

若上例中的绝对免赔率为 5%，家庭财产损失 8 万元，保险公司应赔偿多少？

分析：因为采用了绝对免赔率，当保险事故损失大于或等于免赔额，即 5 万元时，保险人承担的赔偿责任等于实际损失减去免赔额后剩余的差额，即超出免赔额的部分。因此，当家庭财产损失 8 万元时，保险公司只负责赔偿 $8 - 5 = 3$（万元）。

若相对免赔率为 5%，家庭财产损失 8 万元，保险公司应赔偿多少？

分析：因为采用了相对免赔率，当保险事故损失小于免赔额，即 $100 \times 5\% = 5$（万元）时，保险人不负赔偿责任；当保险事故损失大于或等于免赔额，即 5 万元时，保险人负责赔偿全部损失。因此，当家庭财产损失 8 万元时，保险公司赔偿 8 万元。

## 二、代位求偿与委付

### （一）代位求偿

1. 代位求偿的含义

代位求偿是因第三者对保险标的的损害而造成保险事故的，保险人自向被保险人赔偿保险金之日起，在赔偿金额范围内取代被保险人的地位行使被保险人对第三者请求赔偿的权利，即保险人在代第三者向被保险人支付赔款后，取代被保险人向第三者索赔的权利。保险人取得该项权利后，即可站在被保险人的地位向第三者进行追偿。代位求偿是损失补偿原则的派生原则。

在保险实务中，代位求偿通常存在物上代位和权利代位两种形式。但从严格意义上说，

物上代位不能称为真正意义上的代位。因为在保险代位法律关系中存在三方当事人：债权人、债务人和保险人。债权人是被保险人，即受害人，是有权要求加害人赔偿的人；债务人是造成责任事故的人，即加害人；保险人一方面替代加害人向被保险人赔偿，另一方面，在向被保险人赔偿后，取得替代被保险人地位向加害人索赔的权利。代位求偿权的实质是保险人站在被保险人的地位上向造成保险事故的第三者索赔的权利。物上代位是保险人对被保险人做出赔偿后，如果赔偿金额达到受损标的的金额，则标的残值的所有权即应归于保险人。在物上代位条件下，只有两方当事人，没有第三者，显然与代位权的构成要件大相径庭。因此，物上代位不宜作为代位求偿研究，只有权利代位才是真正意义上的代位求偿。

由于保险标的保险事故是由第三者责任造成的，被保险人享有双倍索赔权：向第三者索赔，这是绝对的、无条件的；向保险人索赔，这是相对的、有条件的，其条件是不得免除第三者的赔偿义务，并将该赔偿请求权转移给保险人。因此，坚持该原则的目的在于：既维护损失补偿原则，防止被保险人因保险事故得到双重赔偿（既从保险人得到赔偿，又从第三者得到赔偿），又有利于被保险人迅速得到保险赔偿；既有利于维护保险人自身的合法利益；也可使有关责任方承担事故赔偿责任。

2. 代位求偿的条件

保险代位求偿权是各国保险法律共同承认的一种债权转移制度。保险人行使代位求偿权的条件如下：

（1）保险标的所遭受的风险必须属于保险责任范围。若保险标的所发生的风险事故虽由第三者的责任所致，但不属于保险责任范围，则保险人不负赔偿责任，也不存在代位求偿。

（2）保险事故的发生应由第三者承担责任。因为当保险事故的发生应由第三者承担责任时，被保险人才有可能向保险人转移其赔偿请求权，保险人才有代位求偿的可能；反之，保险事故的发生虽然是第三者的行为造成的，但第三者的行为在法律上不需要承担民事赔偿责任，则代位求偿无法成立。

（3）被保险人要求第三者赔偿。这既是保险人赔偿的条件，也是代位的条件。如果因第三者责任造成保险事故，被保险人不要求第三者赔偿，则保险人向被保险人赔偿会导致第三者的故意行为，出现道德危险；同时，被保险人不要求第三者赔偿，本身也无所谓代位，因为被保险人已放弃债权，第三者也因此不存在债务。保险人向被保险人赔偿保险金后，被保险人未经保险人同意放弃对第三者请求赔偿的权利的，该行为无效。

（4）保险人必须事先向被保险人履行赔偿责任，即代位求偿权在保险人向被保险人赔偿保险金之后自动产生。这是保险人取得代位求偿权的时间条件。因为代位求偿是建立在履行赔偿义务的基础之上的，保险人必须依照保险合同和被保险人的请求，对保险损失做出保险赔偿。保险人若尚未履行义务，则无权取得代位求偿权。同时，在保险人尚未赔偿之前，被保险人实际上拥有或保留向第三者求偿的权利。我国《保险法》对此有明确规定。

（5）保险人只能在赔偿金额限度内行使代位求偿权。若保险人向第三者实际取得的赔偿金额大于赔偿给被保险人的金额，则保险人必须将超过部分的金额退给被保险人。这是代位求偿的权限。

3. 代位求偿的适用范围

代位求偿权只适用于财产保险，而不适用于人身保险。因为财产保险的保险价值是可以确定的，财产保险合同是补偿合同。按照损失补偿原则，当财产保险的保险标的发生保险事故时，被保险人只能得到补偿，而不能获得双重赔偿。人身保险的保险金额是保险当事人双方约定的，其保险价值无法衡量，只存在保险金的给付。另外，我国《保险法》第六十二条规定，除被保险人的家庭成员或者其组成人员故意造成本法规定的保险事故外，保险人不得对被保险人的家庭成员或者其组成人员行使代位请求赔偿的权利。这一规定是为了防止被保险人及其家庭成员发生道德风险，同时有效地发挥保险的保障功能。

【例 3 – 13】某居民投保家庭财产险，他妻子的过失造成火灾而损坏了财产，保险公司是否赔偿？赔偿以后能否向其妻子进行追偿？

分析：火灾属于保险责任事故，保险公司应当赔偿损失。赔偿以后保险公司不能对他妻子行使代位求偿权。

**（二）委付**

1. 委付的概念与条件

委付是被保险人在发生保险事故造成保险标的推定全损时，将保险标的物的一切权利连同义务移转于保险人而请求保险人赔偿全部保险金额的法律行为。委付必须具备一定条件才能成立，其条件如下：

（1）委付必须以保险标的推定全损为条件。因为委付包含全额赔偿和转移保险标的的一切权利义务两重内容，所以要求必须是在保险标的推定全损时才能适用。

（2）委付必须就保险标的的全部提出要求。被保险人要求委付必须是针对推定全损的保险标的全部，如推定全损的一艘船舶、一批货物，而不得仅就保险标的的一部分申请委付，对另一部分不适用委付。但若同一保险单上载有若干种保险标的，则当其中之一产生委付原因时，应就该种保险标的适用委付。

（3）委付必须经保险人承诺后方为有效，即委付是否成立和履行还取决于保险人的意志。保险人可以接受委付，也可以不接受委付。若保险人接受委付，则委付成立；反之，则委付不成立。委付一经保险人接受，不得撤回。

（4）被保险人必须在法定时间内向保险人提出书面的委付申请。这一条件要求被保险人为进行委付，必须提出申请，即向保险人发出委付书。按照国际上海上保险的惯例，委付书可以是书面的或口头的，应向保险人或其授权的保险经纪人提出。在我国海上保险实践中，委付书必须是用书面形式的，直接向保险人提出，并且在法定时间内。有的国家法律规定时间为 3 个月，如日本、英国。我国《保险法》和《中华人民共和国海商法》（以下简称《海商法》）均未做明确规定。

（5）被保险人必须将保险标的的一切权利转移给保险人，并且不得附加条件。在保险标的推定全损的情况下，被保险人要获取全额赔偿的对价条件，就是将保险标的的一切权利归保险人，并且被保险人不得附加任何条件。如被保险人对船舶失踪申请委付，但要求船舶有着落时返归其所有，则为法律所禁止。

2. 委付的效力

委付一经依法成立，便对保险人和被保险人产生法律约束力：一方面，被保险人在委付成立时，有权要求保险人按照保险合同约定的保险金额向其全额赔偿；另一方面，被保险人必须在委付原因产生之日将保险标的的一切权利和义务转移归保险人。我国《海商法》第二百五十条规定，"保险人接受委付的，被保险人对委付财产的全部权利和义务转移给保险人"。英国《海上保险法》也有类似的规定。

3. 代位求偿与委付的区别

代位求偿与委付的区别在于：

（1）代位求偿权只是一种纯粹的追偿权，取得这种权利的保险人无须承担其他义务；而保险人在接受委付时，既取得了保险标的的所有权，也要承担该标的产生的义务。

（2）保险人得到的权利不同。在代位求偿中，保险人最多只能取得保险赔偿金额范围内的权利；而在委付中，保险人可享有该项标的的一切权利，保险人可以接受大于其赔偿金额的利益。因为被保险人在提出委付时，已放弃了对保险标的的所有权，保险人取得了对保险标的的处分权，并可取得因处置而取得的额外利益。

（3）代位求偿的保险事故由第三者引起；委付的保险事故则未必。

【例3-14】在第二次世界大战期间，英国某保险人承保了一船黄金。船舶在航行中遇难，按照当时的条件，黄金沉没到海底，很难打捞，构成推定全损，保险人按全额赔偿。几十年后，保险人利用先进技术将沉船上的黄金打捞上来，其价值已是过去的几十倍。问保险人应如何处理？

分析：因为接受委付的保险人取得了保险标的的所有权，所以本例中打捞上来的黄金全部归保险人所有。

### 三、重复保险分摊原则

对于重复保险，在保险事故发生时采用分摊原则。重复保险分摊原则是指投保人向多个保险人重复保险时，投保人的索赔只能在保险人之间分摊，赔偿金额不得超过损失金额。这一原则也是补偿原则的派生原则。遵循这一原则的目的在于：维护补偿原则，防止投保人利用重复保险获得超额赔款；维护社会公平原则。

分摊原则是在重复保险条件下适用的原则。重复保险是投保人对同一保险标的、同一保险利益、同一保险事故同时向两个或两个以上保险人订立保险合同，且其保险金额之和大于保险价值的保险。

重复保险分摊的方式一般有比例责任制、独立责任制和顺序责任制。

### （一）比例责任制

比例责任制是各保险人按照其保险金额，依比例分担赔偿损失责任的方式。其计算公式为

$$某保险人分摊的赔偿责任 = \frac{某保险人承保的保险金额}{所有保险人承担的保险金额} \times 损失金额$$

【例 3 – 15】某批货物保险价值 60 万元，某投保人对该批货物分别向甲、乙两家保险公司投保了货物运输保险，其保险金额分别为 40 万元、60 万元。当保险事故发生时，若发生全部损失，则损失金额为 60 万元。甲、乙两家保险公司的赔偿金额分别为

$$甲保险公司的赔偿金额 = 60 \times \frac{40}{40+60} = 24（万元）$$

$$乙保险公司的赔偿金额 = 60 \times \frac{60}{40+60} = 36（万元）$$

两者赔偿之和为 60 万元，正好等于损失金额 60 万元，符合补偿原则。

若发生部分损失，损失金额为 20 万元，则甲、乙两家保险公司的赔偿金额分别为

$$甲保险公司的赔偿金额 = 20 \times \frac{40}{40+60} = 8（万元）$$

$$乙保险公司的赔偿金额 = 20 \times \frac{60}{40+60} = 12（万元）$$

两者赔偿之和为 20 万元，正好等于损失金额 20 万元，符合补偿原则。

### （二）独立责任制

独立责任制又称为限额责任制，是按照各保险人在无他保情况下单独应付的赔偿金额作为基数加总得出各家应分摊的比例，然后据此比例计算赔款的方式，即按各保险人单独赔付时应承担的最高责任比例来分摊损失赔偿责任的方式。独立责任又称为限额责任，是在无他保的情况下，保险人按其承保金额所负的损失赔偿责任。其计算公式为

$$某保险人分摊的赔偿责任 = \frac{某保险人独立责任限额}{所有保险人独立责任总额} \times 损失金额$$

【例 3 – 16】某批货物保险价值 60 万元，某投保人对该批货物分别向甲、乙两家保险公司投保了货物运输保险，其保险金额分别为 40 万元、60 万元。当保险事故发生时，若发生全部损失，则损失金额为 60 万元。甲、乙两家保险公司的独立责任分别为 40 万元、60 万元。赔偿金额分别为

$$甲保险公司的赔偿金额 = 60 \times \frac{40}{40+60} = 24（万元）$$

$$乙保险公司的赔偿金额 = 60 \times \frac{60}{40+60} = 36（万元）$$

两者赔偿之和为 60 万元，正好等于损失金额 60 万元，符合补偿原则。

若发生部分损失，损失金额为 20 万元，则乙保险公司的独立责任为 20 万元，而甲保险公司的独立责任为 13.33 ［ = 20 × （40 ÷ 60）］ 万元。赔偿金额分别为

$$甲保险公司的赔偿金额 = 20 \times \frac{13.33}{13.33 + 20} = 8 （万元）$$

$$乙保险公司的赔偿金额 = 20 \times \frac{20}{13.33 + 20} = 12 （万元）$$

两者赔偿之和为 20 万元，正好等于损失金额 20 万元，符合补偿原则。

### （三）顺序责任制

顺序责任制是根据各保险人出立保单的顺序来确定赔偿责任，即先由第一个出立保单的保险人在其保险金额限度内赔偿，再由第二个保险人对超过第一个保险人保险金额的损失部分在其保险金额限度内赔偿，依此类推，直至将被保险人的损失全部赔偿的方法。这是依承保的先后顺序进行分摊的方式。

在上例中，若发生全损，则先由甲保险公司赔偿 40 万元，余下的 20 （ = 60 - 40）万元再由乙保险公司赔偿；若发生部分损失，损失为 20 万元，则先由甲保险公司赔偿 20 万元，余下 0 （ = 20 - 20），即乙保险公司不负赔偿责任。显然，这种方法对有的保险人显失公平，因而许多国家的保险法不采用这一方法。

我国《保险法》第五十六条肯定了比例责任方式的法律效力，"重复保险的各保险人赔偿保险金的总和不得超过保险价值。除合同另有约定外，各保险人按照其保险金额与保险金额总和的比例承担赔偿保险金的责任"。在保险实务中，保险人为避免分摊的麻烦，往往在保险单上附加条款声明：如果该保险单承保的保险标的在风险事故发生时有其他保险，则保险人的赔偿金额仅以其承保金额与总保险金额的比例为限。应当指出的是，分摊原则最初源于重复保险的理赔分摊，但在现实实务中，共同保险也同样适应于分摊原则。

## 综合练习

### 一、填空题

1. 保险利益的存在必须具备三个条件，即_____；_____；_____。
2. 财产保险的保险利益包括_____、_____、_____、_____。
3. 保险合同的订立和保险关系的存在应当以_____的存在为前提和依据。
4. 投保人或被保险人对保险标的不具有_____的，保险合同无效。
5. 最大诚信原则的内容包括_____、_____、_____与_____。
6. 保证按形式，分为_____和_____。
7. 损失补偿原则包括两层含义：一是_____；二是_____。
8. 保险赔偿方式主要有_____、_____、_____三种。
9. 近因是造成保险标的损失_____、_____、_____的原因。

二、单项选择题

1. 下列利益中，可作为保险利益的有（　　）。

A. 违反法律规定或社会公共利益而产生的利益

B. 精神创伤

C. 刑事处罚

D. 根据有效的租赁合同所产生的对预期租金的收益

2. 保险利益为确定的利益是指保险利益（　　）。

A. 已经确定 　　　　　　　　　B. 可以确定

C. 不能确定 　　　　　　　　　D. A 和 B 均是

3. 保险合同特有的原则是（　　）。

A. 最大诚信原则 　　　　　　　B. 保险利益原则

C. 公平互利原则 　　　　　　　D. 守法原则

4. 保险条款比较复杂，一般由保险人事先拟定，这就要求保险人根据（　　），说明保险合同的主要内容。

A. 公平互利原则 　　　　　　　B. 协商一致原则

C. 保险利益原则 　　　　　　　D. 最大诚信原则

5. 保险利益为确定的经济利益，即指（　　）。

A. 现有利益 　　　　　　　　　B. 期待利益

C. 现有利益和期待利益 　　　　D. 任何经济利益

6. 保险利益从本质上说，是某种（　　）。

A. 经济利益 　　　　　　　　　B. 物质利益

C. 精神利益 　　　　　　　　　D. 财产利益

7. 投保人因过失未履行如实告知义务，对保险事故发生有严重影响时，保险人对于保险合同解除前发生的保险事故（　　）。

A. 应承担赔偿或给付保险金的责任

B. 不承担赔偿或给付保险金的责任，并不退还保费

C. 不承担赔偿或给付保险金的责任，但可退还保费

D. 承担部分赔偿或给付保险金的责任

8. 保险人在支付了 5 000 元的保险赔款后向有责任的第三方追偿，追偿款为 6 000 元，则（　　）。

A. 6 000 元全部退还被保险人

B. 将 1 000 元退还被保险人

C. 6 000 元全部归保险人

D. 多余的 1 000 元在保险双方之间分摊

9. 在保险人行使代位求偿权时，如果依代位求偿取得第三人赔偿金额超过保险人的赔

偿金额，其超过部分应归（　　）所有。

A. 保险人　　　　　　　　　　　　B. 被保险人

C. 第三者　　　　　　　　　　　　D. 国家

10. 除（　　）外，保险人不得行使代位求偿权。

A. 人寿保险　　　　　　　　　　　B. 意外伤害保险

C. 医疗保险　　　　　　　　　　　D. 第三者责任保险

11. 某投保人将价值100万元的财产向甲、乙、丙三家保险公司投保同一险种，其中甲保单的保额为80万元，乙保单的保额为40万元，丙保单的保额为40万元，损失额为80万元，则甲、乙、丙三家保险公司的赔偿额依次为（　　）。

A. 40万元、20万元、20万元　　　　B. 50万元、25万元、25万元

C. 5万元、2.5万元、2.5万元　　　　D. 80万元、10万元、10万元

### 三、多项选择题

1. 投保人对（　　）具有保险利益。

A. 债权人　　　　　　　　　　　　B. 债务人

C. 本人　　　　　　　　　　　　　D. 父母、子女

E. 配偶

2. 人身保险合同没有（　　）的概念。

A. 保险金额　　　　　　　　　　　B. 保险利益

C. 保险价值　　　　　　　　　　　D. 保险期限

E. 重复保险

3. 保险利益的构成应具备（　　）。

A. 不确定的利益　　　　　　　　　B. 合法的利益

C. 确定的利益　　　　　　　　　　D. 合法的经济利益

E. 客观存在的利益

4. 在财产保险合同中，投保人对（　　）具有可保利益。

A. 拥有所有权的财产　　　　　　　B. 抵押财产

C. 保管的他人财产　　　　　　　　D. 已出售的财产

E. 留置财产

5. 最大诚信原则的具体内容包括（　　）。

A. 告知　　　　　　　　　　　　　B. 保证

C. 弃权和禁止反言　　　　　　　　D. 说明义务

E. 保密义务

6. 根据最大诚信原则，要求（　　）。

A. 投保人在订立合同时如实告知保险标的的重要事宜

B. 投保人在订立合同后严格履行保险合同

C. 保险人在订立合同时，向投保人说明保险合同的主要内容

D. 在保险事故发生时，保险人有足够的偿付能力

E. 保险人在订立合同时，向投保人说明原订费率的过程

7. 下列有关代位求偿权的说法中，错误的是（　　　）。

A. 被保险人有权就未取得保险人赔偿的部分向第三者请求赔偿

B. 适用于财产保险和人身保险

C. 保险人依代位求偿权取得第三人的赔偿余额超过保险人的赔偿金额，超过部分应归保险人所有

D. 如果因被保险人的过错影响了保险人代位求偿权的行使，保险人可扣减相应的保险赔偿金

E. 在任何情况下，保险人都不得对被保险人的家庭成员或者其组成人员行使代位求偿权

8. 损失补偿原则的实施要点有（　　　）。

A. 以实际损失为限　　　　　　　　B. 以保险金额为限

C. 以保险标的净值为限　　　　　　D. 以可保险利益为限

E. 以保险期限为限

9. 补偿原则的派生原则有（　　　）。

A. 近因原则　　　　　　　　　　　B. 代位原则

C. 分摊原则　　　　　　　　　　　D. 保险利益原则

E. 实际损失原则

10. 财产保险合同主要履行（　　　）。

A. 损失补偿原则　　　　　　　　　B. 代位原则

C. 分摊原则　　　　　　　　　　　D. 近因原则

E. 最大诚信原则

11. 下列原则中，不适用于人身保险合同的有（　　　）。

A. 保险利益原则　　　　　　　　　B. 补偿原则

C. 最大诚信原则　　　　　　　　　D. 代位求偿原则

E. 近因原则

12. 财产保险合同的保险利益产生的原因包括（　　　）。

A. 所有权　　　　　　　　　　　　B. 占有权

C. 使用权　　　　　　　　　　　　D. 民事损害赔偿责任

E. 有效合同

13. 下列有关最大诚信原则的表述中，正确的有（　　　）。

A. 保险合同对当事人诚实信用的要求要比一般民事活动更为严格

B. 仅要求在订立保险合同时遵守

C. 最大诚信原则包括告知义务和保证

D. 该原则仅适用于投保人，不适用于保险人

E. 该原则仅适用于保险人，不适用于投保人

14. 下列有关补偿原则的陈述中，正确的有（    ）。

A. 对于合同中规定的免赔额，被保险人得不到赔偿

B. 若是不足额保险，则依照保险金额与保险价值的比例赔偿

C. 若不遵循补偿原则，将会诱发道德风险

D. 遵循补偿原则，可保障被保险人的利益

E. 签订财产保险合同后，被保险人对保险标的已不具有保险利益，亦可获得赔偿

15. 下列关于代位原则的陈述中，错误的是（    ）。

A. 补偿原则主要适用于人寿保险合同

B. 补偿原则是代位原则的派生原则

C. 代位原则的意义在于使肇事方承担相应的经济责任

D. 代位原则可防止被保险人因损失而获取不当利益

E. 被保险人无权就取得保险人赔偿的部分向第三者请求赔偿

16. 代位求偿权实施的前提条件是（    ）。

A. 保险标的的损失属于保险责任事故

B. 保险标的的损失是由第三方责任造成的

C. 保险人履行了赔偿责任

D. 被保险人对于第三者依法应负赔偿责任

E. 保险标的的损失是由本人责任造成的

17. 下列有关分摊原则的陈述中，正确的是（    ）。

A. 是由补偿原则源生出来的

B. 可防止被保险人获得高于实际损失额的赔偿金

C. 是对重复保险发生保险事故后进行分摊的原则

D. 在没有合同约定的情况下，应以顺序责任制进行分摊

E. 是对财产保险和人身保险的赔偿和给付所实施的原则

18. 下列对损失补偿原则的表述中，正确的是（    ）。

A. 有损失有赔偿，无损失无赔偿    B. 以保险价值为限

C. 以实际损失为限    D. 以保险金额为限

E. 以保险利益为限

19. 下列对保险利益原则的表述中，正确的是（    ）。

A. 一般财产保险的保险利益必须在合同订立时存在

B. 在海上货物运输保险中，投保人对保险标的没有保险利益也可投保

C. 海上货物运输保险的保险利益在发生保险事故时必须存在

D. 人身保险的保险利益必须在保险合同订立时存在

E. 在人身险中并不要求在保险事故发生时具有保险利益

20. 下列情况中，不适用于损失补偿原则的是（　　）。

A. 定值保险　　　　　　　　　　B. 重置价值保险

C. 人寿保险　　　　　　　　　　D. 通融赔付

E. 财产保险

21. 下列关于近因原则的表述中，正确的是（　　）。

A. 近因是造成保险标的损失最直接、最有效、起决定作用的原因

B. 近因是空间上离损失最近的原因

C. 近因是时间上离损失最近的原因

D. 近因原则是在保险理赔过程中必须遵循的原则

E. 只有当被保险人的损失是直接由近因造成的时，保险人才给予赔偿

## 四、判断题

1. 在人身保险中，保险利益是人的生命和身体。　　　　　　　　（　　）

2. 我国采用限制家庭成员关系范围并结合被保险人同意的方式来确定人身保险的保险利益。　　　　　　　　　　　　　　　　　　　　　　　　　（　　）

3. 以他人为被保险人进行投保时，除了要求投保人对被保险人具有保险利益外，还须征得被保险人同意。　　　　　　　　　　　　　　　　　　　　（　　）

4. 没有保险利益就不存在保险关系。　　　　　　　　　　　　　（　　）

5. 在一般财产保险中，在订立保险合同时，投保人对保险标的没有保险利益也可投保。

（　　）

6. 人身保险的保险利益必须在保险合同订立时存在，而不要求在保险事故发生时具有保险利益。　　　　　　　　　　　　　　　　　　　　　　　　　（　　）

7. 保险人的赔偿金额不能超过保险利益。　　　　　　　　　　　（　　）

8. 保险合同的成立以不存在某种促使危险增加的事实为先决条件。（　　）

9. 告知与保证主要是针对保险方的规定。　　　　　　　　　　　（　　）

10. 定值保险的被保险人有可能获得超过实际损失的赔偿。　　　（　　）

11. 损失赔偿原则也适用于人身保险。　　　　　　　　　　　　　（　　）

12. 近因是指时间上与它空间上离损失最近的原因。　　　　　　（　　）

13. 只有近因属于承保风险，保险人才给予赔付。　　　　　　　（　　）

14. 若保险金额高于实际损失，则保险赔偿应以实际损失为准。　（　　）

15. 依代位求偿权取得第三人的赔偿金额超过保险人的赔偿金额，其超过部分应退还第三人。　　　　　　　　　　　　　　　　　　　　　　　　　　（　　）

16. 在保险人赔偿后，被保险人可以放弃对第三人请求赔偿的权力。（　　）

17. 保险人在拥有物上代位后，保险标的所有利益归保险人所有，若保险利益超过赔

偿，则超过部分退还被保险人。　　　　　　　　　　　　　　　（　　）

18. 补偿原则对人身保险合同和财产保险合同均适用。　　　　　（　　）

19. 代位求偿权通常只适用于财产保险。　　　　　　　　　　　（　　）

20. 在近因原则中，造成损失的多种原因，仅有一种不为承保风险，保险人也得承担赔偿责任。　　　　　　　　　　　　　　　　　　　　　　（　　）

## 五、名词解释

保险利益　保证　弃权与禁止反言　定值保险

## 六、简答题

1. 简述保险利益确立的条件及其在人身保险、海上货物运输保险和一般财产保险中的运用。

2. 简述保险利益及其条件。

3. 规定最大诚信原则的意义是什么？

4. 简述损失补偿原则的主要内容。

5. 简述实施损失补偿原则的意义。

6. 简述代位求偿权产生的原因和形成的条件。

7. 何谓近因原则？该原则对保险经营有何意义？

8. 代位原则、分摊原则与损失补偿原则有何关系？

## 七、案例分析题

1. 一名外地游客到上海旅游，在游览完东方明珠电视塔后，出于爱护国家财产的动机，自愿交付保险费为电视塔投保。问保险公司是否予以承保？为什么？

2. 有一个租户向房东租借房屋，租期为 10 个月。租房合同中写明：租户在租借期内应对房屋损坏情况负责。为此，租户以所租借房屋投保火险一年。租期满后，租户按时退房。退房后半个月，房屋毁于火灾。于是租户以被保险人身份向保险公司索赔。问保险人是否承担赔偿责任？为什么？

3. 商人 A 从国外进口一批货物，与卖方交易时采取的是离岸价格。按该价格条件，应由买方投保。于是商人 A 以这批尚未运抵取得的货物为保险标的投保海上货运险。问保险公司是否可以承保？为什么？

4. 商人 B 要出口一批货物到某国，与买方交易时采取的是到岸价格。按该价格条件，应由卖方投保。于是商人 B 以这批货物为保险标的投保海上货运险。将货物装船后，商人 B 将货物的提单交给买方并随之转让保单。后来在运输途中遇到风浪，船舶沉没，货物灭失。问保险公司是否承担货损的赔偿？是赔给买方还是赔给卖方？

5. 一位美国商人于 1979 年在曼谷用 6.5 万美元买了一批古代工艺品，在新加坡经人估价，该批工艺品价值 3 000 万美元。商人即以此金额在伦敦保险市场投保了目的地为荷兰的货运险。在货物装船前，保险人检查后，以投保人估价过高取消了保险合同。1982 年，该商人又向一家美国保险公司投保，签约时未将三年前曾被取消合同一事告知美国公司。后来货物在运输途中全损，保险公司是否赔偿？为什么？

6. 某家银行投保火险附加盗窃险，在投保单上写明 24 小时有警卫值班，保险公司予以承保，并以此作为减费的条件。后该银行被窃，经调查某日有半小时警卫不在岗。问保险公司是否承担赔偿责任？为什么？

7. 某年 5 月 11 日，驾驶员王某驾驶一辆装载水泥的解放牌卡车行至大集路 120 千米处，在避让前面一辆小轿车时采取措施不当，加之下雨路滑，致使卡车翻在公路上，与相对方向行驶而来的由驾驶员赵某驾驶的某房地产开发公司的大型货车相撞，造成驾驶员赵某死亡、所载货物严重损失的重大交通事故。后经公安机关认定由解放牌卡车驾驶员王某负全部责任。该事故经当地人民法院审理判决：王某犯交通肇事罪，判处有期徒刑二年，缓刑二年，赔偿房地产开发公司经济损失 87 620 元。判决生效后却难以执行。因为王某的解放牌卡车未参加保险，其生活相当困难，他又基本丧失劳动能力，其家中无任何可供执行的财产，已无履行判决书所确定的赔偿经济损失的能力。房地产开发公司为赵某所驾货车投保了车辆损失险、第三者责任险、货主责任险、承运货物责任险。房地产开发公司在其损失不能向王某索取赔偿时遂向保险公司提出索赔。保险公司是否应该赔偿？如何赔偿？

8. A 先生在某保险公司投保时，并未告知他在两年前已患有心悸，他认为有关事实并非重要事实，因为该保险公司在得悉他的心脏情况后，仍然愿意在不调高保费的情况下接受他的投保申请。其后，A 先生不幸因心脏停搏而终身瘫痪。该保险公司却拒绝赔偿。试分析：该保险公司拒绝赔偿是否合理？为什么？

9. 某商贸公司将一批价值 70 万元的货物抵押给银行后获得了 15 万元贷款。银行以这批货物为标的投保，期限为一年。仅过了三个月，商人已归还 3/5 的贷款。不料一周后，货物遭受火灾全部被焚毁。问银行能获得多少保险赔款？该商贸公司是否有权向保险公司索赔？为什么？

10. 一个居民向保险公司投保价值 14 万元的住宅。住宅在保险期内被卡车撞毁，居民遂向保险公司索赔。后者按保额赔偿他 10 万元后，行使代位求偿权从肇事车主那儿追得 10 万元。问追回的 10 万元归谁？该居民还能否向车主提出民事赔偿请求？若获得车主赔偿，又该归谁？为什么？

11. 某企业投保企业财产保险综合险，保险金额为 100 万元，保险有效期间从 1999 年 1 月 1 日至 12 月 31 日。

（1）若该企业于 2 月 12 日发生火灾，损失为 35 万元，则保险公司应赔偿多少？为什么？

（2）若 12 月 18 日因下暴雨，仓库进水而造成存货损失 70 万元，则保险公司应赔偿多少？为什么？如果该企业又于 12 月 28 日发生火灾，损失 10 万元，保险公司是否赔偿？

12. A 银行向 B 企业发放抵押贷款 50 万元，抵押品为价值 100 万元的机器设备。然后，A 银行以机器为保险标的投保火险一年，保单有效期为 1998 年 1 月 1 日至 12 月 31 日。A 银行于 3 月 1 日收回抵押贷款 20 万元。后来此机器于 10 月 1 日全部毁于大火。问：

（1）A 银行在投保时可向保险公司投保多少保险金额？为什么？

（2）若 A 银行足额投保，则在发生保险事故时可向保险公司索赔多少保险赔款？为什么？

13. 某人将一批财产向 A、B 两家保险公司投保，保额分别为 6 万元和 4 万元。如果保险财产发生保险事故，损失为 5 万元，因保单上未约定分摊方法，按我国《保险法》规定，A、B 两家保险公司应分别赔付多少？（写出你采用的分摊方法的名称、计算公式）

14. 一批财产在投保时按市价确定保险金额为 60 万元，后因发生保险事故，损失为 20 万元。这批财产在发生保险事故时的市价为 80 万元，问保险公司如何赔付？（写出赔偿方法和计算公式）

15. 某人将同一批财产向甲、乙两家保险公司投保，保额分别为 5 万元和 2 万元，后来在保险期内因保险事故损失 3 万元。因为保单上约定采用赔款额比例责任制分摊，则甲、乙两家保险公司应分别赔偿多少？

16. 某房东将其所有的房屋投保财产保险，保险金额为 100 万元。其后，在保险期间发生火灾。

（1）若该房屋在出险时的价值为 120 万元，实际遭受损失为 60 万元，问保险人应当赔偿多少？为什么？

（2）若该房屋在出险时的价值为 100 万元，实际遭受损失为 60 万元，问保险人应当赔偿多少？为什么？

（3）若该房屋在出险时的价值为 80 万元，实际遭受损失为 60 万元，问保险人应当赔偿多少？为什么？

# 第四章　保险法与保险合同

## 教学目标

　　理解保险法的概念；了解我国保险法的构成、现行《保险法》与《中华人民共和国合同法》的比较；熟悉保险合同的概念及其特征，保险合同的形式与内容，保险合同的订立、变更和终止，以及保险合同争议处理的方法等；掌握保险合同当事人和关系人的含义、保险标的与保险利益的关系、保险合同的主要条款及内容、保险合同成立与生效等；学会运用保险合同的解释原则，解决保险合同中的各种问题。

## 第一节　保险法概述

### 一、保险法的概念

#### （一）保险法的含义

　　保险法是以保险关系为调整对象的法律规范的总称。这种保险关系包括：保险公司与投保人、被保险人、受益人的经济关系；保险人与保险中介人的经济关系；保险公司之间的经济关系；保险公司内部的经济关系；政府与保险公司的经济关系；保险公司与其他国民经济各部门的经济关系。因此，保险法是调整保险合同中保险人与投保人、被保险人及受益人之间法律关系的重要民商事法律，也是国家对保险市场实施监督管理的法律。

　　保险法有狭义和广义之分。狭义的保险法是指保险法典或在民商法中关于保险合同和保险业的立法；广义的保险法不仅包括专门的保险立法，而且包括其他法律中有关保险的法律规定。

　　对于保险法的内容，通常有三分说和二分说两种观点。持三分说观点的学者认为，保险法由三部分构成：保险合同法、保险业法和其他有关保险立法；持二分说观点的学者认为，保险法由保险合同法和保险业法构成。但在保险实践上，根据保险法的调整对象和保险的经营实践，世界上许多国家一般将保险法分为保险合同法、保险业法和保险特别法三大部分。

其中，保险合同法是调整保险合同当事人权利义务的法律规范的总称，其主要是规定保险双方当事人之间权利和义务的民事法律关系；保险业法是对保险业进行监督管理的法律规范的总称，又称为保险组织法；保险特别法是调整某一险种保险关系法律规范的总称，如海商法中有关海上保险法的规定、汽车强制责任保险法、飞机旅客意外伤害条例等，都是专门规定各种特殊保险关系的法律。

我国过去的保险法一般由上述三部分构成，而从 1995 年 6 月 30 日颁布、2002 年 10 月 28 日第一次修正、2009 年 2 月 28 日第二次修正、2015 年 4 月 24 日第三次修正通过的《保险法》的角度分析，由保险合同法和保险业法两部分构成。但海上保险、农业保险、《保险法》规定的保险公司以外的保险组织等依据相应的法律和法规。这说明我国目前的保险法从广义的角度看，仍然由三部分构成。

**（二）我国保险法的构成**

在我国，既有专门的保险法律法规和部门规章，如《保险法》《机动车交通事故责任强制保险条例》《保险公司管理规定》《保险公司偿付能力管理规定》《保险代理人管理规定》《保险专业代理机构监管规定》《保险经纪机构监管规定》《保险公估机构监管规定》《保险资金运用管理暂行办法》等；同时，又有在其他法律中进行规定的保险特别法，如《海商法》《中华人民共和国外资保险公司管理条例》等。因此，我国的保险法律体系包括两类，即保险法和保险特别法，而我国的保险法分为保险合同法和保险业法。

我国采用的保险立法方式是将保险合同法与保险业法合二为一。例如，《保险法》既调整国家与保险业的关系，又调整保险当事人之间的关系。

《保险法》于 1995 年 6 月 30 日由第八届全国人大常委会第三十四次会议通过，自 1995 年 10 月 1 日起正式实施；2002 年 10 月 28 日，由第九届全国人大常委会第三十次会议修订通过，自 2003 年 1 月 1 日起正式实施；2009 年 2 月 28 日，第十一届全国人大常委会第七次会议再次修正通过，自 2009 年 10 月 1 日起正式实施；2015 年 4 月 24 日，第十二届全国人民代表大会常务委员会第十四次会议第三次修订通过，这次修订主要针对保险从业人员资格考试要求做了修改。修改后的《保险法》共分八章一百八十五条，即总则、保险合同、保险公司、保险经营规则、保险代理人和保险经纪人、保险业监督管理、法律责任、附则，总体来看，可以分为保险合同法和保险业法两部分。

## 二、我国保险法的立法宗旨

我国保险法是调整我国商业保险活动中保险关系的法律关系的总称。它由保险合同法和保险业法构成，包括调整两方面的内容：一是保险活动中保险人与投保人、被保险人及受益人之间的法律关系；二是国家与保险业之间的法律关系。

我国《保险法》的立法宗旨是：规范保险活动，保护保险活动当事人的合法权益，加强对保险业的监督管理，维护社会经济秩序和社会公共利益，促进保险事业的健康发展。

## 第二节　保险合同及其特征

### 一、保险合同的概念与特点

合同是平等主体的自然人、法人、其他组织之间设立、变更、终止民事权利义务关系的协议①。保险合同是合同双方当事人围绕设立、变更与终止保险法律关系而达成的协议。它是合同的一种形式，适用于《合同法》的一般规定。我国《保险法》第十条将其定义为"保险合同是投保人与保险人约定保险权利义务关系的协议"。由该定义可知，保险合同包括三层含义：一是合同性质，它属于协议；二是当事人，包括投保人和保险人；三是合同内容，即为保险权利义务关系。

保险合同是合同的一种形式，一方面，它应遵循一般合同的平等、自愿、公平、诚实信用、公共利益、协商性等原则；另一方面，它是一种特殊的民事合同。与一般的民商事合同相比，保险合同的法律特征主要表现在以下几方面：

1. 射倖性

一般的民商事合同所涉及的权益或者损失都具有相应的等价性，但是在保险合同中，投保人支付保险费的行为是肯定的，而保险人对某被保险人是否赔偿或给付保险金，依保险事故是否发生而定，它是不肯定的。由于投保人以少额保险费获取大额保险金带有机会性，所以保险合同具有射倖性。

2. 附合与约定并存性

一般民商事合同完全或者主要由各方进行协商，以约定合同的内容。保险合同则不然。保险合同内容的产生是以附合为主，以约定为辅。所谓附合，是指合同的内容由一方详细提出，另一方或是选择之，或是拒绝之，一般不能改变。各国立法依然保护保险合同当事人的自愿协商权。同时，对于那些可依据具体情况由当事人进行选择、商讨的条款，法律保护他们进行协商的权利。但是，这种约定往往不过多涉及合同的主要条款，故而保险合同的约定性是辅助的。

3. 双务性

保险合同作为一种双方法律行为，一旦生效，便对双方当事人具有法律约束力。各方当事人均负有自己的义务，并且必须依协议履行自己的义务。与此同时，一方当事人的义务，对于相对方而言就是权利。

---

① 参见《中华人民共和国合同法》第二条。

**4. 要式性**

所谓要式，是指合同的订立要依法律规定的特定形式进行。订立合同的方式多种多样，但是根据我国《保险法》的规定，保险合同要以书面形式订立，其书面形式主要表现为保险单、其他保险凭证及当事人协商同意的其他书面协议。保险合同以书面形式订立是国际惯例。它可以使各方当事人明确了解自己的权利和义务，并作为解决纠纷的重要依据。

**5. 有偿性**

有偿性是指被保险人要取得保险保障，必须支付相应的保险费。

**6. 诚信性**

诚信性是指保险合同是以最大诚信原则为基础的，若任何一方违反最大诚信原则，则合同无效。这在保险基本原则中已进行了专门的论述。

**7. 保障性**

保障性是指保险合同是对被保险人在遭受保险事故时提供经济保障的合同。

## 二、保险合同的分类

保险合同依不同的标准可以划分出很多类型，但是通常有下列几种主要的分类：

### （一）财产保险合同和人身保险合同

这是根据保险合同标的进行的分类。它是最普遍的并且被法律明确肯定的保险合同的分类。

财产保险合同是以财产及其有关利益为保险标的的保险合同。财产保险合同所涉及的标的包括有形财产和无形财产，故而以有形的物质财产为合同标的的是有形财产保险合同，如企业财产保险合同等；以无形的财产为合同标的的是无形财产保险合同，如责任保险合同、信用保险合同等。

人身保险合同是以人的寿命和身体为保险标的的保险合同。由于人身保险合同所保障的危险不同，它又可以具体分为人寿保险合同、意外伤害保险合同和健康保险合同。

### （二）定值保险合同和不定值保险合同

这是根据保险合同订立时是否确定保险价值进行的分类。

定值保险合同是指保险合同当事人将保险标的的保险价值事先约定，并在合同中给予载明作为保险金额的保险合同。其特点如下：第一，无论保险标的的实际价值在发生保险事故时是怎样的，仅以保险合同约定的保险价值作为计算赔偿金的依据；第二，合同适用的对象通常是价值变化较大或不易确定价值的特定物，如字画、古玩或货物运输的标的物；第三，该合同突出的优点是简化理赔环节及减少纠纷的发生。

不定值保险合同是指只载明保险标的保险金额而未载明其保险价值的合同。在不定值保险合同中，仅载明保险金额，并依此作为赔偿的最高限额，保险标的的保险价值则处于不确定的状态。财产保险多采用不定值保险合同。一般而言，财产损失是以赔偿实际损失为原则的，因此，不定值保险合同通常以保险标的的实际价值作为判定损失额的依据。其特点如下：第一，以保险事故发生时当时、当地的市场价格为判断保险标的保险价值的根据；第二，当保险价值与保险金额一致时，产生足额保险；当保险价值与保险金额不一致时，产生超额保险或不足额保险。

### （三）补偿性保险合同和给付性保险合同

这是根据保险人支付保险金的行为性质不同进行的分类。

补偿性保险合同是指当保险事故发生时，保险人根据被保险人的要求并对保险标的的实际损失进行核定后支付保险金的合同。大多数的财产保险合同都是补偿性保险合同，尤其是不定值保险合同。德国学者马休斯于 1857 年提出了他对保险性质的观点：保险是约定当事人一方，根据等价支付或者商定，承保其保险标的发生的危险，当危险形成时，通过填补手段补偿对方损失的合同。无疑，从合同的本质上分析，其观点是正确的。当保险合同缔结时，保险人针对所承保的保险标的因保险事故的发生可能遭受的损失同意承担承保义务，即对被保险人的损失进行补偿，显然，保险标的的损失是保险人开始履行支付保险金义务的前提条件。

给付性保险合同是指保险人与投保人协商一定的保险金额，当保险事故发生时，保险人负有支付全部保险金义务的合同。该类保险合同多为人身保险所采用。因为人身不可能以金钱进行计算，故而亦不可能发生对人身的直接补偿问题。因此，但凡以自然人的生命或身体为保险标的的合同，合同双方当事人根据投保人或被保险人的具体需要及交付保险金的能力约定一个保险金额，当保险事故发生时，保险人承担给付事先约定的保险金的义务。为此，学说上又将其称为"定额保险合同"。

### （四）特定风险合同和综合风险合同

这是按保险责任范围进行的分类。

特定风险合同是指承保一种或某几种风险责任的保险合同。该合同通常是以列举的方式进行的，如地震险或战争险。

综合风险合同是指保险人对"责任免除"以外的任何危险造成的损害负承保责任的合同。该合同订立的特点是以列举"责任免除"的形式约定保险合同适用的险情。在现实生活中，综合风险合同的使用越来越广泛。

### （五）特定式合同、总括式合同、流动式合同和预约合同

这是根据保险合同保障标的进行的分类。

特定式合同是指保险人只对事先商定的具体保险标的进行承保的保险合同。该保险合同

对保险人而言，承保时相对烦琐，但保险标的发生损失时有利于保险人。

总括式合同是指只规定保险人可以承保某种类别的保险标的，而对该类别保险标的不再分类的保险合同。该合同承保时较方便，但保险标的发生损失时的理赔工作较复杂。

流动式合同是指一种适合财产变化比较频繁的保险合同。该合同通常不规定保险金额，只规定保险人承担的最高责任限额。采用该合同的投保人通常是仓储性企业。

预约合同又称为开口合同，是保险人和投保人双方预先约定保险责任范围的长期性协议。在预约保单中，只事先载明保险、承保险别、保险标的、保险费率、保险责任和责任免除、保险费结算办法、每张保单或一个地点的最高保险金额，并不规定财产的具体保险金额，而由被保险人按期将财产价值报告保险人，在最高保险金额范围内，所保财产由保险人自动承保。这种保单的作用主要是减少财产经常变动时须办理批改手续的麻烦。按预约保单的约定，在货物发运时，由投保人向保险人对所有的货运发出起运通知书，保险人据此分别签发保险单或保险凭证，在预约保险范围内，由保险人自动承保。预约保险单在货物运输保险中运用较广泛。

### （六）原保险合同和再保险合同

这是根据订立合同的主体不同进行的分类。

原保险合同是指投保人与保险人之间就保险标的约定保险权利与义务的协议。

再保险合同是指保险合同的分出人与分入人就保险责任的分担约定保险权利义务关系的协议。

## 三、保险合同的形式

保险合同一般采用书面形式，并载明当事人双方约定的合同内容。主要合同形式如下：

### （一）投保单

投保单又称为要保单，是投保人向保险人申请订立保险合同的书面文件。它是投保人进行保险要约的书面形式，由投保人如实填写。在投保单中列明订立保险合同所必需的项目，供保险人据以考虑是否承保。投保单是保险人赖以承保的依据，若投保人填写不实，将影响保险合同的效力，当保险事故发生时，投保人或被保险人的要求有可能得不到保障。其内容一般包括投保人和被保险人的地址、保险标的、坐落地点、投保险别、保险金额、保险期间、保险费率等，但具体内容因险种不同而有所差异。

### （二）保险单

保险单是保险人和投保人之间订立正式保险合同的一种书面文件，一般由保险人签发给投保人。保险单将保险合同的全部内容详尽列明，包括双方当事人的权利和义务，以及保险人应承担的风险责任。保险单的主要结构包括保险项目、保险责任、责任免除及附注条件等。保险单的正面采用表格方式，其填写内容包括：保险人、投保人和被保险人；保险标的的详细说明。保险单的背面是保险条款，具体包括：保险人和被保险人的权利和义务、保险责任、责任免除、保险期限、保费与退费、索赔与理赔、争议处理等。保险单是保险双方当事人确定权利和义务，以及在保险事故发生并遭受经济损失后被保险人索赔、保险人理赔的主要依据。

### （三）保险凭证

保险凭证亦称为小保单，是保险人签发给投保人的证明保险合同已经订立的书面文件。其所列项目与保险单完全相同，并声明以某种保险单所载明的条款为准，但是不载明保险条款。保险凭证实质上是一种简化了的保险单，与保险单具有同等的法律效力。如果保险凭证尚未列明其内容，则应以同类保险单载明的详细内容为准；如果保险单与保险凭证的内容有抵触或保险凭证另有特约条款，则应以保险凭证为准。保险凭证在一定的业务范围内使用，其使用的场合主要有：第一，在团体保险中采用，以资证明其已投保；第二，在汽车保险业务中，除签发保险单外，还必须出立保险凭证，以便于运输途中保险事故的处理和有关部门的查询之用；第三，在货物运输险预约保单下，每一笔货物需签发单独的保险凭证。该凭证是根据预约保单出立的，被保险人向保险人签发货物起运通知书，保险人据此签发保险凭证。

### （四）暂保单

暂保单是在保险单或保险凭证未出立之前，保险人或保险代理人向投保人签发的临时凭证，亦称为临时保险单。其作用是证明保险人已同意接受投保。暂保单的内容比较简单，仅载明与保险人已商定的重要项目，如保险标的、保险责任范围、保险金额及保险费率、承保险种、被保险人的姓名、缔约双方当事人的权利和义务，以及保险单以外的特别保险条件等。暂保单具有与保险单或保险凭证同等的法律效力，但通常其有效期以 30 天为限，保险单一经出立，则暂保单自动失效。在保险单出立前，保险人亦可终止暂保单，但须于几天前通知被保险人。

### （五）批单

批单又称为背书，是保险人应投保人或被保险人的要求出立的修订或更改保险单内容的证明文件。它是变更保险单内容的批改书。批单通常在两种情况下使用：一是对已印制好的标准保险单所做的部分修正，这种修正并不改变保险单的基本保险条件，或者缩小保险责任范围，或者扩大保险责任范围；二是在保险合同订立后的有效期内对某些保险项目进行更改和调整。在保险合同订立后的有效期内，双方当事人都有权通过协议更改和修正保险合同的内容。若投保人需要更改保险合同的内容，则需向保险人提出申请，经保险人同意后出立批单。批单可在原保险单或保险凭证上批注，也可另外出立一张变更合同内容的附贴便条。凡经批改过的内容，以批单为准；多次批改的，应以最后批改为准。批单一经签发，就自动成为保险单的一个重要组成部分。

## 第三节　保险合同的要素

保险合同的要素由保险合同的主体、客体和内容三方面构成。

### 一、保险合同的主体

#### （一）保险合同的当事人

1. 保险人

保险人亦称为承保人，是与投保人订立保险合同，并根据保险合同收取保险费，在保险事故发生时承担赔偿或者给付保险金责任的人。保险人是合同的一方当事人，也是经营保险业务的人。大多数国家的法律规定，只有法人才能成为保险人，自然人不得从事保险人的业务。我国《保险法》第十条定义为"保险人是与投保人订立保险合同，并承担赔偿或者给付保险金责任的保险公司"。我国《保险法》对保险组织形式未做特别规定，根据我国《中华人民共和国公司法》（以下简称《公司法》）的规定，公司的形式为国有独资公司、股份有限公司以及其他形式。根据我国《保险法》的规定，凡从事保险业务的法人必须具备一定的条件，同时还要经过国务院保险监督管理机构批准。目前我国的保险监管机构是中国保监会。

2. 投保人

投保人亦称为要保人，是与保险人订立保险合同，并按照保险合同负有支付保险费义务的人。它是保险合同的一方当事人。我国《保险法》对投保人做了明确的定义。自然人和法人都可以成为投保人，但无论何种主体作为投保人，其都必须具备一定的条件。

（1）投保人必须具有相应的权利能力和行为能力。订立合同的行为是一种法律行为，并非任何人均可为之。根据《中华人民共和国民法通则》的规定，缔约的自然人应当是具有民事行为能力的人。投保人具有民事行为能力，订立的合同方为有效，限制民事行为能力人和无民事行为能力人缔结的保险合同无效。但这不是绝对的，若该合同的缔结是经过监护人同意后所为的，则该保险合同有效。世界上也有一些国家的法律含有类似的规定。法人的民事权利能力和民事行为能力以它的组织章程或者核准登记的范围为限。

（2）投保人必须对保险标的具有保险利益。保险利益是指投保人对保险标的具有的法律上承认的利益。保险利益是保险合同的根本要素。我国《保险法》第十二条第二款明确规定，"人身保险的投保人在保险合同订立时，对被保险人应当具有保险利益。财产保险的被保险人在保险事故发生时，对保险标的应当具有保险利益"。该条款是世界各国法律均明确规定的一个准则：投保人或被保险人对保险标的无保险利益的，保险合同无效。对人身保险合同而言，我国《保险法》第三十一条规定，"订立合同时，投保人对被保险人不具有保险利益的，合同无效"。对财产保险合同而言，我国《保险法》第四十八条规定，"保险事故发生时，被保险人对保险标的不具有保险利益的，不得向保险人请求赔偿保险金"。

### （二）保险合同的关系人

1. 被保险人

被保险人是其财产或者人身受保险合同保障，享有保险金请求权的人。被保险人可以是自然人，也可以是法人。当投保人为自己具有保险利益的保险标的订立保险合同时，投保人就是被保险人，即订立合同时，他是投保人；在合同订立后，他便是被保险人。当投保人为具有保险利益的他人订立保险合同时，投保人与被保险人不是同一个人。在财产保险合同中，被保险人必须是对被保险财产具有保险利益的人，即他是被保险财产的所有权人或者是经营管理权人，或者是使用权人，或者是抵押权人等。投保人也可以是被保险人，但是这种身份的变更以合同的生效为临界点：在合同订立但未成立生效时，投保人仅具有投保人的身份；在合同生效后，只要他是为自己的利益订立合同，投保人的身份就转换为被保险人。在人身保险合同中，投保人既可以自己的身体为标的，也可经他人同意后以他人的身体为标的订立保险合同。当发生前者情形时，投保人与被保险人是同一个人；当发生后者情形时，如父母给其未成年的子女投保人身保险，被保险人是保险合同的关系人。

2. 受益人

受益人是由被保险人或投保人在保险合同中指定的、享有保险金请求权的人。在我国《保险法》中，受益人仅仅存在于人身保险合同中。《保险法》规定，"受益人是指人身保险合同中由投保人或者被保险人指定的享有保险金请求权的人"。受益人在资格上一般没有限制，自然人和法人均可以成为受益人。自然人包括有民事行为能力人、无民事行为能力人，甚至胎儿，但是已经死亡的自然人和因解散、破产等已不复存在的法人不得为受益人。

受益人一般由投保人或者被保险人在保险合同中加以指定，并且在投保人指定受益人时必须经被保险人同意。如果被保险人是无民事行为能力人或限制民事行为能力人，则受益人可以由被保险人的监护人指定。如果没有指定，则在被保险人死亡时，由其继承人领受保险金。受益人可以是一个人，也可以是多个人。当受益人为多个人时，投保人或者被保险人可以在保险合同中指定受益顺序和受益份额。如果没有确定受益份额，则受益人按照相等份额享有受益权。被保险人或者投保人可以变更受益人，但是应当书面通知保险人。投保人不得单独变更受益人，必须经被保险人同意。

受益人的受益权是人身保险的重要内容，下面通过案例分析进一步掌握其特点。

【例4-1】王某因父母病故，妻子与其相处不和，带着儿子另住别处。后来王某投保意外伤害保险，并指定其妹妹为受益人。不久，王某不幸因煤气中毒死亡，王某的妹妹在其中毒死亡前半个月已经病故。现王某的妻子与王某妹妹的儿子都向保险公司请求给付保险金。问保险公司应如何处理?

分析:根据受益权的特点,如果受益人先于被保险人死亡,则由被保险人的法定继承人领取保险金,并作为遗产处理。在本例中,受益人王某的妹妹在被保险人王某中毒死亡前半个月已经病故,因此,保险金只能作为遗产,由王某的法定继承人,即其妻儿领取。

### (三) 保险合同的辅助人

保险合同的辅助人是协助保险合同当事人办理保险合同有关事项的人。由于保险业务具有较强的专业性和技术性,所以需要借助有关专门技术人员来协助办理有关业务。这样既可以拓展业务,也可以保障其合法权益。保险合同的辅助人一般包括:

1. 保险代理人①

保险代理人 (insurance agent) 是根据保险代理合同或授权书,向保险人收取佣金,并以保险人的名义代为办理保险业务的人。我国《保险法》规定,"保险代理人是根据保险人的委托,向保险人收取佣金,并在保险人授权的范围内代为办理保险业务的机构或者个人"。保险代理人是保险人的代理人。根据我国《保险法》中的定义,对保险代理人的含义可理解为:第一,保险代理人既可以是法人,也可以是自然人,但是必须取得营业保险代理业务的许可证,并经过注册登记。第二,要有保险人的委托授权,其授权形式一般采用书面授权,即委托授权书的形式,有明示权利、默示权利和追认权利。代理权限范围因险种和代理人的性质而在代理合同中有不同的规定。第三,以保险人的名义办理保险业务,而不是以自己的名义。第四,向保险人收取佣金。这里的佣金是指保险代理佣金,保险代理佣金是保险代理人因代理保险业务而按保险业务量向保险人收取的酬金。保险代理佣金因代理业务的数量和质量而有所差异。第五,代理行为所产生的权利和义务的后果直接由保险人承担。我国《保险法》第一百二十七条规定,"保险代理人根据保险人的授权代为办理保险业务的行为,由保险人承担责任。保险代理人没有代理权、超越代理权或者代理权终止后以保险人名义订立合同,使投保人有理由相信其有代理权的,该代理行为有效。保险人可以依法追究越权的保险代理人的责任"。

保险代理属于委托代理的性质,除具备一般代理行为的普遍特征外,亦有其特点。第一,在一般代理关系中,代理人超越代理权的行为,只有经过被代理人追认,被代理人才承担民事责任;而在保险代理中,为了保障善意投保人的利益,保险人对保险代理人的越权代理行为也承担民事责任,除非为恶意串通。第二,保险代理人在代理业务范围内所知道或应知道的事宜,均可推定为保险人所知。保险人不得以保险代理人未履行如实告知义务为由而拒绝承担民事责任。第三,由于保险代理是一种重要的民事法律行为,故保险代理合同必须采用书面形式。

---

① 王绪瑾. 论我国保险代理人的定位. 法商研究, 1998 (4): 54 - 58.

保险代理人的分类方法较多，从理论上说，主要有以下分类：按代理关系的属性不同，分为专用代理人和独立代理人；按代理人的行业性质不同，分为专业代理人和兼业代理人；按代理人的职业特点不同，分为专职保险代理人和兼职保险代理人；按保险业务次序不同，分为承保代理人、理赔代理人和追偿代理人；按所辖区范围不同，分为总代理人和分代理人；按代理业务的范围不同，分为全权保险代理人和非全权保险代理人；按代理业务的区域不同，分为国内代理人和国际代理人；按代理人的性质不同，分为单位代理人和个人代理人；按其代理保险保障的标的不同，分为寿险代理人和非寿险代理人。由于寿险业务较复杂、技术要求较高，为了经营的稳健，我国《保险法》规定，个人保险代理人在代为办理人寿保险业务时，不得同时接受两个以上保险人的委托。

我国《保险代理人管理规定》对保险代理人采用复合分类法，即先按保险代理主体的性质不同，将保险代理人分为单位代理人和个人代理人，然后将单位代理人按行业性质不同，分为专业代理人和兼业代理人，从而形成了专业代理人、兼业代理人和个人代理人。《保险代理机构监管规定》将保险代理机构的组织形式分为有限责任公司和股份有限公司。

专业代理人是专门从事保险代理业务的保险代理公司。其组织形式为有限责任公司或股份有限公司。由于对专业代理公司的资本金、持证人数、高级管理人员、章程和经营场地有严格的要求，因而其优点在于：专业化程度高，技术力量强；代理范围广；人员素质高，且人员较稳定，使其业务量相对稳定。因此，其代理的业务范围被规定为：代理销售保险产品；代理收取保险费；代理保险人进行损失的勘查和理赔；中国保监会批准的其他业务。

兼业代理人是受保险人的委托，在从事自身业务的同时，指定专人为保险人代办保险业务的机构。其优点是：展业方便，可以在办理本职业务的同时代理保险业务，对投保人来说比较方便；适应性强，建立机构方便，不需要增加投资，只要对保险代理人员进行必要的业务培训，便可展业；可以借助行业优势，解决保户遇到的困难。但兼业代理人的人员和业务缺乏稳定性，因而业务范围相对较窄，只代理销售保险产品；代理收取保险费；适宜代理单一或少数险业务，只能代理与本行业直接相关、能为被保险人提供便利的保险业务，其业务一般只宜涉及承保业务。

个人代理人是根据保险人的委托，向保险人收取佣金，并在保险人授权的范围内代为办理保险业务的个人。其优点是：比较灵活，专业性较强；但综合经济技术力量较弱，因而代理业务较窄，只能代理销售保险单和代收保费，且不得办理企业财产险和团体人身险；不得同时为两家及两家以上保险公司代理人寿保险业务。

2. 保险经纪人

保险经纪人（insurance broker）是基于投保人的利益，为投保人与保险人订立保险合同提供中介服务，并依法收取佣金的人。保险经纪人是投保人的代理人。我国《保险法》第一百一十八条明确定义为"保险经纪人是基于投保人的利益，为投保人与保险人订立保险合同提供中介服务，并依法收取佣金的机构"。这说明在中国，保险经纪人限于机构。按照《保险经纪机构监管规定》，其组织形式为有限责任公司和股份有限公司。

保险经纪人是投保人的代理人。保险经纪人受投保人的委托代向保险人办理投保手续或代交保险费，或代被保险人或受益人提出索赔。保险经纪人需经过登记注册取得经营许可证，方可经营。在经营中，保险经纪人一般根据投保人的委托授权，并与投保人订立合同后开展业务。保险经纪人因其过失或疏忽造成投保人或被保险人损失的，保险经纪人要承担赔偿责任。我国《保险法》第一百二十八条规定，"保险经纪人因过错给投保人、被保险人造成损失的，依法承担赔偿责任"。

保险经纪人的佣金是保险经纪人从事经纪业务而取得的报酬。按照传统和惯例，当保险经纪人完成其居间行为，即为双方订立合同提供机会后，向保险人而非投保人或被保险人收取报酬，因为经纪人的居间行为给保险人招揽了保险业务，故而通常由保险人支付佣金；当经纪人代为被保险人或受益人向保险人索赔时，其佣金由被保险人或受益人支付。

根据《保险经纪公司管理规定》中关于保险经纪人业务范围的规定，保险经纪人在性质上具有居间、代理和咨询的性质。因此，虽然保险经纪人与保险代理人都是保险中介人，但两者存在较大差别。主要表现在：第一，法律地位不同。保险经纪人是投保人的代理人，其行为代表着投保人的利益；保险代理人是保险人的代理人，其行为代表着保险人的利益。第二，进行业务活动的名义有别。保险经纪人从事业务，当他实施居间行为时，必须以自己的名义进行，而当他进行代理行为时，以被保险人或者受益人的名义进行；保险代理人从事业务时必须以保险人的名义进行。第三，在授权范围内所完成的行为之效力对象不同。保险经纪人的居间行为效力作用他自己，而代理行为的效力直接对委托人（投保人或者被保险人）产生效力；保险代理人的行为效力直接对保险人产生约束力。第四，行为后果承担者不同。因保险经纪人办理居间业务的结果对保险经纪人发生效力，如保险经纪人在办理居间业务中，因其过错给投保人、被保险人或受益人造成损失的，由保险经纪人承担赔偿损失责任；在办理代理业务时，凡是在委托人的授权范围内进行的活动，其后果由委托人承担；保险代理人根据保险人的授权代为办理保险业务的行为，由保险人承担责任。

在西方保险市场发达的国家，保险经纪人对市场的影响非常大。例如，在英国，保险经纪人控制了大部分市场，其中，海上保险业务的 90% 以上是由经纪人招揽的。其主要表现在：对被保险人而言，由于保险经纪人有专门的保险知识和经验，同时熟知保险市场状况，因而有利于以最小的保险费取得最大的保险保障；对保险人而言，有利于保险人扩大保险业务，降低经营费用，稳定经营；对整个保险市场而言，有利于促进保险市场竞争，提高保险质量，从而提高保险保障程度，促进保险业的发展。

3. 保险公估人

保险公估人（insurance appraiser）又称为保险公证人（insurance surveyor），在保险监管规定中，我国大陆称为"保险公估人"，我国台湾地区称为"保险公证人"，这里援用我国大陆的称谓。保险公估人是站在第三者的立场依法为保险合同当事人办理保险标的的查勘、鉴定、估损及理赔款项清算业务，并给予证明的人。我国《保险公估机构监管规定》第二条定义为"本规定所称保险公估机构是指接受委托，专门从事保险标的或者保险事故评估、勘验、鉴定、估损理算等业务，并按约定收取报酬的机构"。这说明我国保险公估人只能是机构，并且为合伙企业、有限责任公司或股份有限公司的形式。

保险公估人的主要任务是：在保险合同订立时对投保风险进行查勘，在风险事故发生后判定损失的原因及程度，并出具公估报告。公估报告虽然不具备强制性，但它是保险争议处理的权威性依据。被保险人、保险人都有权委托保险公估人办理公估事宜，保险公估人的酬金一般由委托人支付。但在一些国家，保险合同当事人双方为证明和估价所支出的费用，除合同另有约定外，无论哪一方委托，均依法应由保险人承担。保险公估人由于工作中的过错给委托人造成损失的，由保险公估人承担赔偿责任。

保险公估人具有特定的资格要求，应向主管机关登记，缴存保证金，领取营业执照。保险公估人应由具备专业知识和技术的专家担当，且保持公平、独立的立场执行职务。因此，保险公估人的职业信誉较高，所做的决断和证明即公估报告，常为保险双方当事人所接受，成为建立保险关系、履行保险合同、解决保险纠纷的有力保障。

由于保险公估人的检验技术、审慎态度及公证立场对其公证结果有很大影响，因此，在海上保险中，保险人常在保险单条款中说明保留委托公估公司的选择权，即被保险人必须在保单指定的公估人或保险人同意的保险公估人那里办理公估。鉴于此，许多国家的保险法都有类似的规定：财产保险损失数额估计的职责，依法应由公估人担任，并建立了相应的保险公估机构。

## 二、保险合同的客体

保险合同的客体是保险合同的保险利益，即投保人对其保险标的所具有的保险利益。其中，保险标的是保险合同双方当事人的权利义务关系所指的对象，即作为保险对象的财产及其有关利益或者人的寿命和身体；保险利益是投保人或被保险人对保险标的的具有的法律上承认的利益。投保人或被保险人对保险标的的应当具有保险利益，否则，保险合同无效。因为只有对保险标的的具有保险利益的人才具有投保人的资格；若无保险利益，则投保人的资格不复存在，保险合同的当事人不存在，保险合同自然无效。制定这一规定是因为：防止变保险为赌博；有利于限制赔偿金额；有利于避免道德危险。

## 三、保险合同的内容

### （一）保险条款

保险条款是保险单上列明的、反映保险合同内容的文件，是保险人履行保险责任的依据。保险条款主要包括以下内容：

1. 基本条款

基本条款是标准保险单的背面印就的保险合同文本的基本内容，即保险合同的法定记载事项，也称为保险合同的要素。它主要明示保险人与被保险人的基本权利和义务，以及依据有关法规规定的保险行为成立所必需的各种事项和要求。

2. 附加条款

附加条款是对基本条款的补充性条款，是对基本责任范围内不予承保而经过约定在承保基本责任范围的基础上予以扩展的条款。

3. 法定条款

法定条款是法律规定合同必须列出的条款，如保险法规和有关合同法规定必须列明的内容。例如，我国《保险法》第二十五条规定，"保险人自收到赔偿或者给付保险金的请求和有关证明、资料之日起六十日内，对其赔偿或者给付保险金的数额不能确定的，应当根据已有证明和资料可以确定的数额先予支付；保险人最终确定赔偿或者给付保险金的数额后，应当支付相应的差额"。这属于保险人设计保险条款时在保险单中必须注明的一项内容。

4. 保证条款

保证条款是保险人要求被保险人必须履行某项规定所制定的内容。例如，我国《保险法》第二十七条规定，不得谎称发生了保险事故、不得制造保险事故、不得编造证据的保证；第五十一条规定，被保险人应依法维护保险标的的安全的保证。这些都属于保险人要求被保险人必须遵守的保证。

5. 协会条款

协会条款是专指由伦敦保险人协会根据实际需要而拟定发布的有关船舶和货运保险条款的总称。该条款仅附于保险合同之上。由于协会条款是当今国际保险市场水险方面通用的特约条款，故而有些时候协会条款比保险单还要重要。

保险合同的内容即保险合同条款的内容，主要由法律规定，这就是保险合同的基本条款；同时，亦允许当事人对合同内容进行约定，这就是保险合同的特约条款。

### （二）基本条款的主要内容

根据我国《保险法》第十八条的规定，保险合同的基本条款包括下列各项：

1. 当事人和关系人的名称和住所

当事人的名称是某一主体区别于其他主体的符号。住所是法律确认的自然人的中心生活场所及法人的主要办事机构所在地。明确名称和住所对于合同的履行，如保险费的催告、提出索赔、给付保险金均十分重要。因此，在保险合同中，要载明保险人、投保人、被保险人及受益人的名称和住所。

2. 保险标的

保险标的是指保险合同双方当事人的权利与义务所共同指向的对象，即作为保险对象的财产及其有关利益或者人的寿命和身体。财产保险的保险标的是各种财产及其有关利益；人身保险的保险标的是人的寿命和身体。在保险合同中，应当明确载明保险标的，以便于判断保险的类型。保险标的也是确定保险金额的重要依据。

### 3. 保险金额

保险金额简称"保额"，是指保险人承担赔偿或者给付保险金责任的最高限额。保险金额是计算保险费的依据，也是双方享有权利、承担义务的重要依据。财产保险的保险金额根据保险价值确定；人身保险的保险金额则由投保人和保险人双方约定。

### 4. 保险费及其支付方式

保险费简称"保费"，是保险金额与保险费率的乘积。保险费率是保险费与保险金额的比率，即被保险人取得保险保障而由投保人向保险人支付的价金。它是投保人向保险人支付的费用，作为保险人根据保险合同的内容承担给付责任的代价。保险费率通常用百分数或者千分数来表示。保险费及保险费率由保险人预先计算并载明于合同中。

### 5. 保险价值

保险价值是投保人与保险人相互约定并记载于保险合同中的保险标的价值。它是投保人可以投保的最高限额，或保险人可以承保的最高限额，是保险标的的实际价值，即财产投保或者出险时的市场价值，是财产保险合同的内容。在不定值保险中，保险金额等于保险价值的保险，为足额保险；保险金额小于保险价值的保险，为不足额保险；保险金额大于保险价值的保险，为超额保险。保险价值是财产保险合同的基本条款之一，在不定值保险条件下，保险金额应当与保险价值相等。

### 6. 保险责任和责任免除

保险责任是指保险人承担赔偿或给付保险金责任的风险项目。保险责任条款确定了保险人所承担的风险范围。保险责任依保险种类的不同而有所差异，通常由保险人确定保险责任的范围，并将其作为保险合同的一部分内容载于保险合同中。例如，我国财产保险基本险主要包括火灾、爆炸、雷电、空中运行物体的坠落。

责任免除又称为除外责任，是保险人不承担赔偿或给付保险金责任的风险项目。如因被保险人的故意行为所致保险标的的损失，一般属于责任免除。作为责任免除的风险通常是道德危险、损失巨大并且无法计算的风险项目。责任免除涉及被保险人或受益人的切身利益，所以在保险合同中应载明。在保险合同中列明保险责任和责任免除，目的在于明确保险人的赔付范围。

### 7. 保险期间和保险责任开始的时间

保险期间是保险人和投保人约定的保险合同的有效时间界限，又称为保险期限，即保险人承担保险责任的起讫时间。它既是计算保险费的依据，又是保险人与被保险人享有权利和承担义务的根据。保险人仅对保险期间内发生的保险事故承担赔偿或者给付保险金义务。由于保险事故的发生是非确定性的，故而明确保险期间是十分重要的。确定保险期间通常有两种方式：自然时间期间和行为时间期间。前者是根据保险标的保障的自然时间所确定的保险期间，常以年为计算单位，如企业财产保险等；后者是根据保险标的保障的运动时间所确定的保险期间，如建筑工程保险、货物运输保险分别以工程时间和航程时间作为保险期间。保险期间必须在条款中予以明确。

8. 保险金赔偿或者给付方法

在保险合同中，还应载明保险金赔偿或者支付的方式，包括赔偿的标准和方式。原则上，保险人以现金方式进行支付，不负责以实物进行补偿或者负责恢复原状，但是合同当事人有约定的除外，如重置、修复等方式。有些保险合同规定了免赔额（率），分为相对免赔和绝对免赔两种形式。前者是为了减少小额赔付手续；后者是为了控制保险人的责任。此规定旨在避免发生赔付的纠纷。

9. 违约责任和争议处理

违约责任是合同当事人未履行合同义务所应当承担的法律后果。有关违约责任的内容，当事人可以自行约定，也可以直接载明按照法律的有关规定处理。争议处理是发生保险合同争议时采用的处理方式，对于合同争议，当事人可以约定解决的方式，包括约定仲裁条款或诉讼。

10. 订立合同的年、月、日

此外，在合同的基本条款之外，当事人可以另外约定具有某些特定内容的条款，以使基本条款中具有伸缩性的条款所涉及的权利与义务更为明确。

## 第四节　保险合同的订立、变更、转让、无效和终止

### 一、保险合同的订立

保险合同的订立是通过投保人与保险人的双方法律行为而发生的，双方当事人的意思表示一致是该合同得以产生的基础。我国《保险法》第十三条规定，"投保人提出保险要求，经保险人同意承保，保险合同成立"。保险合同与一般合同一样，双方当事人订立合同必须通过两个阶段：要约与承诺。

#### （一）要约

要约是希望和他人订立合同的意思表示。该意思表示应当符合两项规定：内容具体规定；表明经受约人承诺，要约人即受该意思表示约束。在保险合同中，一般以投保人提交填写好的投保单为要约，即投保人向保险人提交要求订立保险合同的书面意思表示。对于投保单，应当注意两个问题：第一，投保单是由保险人拟定并事先印制好的格式化文书。在投保单中载明了订立保险合同所必备的条款，该投保单不仅是保险合同的组成部分，也是签发保险单的基础和前提；第二，保险人将空白的投保单发放给投保人的行为，其法律性质是要约邀请，即邀请投保人向保险人发出要约。当然，保险人也可以是要约人，如保险人接到投保人提交的已填好的投保单后，又向投保人提出某些附加条件，此时，保险人所做出的意思表示并非完全接受投保人的订立合同的意思表示，而是向投保人发出了新的意思表示，这在法

律上被视为新的要约。在该情形下，保险人是新的要约人，投保人则为受要约人。若投保人同意接受保险人提出的附加条件，则表明投保人接受保险人的新要约。至此，投保人便成为受要约人。

### （二）承诺

承诺是受要约人同意要约的意思表示。通常保险人在接到投保人的投保单后，经核对、查勘及信用调查，确认一切符合承保条件时，签章承保，即为承诺，保险合同即告成立。承诺的方式可以按法律规定向投保人签发保险单或保险凭证或暂保单，也可以是保险人直接在投保人递交的投保单上签章表示同意。但是，不应认为承诺人一定是保险人，因为如前所述，要约过程是一个反复的过程，投保人与保险人对标准合同条款以外的内容需进行协商，当保险人对于投保人提出的合同内容或者补充条款提出异议时，保险人的意思表示就不再是承诺，而是发出了新的要约。当投保人对保险人的意思表示存在异议并做出新的意思表示时，该意思表示是再一次的要约。合同订立的过程就是这样一个反复协商的过程，直至一方当事人不再表示异议，该方当事人即是受要约人。当双方当事人就合同的条款达成协议后，保险合同成立。其后，保险人应当及时向被保险人签发保险单或者其他保险单证，并在保险单或者其他凭证中载明当事人双方约定的合同内容。

### （三）合同成立

保险合同的双方当事人经过要约与承诺，意见达成一致，保险合同即告成立。但是，保险合同成立并不意味着保险合同当然生效，除非法律另有规定或合同另有约定。保险合同的生效为保险权利义务的开始，即保险责任的开始通常在投保人履行了交付保险费的义务后才开始。我国《保险法》第十三条第三款规定，"依法成立的保险合同，自成立时生效。投保人和保险人可以对合同的效力约定附条件或者附期限"。当然，由于保险期间的不同，保险责任的开始时间也不同。例如，对于定期保险，我国规定，除非合同另有约定，保险责任的开始时间一般在投保人履行了交付保险费的义务后的零时才开始；对于航程保险，我国规定，保险责任的开始时间一般自起运港起运开始。

## 二、保险合同的变更

### （一）保险合同变更的定义

保险合同的变更是指在合同的有效期内，基于一定的法律事实而改变合同内容的法律行为，即在履行订立的合同过程中，由于某些情况的变化而对其内容进行的补充或修改。保险合同订立后，如内容有变动，投保人通常可以向保险人申请批改。凡保险合同内容的变更或修改，均必须经保险人审批同意，并出立批单或进行批注。保险合同变更的特点是：第一，必须由投保人与保险人协商而定；第二，变更保险合同的内容表现为修改合同的条款；第三，变更保险合同的结果是产生新的权利义务关系。

保险合同的变更通常包括合同主体的变更和合同内容的变更。但严格来讲，由于保险合同主体的变更大都是由保险标的的权利发生转移而引起的，因而合同主体的变更实际上是合同的转让。真正意义上保险合同的变更应当是保险合同内容的变更。因此，这里只介绍保险合同内容的变更。

### （二）保险合同内容的变更

保险合同内容的变更表现为：财产保险在主体不变的情况下保险合同中保险标的的种类、数量和存放地点，以及保险险别、风险程度、保险责任、保险期限、保险费、保险金额等内容的变更；人身保险合同中被保险人职业、保险金额发生变化等。保险合同内容的变更都与保险人承担的风险密切相连。合同任何一方都有变更合同内容的权利，同时也负有与对方共同协商的义务。因此，投保人只有提出变更申请，并经保险人审批同意、签发批单或对原保险单进行批注后才产生法律效力。我国《保险法》第二十条规定，"投保人和保险人可以协商变更合同内容。变更保险合同的，应当由保险人在保险单或者其他保险凭证上批注或者附贴批单，或者由投保人和保险人订立变更的书面协议"。

### （三）保险合同变更的程序

依照我国法律规定，保险合同的内容变更须经过下列主要程序：投保人向保险人及时告知保险合同内容变更的情况；保险人进行审核，若需增加保险费，则投保人应按规定补交，若需减少保险费，则投保人可向保险人提出要求，无论保险费增减还是不变，均要求当事人取得一致意见；保险人签发批单或附加条款。通过上述程序，保险合同内容的变更完成，变更后的保险合同是确立保险当事人双方权利义务关系的依据。

## 三、保险合同的转让

保险合同的转让是指投保人或被保险人将保险合同中的权利和义务转让给他人的法律行为，其实质是合同主体的变更。在财产保险合同中，保险合同的转让通常是由保险标的所有权的转移或出售所引起的。

根据我国《保险法》和《海商法》的规定，保险合同的转让需要考虑以下几个问题：

第一，保险合同的转让与保险人的同意。保险合同的转让与保险人的同意密切相连，但是存在两种状态，一是必须有保险人的同意；二是可以有保险人的同意。除海上货物运输保险合同以外，任何保险合同的转让均须经保险人的同意才能转让。因为海上货物运输保险合同以外的保险合同转让，由于保险标的在保险期间始终在被保险人的控制与管理之下，被保险人的变化会引起风险的变化，从而引起保险人责任的变化。对一般财产保险合同的转让而言，若风险显著增加，则在发生保险事故时，保险人不承担赔偿保险金责任。我国《保险法》第四十九条规定，"保险标的转让的，保险标的的受让人承继被保险人的权利和义务。保险标的转让的，被保险人或者受让人应当及时通知保险人，但货物运输保险合同和另有约定的合同除外。因保险标的转让导致危险程度显著增加的，保险人自收到前款规定的通知之日起三十日内，可以按照合同约定增加保险费或者解除合同。保险人解除合同的，应当将已收取的保险费，按照合同约定扣除自保险责任开始之日起至合同解除之日止应收的部分后，退还投保人。被保险人、受让人未履行本条第二款规定的通知义务的，因转让导致保险标的危险程度显著增加而发生的保险事故，保险人不承担赔偿保险金的责任"。因此，为了维护保险人的利益，规定一般保险合同的转让必须事先征得保险人的书面同意。

海上货物运输保险合同则不然，其保险合同的转让无须保险人同意，只要求被保险人在保险合同上背书即可发生转让。我国及许多国家允许在有背书的前提下，保险单随同货物所有权的转移而转让，而不需要征得保险方的同意。究其原因：一则海上货物保险中的货物在整个运输过程中始终在承运人的控制与保管之下，被保险人的变化并不会引起风险的变化，货物不会因自由转让而增加风险，从而不会引起保险人责任的变化；二则保险合同是与海上货物运输紧密相连的，在海上运输中经常会出于贸易经营的需要，通过转让提单进行买卖，被保险人也因货物的所有权发生转移而失去保险利益，使保险合同失去效力；新的提单持有人也因未经保险人同意办理保险合同变更手续而失去保险保障，为了维持保险合同的效力，就必须经保险人同意并批单。显然，有的货物所有权甚至需经过几次转手易主，如果每次保险合同的转让均需得到保险人的同意，势必会妨碍货物的流转，不利于贸易往来。因此，根据国际贸易惯例，海上保险人允许海上货物运输保险合同采用空白背书的方式进行转让，而无须征得保险人的同意，这样便可与提单背书转让同步进行，即货物运输保险合同随着货物的转让，只要被保险人背书后就可与货物所有权提单同时转让给受让人，而无须征得保险人的同意。

第二，转让的方式。保险合同的转让可以采取由被保险人在保险合同上背书或其他方式进行。按习惯做法，对于采用空白背书方式转让的保险合同，可以自由转让；对于采用记名背书方式转让的保险合同，只有被背书人才能成为保险合同权利的受让人。

第三，转让的后果。在保险合同转让时，无论损失是否已发生，只要被保险人对保险标的仍具有保险利益，则保险合同均可有效转让。保险合同的受让人只能享有原被保险人在保险合同下所享有的权利和义务。因为保险合同的转让只涉及投保人或被保险人的变更，并未变更保险合同的内容，没有变更原有的保险权利义务关系。

人身保险合同作为合同的一种，具有合同的一般法律属性，在实务中也是可以进行转让的。根据我国《保险法》第三十四条第二款规定，"按照以死亡为给付保险金条件的合同所签发的保险单，未经被保险人书面同意，不得转让或者质押"。这一条款从反面规定了以死亡为给付保险金条件的合同所签发的保险单转让的条件。从正面来说，经被保险人书面同意的以死亡为给付保险金条件的合同所签发的保险单是可以进行转让的①。人身保险合同的转

---

① 许崇苗，李利. 人身保险合同转让有关法律问题探析. 保险研究，2001（6）：36－38.

让可以分为保险事故发生前的转让和保险事故发生后的转让。保险事故发生前的转让通常是指投保人和保险人的转让，被保险人和受益人是没有转让的。为使转让发生效力，保险事故发生前的转让要符合三个必要条件：一是转让方和受让方达成协议；二是对于以死亡为给付保险金条件的合同，必须征得被保险人的同意；三是受让方必须为对被保险人具有保险利益或者为具有经营人身保险业务权限的保险公司。保险事故发生后的转让通常是指具有保险金请求权的被保险人和受益人以及保险人的转让。被保险人和受益人转让的是保险金请求权，保险金请求权是合同债权。因此，被保险人和受益人转让人身保险合同，只需遵循合同权利转让的要求，通知保险人即可。在保险事故发生后保险人转让人身保险合同则是合同债务的转让需要征得被保险人或受益人的同意。

## 四、保险合同的无效

### （一）保险合同无效的含义与原因

保险合同的无效是指当事人所缔结的保险合同因不符合法律规定的生效条件而不产生法律约束力，即指合同因不符合法律规定的生效条件而产生的无法律约束力的后果。

无效保险合同的特点是：违法性，即违反法律和公序良俗；自始无效性，即因其违法而自行为开始起便没有任何的法律效力；当然无效性，即无须考虑当事人是否主张合同无效，法院或仲裁机构可主动审查、确认合同无效。

无效的原因主要包括缔约主体资格不合格、当事人意思表示真实性有瑕疵、客体不合法、内容不合法、形式不合法等。具体分析如下：

1. 合同主体不合格

合同主体不合格是指保险人、投保人、被保险人、受益人或保险代理人等资格不符合法律的规定。例如，投保人是无民事行为能力或依法不能独立实施缔约行为的限制民事行为能力的自然人；保险人不具备法定条件，不是依法设立的；保险代理人没有保险代理权。如果保险合同是由上述主体缔结的，则合同无效。

2. 当事人意思表示真实性有瑕疵

在缔约过程中，如果当事人中的任何一方以欺诈、胁迫或乘人之危的方式致使相对方做出违背自己意愿的意思表示，均构成缔约中的意思表示不真实。

3. 客体不合法

如果投保人或被保险人对保险标的没有保险利益，则其订立的保险合同无效。

4. 内容不合法

如果投保人投保的风险是非法的，如违反国家利益和社会公共利益、直接违反法律规定的缔约行为等，均导致合同无效。

5. 形式不合法

任何保险合同的订立形式都应当符合法律规定，即应当以书面形式订立，而非以口头形式订立，否则，导致合同无效。

### （二）无效保险合同的法律后果

保险合同的无效由人民法院或仲裁机构根据法律进行确认。保险合同无效的法律后果是合同根本不存在法律的约束力。但应当注意的是，保险合同的无效有两种情形：一是全部无效；二是部分无效。合同被确认全部无效的，其约定的全部权利和义务自行为开始起均无约束力；合同被确认部分无效的，根据我国有关法律行为的法律规定，不影响其他部分效力的，其他部分依然有效。但是，如果保险合同被确认部分无效，如果无效部分与有效部分相牵连，也就是说，无效部分对有效部分的效力有影响，或者根据公平原则和诚实信用原则以及保险规则或惯例，如果继续保持有效部分的效力有失公平或者无实际意义，则应当认定合同全部无效。对无效保险合同，采取的措施有返还财产、赔偿损失、收归国库。

## 五、保险合同的终止

保险合同的终止是保险合同成立后因法定的或约定的事由发生，法律效力完全消灭的法律事实。其结果是保险合同的法律效力不复存在。导致保险合同终止的原因多种多样，但是主要有以下几个原因。

### （一）自然终止

自然终止是指已生效的保险合同因发生法定或约定事由导致合同的法律效力当然地发生不复存在的情况。这些情况通常包括：

第一，保险合同期限届满。根据法律的规定，合同的当事人可以就合同的有效期进行约定。在合同有效期内，即使约定的保险事故未发生，但由于合同有效期限届满，合同当事人的权利和义务关系随之不复存在。例如，定期保险的时间届满、航程保险的航程届满等均属于这种情况。

第二，合同生效后承保的风险消失。

第三，保险标的因非保险事故的发生而完全灭失。

第四，合同生效后，投保人未按规定的程序将合同转让，保险标的的危险程度显著增加而发生保险事故，保险人不承担保险金责任。

### （二）因履约导致终止

因保险合同得到履行而终止是指在保险合同的有效期内，约定的保险事故已发生，保险人按照保险合同承担了给付全部保险金的责任，保险合同即告结束。保险合同约定，保险人的赔偿责任不仅有期限的约定，也有约定的数额的限制，即保险金额是保险人承担赔偿或给付责任的最高限额。按照赔偿或给付金额是否累加，履约终止可分为以下两种不同的情况：

　　第一种情况是在普通的保险合同中，无论一次还是多次赔偿或给付保险金，只要保险人历次赔偿或给付的保险金总数达到保险合同约定的保险金额，并且保险期限尚未届满，保险合同均终止。

　　【例4-2】刘某投保人身意外伤害险，保险金额为10万元。他在保险期内不幸遭受三次意外事故。在第一次事故中，他一目失明，保险公司按合同约定支付保险金5万元；在第二次事故中，他折断一指，保险公司又按合同约定支付保险金1万元；在第三次事故中，他丧失左腿。则保险人应如何履行给付责任？

　　分析：被保险人刘某在第三次事故中丧失左腿。如无前面两次事故，则保险公司应支付保险金5万元。但在本例中，保险人总共已支付保险金6万元，而保险金额为10万元。根据"无论一次还是多次赔偿或给付保险金，只要保险人历次赔偿或给付的保险金总数达到保险合同约定的保险金额，并且保险期限尚未届满，保险合同均终止"的原则，保险人在第三次事故发生后，只要支付保险金4万元保险合同就终止。因此，保险人只给付4万元保险金，而且保险合同终止。

　　第二种情况是在机动车保险和船舶保险合同中，保险人在保险有效期间赔付的保险金不进行累加，只有当某一次保险事故的赔偿金额达到保险金额时，保险合同才终止。否则，无论一次还是多次赔偿保险金，只要保险人每次赔偿的保险金数目少于保险合同约定的保险金额，并且保险期限尚未届满，保险合同继续有效且保险金额不变。这是因为，为了保持继续运输或航行的能力，机动车辆或船舶在发生事故后必须进行修理，所以在修理费用少于保险金额的情况下，保险人赔付后，保险合同中原保险金额继续有效，直至保险合同期限届满。

　　【例4-3】某车主投保机动车损失保险，保险金额为40万元。在保险期内先后发生了数次保险事故，第一次车辆受损15万元，第二次受损20万元，第三次受损8万元，第四次受损45万元，第五次受损6万元。问保险人应如何赔偿？

　　分析：因为机动车损失保险的历次赔偿金额不累加，只有当某一次保险事故的赔偿金额达到保险金额时保险合同才终止。在本例中，保险人在第一次事故后赔偿15万元，在第二次事故后赔偿20万元。这两次的赔偿金额均未达到保险金额，不进行累加，所以在第三次事故后赔偿8万元。但第四次保险事故损失45万元，超出了保险金额，保险人赔偿40万元后，保险合同终止。保险人对第五次事故损失不再承担赔偿责任。

### （三）因解除导致终止

1. 解除的含义与条件

　　保险合同的解除是在保险合同期限尚未届满前，合同一方当事人依照法律或约定行使解除权，提前终止合同效力的法律行为。解除保险合同的法律后果集中表现在，它使保险合同的法律效力消失，回到未订立合同以前的原有状态。因此，保险合同的解除具有溯及既往的效力，保险人一般要退还全部或部分保险费，并不承担相应的保险责任。在该种合同终止的情形中，解除权是基础。解除权是法律赋予保险合同的当事人在合同成立之后，基于法定或约定事由解除合同的权利。解除权可以由保险人行使，也可由投保人行使（又称为退保）。解除权仅依合同一方当事人的意思表示即可行使，但是，当事人行使解除权，应当符合法律规定的条件。这些条件是：必须在可以解除的范围内行使解除权；必须存在解除的事由；必须以法律规定的方式解除；必须在时效期间内行使解除权。

2. 解除的形式

保险合同的解除一般分为法定解除和意定解除两种形式。

（1）法定解除。这是指当法律规定的事项出现时，保险合同当事人一方可依法对保险合同行使解除权。法定解除的事项通常在法律中被直接规定出来。但是，不同的主体有不尽相同的法定解除事项。

对投保人而言，第一，在保险责任开始前，可以对保险合同行使解除权。第二，在保险责任开始后，法律对投保人的解除权做出了两种不同的规定：一是在合同约定可以于保险责任开始后解除合同的，投保人可要求解除合同，同时对自保险责任开始之日起至合同解除之日止的保险费不得要求返还，只能对剩余部分要求予以退还；二是在合同没有约定的情况下，投保人不得要求解除合同。第三，在保险合同订立后，因保险人破产且无偿付能力，投保人可以解除合同。

对保险人而言，法律的要求则相对严格，即保险人必须在发生法律规定的解除事项时，方有权解除合同。在我国，这些法定解除事项主要有以下几种：

①投保人、被保险人或者受益人违背诚实信用原则。这包括：第一，凡投保人有故意隐瞒事实、不履行如实告知义务的，或者存在因过失未履行如实告知义务而足以影响保险人决定是否同意承保或者提高保险费率的行为，保险人可以解除合同。但是，该解除权应当在合同成立后的两年内行使；第二，被保险人或者受益人在未发生保险事故的情况下，谎称发生了保险事故并向保险人提出赔偿或者给付保险金请求的，保险人有权解除合同；第三，投保人、被保险人或者受益人有故意制造保险事故的行为，保险人可解除保险合同；第四，在人身保险合同中，投保人有未如实申报被保险人的真实年龄的行为，并且被保险人的真实年龄不符合合同约定的年龄限制，保险人有合同解除权，但该解除权应当在合同成立后的两年内行使。

②投保人、被保险人未履行合同义务。在财产保险合同中，投保人、被保险人未按照约定履行其对保险标的的安全应尽的义务，保险人有权解除合同。

③在保险合同有效期内，保险标的的危险程度增加。在保险合同有效期内，投保人或被保险人有义务将保险标的的危险程度增加的情况通知保险人，保险人可根据具体情况，要求增加保险费，或者在考虑其承保能力的情况下解除合同。

④在分期支付保险费的人身保险合同中，当未有另外约定时，投保人超过规定的期限60日未支付当期保险费的，导致保险合同中止。在保险合同被中止后的两年内，双方当事人未就合同达成协议的，保险人有权解除合同。应当注意的是，当可行使解除权的原因发生后，并不自然发生解除的效力，而是必须由解除权人行使后，合同的效力方消灭。

（2）意定解除。意定解除又称为协议注销终止，是指保险合同双方当事人依合同约定，在合同有效期内发生约定情况时可随时注销保险合同。意定解除要求保险合同双方当事人应当在合同中约定解除的条件，一旦约定的条件成立，一方或双方当事人就有权行使解除权，使合同的效力归于消灭。

## 第五节　保险合同争议的处理

### 一、保险合同的解释原则

合同解释是指当对合同条款的意思理解发生歧义时，法院或者仲裁机构按照一定的方法和规则对其做出的确定性判断。对合同的解释，其首要的任务是寻找法律依据，通常会有三种结果：有明确而又直接的法律依据；没有直接的法律依据；法律有规定，但其内含与外延相当模糊。我国《合同法》第一百二十五条规定，"当事人对合同条款的理解有争议的，应当按照合同所使用的词句、合同的有关条款、合同的目的、交易习惯以及诚实信用原则，确定该条款的真实意思。合同文本采用两种以上文字订立并约定具有同等效力的，对各文本使用的词句推定具有相同含义。各文本使用的词句不一致的，应当根据合同的目的予以解释"。保险合同应遵循合同解释的一般原则，同时还有其特性。具体来讲，保险合同解释的原则有以下几个：

#### （一）文义解释原则

文义解释原则是按保险条款文字的通常含义解释，即保险合同中的用词应按通用文字含义并结合上下文来解释。保险合同中的专业术语应按该行业通用的文字含义解释，在同一合同中出现的同一词，其含义应该一致。当合同的某些内容产生争议而条款文字表达又很明确时，首先应按照条款文义进行解释，切不能主观臆断、牵强附会。例如，中国人民保险公司（家庭财产保险条款）中承保危险之一"火灾"，是指在时间或空间上失去控制的燃烧所造成的灾害。构成火灾责任必须同时具备以下三个条件：有燃烧现象，即有热、有光、有火焰；偶然、意外发生的燃烧；燃烧失去控制，并有蔓延扩大的趋势。有的被保险人把平时用熨斗烫衣所造成的焦煳变质损失也列为"火灾"责任要求赔偿。显然，按文义解释原则，就可以做出明确的判断。

#### （二）意图解释原则

意图解释是以当时订立保险合同的真实意图来解释合同。意图解释只适用于文义不清、用词混乱和含糊的情况。如果文字准确、意义毫不含糊，就应照字面意义解释。在实际工作中，应尽量避免使用意图解释，以防止意图解释过程中可能发生的主观性和片面性。

### （三）解释应有利于非起草人原则

由于多数保险合同的条款是由保险人事先拟定的，保险人在拟订保险条款时，对其自身利益应当进行了充分的考虑，投保人只能同意或不同意接受保险条款，而不能对条款进行修改。因此，对保险合同发生争议时，人民法院或者仲裁机关对保险人提供的格式条款应当作出有利于非起草人（投保人、被保险人和受益人）的解释，以示公平。只有当保险合同条款模棱两可、语义含混不清或一词多义，而当事人的意图又无法判明时，才能采用该解释原则。我国《保险法》第三十条规定，"采用保险人提供的格式条款订立的保险合同，保险人与投保人、被保险人或者受益人对合同条款有争议的，应当按照通常理解予以解释。对合同条款有两种以上解释的，人民法院或者仲裁机构应当作出有利于被保险人和受益人的解释"。

### （四）尊重保险惯例的原则

保险业务有其特殊性，是一种专业性极强的业务。在长期的业务经营活动中，保险业产生了许多专业用语和行业习惯用语，这些用语的含义常常有别于一般的生活用语，并为世界各国的保险经营者所接受和承认，成为国际保险市场上的通行用语。为此，在解释保险合同时，对某些条款所用词句，不仅要考虑该词句的一般含义，而且要考虑其在保险合同中的特殊含义。例如，在保险合同中，"暴雨"一词不是泛指"下得很大的雨"，而是指达到一定量标准的雨，即雨量每小时在 16 毫米以上，或 24 小时降水量大于 50 毫米的，方可构成保险法上的"暴雨"。

## 二、保险合同争议处理的方式

保险合同订立后，双方当事人在履行合同过程中，围绕理赔、追偿、缴费以及责任归属等问题容易产生争议。因此，采用适当的方式，公平、合理地处理，直接影响到双方的权益。我国《合同法》第一百二十八条规定，"当事人可以通过和解或者调解解决合同争议。当事人不愿和解、调解或者和解、调解不成的，可以根据仲裁协议向仲裁机构申请仲裁。涉外合同的当事人可以根据仲裁协议向中国仲裁机构或者其他仲裁机构申请仲裁。当事人没有订立仲裁协议或者仲裁协议无效的，可以向人民法院起诉。当事人应当履行发生法律效力的判决、仲裁裁决、调解书；拒不履行的，对方可以请求人民法院执行"。据此，对保险业务中发生的争议，可采取和解、调解、仲裁和诉讼四种方式来处理。

1. 和解

和解是在争议发生后由当事人双方在平等、互相谅解的基础上通过对争议事项的协商，互相做出一定的让步，取得共识，形成双方都可以接受的协议，以消除纠纷，保证合同履行的方法。这种方法是解决争议最可行、最基本的一种方法。其好处是：可以省去仲裁和诉讼的费用与麻烦，而且气氛一般比较友好，灵活性也较大，有利于合同的继续履行。

2. 调解

调解是在第三人主持下，根据自愿、合法原则，在双方当事人明辨是非、分清责任的基础上，促使双方互谅互让，达成和解协议，以便合同得到履行的方法。

根据调解时第三人的身份不同，保险合同的调解可分为行政调解、仲裁调解和法院调解。行政调解是由各级保险管理机关主持的调解，从法律效果来看，行政调解不具有法律强制执行的效力；仲裁调解和法院调解一经形成调解协议，即具有法律强制执行的效力，当事人不得再就同一事件提交仲裁或提起诉讼。任何一方当事人不履行仲裁调解协议或法院调解协议的，对方当事人都可申请法院强制其执行。我国在处理合同纠纷时，坚持先行调解原则，在调解不成时，仲裁机构或人民法院可作出判决。

3. 仲裁

仲裁是争议双方在争议发生之前或在争议发生后达成协议，自愿将争议交给第三者作出裁决，双方有义务执行的一种解决争议的方法。仲裁的特点是：第一，仲裁机构是指当事人自主选择用来解决他们之间可能发生或业已发生的纠纷的民间性团体。该仲裁机构依《中华人民共和国仲裁法》设定，且在省、自治区、直辖市司法行政部门进行了登记。第二，仲裁员是以裁判的身份对双方争议的事项作出裁决的。仲裁员多为有丰富经验的专家，能保证决断的质量。第三，仲裁必须以当事人事先约定或事后达成的仲裁协议或仲裁条款为前提，并且仲裁裁决一裁终局。在有仲裁协议或者仲裁条款的情况下，法院将拒绝受理当事人的诉讼请求。第四，仲裁裁决与法院判决具有同等效力。当事人不得向法院再行起诉，除非裁决违反法定程序或者在合法性上有瑕疵。截至2004年5月17日，我国便已有仲裁委员会超过178家，早于1995年成立的北京仲裁委员会就是其中的一家。

4. 诉讼

诉讼是合同当事人的任何一方按照民事法律诉讼程序向法院对一定人提出权益主张，并要求法院予以解决和保护的请求。诉讼有民事诉讼、行政诉讼和刑事诉讼之分，保险合同的诉讼属于民事诉讼。

我国现行诉讼制度实行二审终审制度。民事诉讼一般分为起诉、审判和执行三个阶段。一经终审判决，立即发生法律效力，当事人必须执行；否则，法院有权强制执行。合同当事人一方如果提起诉讼，应当向保险合同的履行地或被告住所地人民法院送交起诉书，并应提供有关凭证；当法院受理后，应诉一方在规定期限内，提出答辩，提交法院。在公开审理中，法院可先进行调解，调解不成时，再进行判决，制作判决书。根据《中华人民共和国民事诉讼法》的规定，当事人一方在收到判决书15日内可向上一级人民法院提出上诉，由上一级人民法院作出二审审理，二审人民法院所作判决为终审判决。对法院的终审判决，当事人必须执行。一方当事人不履行的，对方当事人可申请人民法院予以强制执行。若当事人一方对二审判决不服，则可以申诉。

---

## 📋 综合练习

### 一、填空题

1. 保险法是_____的法律规范的总称。

2. 我国的《保险法》包括_____和_____。

3. 我国于 1995 年制定了_____，为规范我国的保险市场提供了有利的法律依据。

4. 保险合同的特点有_____、_____、_____、_____、_____、_____和_____。

5. 保险合同的当事人包括_____和_____，保险合同的关系人包括_____和_____。保险合同的辅助人包括_____、_____和_____。

6. 订立保险合同要经历两个法定程序，即_____和_____。

7. 索赔权是指_____和_____请求赔偿或给付保险金的权利。

8. 保险人对于属于保险责任并能够确定保险金数额的，在与被保险人或受益人达成有关赔偿或者给付保险金的协议后_____日内，履行赔付义务。

### 二、单项选择题

1. 下列有关保险合同的陈述中，错误的是（　　）。

A. 保险合同是商业保险产生的唯一基础

B. 保险合同是投保人与保险人约定保险权利和义务关系的协议

C. 保险合同一经成立，便受到法律的约束和保护

D. 保险合同具有合同的一般特性，也具有自身的特征

2. 下列选项中，不属于保险合同的一般特性的是（　　）。

A. 双方的法律行为　　　　　　　　B. 特殊的有偿合同

C. 当事人的法律地位平等　　　　　D. 合同必须合法

3. 当事人之间因基于不确定的事件取得利益或遭受损失而达成的协议是（　　）。

A. 有偿合同　　　　　　　　　　　B. 附合合同

C. 射幸合同　　　　　　　　　　　D. 议商合同

4. 在人身保险合同中，由被保险人或者投保人指定的享有保险金请求权的人是（　　）。

A. 受益人　　　　　　　　　　　　B. 保险经纪人

C. 保险人　　　　　　　　　　　　D. 投保人

5. 下列选项中，属于保险人绝对不予承保的财产的是（　　）。

A. 房屋　　　　　　　　　　　　　B. 土地

C. 金银首饰　　　　　　　　　　　D. 家用电器

6. 下列选项中，属于保险人承担赔偿责任的损失的是（　　）。

A. 巨灾损失　　　　　　　　　　　　B. 直接损失

C. 间接损失　　　　　　　　　　　　D. 精神损失

7. 保险人和投保人在制定（　　）时具有最大的自由度。

A. 主要险种和基本条款　　　　　　　B. 其他险种的保险条款

C. 制式条款　　　　　　　　　　　　D. 特约条款

8. 人寿保险的被保险人或受益人对保险人请求给付保险金的权利自其知道保险事故发生之日起（　　）不行使而消灭。

A. 2 年　　　　　　　　　　　　　　B. 3 年

C. 4 年　　　　　　　　　　　　　　D. 5 年

9. 我国保险合同的基本分类方式是（　　）。

A. 财产保险合同与人身保险合同　　　B. 原保险合同与再保险合同

C. 自愿保险与强制保险　　　　　　　D. 定值保险、不定值保险与定额保险

10. 人身保险的被保险人（　　）。

A. 可以是法人　　　　　　　　　　　B. 可以是法人和自然人

C. 只能是具有生命的自然人　　　　　D. 包括已死亡的人

11. 当受益人先于被保险人死亡时，保险金由（　　）领取。

A. 投保人　　　　　　　　　　　　　B. 被保险人

C. 受益人　　　　　　　　　　　　　D. 被保险人的法定继承人

12. 人身保险合同特有的主体是（　　）。

A. 保险人　　　　　　　　　　　　　B. 被保险人

C. 保险经纪人　　　　　　　　　　　D. 受益人

13. 被保险人的代表是（　　）。

A. 投保人　　　　　　　　　　　　　B. 保险代理人

C. 保险人　　　　　　　　　　　　　D. 保险经纪人

14. 保险代理属于（　　）。

A. 委托代理　　　　　　　　　　　　B. 法定代理

C. 指定代理　　　　　　　　　　　　D. 推定代理

15. 保险经纪人基于（　　）的利益，为投保人与保险人订立保险合同提供中介服务，并依法收取佣金。

A. 保险经纪人　　　　　　　　　　　B. 保险代理人

C. 保险人　　　　　　　　　　　　　D. 投保人

16. 建筑工程保险以（　　）计算。

A. 建筑工程完工后　　　　　　　　　B. 年为单位

C. 一个工程期　　　　　　　　　　　D. 月为单位

17. 人身保险合同生效的条件是 (　　)。

A. 投保人交付首期保险费　　　　　　B. 投保人交付末期保险费

C. 投保人和保险人签订合同　　　　　D. 人身保险合同经保险公司批准

18. 不允许变更被保险人的险种是 (　　)。

A. 一般财产保险　　　　　　　　　　B. 海上货物运输保险

C. 个人人寿保险　　　　　　　　　　D. 一切险种

19. 仲裁委员会 (　　)。

A. 是独立于国家行政机关的民间团体

B. 是国家工商行政机关的一个机构

C. 实行级别管辖

D. 实行地域管辖

20. 保险合同纠纷仲裁实行的是 (　　)。

A. 一裁终局制度　　　　　　　　　　B. 两裁终局制度

C. 当事人不服仲裁可申请再裁　　　　D. 当事人不服仲裁可提起诉讼

21. 投保人指定或变更受益人须经过 (　　) 同意。

A. 保险人　　　　　　　　　　　　　B. 被保险人

C. 原先指定的受益人　　　　　　　　D. 变更的受益人

22. 在保险合同订立程序中, 一般 (　　) 为要约人。

A. 保险代理人　　　　　　　　　　　B. 投保人

C. 保险人　　　　　　　　　　　　　D. 被保险人

23. 保险人与被保险人订立保险合同的正式凭证为 (　　)。

A. 保险凭证　　　　　　　　　　　　B. 暂保单

C. 保险单　　　　　　　　　　　　　D. 投保单

24. 下列选项中, 不属于保险合同的有效条件的是 (　　)。

A. 合同主体必须具有保险合同的主体资格

B. 当事人意思表示真实

C. 合同内容合法

D. 保险事故的发生必须与保险标的损失之间是因果关系

25. 下列合同中, 投保人、被保险人可随保险标的转让而自动变更, 无须征得保险人同意, 合同继续有效的是 (　　)。

A. 人寿保险合同　　　　　　　　　　B. 健康保险合同

C. 意外伤害保险合同　　　　　　　　D. 货物运输保险合同

26. 保险合同变更时, 最常用的书面单证是 (　　)。

A. 暂保单　　　　　　　　　　　　　B. 批注

C. 保险凭证　　　　　　　　　　　　D. 批单

27. 保险标的发生部分损失的，在保险人赔偿后（　　）内，投保人可以终止合同。

A. 10 日 　　　　　　　　　　　　B. 20 日

C. 30 日 　　　　　　　　　　　　D. 60 日

28. 保险合同终止最普遍的原因是（　　）。

A. 保险期间届满终止 　　　　　　B. 保险标的灭失而终止

C. 履约终止 　　　　　　　　　　D. 因法定情况出现而终止

29. 由最高人民法院在适用法律过程中，对于具体应用法律问题所作的解释为（　　）。

A. 立法解释 　　　　　　　　　　B. 司法解释

C. 行政解释 　　　　　　　　　　D. 学理解释

30. 解释保险合同条款最主要的方式是（　　）。

A. 含义解释 　　　　　　　　　　B. 单理解释

C. 补充解释 　　　　　　　　　　D. 意图解释

## 三、多项选择题

1. 订立保险合同的特有原则是（　　）。

A. 公司互利原则 　　　　　　　　B. 保险利益原则

C. 最大诚信原则 　　　　　　　　D. 协商一致原则

E. 自愿订立原则

2. 投保人可以是（　　）。

A. 自然人 　　　　　　　　　　　B. 法人

C. 其他经济组织 　　　　　　　　D. 16 岁以下的未成年人

E. 农村承包户

3. 下列有关保险合同订立的叙述中，正确的是（　　）。

A. 一般由投保人向保险人提出投保要求

B. 一般由保险人向投保人提出投保要求

C. 一般由保险代理人代投保人向保险人提出投保要求

D. 一般由保险人予以承诺

E. 一般由保险代理人向投保人作出承诺表示

4. 在保险索赔中，索赔权人有（　　）。

A. 被保险人 　　　　　　　　　　B. 保险代理人

C. 投保人 　　　　　　　　　　　D. 受益人

E. 保险经纪人

5. 在（　　）情况下，保险人可解除保险合同。

A. 投保人故意隐瞒事实，不履行如实告知义务

B. 投保人、被保险人或受益人故意制造保险事故

C. 在财产保险中，投保人、被保险人未按约定履行其对标的安全应尽之责任

D. 在人身保险中，合同效力中止超过两年

E. 在人身保险合同中，未指定受益人

6. 保险合同的书面形式包括（    ）。

A. 保险单                                B. 暂保单

C. 保险凭证                              D. 经保险人签章的投保单

E. 批单

7. 无效保险合同的确认机构为（    ）。

A. 保险公司                              B. 人民法院

C. 保险监管部门                          D. 工商行政管理部门

E. 仲裁机构

8. 导致保险合同无效的原因有（    ）。

A. 违反法律和行政法规                    B. 违反国家利益和社会公共利益

C. 采用欺诈、胁迫手段签订                D. 投保人对保险标的不具有保险利益

E. 投保人因疏忽或过失而未履行如实告知义务

9. 保险合同解除的形式可分为（    ）。

A. 约定解除                              B. 协商解除

C. 法定解除                              D. 裁决解除

E. 自然解除

10. 投保人不得解除的保险合同有（    ）。

A. 企业财产保险合同                      B. 货物运输保险合同

C. 运输工具航程保险合同                  D. 人身保险合同

E. 责任保险合同

11. 在保险合同中，享有权利和承担义务的人包括（    ）。

A. 保险人                                B. 投保人

C. 被保险人                              D. 受益人

E. 保险代理人

12. 保险合同的关系人是（    ）。

A. 保险人                                B. 投保人

C. 被保险人                              D. 受益人

E. 保险代理人

13. 下列关于受益人的表述中，正确的有（    ）。

A. 受益人可以是任何人                    B. 投保人、被保险人都可以成为受益人

C. 只有在人身保险中才会有受益人          D. 受益人与被保险人之间可无保险利益

E. 自然人、法人、其他合法经济组织都可作为受益人

14. 下列关于受益权的表述中，正确的是（　　）。

A. 受益人取得受益权的唯一方式是被保险人或投保人通过合同指定

B. 只有在被保险人死亡的情况下，受益人才有受益权

C. 受益人享受的收益权是一种期得利益

D. 受益权只能由受益人独享

E. 受益人领取的保险金不用抵偿被保险人生前的债务

15. 保险代理人分为（　　）。

A. 展业代理人　　　　　　　　　B. 兼业代理人

C. 个人代理人　　　　　　　　　D. 专业代理人

E. 法定代理人

16. 投保方应履行的基本义务包括（　　）。

A. 如实告知　　　　　　　　　　B. 交付保险费

C. 立即通知保险事故　　　　　　D. 提供有关证明和资料

E. 防灾、防损和施救

17. 保险合同条款分为（　　）。

A. 主要险种的基本条款　　　　　B. 其他险种的保险条款

C. 特约条款　　　　　　　　　　D. 仲裁条款

E. 附加条款

18. 保险合同的主体包括（　　）。

A. 保险人　　　　　　　　　　　B. 投保人

C. 被保险人　　　　　　　　　　D. 受益人

E. 保险代理人

19. 下列选项中，属于保险合同自然终止情形的有（　　）。

A. 因保险合同期满而终止　　　　B. 因保险标的全部灭失而终止

C. 履约终止　　　　　　　　　　D. 协议终止

E. 行使终止权终止

20. 申请仲裁机构必须以双方在自愿基础上达成（　　）为前提，否则仲裁机构将不予受理。

A. 仲裁合同　　　　　　　　　　B. 仲裁条款

C. 仲裁协议　　　　　　　　　　D. 保险合同

E. 申请协议

21. 因保险合同纠纷提起诉讼，享有管辖权的人民法院是（　　）。

A. 被告所在地人民法院　　　　　B. 原告所在地人民法院

C. 标的物所在地人民法院　　　　D. 保险事故发生地人民法院

E. 保险公司所在地人民法院

22. 解释保险合同应遵循的原则有（　　）。

A. 文义解释原则　　　　　　　　　B. 意图解释原则

C. 有利于非起草人的原则　　　　　D. 有利于保险人解释的原则

E. 尊重保险惯例解释原则

23. 受益人遇有（　　）情形，失去受益权。

A. 受益人先于被保险人死亡　　　　B. 受益人故意杀害被保险人未遂

C. 受益人放弃受益权　　　　　　　D. 受益人被指定变更

E. 被保险人先于受益人死亡

## 四、判断题

1. 我国保险法适用于中华人民共和国境内的一切保险活动。　　　　（　　）

2. 农业保险也要符合保险法的有关规定。　　　　　　　　　　　　（　　）

3. 保险法适用于商业性人身保险和财产保险、信用保险和责任保险。（　　）

4. 海上保险既可适用《保险法》，也可适用《海商法》，当两者有冲突时，适用《保险法》。　　　　　　　　　　　　　　　　　　　　　　　　　　　　　　　（　　）

5. 保险人在订立合同时未履行责任免除明确说明义务的，该保险合同的责任免除条款无效。　　　　　　　　　　　　　　　　　　　　　　　　　　　　　　　　（　　）

6. 保险合同的主体包括当事人、关系人和辅助人。　　　　　　　　（　　）

7. 在人身保险合同中，被保险人既可以是自然人，也可以是法人。（　　）

8. 在人身保险合同中，只要指定了受益人，被保险人就丧失了受益权，受益人获得受益权。　　　　　　　　　　　　　　　　　　　　　　　　　　　　　　　　　（　　）

9. 父母可以为其未成年子女投保以死亡为给付保险金条件的人身保险。（　　）

10. 在签订保险合同时，保险代理所知晓的事情都视作保险人已知。（　　）

11. 保险合同是被保险人与保险人协定保险权利义务关系的协议。（　　）

12. 保险凭证是一种简化了的保险单，但在法律上效力不如一般保险单。（　　）

13. 受益人在保险合同中有着独特的法律地位，享有受益权而无须承担任何义务。（　　）

14. 保险合同发生争议时，仲裁不成的，再向人民法院提起诉讼。（　　）

15. 在保险人向投保人签发保单或其他保险凭证后，保险合同即告成立并生效。（　　）

16. 被保险人生前的债权人有权从受益人领取的保险金中获得债务的清偿。（　　）

17. 特约条款完全由保险双方自由商定，因此，其效力要低于主要险种的基本条款和其他险种的保险条款。　　　　　　　　　　　　　　　　　　　　　　　　　　（　　）

18. 投保方在发生保险事故时，及时通知保险人的行为即意味着提出索赔，保险人应尽快理赔。　　　　　　　　　　　　　　　　　　　　　　　　　　　　　　　　（　　）

19. 保险代理人上门推销保险时向投保人出具投保单的行为是一种要约行为。（　　）

20. 凡保险凭证未记载的事项都以保单的条款为准，当两者有抵触时，同样以保单内容为有效。　　　　　　　　　　　　　　　　　　　　　　　　　　　　　　　（　　）

21. 投保单是投保人向保险人申请订立保险合同的书面要约。（　　）

22. 财产保险合同的投保人、被保险人可随保险标的所有权的转让而自动变更，无须征得保险人同意。无论保险危险程度是否显著增加而发生保险事故，保险人均要承担赔偿保险金责任。（　　）

23. 投保方和保险人均有自由选择权，有权随时解除保险合同。（　　）

24. 在保险合同中订有仲裁条款的，一方向人民法院起诉，人民法院不予受理。（　　）

25. 保险合同是射倖性合同。（　　）

26. 只有在被保险人死亡的情况下，受益人才享有受益权。（　　）

27. 当受益人先于被保险人死亡时，由被保险人的法定继承人领取保险金，并作为遗产处理。（　　）

28. 承保的风险应在保险条款中予以列明。（　　）

29. 在个人人寿保险中，允许变更被保险人。（　　）

30. 在机动车辆保险合同中，保险人在保险有效期间赔付的保险金不进行累加，只有当某一次保险事故的赔偿金额达到保险金额时，保险合同才终止。（　　）

31. 保险合同条款解释的原则是必须坚持有利于保险人。（　　）

**五、名词解释**

保险法　保险合同　财产保险合同　人身保险合同　附合合同　射倖合同
保险人　被保险人　受益人　保险金额　保险单　保险凭证
暂保单　自然终止　解除　履约终止　保险代理人　保险经纪人
保险公估人

**六、简答题**

1. 简述我国保险法的构成。
2. 保险法的调整对象包括哪两个方面？
3. 简述我国的保险立法历程。
4. 简述我国《保险法》的适用范围。
5. 简述保险合同的特征。
6. 保险合同的当事人包括哪些？财产保险合同与人寿保险合同的被保险人在合同中的地位有何不同？
7. 简述投保方的主体资格条件。
8. 说明受益人的受益权的特点。
9. 投保方的义务是什么？
10. 保险人的义务是什么？
11. 保险合同条款有哪几种？它们是怎样制定的？
12. 为什么财产保险单一般不能随财产所有权的转移而自动转让？
13. 哪些原因导致保险合同终止？

14. 保险合同双方当事人应如何处理争议？

15. 保险合同的索赔时效是如何规定的？

16. 简述保险合同条款解释的原则和方法。

## 七、案例分析题

1. 某企业于某年5月28日为全体职工投保了团体人身意外伤害险，保险公司当即签发了保险单并收取了保险费，但在保险单上列明，保险期限自同年6月1日起到第二年5月31日止。投保两天后，即5月30日，该企业一名职工周末外出游玩，不慎坠崖身亡。保险公司是否负给付保险金责任？为什么？

2. 王某，男，24岁。某年12月1日，他的妻子赵某为其在县保险公司投保了5份简易人身保险，保险期限为30年，保险金额为3 950元，王某指定受益人是赵某。投保时，赵某在投保单被保险人身体状况一栏中填写"健康"二字。投保后，王某每月按时交费。5个月后，保险公司发现，王某于上年10月曾经在Y县人民医院被诊断患有癌症，后经转入××市肿瘤医院进行激光放射性治疗，病情得到缓解。请分析，此案应如何处理？

3. 小学生张某，男，11岁。某年年初参加了学生团体平安保险，保险期限为当年3月1日至次年2月28日。当年10月5日，张某在家附近的一幢住宅楼施工工地玩耍时，被突然从楼上掉下的一块木板砸在头上，当即气绝身亡。有人认为，保险公司应先给付张某的死亡保险金，然后向造成这起事故的施工单位索要与此等额的赔偿金。这种说法对吗？为什么？本案该如何处理？

4. 奚某为某外商独资制衣公司的副经理。奚某在一次乘本公司汽车由公司前往加工厂途中不幸发生车祸身亡。经交通管理部门鉴定，本制衣公司驾驶员负全责。奚某的善后事宜可得抚恤金等约4万元。奚某生前的制衣公司为其投保过人身意外伤害险。受益人栏填的是制衣公司。问：法院应当如何处理？为什么？

5. 某年9月11日，某面粉厂向保险公司报案，告知出险。该面粉厂于同年2月3日向保险公司投保企业财产险，保险期限为一年。同年9月7日夜里，当地下起了瓢泼大雨，风力很大，该面粉厂某车间厂房的一角被破坏，雨水由破口涌进厂房。当时车间的一部分职工正在上夜班，由于噪声大，又为了赶任务，一时并没有注意到厂房进水，结果雨水淋入了正在高速运转的三台电机内部，导致电机绕组烧坏，生产被迫中断。该车间的电机属该厂投保的固定资产中的一项。同年9月11日，经保险公司的理赔人员验损，最后定损为：维修费用为8 510元。根据当天的气象部门测定，出险当晚降雨近一小时，降雨量为12毫米，最大风力为8级。问这次保险财产损失是否构成保险责任？

6. 某皮件厂于某年从国外购进了一台自动化生产设备，该设备进入车间厂房后一直没被使用。次年2月11日，该厂向保险公司投保了财产保险综合险，其中该设备作为固定资产按账面原值93 500元保险。5月31日，一名职工在喷漆时不小心，因一枚小小的烟蒂，酿成一场大火。该厂认为，既然在投保财产保险综合险时，该设备按账面原值确定的保险金额，而该设备在遭受火灾后恐已无法修复，即便能够修复，费用也将超过其修复后的价值，应按推定全损处理。保险公司应按 93 500 元予以赔偿。保险公司邀请了几名专家，会同该厂的技术人员及财会人员共同对该受损设备进行了全面、彻底的技术鉴定，结果发现，该设备内部一些部件的损坏并不严重，利用国内市场上出售的相应部件可以更换或修复，修复后其性能不会低于原产品，且费用只需要 5 610 元。据此，保险公司不同意按全损处理，而只赔付 5 610 元修复费。该厂不同意保险公司的做法，认为此设备的购置价为 93 500 元，且按此价投保财产保险综合险，虽然价格比国内同类产品高得多，毕竟是厂家为购置这台设备付出的代价。保险公司不按"代价"的损失程度进行赔偿，如何体现对被保险人的损失实施补偿呢？请分析保险公司的处理方法正确吗？为什么？

7. 李某于 2016 年 10 月 10 日，将其自家非营业用的一辆小轿车向当地保险公司投保了机动车损失保险、机动车第三者责任保险、机动车交通事故责任强制保险，保险期限为一年。2017 年 2 月 8 日，李某将该车出售给刘某，刘某将该车经交通管理部门办好手续，用作出租车，但始终未到保险公司办理过户批改手续。后来，刘某在使用期间与另一辆汽车相撞，经交通监理部门裁定，由刘某赔偿对方修理费 5 000 元。刘某以该车已投保为由，向保险公司索赔，保险公司拒绝赔偿。试分析：保险公司拒绝赔偿是否成立？为什么？

# 第五章 财产保险

了解财产保险的分类，掌握财产保险的概念，财产损失保险、责任保险、信用保险、保证保险的主要内容，并能运用各种险种的条款分析具体案例。

## 第一节 财产保险概述

### 一、财产保险的概念

广义的财产保险是以财产及其有关利益为保险标的的一种保险，或者以物质财产及有关利益、责任和信用为保险标的的保险。当保险财产遭受保险责任范围内的损失时，由保险人提供经济补偿。由于财产分为有形财产与无形财产，如厂房、机械设备、运输工具、产成品为有形财产；预期利益、权益、责任、信用为无形财产。而前者属于物质财产，后者属于有关利益、责任和信用，所以，其理论定义通常为：财产保险是以物质财产及其有关利益、责任和信用为保险标的的保险。

狭义的财产保险是指财产损失保险，是以物质财产及有关利益为保险标的的保险。它可分为火灾保险（含企业财产保险、家庭财产保险、利润损失保险）、货物运输保险、运输工具保险、工程保险、农业保险。其中，运输工具保险又可分为汽车保险、飞机保险、船舶保险；工程保险又可分为建筑工程一切险、安装工程一切险和机器损坏险。

一般意义上所指的财产保险均为广义的财产保险，故而本书采用广义的财产保险。

### 二、财产保险的分类

财产保险可以有多种分类，这里仅介绍以下几种主要的分类。

### （一）按实施方式分类

按实施方式，可将财产保险分为自愿保险和强制保险。

自愿保险是保险人和投保人在自愿原则的基础上通过签订保险合同而建立保险关系的一种保险，如家庭财产保险、企业财产保险、车辆损失保险等。

强制保险又称为法定保险，是以国家的有关法律为依据而建立保险关系的一种保险。它是通过法律规定强制实行的，如汽车第三者责任强制保险、社会保险等。

### （二）按保险价值的确定方式分类

按保险价值的确定方式，可将财产保险分为定值保险和不定值保险。

定值保险是指保险合同当事人将保险标的的保险价值事先约定并在合同中给予载明，作为保险金额，在保险事故发生时，根据载明的保险价值进行赔偿的保险。该险种通常适用于价值变化较大或不易确定价值的特定物，如字画、古玩或海上货物运输的标的物。

不定值保险是指在保险合同中只载明保险标的保险金额而未载明保险价值，在保险事故发生时，根据保险标的的保险价值对比保险金额予以赔偿的保险。在不定值保险合同中，仅载明保险金额，并依此作为赔偿的最高限额，保险标的的保险价值则处于不确定的状态。财产保险多采用不定值保险。一般而言，财产损失是以赔偿实际损失为原则的，因此，不定值保险合同通常以保险标的的实际价值作为判定损失额的依据。在不定值保险中，保险金额等于保险价值的保险为足额保险；保险金额小于保险价值的保险为不足额保险；保险金额大于保险价值的保险为超额保险。我国《保险法》规定，超过的部分无效。

### （三）按保险保障的范围分类

按保险保障的范围，可将财产保险分为财产损失保险、责任保险、信用保险、保证保险。

财产损失保险是以物质财产及有关利益为保险标的的保险。这是一种狭义的财产保险。它可分为火灾保险（含企业财产保险、家庭财产保险、利润损失保险）、运输工具保险、货物运输保险、工程保险、农业保险等。

责任保险是以被保险人对第三者依法应负的赔偿责任为保险标的的保险。它包括第三者责任险和单独的责任保险，后者可分为公众责任险、产品责任险、雇主责任险、职业责任险和保赔保险。

信用保险和保证保险都是以被保证人（义务人）的信用为保险标的的保险。信用保险是保险人根据权利人的要求担保义务人（被保证人）信用的保险，包括国内商业信用保险、出口信用保险、投资保险等；保证保险是义务人（被保证人）根据权利人的要求，要求保险人向权利人担保义务人自己信用的保险，包括诚实保证保险和确实保证保险。

### (四) 按保险标的的内容分类

按保险标的的内容,可将财产保险分为物质财产保险、经济利益保险、责任保险。

物质财产保险是以各类物质财产为保险标的的保险,分为企业财产保险、家庭财产保险、运输工具保险、货物运输保险、工程保险、农业保险等。

经济利益保险是以各类物质财产损失所产生的间接损失,或者对他人依法应履行的经济责任为保险标的的保险,如出口信用保险、保证保险等。

责任保险是以被保险人对第三者依法应负的赔偿责任为保险标的的保险,如产品责任保险、雇主责任保险等。

### (五) 按保险标的的性质分类

按保险标的的性质,可将财产保险分为积极型财产保险、消极型财产保险。

积极型财产保险是以已经存在的物质财产及其有关利益为保险标的的保险,如车辆损失险、营业中断保险、保证保险、信用保险等。

消极型财产保险是以被保险人对第三者依法应负赔偿责任的保险,如第三者责任保险、产品责任保险等。

此外,财产保险还可按风险的内容,分为火灾保险、地震保险、洪水保险等;按保险业务内容,分为企业财产保险、家庭财产保险、营业中断保险、货物运输保险、运输工具保险、工程保险、农业保险、责任保险、保证保险、信用保险等;按承保风险的多少,分为单一风险保险和综合风险保险等。

我国《保险法》对财产保险的分类做了具体规定,参见本书第二章第二节。

## 第二节　财产损失保险

### 一、企业财产保险

企业财产保险是火灾保险中的一个险种。火灾保险是保险人与投保人经合同约定,投保人向保险人交付保险费,保险人对于所承保的房屋建筑物及其他装修设备,或屋内存放的财物等标的,在保险期间,因火灾、雷击或所承保的其他风险事故发生所致的财产损毁或灭失,在保险金额限度内予以补偿或予以恢复原状的一种财产保险。

### (一) 企业财产保险的承保范围

1. 可保财产

可保财产是投保人可以直接向保险人投保的财产。可保财产一般有三种分类方式。第一种是按所有权的关系分类，它以被保险人对于保险标的应具备的保险利益为条件分为三种：属于被保险人所有或与其他人共有而由被保险人负责的财产；由被保险人经营管理或替他人保管的财产；具有其他法律上承认的与被保险人有经济利害关系的财产。这是我国目前企业财产保险条款的分类。第二种是用会计科目反映，分为固定资产、流动资产、专项资产、投资资产、账外资产五大类。第三种是用企业财产项目类别反映，分为房屋、建筑物及附属装修设备；机器及附属设备；作为商品或资产存放在固定地点的交通运输工具；工具、仪器及其他生产工具；通信设备和器材；管理用具及低值易耗品；原材料、半成品、在产品、产成品或库存商品、特种储备商品；建造中的房屋、建筑物和建筑材料；账外或已摊销的财产九类。

2. 特保财产

特保财产是保险双方当事人必须特别约定后才能在保险单中载明承保的财产。特保财产主要分为两类。一类是不增加费率，也不需加贴保险特约条款的特保财产，包括：第一，金银、珠宝、钻石、玉器、首饰、古币、古玩、古书、古画、邮票、艺术品、稀有金属和其他珍贵财物，该类财产的价值不易确定，或市场价格变化较大；第二，堤堰、水闸、铁路、涵洞、桥梁、码头等，该类财产发生保险事故的可能性较小。另一类是需增加费率或加贴保险特约条款的特保财产，该类财产的风险比一般财产的风险大，如矿井、矿坑内的设备和物资，将这些特约保险财产予以承保主要是为了满足部分行业的特殊需要。

3. 不保财产

（1）不保财产的内容。凡是下列特别列明的财产，无论是否可以成为可保标的，都不能在企业财产保险业务项下予以承保：

①土地、矿藏、矿井、矿坑、森林、水产资源以及未经收割或收割后尚未入库的农作物；

②货币、票证、有价证券、文件、账册、图表、技术资料、计算机资料、枪支弹药以及无法鉴定价值的财产；

③违章建筑、危险建筑、非法占用的财产；

④在运输过程中的物资；

⑤领取执照并正常运行的机动车；

⑥牲畜、禽类和其他饲养动物；

⑦保险人根据保险业务风险管理的需要声明不予承保的财产。

（2）不保的原因。保险人对此类财产不予承保的原因主要有：该类财产不易遭受损失；风险较大，以致难以估计；由其他财产保险已经承保。具体如下：

①有些财产不属于普通的生产资料和商品，如土地、矿藏、矿井、矿坑、森林、水产资源、枪支弹药，此类财产即便遭受损失，也不是企业的损失，企业对该类财产不存在保险利益；

②缺乏价值依据，无法确定价值，如文件、账册、图表、计算机资料、技术资料以及无

法鉴定价值的财产;

③不是实际的物资,并且无法确定价值,如货币、票证、有价证券;

④不符合政府有关法律或规定要求的财产,如违章建筑,非法占用的财产,政府限制使用或拥有的财产,政府命令拆除、焚毁或破坏的财产等,其中有些财产在承保后会产生副作用,或与政府的有关法律法令相抵触;

⑤必然会发生危险的财产,如危险建筑、汛期处于警戒水位线以下的河堤附近的建筑物或财产等;

⑥由其他险种承保的财产,如未经收割或收割后尚未入库的农作物应该投保生长期农作物保险或者收获期农作物保险,处于运输过程中的物资应该投保货物运输保险,领取执照并正常运行的机动车应该投保机动车辆保险,牲畜、禽类和其他饲养动物应该投保农业保险中的养殖业保险等;

⑦由于种种原因,暂时不能承保的财产。

### (二)企业财产保险责任范围

1. 保险责任

(1)列明的保险责任项目。我国企业财产保险过去分为两类:一类是适用于外资企业的;另一类是适用于内资企业的。不过,目前已基本不区分了,故本书在这里进行统一论述。

前者分为财产保险和财产保险一切险。财产保险的保险责任为保险单明细表中列明的保险财产因以下列明的风险造成的直接物质损坏或灭失(以下简称"损失"),保险人同意按照保险单的规定负责赔偿:火灾;爆炸,但不包括锅炉爆炸;雷电;飓风、台风、龙卷风;风暴、暴雨、洪水,但不包括正常水位变化、海水倒灌及水库、运河、堤坝在正常水位线以下的排水和渗漏,亦不包括风暴、暴雨或洪水造成的存放在露天或使用芦席、篷布、茅草、油毛毡、塑料膜或尼龙等做罩棚或覆盖的保险财产的损失;冰雹;地崩、山崩、雪崩;火山爆发;地面下陷下沉,但不包括打桩、地下作业及挖掘作业引起的地面下陷下沉;飞机坠毁、飞机部件或飞机物体坠落;水箱、水管爆裂,但不包括锈蚀引起的水箱、水管爆裂。

财产保险一切险的保险责任包括:在保险期限内,保险单明细表中列明的被保险财产因自然灾害或意外事故造成的直接物质损坏或灭失,保险人按照保险单的规定负责赔偿。其中,自然灾害是指雷电、飓风、台风、龙卷风、风暴、暴雨、洪水、水灾、冻灾、冰雹、地崩、山崩、雪崩、火山爆发、地面下陷下沉,以及其他人力不可抗拒的破坏力强大的自然现象;意外事故是指不可预料的以及被保险人无法控制并造成物质损失的突发性事件,包括火灾和爆炸。

后者分别采用财产保险基本险和财产保险综合险。我国已经于2001年加入世界贸易组织,目前条款基本通用,有些公司采用财产保险基本险、财产保险综合险、财产保险一切险条款;有些保险公司则四种条款均采用。以下主要介绍财产保险基本险条款和财产保险综合险条款。

①财产保险基本险的保险责任。财产保险基本险条款承保的基本责任有四项：火灾、爆炸、雷击、飞行物体及其他空中运行物体坠落。

火灾责任是在时间和空间上失去控制的燃烧对保险标的所造成的损失。

爆炸责任是物质在物理原因和化学原因的作用下，物质结构的温度和压力急剧升高所形成的能量释放现象对于保险标的所造成的破坏。爆炸是物质在瞬间分解或燃烧时放出大量的热和气体，并以强大的压力向四周扩散，以致发生破坏的现象。爆炸分为物理性爆炸和化学性爆炸。物理性爆炸是液体变为气体或气体膨胀所形成的压力急剧增加并超出容器的压力极限而产生的爆炸现象，如锅炉、空气压缩机、压缩气体钢瓶、液化气罐的爆炸等；化学性爆炸是物体在瞬间分解或燃烧时所释放的压力很大的热和气体的高速释放而产生的爆炸现象，如火药、粉尘、可燃气体、各种化学物品的爆炸等。

雷击责任是雷电现象对于保险标的所造成的破坏。雷电为积雨层所产生的放电现象。雷击的破坏分为两种情况：一种情况是直接雷击，是雷电在放电过程中直接击中财产所造成的破坏，属于直接雷击责任；另一种情况是感应雷击，是雷电在放电过程中所形成的静电感应或电磁感应使地面导体产生高电位电弧引起的火灾损失或对于使用过程中的电气设备造成的破坏，属于感应雷击责任。

空中运行物体坠落在我国企业财产保险条款中称为"飞行物体及其他空中运行物体坠落"，是凡在空中飞行或运行过程中的飞机、飞机部件或飞行物体突然发生的坠落现象对于陆地上的保险标的造成的损失，如飞机坠毁对保险标的所造成的损失。

②财产保险综合险的保险责任。财产保险综合险条款采取一揽子保险责任的承保方式，通过在保险单中予以列明的方式承保16项意外危险和自然危险。它除了承保财产保险基本险条款的四项基本责任外，还包括12项风险：暴雨、洪水、台风、暴风、龙卷风、雪灾、雹灾、冰凌、泥石流、崖崩、突发性滑坡、地面突然塌陷。

暴雨责任是每小时降雨量超过16毫米，或者连续12小时总降雨量超过30毫米，或者连续24小时总降雨量超过50毫米的雨水对保险标的所造成的损失。

洪水责任是江河泛滥、山洪暴发、潮水上岸及横泄对保险标的造成的泡损、淹没、冲散、冲毁的损失。规律性的涨潮、自动喷淋设施漏水、常年平均地下水位线下的渗水、水管漏水所造成的保险标的的损失不属于洪水责任。同样，堆放在露天、简易篷布下的保险标的所遭受的洪水损失，除非保险合同双方当事人另有约定，否则不属于洪水责任的范围。

台风责任是夏秋之际由于热带气旋的作用，发生在北太平洋西部地区直径约为200～1 000千米的空气旋涡所形成的风力等级超过8级的风暴对保险标的所造成的损失。

暴风责任是风速在28.3米/秒以上、风力等级为11级的大风对保险标的所造成的损失。在正常的情况下，一般地区很难遇到11级的大风。因此，在我国企业财产保险业务中，当保险人承担的暴风责任扩大至8级风，即风速达到17.2米/秒时，对保险标的所造成的破坏就属于暴风责任的范围。

龙卷风责任是平均最大风速为 79 ~ 103 米/秒、极端最大风速超过 100 米/秒的范围小、时间短的猛烈旋风对保险标的造成的损失。

雪灾责任是每平方米的积雪超过建筑结构荷载规范规定的标准所出现的压塌建筑物及其建筑物内财产造成的保险标的的损失。

雹灾责任是冰雹降落对保险标的所造成的损失。

冰凌责任是春季江河解冻过程中冰块飘浮遇阻、堆积堵塞河道，造成水位上升，致使冰凌、河水外溢造成保险标的的损失。冰凌责任还可以扩展到由于严寒，雨雪在物体上冷冻悬垂，形成垂挂的冰凌，在下垂的拉力作用下造成的保险标的的损失。需要注意的是，各种物资或管道由于严寒结冰所出现的冻裂均不属于冰凌责任。

泥石流责任是山地的泥沙、石块随着暴雨或冰雪融化所形成的洪流对保险标的的冲击造成的损失。

崖崩责任是石崖、土崖受到自然风化、雨蚀、崩裂下落，或者山上岩石滚落，或者大雨使山上砂土透湿而崩塌所造成的保险标的的损失。

突发性滑坡责任是山体存在自然斜度致使处于不稳定状态的岩石或土层在重力作用下突然出现的整体向下滑落所造成的保险标的的损失。

地面突然塌陷责任是指地壳自然变异或者地层收缩而形成的突然塌陷现象对保险标的所造成的损失。这项责任还扩展到海潮、河流、大雨侵蚀或因地下孔穴、矿穴所出现的地面突然塌陷对保险标的所造成的损失。但是，地基基础不牢固或未按照建筑施工要求所导致的建筑物地基下沉、裂缝、倒塌等损失和打桩、地下作业及挖掘作业引起的地面下陷下沉对保险标的造成的破坏，均不属于该项责任。

（2）保险人对于被保险人的特别损失承担的责任。在我国的财产保险基本险条款和财产保险综合险条款中，保险人对于被保险人由上述 16 种风险导致的下列特别损失也承担赔偿责任：

①被保险人拥有财产所有权的自有的供电、供水、供气设备因保险事故遭受损坏，引起停电、停水、停气，以致造成保险标的的直接损失；

②在发生保险事故时，为抢救保险标的或防止灾害蔓延，采取合理的、必要的措施而造成保险标的的损失；

③在保险事故发生后，被保险人为防止或减少保险标的的损失所支付的合理的、必要的费用。

2. 责任免除

（1）基本责任免除。基本责任免除项目是根据保险市场的承保技术状况，保险人在开办任何险种的保险业务中都不予承保的风险责任。我国财产保险基本险条款和财产保险综合险条款对于下列基本责任免除原因所导致的保险际的的损失不予赔偿：

①战争、敌对行为、军事行动、武装冲突、罢工、暴动；

②被保险人及其代表的故意或纵容行为所致；

③核反应、核辐射和放射性污染。将该类责任作为责任免除是因为损失很大、很难控制，或者由道德风险造成。

（2）特定责任免除。特定责任免除是保险人依据企业财产保险业务的特点，根据企业财产保险业务管理的需要而特别申明不予负责的风险责任。我国财产保险基本险条款和财产保险综合险条款特定的责任免除项目包括如下内容：

①保险标的遭受保险事故引起的各种间接损失；

②保险标的本身的缺陷、保管不善导致的损毁，保险标的变质、霉烂、受潮、受虫咬、自然磨损、自然损耗、自燃、烘烤所造成的损失；

③堆放在露天或罩棚下的保险标的以及罩棚由于暴风、暴雨造成的损失；

④行政行为或执法行为所致的损失；

⑤地震造成的一切损失；

⑥其他不属于保险责任范围内的损失和费用。

我国财产保险基本险条款的特定责任免除项目还包括暴雨、洪水、台风、暴风、龙卷风、雪灾、雹灾、冰凌、泥石流、崖崩、滑坡、水暖管爆裂、抢劫、盗窃。

3. 附加责任

在我国保险市场上，对于财产保险基本险条款的投保人，可以通过单独加费的方式投保附加险，以扩展保险责任。目前，我国财产保险基本险条款和财产保险综合险条款共同受理的附加险有以下几种：

（1）盗窃。这项责任是外来、有明显盗窃痕迹的偷窃行为对存放于保险单列明处所范围内的保险标的造成的损失或破坏。由于盗窃行为是由人为的故意因素所致的，风险因素较复杂，故除了特别约定并且在保险单或批单上载明的财产外，通常不包括财产保险单项下特约承保的保险财产。

（2）露堆财产损失。这项责任承保被保险人按照仓储及有关部门的规定存放，并采取了相应的防护安全措施的存放于露天的保险标的因遭受暴风、暴雨所致的损失。

（3）锅炉压力容器损失。这项责任承保符合《锅炉压力容器安全监察暂行条例》中的规定，并经劳动部门检验合格发给证明的锅炉或压力容器发生物理性和化学性爆炸、本岗位工人或技术人员疏忽行为、锅炉及压力容器配套设备的机件或部件发生故障所导致的锅炉及压力容器的损失。

（4）管道破裂损失。这项责任承保上下水管道、暖气管道发生意外破裂，致使保险单列明的保险标的遭受水淹、浸湿所引起的损失。

另外，对地震损失，可以附加地震保险。

**（三）企业财产保险的保险费率和保险期间**

1. 企业财产保险的保险费率

（1）决定企业财产保险费率的因素。企业财产保险费率一般由以下因素决定：

①用途，即建筑物的使用目的，又称为占用性质；

②构造，即房屋的建筑结构，主要指建筑物的材料及建筑物大小和形式；

③防护，包括消防设备和人员的培训；

④位置，即建筑物的地点和周围环境，建筑物因四周环境有被燃烧的可能性大，则引起火灾的可能性就大。

另外，时间也是影响火灾费率的因素。

（2）基本责任保险费率。基本责任保险费率目前为行业费率，财产保险基本险和财产保险综合险把年保险费率分为三大类13个号次。

①工业类（1～6号次）。工业险费率分为6级，号次为1～6。主要根据工业企业使用的原材料、主要产品（占用性质），把工业险费率划分为六个级别，一级的工业危险程度最小，费率最低，如钢铁、机器制造、耐火材料等工业企业。六级的工业危险程度最大，费率最高，如以特别危险品及其他爆炸品为主要原材料进行生产的企业、染料工业企业。由于工业险费率的厘定还要兼顾企业的工艺流程和设备的现代化程度，故在实际订定费率时也应予以区别对待。

②仓储类（7～10号次）。仓储险费率分为4级，号次为7～10。主要根据仓储商品和物资的性质及危险程度，把仓储险费率划分为四个级别：一般物资、危险品、特别危险品、金属材料和粮食专储。

③普通类（11～13号次）。普通险费率分为3级，号次为11～13。它主要适用于工业险费率和仓储险费率中不包括的各类企事业单位，这三个号次分别为：社会团体、机关、事业单位；综合商业、饮食服务业、商贸、写字楼展览馆、体育场所、交通运输业、牧场、农场、林场、科研院所、住宅、邮政、电信、供电高压线路、输电设备；石油化工商店、石油液化气供应站、日用杂品商店、废旧物资收购站、修理行、文化娱乐场所、加油站。其中，社会团体、机关、事业单位的费率最低，石油化工商店、文化娱乐场所、加油站等单位的费率最高。

财产保险年费率表分为基本险和综合险两种，综合险的年费率高于基本险，费率按保险金额每千元计算。此外，综合险的年费率又分为两种：一种适用于华东、中南、西南地区，另一种适用于东北、华北、西北地区。除13号次外，前者的费率均高于后者。另有财产保险短期基本险、综合险费率表，对保险期限不足一年的，分别按年费率的一定百分比计收保险费；如保险期为半年，则按年费率的60%计收保险费。

（3）附加保险费率。附加保险费率包括以下几方面：

①附加露堆、罩棚暴风、暴雨责任。仓储险费率加收20%；

②附加城乡商业、供销系统盗窃责任。按全部流动资产投保该附加责任，应加收0.2‰～0.5‰；按科目投保的，应加收0.5‰～1‰。

③附加工业企业全部流动资产盗窃责任，应根据被保险人的防盗安全条件，在工业险费率的基础上分别加收，1～3级加收0.2‰～0.5‰；4～6级加收0.1‰～0.3‰。

（4）短期费率。企业财产保险的保险期间通常为一年，其费率是年费率。若保险期间不足一年，则应在年费率的基础上按短期费率计算应交的保费。短期费率有两种计算方法：一种是按月计收，投保期第 1 ~ 8 月，其每月月费率均为年费率的 10%，第 9 ~ 12 月，每月月费率均为年费率的 5%，不足一个月的按一个月计算；另一种是按日计收，即按实际投保天数计算保费，它以应交保费乘以退保天数占全年的比例计算退保保费，然后以实交年保费扣除退保保费，即得应交保费。

2. 企业财产保险的保险期间

我国企业财产保险的保险期间均为保险合同生效之日的 0 时起至保险期满日的 24 时止。

**（四）企业财产保险的保险金额与赔款计算**

1. 固定资产的保险金额与赔款计算

（1）保险金额的确定。我国保险公司在承保国内企业财产中的固定资产时，通常采用三种方式确定固定资产的保险金额。

①按照固定资产的账面原值确定保险金额。这是将企业会计账目中登记的建造或购置固定资产原始价值或更新重置的完全价值，即账面原值作为保险金额的一种方式。账面原值是在会计账簿上记载的建造或购置固定资产原始价值或更新重置的完全价值。在固定资产登记入账时间较短、固定资产的市场价值变化不大的情况下，该方式基本上可以比较准确地反映固定资产的实际价值。但对固定资产登记入账时间较长，或固定资产的财务摊销已经接近规定的折旧年限，或固定资产的市场价值变化较大的情况下，这种方式很难真实地反映固定资产的实际价值。

②按照固定资产的账面原值加成确定保险金额。这是将企业会计账目中登记的固定资产账面原值作为确定保险金额的基础，在此基础上增加一定百分比，使之基本接近固定资产的重置或重建价值，并据此作为保险人承保的保险金额的一种方式。采取这种方式时必须由投保人和保险人事先协商，它主要用于固定资产的市场价值变化较大的企业财产保险业务，以此抵御通货膨胀可能对于固定资产的实际价值造成的贬值影响。当账面原值与实际价值差额过大时，采用此种方式。加成分为统一加成和分类加成。一般公式为

$$保险金额 = 账面原值 \times （1 + 加成比例）$$

③按照固定资产重置重建价值确定保险金额。这是将需要承保的固定资产在重新购置或重建情况下所需支付的全部费用，即重置重建价值作为保险金额的一种方式。该方式回避了固定资产目前的实际价值，使得保险金额往往大于保险财产的实际价值。此种方式保障程度高，但费用也增加了。

（2）赔款计算。

①固定资产发生全部损失情况下的赔款计算。无论采用何种方式确定保险金额，都必须通过比较保险金额和保险价值确定赔偿的实际金额。

当保险金额大于或等于重建重置价值时，其赔偿金额以不超过重建重置价值为限。其计

算公式为

$$赔额 = 重建重置价值 - 应扣残值$$

当保险金额小于重建重置价值时，其赔偿金额以不超过保险金额为限。其计算公式为

$$赔额 = 保险金额 - 应扣残值$$

②固定资产发生部分损失情况下的赔款计算。

第一，按照固定资产的账面原值确定保险金额的承保方式下的赔款计算。按照账面原值投保的财产发生保险责任范围内的损失后，必须将保险单列明的保险金额与受损财产损失当时的保险价值进行比较。

如果受损财产的保险金额低于重置重建价值，则应根据保险金额与损失程度或修复费用与重置重建价值的比例计算赔偿金额。其计算公式为

$$赔款 = 保险金额 \times 受损财产损失程度$$

如果按账面原值确定的保险金额等于或大于重置重建价值，则按实际损失计算赔款金额，即

$$赔款 = 损失金额 - 应扣残值$$

第二，按照固定资产原值加成或重置重建价值确定保险金额的承保方式下的计算。按固定资产原值加成或重置重建价值的承保方式下，其赔偿金额以不超过重置价值为限。

2. 流动资产的保险金额与赔款计算

（1）保险金额的确定①。我国保险公司在承保国内企业财产中的流动资产时，主要采取两种方式确定保险金额。

①按照流动资产最近 12 个月的平均账面余额确定保险金额。所谓最近 12 个月的平均账面余额，是从承保当月向后倒推 12 个月的企业每个月流动资产会计账目登记的余额按照加权平均计算的方法得出的月平均余额，并且以此作为企业流动资产投保时计算保险费的依据，即

$$流动资产保险费 = 规定的保险费率 \times 流动资产最近 12 个月的平均余额$$

流动资产的实际保险金额是流动资产发生损失当时的账面余额。因此，在这种承保方式下，平均余额为计算保险费的依据，保险金额为计算赔款的依据，流动资产损失当时的账面余额恒等于保险金额。该方式一般适用于流动资产变化较大且资产拥有量大的企业单位。

②按照流动资产最近账面余额确定保险金额。最近账面余额是指承保当月上一个月的企业流动资产会计账面登记的余额，并且以此作为承保企业流动资产的保险金额。

（2）赔款的计算。

①按照流动资产最近 12 个月的平均余额承保方式下的赔款计算。在流动资产发生全部损失时，由于保险金额就是流动资产发生损失当时的账面余额，这样就可以按照流动资产出

---

① 目前各公司并不完全一致，如中国人民保险股份有限公司的条款对流动资产保险金额的确定方法为按照流动资产最近 12 个月的任意月的账面余额确定，或由被保险人自行确定。

险当时的账面余额（实际损失）确定保险人的赔偿金额；当流动资产发生部分损失时，在保险金额限度内，按照实际损失计算赔偿金额。

②按照流动资产最近账面余额确定保险金额方式下的赔款计算。在流动资产发生全部损失时，按实际损失计算赔偿金额。在流动资产发生部分损失时，如果保险金额大于或等于流动资产损失当时的账面余额，则按实际损失给予赔偿；如果保险金额小于流动资产损失当时的账面余额，则应根据保险金额与流动资产出险当时的账面余额（实际损失）的比例计算赔偿金额。

3. 已经摊销或不列入账面的财产的保险金额与赔款计算

（1）保险金额的确定。已经摊销或不列入账面的财产是根据企业财务管理的需要，按财产折旧的有关规定已经将财产的账面原值摊销完毕的财产；或者是某些特别情况下由被保险人占用、使用或保管而未列入企业会计科目的财产。对于这些不能按照财务会计科目计算价值的财产的保险金额的确定，采取由投保人和保险人共同协商的方式，按财产的实际价值作为保险金额。

（2）赔款计算。

①全部损失情况下的赔款计算。由于保险财产的保险金额为财产的实际价值，则当保险财产发生全部损失时，按照保险金额赔偿；如果保险财产的保险金额高于保险财产损失时的实际价值，其赔偿金额以不超过保险财产损失时的实际价值为限。

②部分损失情况下的赔款计算。由于保险财产的保险金额为财产的市价所反映的实际价值，因此，这种保险形式为足额保险。在此情况下，保险财产发生部分损失后，保险人可按实际损失计算赔偿金额，但以不超过保险金额为限。

4. 保险财产损失发生后的施救、保护、整理费用支出的计算

当保险财产发生保险责任范围内的损失时，保险人可以承担被保险人为了减少保险财产的损失而支付的施救、保护、整理费用。该费用的赔付必须与保险财产的损失赔偿金额分别计算，即施救、保护、整理费用不应该包括在保险财产的损失赔偿金额之内，而应单独计算。其赔付的最高限额为保险单列明的保险财产的有效保险金额。

由于财产保险的承保方式不同，保险人计算应该承担的被保险人支付的施救、保护、整理费用的方法也有所区别。

（1）在足额保险或超额保险情况下，当固定资产按账面原值加成或重置重建价值的承保方式时，流动资产按最近 12 个月账面平均余额的承保方式、已经摊销或不列入账面的财产经投保人与保险人协商按实际价值的承保方式中的财产在发生保险责任范围内的损失后，保险人在保险财产的保险金额限度内，根据被保险人实际支付的施救、保护、整理费用计算应该承担的赔偿金额，即

$$赔款 = 实际支付的合理施救、保护、整理费用$$

（2）在不足额保险情况下，固定资产按账面原值的承保方式和流动资产按最近账面余额的承保方式中的财产在发生保险责任范围内的损失后，保险人根据保险金额与重置重建价

值或出险当时账面余额的比例计算应该承担的被保险人支付的施救、保护、整理费用，即

$$赔款 = 实际支付的合理施救、保护、整理费用 \times \frac{保险金额}{财产实际价值}$$

5. 保险财产损失发生后的残值处理

对于保险财产遭受损失后的残余部分，应当充分利用，协议作价折归被保险人，并且在保险人计算赔款时予以扣除，必要时，也可由保险人处理。如果残值归被保险人，则保险人必须在计算赔款时予以扣除；如果由保险人回收处理，则保险人不应该在计算赔款时扣减残值。

## 二、营业中断保险

### （一）营业中断保险的含义

营业中断保险又称为利润损失保险，或间接损失保险，是对物质财产遭受火灾责任范围内的损毁后被保险人在一段时间内因停产、停业或经营受影响而损失的预期利润及必要的费用支出提供补偿的保险。该险种在不同国家的名称不同，在英国，最初称为时间损失保险，后来称为利润损失险或间接损失险，从 20 世纪 70 年代后称为营业中断保险；在美国，称为营业中断保险或毛收入保险；在我国，称为利润损失保险或营业中断保险。它是企业财产保险或机器损坏保险的附加险，被保险人是否有足额有效的财产险或机器损坏险保单是营业中断保险的必要条件。

### （二）营业中断保险的基本内容

1. 赔偿期

赔偿期是企业在保险有效期内遭受保险责任范围内的损失后，从企业利润损失开始形成到企业恢复正常的生产经营所需要的具体时间，即企业财产受损后为恢复生产或使营业达到原有水平所需的一段时期，通常按照一个固定的时间长度来确定，或者以月为单位，或者以年为单位。保险人只赔偿赔偿期内遭受的损失。

营业中断保险的赔偿期与直接损失的保险期限是两个不同的概念。由于营业中断保险属于财产保险的附加险，所以间接损失的赔偿期的起点必须在标准火灾保险单或企业财产保险单列明的保险期限之内，终点可以在标准火灾保险单或企业财产保险单列明的保险期限之外。

2. 保险金额

与基础保单不同，营业中断保险的保险金额通常由毛利润、工人工资、审计师费用或利息损失构成。

生产费用由于在直接损失发生后将暂时不再支出，在营业中断保险中没有保险利益，是计算营业中断保险的保险金额时必须扣除的部分；而固定费用是在直接损失发生后为了企业

的存在所必须支出的维持费用，在营业中断保险中具有保险利益，是计算营业中断保险的保险金额时必须考虑的部分。

为准确计算赔偿期的营业中断保险的保险金额，还必须先计算企业上一个会计年度的毛利润，用上一个会计年度的毛利润作为计算赔偿期可能形成的预期年毛利润。毛利润是净利润与固定费用（维持费用）之和，或营业额减去生产费用之差。如果预计企业的经营状况将在上一个会计年度的基础上进一步提高，同时考虑到通货膨胀的因素，企业的毛利润水平所体现的实际货币量将比上一个会计年度增加，所以按照上一个会计年度的损益表计算出来的预期年毛利润就可以作为保险公司承保营业中断保险时确定保险金额的依据。当然，预期年毛利润只是营业中断保险的保险标的最高可能实现的保险价值，投保人可以在预期年毛利润内确定营业中断保险的保险金额。如果间接损失的保险金额超过了预期毛利润，则超过的部分为超额保险，保险公司不承担这部分超出预期毛利润的保险金额的损失。

在实际工作中，营业中断保险的保险金额与赔偿期存在密切的联系。一般来说，当赔偿期在 12 个月或 12 个月以内时，保险金额可以根据按照上一个会计年度的损益表计算出来的预期年毛利润直接进行计算；当赔偿期超过 12 个月时，保险金额就必须在按照上一个会计年度的损益表计算出来的预期年毛利润的基础上增加一定的保险金额。

在确定营业中断保险的保险金额时，还可以将工资部分从固定费用中扣除，单独承保，单独计算保险金额。

3. 保险费与保险费率

由于营业中断保险是附属于财产保险单的附加或特约责任，所以营业中断保险的保险费率通常以承保的基础保单的基本费率为基础，再根据赔偿期的长短乘以规定的百分比。财产保险单附加或特约的保险责任越多，针对财产的直接损失所确定的总保险费率也就越高，同样造成利润损失的保险费率水平也就越高。因此，在确定营业中断保险的保险金额后，根据赔偿期的不同，将保险金额乘以财产保险单的总保险费率，便可得到营业中断保险的保险费。

4. 赔偿处理

（1）赔偿金额的计算。由于营业中断保险的保险标的实际上是企业毛利润的损失，因此，其理赔计算主要围绕毛利润损失的计算，即营业额或销售额减少所形成的毛利润损失、营业费用增加所形成的毛利润损失、压缩固定费用开支所形成的毛利润损失减少。

①营业额或销售额减少所形成的毛利润损失。企业发生财产的直接损失后，营业额或销售额会出现下降的局面，最坏的结果是营业额或销售额为零。如果企业在损失发生后，还能够有一定的营业额或销售额，则这种在赔偿期实现的营业额或销售额与按照上一个会计年度的营业额或销售额计算出来的预期营业额或销售额之间的差额所形成的毛利润损失是需要保险人根据保险合同予以赔偿的。其计算公式如下：

$$\text{营业额减少所形成的毛利润损失} = （\text{预期营业额} - \text{赔偿期实现的营业额}）\times \frac{\text{预期毛利润}}{\text{上年度营业额}} \times 100\%$$

式中，预期营业额为赔偿期应该实现的标准营业额加上生产发展或通货膨胀因素后所形成的营业额，即

$$预期营业额 = 赔偿期应该实现的标准营业额 \times （1 + x\%）$$

这里的 $x\%$ 就是由于生产发展或通货膨胀因素所增加的营业额比率；而 $\dfrac{预期毛利润}{上年度营业额} \times 100\%$

为预期毛利润率。需要注意的是，这个毛利润率并非反映上一个会计年度的毛利润水平，而是根据预期毛利润确定的预测赔偿期毛利润水平的一个指标。

②营业费用增加所形成的毛利润损失。企业发生财产的直接损失后，被保险人为了恢复生产或满足临时性营业或销售的需要，可能需要发生因临时租用营业用房或其他与减少企业间接损失有关的费用开支。由于这部分费用是企业为了减少营业中断所造成的损失而形成的支出，保险人可以将其视为被保险人毛利润的损失，承担损失赔偿的责任。但这项费用以不超过因花费额外费用而避免在赔偿期挽回的营业额所形成的利润为限。这是利润损失保险中的经济限度。其公式为

经济限度 ≤ 因增加营业费用开支而产生的营业额 × 反映上年度毛利润水平的毛利润率

③压缩固定费用开支所形成的毛利润损失减少。在实际工作中，企业发生损失后，作为固定费用的水电费的支出由于生产的暂时中断往往出现减少的情况。因此，在计算营业中断保险的赔款时，可以扣减由于生产中断实际减少的水电费用的支出部分。例如，按照损益表中所列明的水电费支出在发生损失后实际开支的 40% 计算，则企业的实际毛利润损失将减少 $10\ 000 \times 40\% = 4\ 000$ （元）。

④赔款计算公式。根据上述分析，在实际处理营业中断保险的赔款计算过程中，必须考虑三个最基本的因素，即营业额或销售额减少所形成的毛利润损失、营业费用增加所形成的毛利润损失、压缩固定费用开支所形成的毛利润损失减少的情况。同时，与企业财产保险的理赔处理方式相同，如果营业中断保险的保险金额大于或等于预计的赔偿期毛利润，则保险公司可按实际损失的毛利润计算；如果营业中断保险的保险金额小于预计的赔偿期毛利润，则可采取比例赔偿方式。因此，其计算公式为

$$\genfrac{}{}{0pt}{}{营业中断}{保险赔款} = \left( \genfrac{}{}{0pt}{}{营业额减少所造}{成的毛利润损失} + \genfrac{}{}{0pt}{}{营业费用增加所造}{成的毛利润损失} - \genfrac{}{}{0pt}{}{压缩固定费用支出}{所减少的毛利润损失} \right) \times \genfrac{}{}{0pt}{}{保险金额预计的}{赔偿期毛利润}$$

（2）营业中断保险的免赔额。营业中断保险的免赔额计算方式有按货币量计算和按时间计算两种。前者是保险业务中最普遍采用的规定损失金额的方式；后者是规定间接损失形成后的一定天数为免赔时间。在营业中断保险中，无论采用何种免赔额的计算方式，均可选择绝对免赔额和相对免赔额的处理方式。

5. 特别附加条款

营业中断保险还可根据被保险人的要求，在增加支付保险费的基础上扩展以下责任范围，这些条款包括通道堵塞条款、谋杀条款、遗失债权证明文件条款、公共事业扩展条款、恢复保险金额条款、调整保险费条款、包括全部营业额条款、未保险的维持费用条款等。

## 三、家庭财产保险

家庭财产保险一般分为基本险和附加险，基本险承保家庭财产火灾保险责任范围，附加险一般为附加盗窃险。按支付保费的不同，一般将支付保费方式的家庭财产保险称为普通家庭财产保险，而将支付保险储金方式的家庭财产保险称为家庭财产两全保险或定期还本家庭财产保险，或家庭财产长效保险。另外，将以团体名义投保的家庭财产保险称为团体家庭财产保险。

### （一）普通家庭财产保险

1. 保险财产的承保范围

（1）可保财产。这是投保人可以直接向保险人投保的财产。凡是属于城乡居民拥有并存放于固定地点的下列家庭财产，均可以向保险公司投保：衣着用品、床上用品；家具、用具、室内装修物；家用电器、文化、娱乐用品；农村家庭的农具、工具、已收获入库的农产品、副业产品；由投保人代管或者与他人共有而由投保人负责的上述财产。

这里强调了投保人对于投保标的应具有的保险利益，原则上规定了保险人可以承保的财产范围。不符合上述原则的财产，保险人不应予以承保。

（2）特保财产。它是指投保人必须向保险人特约才能投保的财产。它具有如下特征：第一，财产的实际价值很难确定，必须由专业鉴定人员或公估部门才能确定价值的财产，如金银、珠宝、玉器、首饰、古玩、古书、字画等；第二，不属于普通家庭财产，为专业人员在家庭从事业余研究和发明创造中所使用的专业仪器与设备，如无线电测试仪器、专业光学设备等。因不同的保险人对于保险财产的界定有不同规定，上述必须特别约定才能投保的财产也可列入保险人不予承保的财产范围。

（3）不保财产。它是指家庭财产保险中的保险人不予承保的财产。它具有如下特征：第一，损失发生后无法确定具体价值的财产，如货币、票证、有价证券、邮票、文件、账册、图表、技术资料等；第二，日常生活所必需的日用消费品，如食品、粮食、烟酒、药品、化妆品等；第三，法律规定不容许个人收藏、保管或拥有的财产，如枪支、弹药、爆炸物品、毒品等；第四，处于危险状态下的财产；第五，保险人从风险管理的需要出发，声明不予承保的财产。

2. 保险责任的范围

（1）基本责任。这是保险人直接承保的保险责任。我国家庭财产保险直接承保的基本保险责任包括：火灾；爆炸；雷击；空中运行物体的坠落；在发生上述灾害事故时，因防止灾害蔓延或施救所采取的必要措施造成保险财产的损失和所支付的合理费用。

（2）保险人扩展承保的保险责任，包括雪灾、暴风、龙卷风、暴雨、洪水、地面突然塌陷、崖崩、雹灾、冰凌、泥石流。

（3）附加责任。附加盗窃险，即有明显撬窃痕迹的盗窃行为对于存放在保险单列明地点的除特约承保的财产之外的保险财产造成的破坏和损失，这是由于盗窃危险的特殊性，故保险人根据业务管理的需要，将其作为特约承保的危险。

（4）责任免除。保险人对于家庭财产保险单项下所承保的财产由于下列原因造成的损失不承担赔偿责任：战争、军事行动或暴力行为；核子辐射和污染；电机、电器、电器设备因使用过度、超电压、碰线、弧花、漏电、自身发热等造成的本身损毁；被保险人及其家庭成员、服务人员、寄居人员的故意行为，或勾结纵容他人盗窃或被外来人员顺手偷摸，或窗外钩物所致的损失；地震所造成的一切损失；其他不属于家庭财产保险单列明的保险责任范围内的损失和费用。

3. 保险费率、保险金额与赔款计算

（1）保险费率。家庭财产保险的保险费率应该按投保财产坐落地点的实际危险程度制定，可以分为城市、乡镇和农村三类危险等级，每个等级又可以根据财产的实际坐落地点和周围环境划分为若干档次，以体现制定保险费率所应遵循的合理负担的原则。我国目前开办的家庭财产保险业务实行的是区域范围内的统一费率，在具体的保险人业务区域内，实行无差别费率，费率的标准为2‰～5‰。

（2）保险金额与赔款计算。家庭财产保险的保险金额由投保人根据家庭财产保险标的的实际价值自行确定。我国家庭财产保险的最低保险金额为1 000元，保险金额的计算标准为千元单位。家庭财产保险业务的保险金额的确定有下列两种方式。

①单一总保险金额制，即保险单只列明保险财产的总保险金额。当家庭财产保险采取单一总保险金额制时，保险人只要求投保人根据投保财产的实际价值确定投保的保险金额，不确定不同类别的财产的保险金额。

②分项总保险金额制，即保险单列明的总保险金额为各项保险金额之和。当家庭财产保险采取分项总保险金额制时，有两种操作方法。一种是投保人按照保险人提供的投保单所列明的投保财产的类别分项列明保险金额或者列明投保财产的名称及其保险金额，然后将各个类别的保险金额之和作为总保险金额；另一种是根据家庭财产的不同种类标明各种类别的家庭财产所适用的保险费率，然后按照这个保险费率分别计算不同类别的家庭财产的保险金额，最后计算保险单的总保额。

我国保险公司对于家庭财产保险通常采取第一危险赔偿方式，凡是属于保险责任范围内的损失都可以在保险金额限度内获得赔偿。实际业务的处理过程是：保险人确定保险财产的损失属于保险责任范围后，根据保险财产的实际损失和保险财产损失当时的市场价值（地方物价部门认可的牌价），并且按照其使用年限折旧计算赔款，最高赔偿金额以保险单规定的保险金额为限。保险财产损失后的残余部分折价后从赔款中扣除，归被保险人所有。

由于确定保险金额的方式不同，保险人在处理其赔款时采取的方式也不同。在单一总保险金额制方式下，其赔款计算主要是使实际赔款控制在保险金额限度内；在分项总保险金额制方式下，其赔款计算应该使实际赔款控制在分项保险金额和总保险金额限度内。

随着我国居民家庭财产的增加，尤其是住宅的增加，目前有些保险公司在家庭财产保险理赔方面也采用比例赔偿方式。

### （二）家庭财产保险的其他形式

为了使家庭财产保险业务更加广泛地开展，我国保险公司还推出了家庭财产两全保险、家庭财产定期还本保险和家庭财产长效保险、团体家庭财产保险。其中前三种除在支付保费方面以支付保险储金所产生的利息作为保险费，并且按约定返回储金或本息而与普通家庭财产保险不同外，其余事项均相同；团体家庭财产保险是团体投保开展的业务。下面介绍家庭财产两全保险和家庭财产长效保险。

1. 家庭财产两全保险

该保险业务结合储蓄的部分功能，将每千元单位保险金额的保险费设计为储金的方式，在规定的保险期限内，无论是否发生保险事故，在保险期限结束时，投保人都可以领取以保险费形式交付给保险人的储金。即使在保险期限内发生了保险事故，保险人已经支付了相当于保险金额的赔款，投保人仍然可以得到所交付的保险费形式的储金。但领取这笔储金的时间必须在已经生效的保险单规定的保险期限结束后的时间，因为保险人经营该种保险业务所获得的实际保费是储金运用所产生的利息收入。

2. 家庭财产长效保险

家庭财产长效保险分为家庭财产长效还本保险和家庭财产长效还本付息保险。两者均为长效保险，但前者在合同终止时只返还储金，后者则在合同终止时返还储金和利息。家庭财产长效还本保险是在家庭财产两全保险基础上的改进型保险。其具体做法是：投保时收取储金，合同终止或退保时退还，以1年（或3年）为一期，到期被保险人不申请退保，保险单自动续转。该保险业务形式将家庭财产两全保险单所规定的保险期限进行了调整，只列明保险责任的开始时间，不规定保险责任的结束时间，其保险期限的结束只有一个条件：投保人只能在保险单生效一年后的任何时间宣布终止保险合同，保险人退还其以保险费形式交付的储金。如果投保人不要求保险人退还这笔储金，则保险合同长期有效。即使发生了保险事故，保险人向被保险人支付了全部保险金额的赔款，只要投保人不要求保险人退还储金，这笔储金将自动为投保人开立一份新的保险单。这种长效保险的形式降低了保险业务成本，为保险人提供了一种可以进行长期投资的资金来源，也避免了投保人每年续保的麻烦。但是，由于我国开办这种业务采取的是一揽子保险责任的承保方式，保险责任过宽，随着一揽子责任向单一责任的过渡，这种业务的储金所派生的保险费可能低于正常的家庭财产保险业务的毛费率标准。如果保险人运用资金的效益不佳，则可能会造成这项业务的亏损。

家庭财产长效还本保险还有以下几个优点：第一，简化了手续，保险单采用到期自动续转，减少了被保险人每年续保手续和保险人收保险费的工作量；第二，名称通俗易懂，展业宣传效果较好；第三，保险公司内部减少了手续费支出，同时因每年不再续保出单，也节省了单证及人力费用；第四，积累了较大量的储金可资运用；第五，易于巩固业务。

另外，为了扩展业务，还可开展还本付息保险，分为定期还本付息保险和长效还本付息保险，它是上述业务的进一步扩展，区别在于：除了返还储金外，它还返还部分利息。

### （三）家庭财产保险的附加险

为满足投保人的各种需要，家庭财产保险开办了多种附加险，最普通的是附加盗窃险。其保险责任是：凡存放于保单所载明的保险地址室内的保险财产，因遭受外来的、有明显痕迹的盗窃行为所致的损失；对存放于保险地址室内、院内、楼道内的自行车遭到全车失窃或部分被盗的损失，保险人均负赔偿责任。责任免除是：被保险人及其家庭成员、服务人员、寄居人员的盗窃或纵容他人盗窃或被外来人员顺手偷摸，或窗外钩物所致的损失，保险人均不负赔偿责任。对附加险的保险费率另外附加。

另外，在我国目前已经逐步提出了理财型的家庭财产保险，不仅在家庭财产保险中融入了投资因素，而且扩大了可保财产的范围，如增加现金等。

同时，在我国，还特约承保过附加自行车盗窃险、附加信鸽盗窃险、自行车及第三者责任保险、附加船民水上责任特约保险、家用电器专项保险。

## 四、运输工具保险

运输工具保险是以各种运输工具本身（如汽车、飞机、船舶、火车等）和运输工具所引起对第三者依法应负的赔偿责任为保险标的的保险。该险种主要承保各类运输工具遭受自然灾害和意外事故而造成的损失，以及对第三者造成的财产直接损失和人身伤害依法应负的赔偿责任。一般按运输工具不同，可将运输工具保险分为机动车保险、飞机保险、船舶保险、其他运输工具保险（包括铁路车辆保险、排筏保险）。

运输工具保险在财产保险中占有非常重要的地位，尤其是汽车保险，成为许多国家非寿险的第一大险种。在我国，1985年，机动车辆保险的保费收入占国内业务总保费收入的30%以上，仅次于企业财产保险；2000年、2016年机动车辆保险的保费收入占财产保险保费收入的比重分别为63.92%、78.34%。

### （一）机动车保险

1. 机动车保险的对象、险种和特点

自1980年恢复国内机动车保险以来，直至2002年，我国采用的基本是统一的机动车保险条款，其中最具代表性的是2000年7月1日开始实施的《机动车辆保险条款》。从2003年1月1日起，我国机动车保险结束了全国统一保险条款的格局，正式开始了车险市场化改革。为了进一步规范车险市场，中国保险行业协会逐步推出了协会条款，2006年保险行业协会推出了包括车损险和商业三责险两个险种的A、B、C三套商业车险条款，由各产险公司自主选择一套于2006年7月1日实施。2007年，在2006版条款的基础上进行了不少修改，并获得中国保监会的批准，其后全面实施。2007 年版车险行业基本条款进一步扩大了覆盖范围，涵盖了机动车损失保险、机动车第三者责任保险、车上人员责任险、全车盗抢险四个基本险，以及不计免赔率特约险、玻璃单独破碎险、车身划痕损失险和可选免赔额特约险等附加险，并简化和规范了费率调节系数，实现了与交强险的进一步衔接。2007 年版车险行业产品仍然为 A、B、C 三套，保障范围、费率结构、费率水平和费率调节系数虽然略有差异，但基本一致，更为完善。其后，2015 年 2 月初，中国保险行业协会发布了《中国保险行业协会机动车保险示范条款（征求意见稿)》，分为《中国保险行业协会机动车保险综合商业保险示范条款》《中国保险行业协会机动车单程提车保险示范条款》《中国保险行业协会摩托车、拖拉机综合商业保险示范条款》《中国保险行业协会特种车综合商业保险示范条款》，最终形成了《中国保险行业协会机动车保险示范条款》。为通用起见，本节从基本理论出发，以 "2014 版《中国保险行业协会机动车保险综合商业保险示范条款》"（以下简称 2014《示范条款》，下同）为基础，论述机动车保险的基本原理，至于另外三项示范条款，在此不予论述。

2006 年 7 月 1 日，我国公布并实施《机动车交通事故责任强制保险条例》，并于 2012 年做了部分修改，修改的内容在于：外资财产保险公司经中国保监会批准，也可经营交机动车交通事故责任强制保险。故此，本文所指的机动车交通事故责任强制保险，将按 2012 年修改后的《机动车交通事故责任强制保险条例》、中国保监会于 2006 年 6 月 15 日公布和 2008 年修订、补充的《机动车交通事故责任强制保险条款》论述。

（1）机动车保险的对象。机动车保险是以机动车本身及机动车的第三者责任为保险标的的一种运输工具保险。国外称之为汽车保险。机动车保险的保险对象为经公安交通管理部门检验合格、具有其核发的有效行驶证和号牌的机动车。从理论上而言，机动车保险所承保的机动车是指汽车、电车、电瓶车、摩托车、拖拉机、各种专用机械车、特种车。被保险机动车必须有交通管理部门核发的行驶证和号牌，并经检验合格，否则，保险单无效。

根据我国 2014《示范条款》，本保险合同中的被保险机动车是指在中华人民共和国境内（不含港、澳、台地区）行驶，以动力装置驱动或者牵引，上道路行驶的供人员乘用或者用于运送物品以及进行专项作业的轮式车辆（含挂车）、履带式车辆和其他运载工具，但不包括摩托车、拖拉机、特种车。

（2）机动车保险的条款与险种。

①中国保险行业协会条款的规定。根据 2014《示范条款》，机动车保险综合商业保险示范条款将保险条款分为主险、附加险。主险又称为基本险，包括机动车损失保险、机动车第三者责任保险、机动车车上人员责任保险、机动车全车盗抢保险四个独立的险种，投保人可以选择投保全部险种，也可以选择投保其中部分险种。对在保险责任范围内，且不属于免除保险人责任范围的损失或费用，保险人依照本保险合同的约定，按照承保险种分别承担保险责任。

附加险不能独立投保。对于附加险条款与主险条款相抵触之处，以附加险条款为准；对于附加险条款未尽之处，以主险条款为准。附加险条款的法律效力优于主险条款。除附加险条款另有约定外，主险中的责任免除、免赔规则、双方义务同样适用于附加险。机动车附加险包括玻璃单独破碎险、自燃损失险、新增加设备损失险、车身划痕损失险、发动机涉水损失险、修理期间费用补偿险、车上货物责任险、精神损害抚慰金责任险、不计免赔率险、机动车损失保险无法找到第三方特约险、指定修理厂险。

②机动车保险险种的分类。2014《示范条款》从一般理论的角度，并结合交强险的内容概括如下：

A. 基本险。基本险又称为主险，机动车保险基本险一般分为机动车损失保险、机动车第三者责任保险、车上人员责任险、全车盗抢险。从理论上看，机动车第三者责任保险分为机动车第三者责任强制保险和机动车商业第三者责任保险，前者是我国于 2006 年 7 月 1 日实施的机动车交通事故责任强制保险，简称交强险；按照我国目前的习惯，将后者仍然称为机动车第三者责任保险。故此，本节后文所指的机动车第三者责任保险就是机动车商业第三者责任保险，简称商业三责险。由于机动车交通事故责任强制保险有其特殊性，故单独论述。

机动车损失保险是指保险车遭受保险责任范围内的自然灾害或意外事故，造成保险车本身损失，保险人依照保险合同的约定给予赔偿的保险①。

机动车第三者责任保险是指保险期间内，被保险人或其允许的合法驾驶人在使用被保险机动车过程中发生意外事故，致使第三者遭受人身伤亡或财产直接损毁，依法应当由被保险人承担的损害赔偿责任，保险人依照保险合同的约定，对于超过机动车交通事故责任强制保险各分项赔偿限额以上的部分负责赔偿的保险。其中，第三者是指因被保险机动车发生意外事故遭受人身伤亡或者财产损失的人，但不包括被保险机动车本车车上人员、被保险人。

车上人员责任险是指在保险期间内，以被保险人或其允许的驾驶人在使用被保险机动车过程中发生意外事故，致使车上人员遭受人身伤亡，且不属于免除保险人责任的范围，依法应当对车上人员承担的损害赔偿责任为保险标的，保险人依照车上人员责任险合同约定负责赔偿的保险。在机动车保险合同中的车上人员是指发生意外事故的瞬间，在被保险机动车车体内或车体上的人员，包括正在上下车的人员。

全车盗抢险是指在保险期间内，被保险机动车全车由于被盗窃或抢夺造成损失和费用，且不属于免除保险人责任的范围，保险人依照全车盗抢险保险合同的约定负责赔偿的保险。

机动车交通事故责任强制保险是指由保险公司对被保险机动车发生道路交通事故造成本车人员、被保险人以外的受害人的人身伤亡、财产损失，在责任限额内予以赔偿的强制性责任保险②。

---

① 实际上，这个约定是对足额或不足额保险而言的，在扣除机动车交通事故责任强制保险对机动车损失赔偿限额的部分后负责赔偿。

② 参见《机动车交通事故责任强制保险条例》第三条。

其中，交强险合同中的被保险人是指投保人及其允许的合法驾驶人；投保人是指与保险人订立交强险合同，并按照合同负有支付保险费义务的机动车的所有人、管理人；交强险合同中的受害人是指因被保险机动车发生交通事故遭受人身伤亡或者财产损失的人，但不包括被保险机动车本车车上人员、被保险人。对于该险种，世界上绝大部分国家采用强制保险的方式，这是为了保护无辜的受害者的利益。

B. 附加险。从理论上看，机动车保险附加险的险种有玻璃单独破碎险、机动车停驶损失险、自燃损失险、新增加设备损失险、无过失责任险、车载货物掉落责任险、不计免赔特约险、代步车保险。其中，玻璃单独破碎险、机动车停驶损失险、自燃损失险、新增加设备损失险为机动车损失保险的附加险，车上责任险、无过失责任险、车载货物掉落责任险、代步车保险为第三者责任险的附加险，不计免赔特约险同时为机动车损失保险、第三者责任保险的附加险。未投保基本险的，不得投保上述相应的附加险。

根据2014《示范条款》，机动车附加险包括：玻璃单独破碎险；自燃损失险；新增加设备损失险；车身划痕损失险；发动机涉水损失险；修理期间费用补偿险；车上货物责任险；精神损害抚慰金责任险；不计免赔率险；机动车损失保险无法找到第三方特约险；指定修理厂险。

不过，2014《示范条款》是供各保险公司选择的示范条款，因此，从理论上而言，各保险公司也可在此基础上开设一些附加险。

一般而言，只有投保了基本险，才能投保附加险；未投保基本险的，不得投保上述相应的附加险。附加险要与相应的基本险相对应，物质财产损失方面的附加险附加于机动车损失保险；责任险方面的附加险附加于机动车责任保险。具体如下：投保了机动车损失保险的机动车，可投保玻璃单独破碎险、新增加设备损失险、车身划痕损失险、发动机涉水损失险、修理期间费用补偿险、机动车损失保险无法找到第三方特约险、指定修理厂险；投保了机动车第三者责任保险的机动车，可投保车上货物责任险、精神损害抚慰金责任险；投保了任一基本险及其他设置了免赔率的附加险后，均可投保本不计免赔率险。

（3）机动车保险的特点。

第一，机动车保险属于不定值保险。由于机动车的价格在不断变化之中，并且随着车龄的增加，不断折旧，因此，对机动车损失保险，一般采用不定值保险的方式；对第三者责任险，则采用在赔偿责任限额内赔偿的方式。

第二，机动车保险的赔偿方式主要采用修复方式。由于大部分机动车的损失属于部分损失，故而机动车损失保险一般采用修复方式，保险也就根据修复的金额进行赔偿。

第三，机动车保险赔偿中采用绝对免赔方式。为了减少保险事故，增强被保险人的风险防范意识，一般根据被保险人在交通事故中的责任轻重，规定一定的绝对免赔率。对负全责或单方肇事的，免赔率最高；对负次要责任的，免赔率最低；对无责的，则无免赔。

第四，机动车保险采用无赔款优待方式。为了减少保险事故，在机动车保险实务中，常对续保机动车在上年年未发生保险事故的机动车，采用无赔款优待方式，以激励未发生保险事故的被保险人，从而从整体上减少机动车保险事故。

第五，在机动车保险中，对第三者应承担的责任部分，一般采用强制责任保险的方式。为了保护无辜的受害者的基本权益，在机动车保险中，对第三者应承担的责任部分，一般采用强制责任保险的方式①。

2. 机动车损失保险

（1）机动车损失保险的保险责任。机动车损失保险的保险责任包括自然灾害或意外事故造成保险机动车的损失、施救和保护费用。其中，碰撞责任在意外事故中占绝大部分，因此，以下将碰撞责任在保险责任中单列。机动车损失保险的保险责任包括：

①意外事故或自然灾害造成被保险机动车的损失。在保险期间内，被保险人或其允许的驾驶人在使用被保险机动车的过程中，因下列原因造成被保险机动车的直接损失，且不属于免除保险人责任范围，保险人依照机动车损失保险保险合同的约定负责赔偿②：

A. 碰撞责任。碰撞是指被保险机动车或其符合装载规定的货物与外界固态物体之间发生的、产生撞击痕迹的意外撞击。它包括两种情况：一是保险车辆与外界物体的意外撞击造成的本车损失；二是保险车辆运输符合装载规定的货物与外界物体意外撞击导致的本车损失。即保险车辆按《中华人民共和国道路交通管理条例》中关于车辆装载的规定载运货物（车辆装载货物与装载规定不符，须报请公安交通管理部门批准，按指定时间、路线、时速行驶），则车与货物即视为一体，所装货物与外界物体的意外撞击造成的本车损失。

B. 非碰撞责任。非碰撞责任包括：倾覆、坠落；火灾、爆炸；外界物体坠落、倒塌；雷击、暴风、暴雨、洪水、龙卷风、冰雹、台风、热带风暴；地陷、崖崩、滑坡、泥石流、雪崩、冰陷、暴雪、冰凌、沙尘暴；受到被保险机动车所载货物、车上人员意外撞击；载运被保险机动车的渡船遭受自然灾害（只限于驾驶人随船的情形）。

其中，倾覆是指被保险机动车由于自然灾害或意外事故，造成本被保险机动车翻倒，车体触地，失去正常状态和行驶能力，不经施救就不能恢复行驶。坠落是指被保险机动车在行驶中发生意外事故，整车腾空后下落，造成本车损失的情况。非整车腾空，仅由颠簸造成被保险机动车损失的，不属于坠落。火灾是指被保险机动车本身以外的火源引起的、在时间或空间上失去控制的燃烧（有热、有光、有火焰的剧烈的氧化反应）所造成的灾害。外界物体倒塌是指被保险机动车自身以外的物体倒下或陷下。

②合理的施救、保护费用。合理的施救、保护费用是指发生保险事故时，被保险人或其允许的驾驶人为防止或者减少被保险机动车的损失所支付的必要、合理的施救费用，由保险

---

① 应该指出的是，第三者责任保险分为基本保障和特定保障，基本保障是在当时社会平均水平下对受害者的权益提供的保障；特定保障则是在对第三者应负赔偿责任中扣除基本保障以外的余额，该部分同属于机动车依法应负的赔偿责任，若投保，则属于商业第三者责任险的赔偿限额，投保与否及责任限额的多寡完全由投保人选定，投保越多，自留的就越少。对于前者，在我国目前称为机动车交通事故责任强制保险，海外称为强制汽车责任保险；对后者，则称为机动车第三者责任保险，或简称商业三责险。

② 这有两层含义：第一，列明属于保险责任的直接损失负责赔偿；第二，列明了属于责任免除的，不予赔偿。

人承担；施救费用数额在被保险机动车损失赔偿金额以外另行计算，最高不超过保险金额的数额。该费用必须合理，即施救、保护行为支出的费用是直接的和必要的，并符合国家有关政策规定。其中，施救措施是指发生保险事故时，为减少和避免保险车辆的损失所施行的抢救行为；保护措施是指保险事故发生以后，为防止保险车辆损失扩大和加重的行为。合理费用是指保护、施救行为支出的费用是直接的、必要的，并符合国家有关政策规定。

（2）机动车损失保险的责任免除。

①在上述保险责任范围内，下列情况下，不论任何原因造成被保险机动车的任何损失和费用，保险人均不负责赔偿：

A. 事故发生后，被保险人或其允许的驾驶人故意破坏、伪造现场，毁灭证据；

B. 驾驶人有下列情形之一者：事故发生后，在未依法采取措施的情况下，驾驶被保险机动车或者遗弃被保险机动车离开事故现场；饮酒、吸食或注射毒品、服用国家管制的精神药品或者麻醉药品；无驾驶证，在驾驶证被依法扣留、暂扣、吊销、注销期间；驾驶与驾驶证载明的准驾车型不相符合的机动车；在实习期内驾驶公共汽车、营运客车或者执行任务的警车、载有危险物品的机动车或牵引挂车的机动车；驾驶出租机动车或营业性机动车无交通运输管理部门核发的许可证书或其他必备证书；学习驾驶时，无合法的教练员随车指导；非被保险人允许的驾驶人。

C. 被保险机动车有下列情形之一者：发生保险事故时，被保险机动车行驶证、号牌被注销的，或未按规定检验或检验不合格；在被扣押、收缴、没收、政府征用期间；在竞赛、测试期间，在营业性场所维修、保养、改装期间；被保险人或其允许的驾驶人故意或重大过失，导致被保险机动车被利用从事犯罪行为。

②下列原因导致的被保险机动车的损失和费用，保险人不负责赔偿：地震及其次生灾害；战争、军事冲突、恐怖活动、暴乱、污染（含放射性污染）、核反应、核辐射；人工直接供油、高温烘烤、自燃、不明原因的火灾；违反安全装载规定；被保险机动车被转让、改装、加装或改变使用性质等，被保险人、受让人未及时通知保险人，且转让、改装、加装或改变使用性质等导致被保险机动车的危险程度显著增加；被保险人或其允许的驾驶人的故意行为。

③下列损失和费用，保险人不负责赔偿：市场价格变动造成的贬值、修理后价值降低引起的减值损失；自然磨损、朽蚀、腐蚀、故障、本身质量缺陷；遭受保险责任范围内的损失后，未经必要修理并检验合格继续使用，致使损失扩大的部分；投保人、被保险人或其允许的驾驶人知道保险事故发生后，故意或者因重大过失未及时通知，致使保险事故的性质、原因、损失程度等难以确定的，保险人对无法确定的部分不承担赔偿责任，但保险人通过其他途径已经及时知道或者应当及时知道保险事故发生的除外；因被保险人违反《机动车损失保险条款》第十六条约定，导致无法确定的损失①；被保险机动车全车被盗窃、被抢劫、被

---

① 《机动车损失保险条款》第十六条规定，因保险事故损坏的被保险机动车，应当尽量修复。修理前被保险人应当会同保险人检验，协商确定修理项目、方式和费用。对未协商确定的，保险人可以重新核定。

抢夺、下落不明，以及在此期间受到的损坏，或被盗窃、被抢劫、被抢夺未遂受到的损坏，或车上零部件、附属设备丢失；车轮单独损坏，玻璃单独破碎，无明显碰撞痕迹的车身划痕，以及新增设备的损失；发动机进水后导致的发动机损坏。

（3）保险期间。除另有约定外，保险期间为一年，以保险单载明的起讫时间为准。这说明机动车损失保险的保险期限是履约而终止。

（4）免赔率与免赔额。保险人在依据机动车损失保险合同约定计算赔款的基础上，按照下列方式免赔：

①被保险机动车一方负次要事故责任的，实行 5% 的事故责任免赔率；负同等事故责任的，实行 10% 的事故责任免赔率；负主要事故责任的，实行 15% 的事故责任免赔率；负全部事故责任或单方肇事事故的，实行 20% 的事故责任免赔率；

②被保险机动车的损失应当由第三方负责赔偿，无法找到第三方的，实行 30% 的绝对免赔率；

③违反安全装载规定、但不是事故发生的直接原因的，增加 10% 的绝对免赔率；

④对于投保人与保险人在投保时协商确定绝对免赔额的，在实行免赔率的基础上，增加每次事故的绝对免赔额。

（5）保险金额。从理论上说，机动车损失保险的保险金额，可以按投保时新车购置价或实际价值确定；也可以由被保险人与保险人协商确定，但保险金额不得超过保险价值，超过部分无效。投保人和保险人可根据实际情况，选择新车购置价、实际价值、协商价值三种方式之一确定保险金额。

2014《示范条款》中对保险金额按投保时被保险机动车的实际价值确定。投保时被保险机动车的实际价值由投保人与保险人根据投保时的新车购置价减去折旧金额后的价格或其他市场公允价值协商确定。折旧金额可根据机动车损失保险合同列明的参考折旧系数表确定。

（6）赔偿处理。

①索赔通知。发生保险事故时，被保险人或其允许的驾驶人应当及时采取合理的、必要的施救和保护措施，防止或者减少损失，并在保险事故发生后 48 小时内通知保险人。被保险人或其允许的驾驶人根据有关法律法规规定选择自行协商方式处理交通事故的，应当立即通知保险人。

②协助查勘。被保险人或其允许的驾驶人根据有关法律法规规定选择自行协商方式处理交通事故的，应当协助保险人勘验事故各方车辆、核实事故责任，并依照《道路交通事故处理程序规定》签订记录交通事故情况的协议书。

③提供索赔资料。被保险人在索赔时，应当向保险人提供与确认保险事故的性质、原因、损失程度等有关的证明和资料。被保险人应当提供保险单、损失清单、有关费用单据、被保险机动车行驶证和发生事故时驾驶人的驾驶证。属于道路交通事故的，被保险人应当提供公安机关交通管理部门或法院等机构出具的事故证明、有关的法律文书（如判决书、调

解书、裁定书、裁决书等）及其他证明。被保险人或其允许的驾驶人根据有关法律法规规定选择自行协商方式处理交通事故的，被保险人应当提供依照《道路交通事故处理程序规定》签订记录交通事故情况的协议书。

④核定损失。因保险事故损坏的被保险机动车，应当尽量修复。修理前，被保险人应当会同保险人检验，协商确定修理项目、方式和费用。对未协商确定的，保险人可以重新核定。

⑤残值处理。被保险机动车遭受损失后的残余部分由保险人、被保险人协商处理。折归被保险人的，由双方协商确定其价值并在赔款中扣除。

⑥理赔计算。机动车损失保险赔款按以下方法计算：

当发生全部损失时，

$$赔款 = \left( \begin{matrix} 保险 \\ 金额 \end{matrix} - \begin{matrix} 被保险人已从第三方 \\ 获得的赔偿金额 \end{matrix} \right) \times \left( 1 - \begin{matrix} 事故责任 \\ 免赔率 \end{matrix} \right) \times \left( 1 - \begin{matrix} 绝对免赔 \\ 率之和 \end{matrix} \right) - \begin{matrix} 绝对免 \\ 赔额 \end{matrix}$$

当发生部分损失时，被保险机动车发生部分损失，保险人按实际修复费用在保险金额内计算赔偿，即

$$赔款 = \left( \begin{matrix} 实际修 \\ 复费用 \end{matrix} - \begin{matrix} 被保险人已从第三方 \\ 获得的赔偿金额 \end{matrix} \right) \times \left( 1 - \begin{matrix} 事故责任 \\ 免赔率 \end{matrix} \right) \times \left( 1 - \begin{matrix} 绝对免赔 \\ 率之和 \end{matrix} \right) - \begin{matrix} 绝对免 \\ 赔额 \end{matrix}$$

在施救的财产中，含有机动车损失保险合同未保险的财产，应按机动车损失保险合同保险财产的实际价值占总施救财产的实际价值比例分摊施救费用。

⑦合同终止。被保险机动车发生保险事故，导致全部损失，或一次赔款金额与免赔金额之和（不含施救费）达到保险金额，保险人按机动车损失保险合同约定支付赔款后，保险责任终止，保险人不退还机动车损失保险及其附加险的保险费。

保险人受理报案、现场查勘、核定损失、参与诉讼、进行抗辩、要求被保险人提供证明和资料、向被保险人提供专业建议等行为，均不构成保险人对赔偿责任的承诺。

（7）机动车损失保险的其他特殊规定。

第一，碰撞互不追偿协议。如果签订该协议的不同保险人所承保的机动车发生相互碰撞，遭受损害，则保险人对各自承保的机动车损失偿付赔款，不再进行法定的追偿。

第二，第三者赔款平分的协议。参加协议的保险人在各自承保的机动车碰撞后，对第三者的赔款各自承担一半。该协议有效的情况为：仅限于财产损失或人身伤害，而且双方保单均承保该类责任；必须是参加协议的各方承保的机动车互撞。

第三，代位求偿。因第三方对被保险机动车的损害而造成保险事故，被保险人向第三方索赔的，保险人应积极协助；被保险人也可以直接向本保险人索赔，保险人在保险金额内先行赔付被保险人，并在赔偿金额内代位行使被保险人对第三方请求赔偿的权利。被保险人已经从第三方取得损害赔偿的，在保险人进行赔偿时，相应扣减被保险人从第三方已取得的赔偿金额。在保险人未赔偿之前，被保险人放弃对第三方请求赔偿的权利的，保险人不承担赔偿责任。被保险人故意或者因重大过失致使保险人不能行使代位请求赔偿的权利的，保险人

可以扣减或者要求返还相应的赔款。保险人向被保险人先行赔付的，在保险人向第三方行使代位请求赔偿的权利时，被保险人应当向保险人提供必要的文件和所知道的有关情况。

3. 机动车第三者责任保险

（1）保险责任。在保险期间内，被保险人或其允许的驾驶人在使用被保险机动车过程中发生意外事故，致使第三者遭受人身伤亡或财产直接损毁，依法应当对第三者承担的损害赔偿责任，且不属于免除保险人责任的范围，保险人依照机动车损失保险合同的约定，对于超过机动车交通事故责任强制保险各分项赔偿限额的部分负责赔偿。

保险人依据被保险机动车一方在事故中所负的事故责任比例，承担相应的赔偿责任。被保险人或被保险机动车一方根据有关法律法规规定选择自行协商或由公安机关交通管理部门处理事故未确定事故责任比例的，按照下列规定确定事故责任比例：被保险机动车一方负主要事故责任的，事故责任比例为70%；被保险机动车一方负同等事故责任的，事故责任比例为50%；被保险机动车一方负次要事故责任的，事故责任比例为30%。涉及司法或仲裁程序的，以法院或仲裁机构最终生效的法律文书为准。

（2）责任免除。

①在上述保险责任范围内，下列情况下，不论任何原因造成的人身伤亡、财产损失和费用，保险人均不负责赔偿：

A. 事故发生后，被保险人或其允许的驾驶人故意破坏、伪造现场，毁灭证据；

B. 驾驶人有下列情形之一者：事故发生后，在未依法采取措施的情况下，驾驶被保险机动车或者遗弃被保险机动车离开事故现场；饮酒、吸食或注射毒品、服用国家管制的精神药品或者麻醉药品；无驾驶证，在驾驶证被依法扣留、暂扣、吊销、注销期间；驾驶与驾驶证载明的准驾车型不相符合的机动车；在实习期内，驾驶公共汽车、营运客车或者执行任务的警车、载有危险物品的机动车或牵引挂车的机动车；驾驶出租机动车或营业性机动车无交通运输管理部门核发的许可证书或其他必备证书；学习驾驶时，无合法的教练员随车指导；非被保险人允许的驾驶人；

C. 被保险机动车有下列情形之一者：发生保险事故时，被保险机动车行驶证、号牌被注销的，或未按规定检验或检验不合格；在被扣押、收缴、没收、政府征用期间；在竞赛、测试期间，在营业性场所维修、保养、改装期间；在全车被盗窃、被抢劫、被抢夺、下落不明期间。

②下列原因导致的人身伤亡、财产损失和费用，保险人不负责赔偿：

A. 地震及其次生灾害、战争、军事冲突、恐怖活动、暴乱、污染（含放射性污染）、核反应、核辐射；

B. 被保险机动车在行驶过程中翻斗突然升起，或没有放下翻斗，或自卸系统（含机件）失灵；

C. 第三者、被保险人或其允许的驾驶人的故意行为、犯罪行为，第三者与被保险人或其他致害人恶意串通的行为；

D. 被保险机动车被转让、改装、加装或改变使用性质等，被保险人、受让人未及时通知保险人，且转让、改装、加装或改变使用性质等导致被保险机动车危险程度显著增加。

③下列人身伤亡、财产损失和费用，保险人不负责赔偿：

A. 被保险机动车发生意外事故，致使任何单位或个人停业、停驶、停电、停水、停气、停产、通信或网络中断、电压变化、数据丢失造成的损失以及其他各种间接损失；

B. 第三者财产因市场价格变动造成的贬值，修理后因价值降低引起的减值损失；

C. 被保险人及其家庭成员、被保险人允许的驾驶人及其家庭成员所有、承租、使用、管理、运输或代管的财产的损失，以及本车上财产的损失；

D. 被保险人、被保险人允许的驾驶人、本车车上人员的人身伤亡；

E. 停车费、保管费、扣车费、罚款、罚金或惩罚性赔款；

F. 超出《道路交通事故受伤人员临床诊疗指南》和国家基本医疗保险同类医疗费用标准的费用部分；

G. 律师费，未经保险人事先书面同意的诉讼费、仲裁费；

H. 投保人、被保险人或其允许的驾驶人知道保险事故发生后，故意或者因重大过失未及时通知，致使保险事故的性质、原因、损失程度等难以确定的，保险人对无法确定的部分，不承担赔偿责任，但保险人通过其他途径已经及时知道或者应当及时知道保险事故发生的除外；

I. 因被保险人违反《机动车第三者责任保险条款》第三十四条约定（因保险事故损坏的第三者财产，应当尽量修复。修理前被保险人应当会同保险人检验，协商确定修理项目、方式和费用。对未协商确定的，保险人可以重新核定），导致无法确定的损失；

J. 精神损害抚慰金；

K. 应当由机动车交通事故责任强制保险赔偿的损失和费用；

在保险事故发生时，被保险机动车未投保机动车交通事故责任强制保险或机动车交通事故责任强制保险合同已经失效的，对于机动车交通事故责任强制保险责任限额以内的损失和费用，保险人不负责赔偿。

（3）保险期间。除另有约定外，保险期间为一年，以保险单载明的起讫时间为准。对于机动车第三者责任保险，通常采用连续责任制，在保险期间，无论发生多少次保险事故，保险人对每次保险事故均在责任限额内赔偿，直至保险期限届满而终止。

（4）免赔率与责任限额。

①免赔率。保险人在依据机动车第三者责任保险合同约定计算赔款的基础上，在保险单载明的责任限额内，按照下列方式免赔：

A. 被保险机动车一方负次要事故责任的，实行5%的事故责任免赔率；负同等事故责任的，实行10%的事故责任免赔率；负主要事故责任的，实行15%的事故责任免赔率；负全部事故责任的，实行20%的事故责任免赔率；

B. 违反安全装载规定的，实行10%的绝对免赔率。

②责任限额。机动车第三者责任保险的每次事故的责任限额，由投保人和保险人在签订本保险合同时协商确定。主车和挂车连接使用时被视为一体，发生保险事故时，由主车保险人和挂车保险人按照保险单上载明的机动车第三者责任保险责任限额的比例，在各自的责任限额内承担赔偿责任，但赔偿金额总和以主车的责任限额为限。

投保人和保险人在投保时，可以根据不同车辆的类型自行协商选择确定机动车第三者责任保险的每次事故最高赔偿限额。机动车第三者责任保险理赔采用连续责任制。连续责任制是在保险期间无论发生多少次保险事故，只要在责任限额内均予以赔偿的制度。

（5）赔偿处理。

①及时通知。发生保险事故时，被保险人或其允许的驾驶人应当及时采取合理的、必要的施救和保护措施，防止或者减少损失，并在保险事故发生后 48 小时内通知保险人。被保险人或其允许的驾驶人根据有关法律法规规定选择自行协商方式处理交通事故的，应当立即通知保险人。

②协助勘验。被保险人或其允许的驾驶人根据有关法律法规规定选择自行协商方式处理交通事故的，应当协助保险人勘验事故各方车辆、核实事故责任，并依照《道路交通事故处理程序规定》签订记录交通事故情况的协议书。

③提供索赔资料。被保险人在索赔时，应当向保险人提供与确认保险事故的性质、原因、损失程度等有关的证明和资料。被保险人应当提供保险单、损失清单、有关费用单据、被保险机动车行驶证和发生事故时驾驶人的驾驶证。属于道路交通事故的，被保险人应当提供公安机关交通管理部门或法院等机构出具的事故证明、有关的法律文书（如判决书、调解书、裁定书、裁决书等）及其他证明。被保险人或其允许的驾驶人根据有关法律法规规定选择自行协商方式处理交通事故的，被保险人应当提供依照《道路交通事故处理程序规定》签订记录交通事故情况的协议书。

④对第三者的赔偿。保险人对被保险人给第三者造成的损害，可以直接向该第三者赔偿。被保险人给第三者造成损害，对第三者应负的赔偿责任确定的，根据被保险人的请求，保险人应当直接向该第三者赔偿。被保险人怠于请求的，第三者有权就其应获赔偿部分直接向保险人请求赔偿。被保险人给第三者造成损害，未向该第三者赔偿的，保险人不得向被保险人赔偿。

对于因保险事故损坏的第三者财产，应当尽量修复。修理前，被保险人应当会同保险人检验，协商确定修理项目、方式和费用。对未协商确定的，保险人可以重新核定。

⑤赔款计算。

A. 当（依合同约定核定的第三者损失金额 – 机动车交通事故责任强制保险的分项赔偿限额）×事故责任比例等于或高于每次事故赔偿限额时，

赔款 = 每次事故赔偿限额 × （1 – 事故责任免赔率） × （1 – 绝对免赔率之和）

B. 当（依合同约定核定的第三者损失金额 – 机动车交通事故责任强制保险的分项赔偿限额）×事故责任比例低于每次事故赔偿限额时，

$$赔款 = \left(\begin{array}{c}依合同约定核定的\\第三者损失金额\end{array} - \begin{array}{c}机动车交通事故责任强制\\保险的分项赔偿限额\end{array}\right) \times \begin{array}{c}事故责\\任比例\end{array} \times \left(1 - \begin{array}{c}事故责任\\免赔率\end{array}\right) \times \left(1 - \begin{array}{c}绝对免赔\\率之和\end{array}\right)$$

⑥赔偿标准。保险人按照《道路交通事故受伤人员临床诊疗指南》和国家基本医疗保险的同类医疗费用标准核定医疗费用的赔偿金额。

未经保险人书面同意,被保险人自行承诺或支付的赔偿金额,保险人有权重新核定。不属于保险人赔偿范围或超出保险人应赔偿金额的,保险人不承担赔偿责任。

保险人受理报案、现场查勘、核定损失、参与诉讼、进行抗辩、要求被保险人提供证明和资料、向被保险人提供专业建议等行为,均不构成保险人对赔偿责任的承诺。

机动车保险采用一次性赔偿结案的原则,保险人对第三者责任险保险事故赔偿结案后,对被保险人追加受害人的任何赔偿费用不再负责。第三者责任保险的保险责任为连续责任:保险机动车发生第三者责任保险事故,保险人赔偿后,每次事故无论赔款是否达到保险赔偿限额,在保险期限内,第三者责任险的保险责任仍然有效,直至保险期满。

对于保险机动车、第三者的财产遭受损失后的残余部分,可协商作价折归被保险人,并在赔款中扣除。

4. 机动车车上人员责任保险

(1) 保险责任。在保险期间内,被保险人或其允许的驾驶人在使用被保险机动车过程中发生意外事故,致使车上人员遭受人身伤亡,且不属于免除保险人责任的范围,依法应当对车上人员承担的损害赔偿责任,保险人依照机动车车上人员责任保险合同的约定负责赔偿。

保险人依据被保险机动车一方在事故中所负的事故责任比例,承担相应的赔偿责任。被保险人或被保险机动车一方根据有关法律法规规定选择自行协商或由公安机关交通管理部门处理事故未确定事故责任比例的,按照下列规定确定事故责任比例:被保险机动车一方负主要事故责任的,事故责任比例为70%;被保险机动车一方负同等事故责任的,事故责任比例为50%;被保险机动车一方负次要事故责任的,事故责任比例为30%。涉及司法或仲裁程序的,以法院或仲裁机构最终生效的法律文书为准。

(2) 责任免除。

①在上述保险责任范围内,下列情况下,不论任何原因造成的人身伤亡,保险人均不负责赔偿:

A. 事故发生后,被保险人或其允许的驾驶人故意破坏、伪造现场,毁灭证据;

B. 驾驶人有下列情形之一者:事故发生后,在未依法采取措施的情况下,驾驶被保险机动车或者遗弃被保险机动车离开事故现场;饮酒、吸食或注射毒品、服用国家管制的精神药品或者麻醉药品;无驾驶证,在驾驶证被依法扣留、暂扣、吊销、注销期间;驾驶与驾驶证载明的准驾车型不相符合的机动车;在实习期内,驾驶公共汽车、营运客车或者执行任务的警车、载有危险物品的机动车或牵引挂车的机动车;驾驶出租机动车或营业性机动车无交通运输管理部门核发的许可证书或其他必备证书;学习驾驶时,无合法的教练员随车指导;

非被保险人允许的驾驶人；

C. 被保险机动车有下列情形之一者：发生保险事故时，被保险机动车行驶证、号牌被注销的，或未按规定检验或检验不合格；在被扣押、收缴、没收、政府征用期间；在竞赛、测试期间，在营业性场所维修、保养、改装期间；在全车被盗窃、被抢劫、被抢夺、下落不明期间。

②下列原因导致的人身伤亡，保险人不负责赔偿：

A. 地震及其次生灾害、战争、军事冲突、恐怖活动、暴乱、污染（含放射性污染）、核反应、核辐射；

B. 被保险机动车被转让、改装、加装或改变使用性质等，被保险人、受让人未及时通知保险人，且转让、改装、加装或改变使用性质等导致被保险机动车危险程度显著增加；

C. 被保险人或驾驶人的故意行为。

③下列人身伤亡、损失和费用，保险人不负责赔偿：

A. 被保险人及驾驶人以外的其他车上人员的故意行为造成的自身伤亡；

B. 车上人员的疾病、分娩、自残、斗殴、自杀、犯罪行为造成的自身伤亡；

C. 违法、违章搭乘人员的人身伤亡；

D. 罚款、罚金或惩罚性赔款；

E. 超出《道路交通事故受伤人员临床诊疗指南》和国家基本医疗保险同类医疗费用标准的费用部分；

F. 律师费，未经保险人事先书面同意的诉讼费、仲裁费；

G. 投保人、被保险人或其允许的驾驶人知道保险事故发生后，故意或者因重大过失未及时通知，致使保险事故的性质、原因、损失程度等难以确定的，保险人对无法确定的部分，不承担赔偿责任，但保险人通过其他途径已经及时知道或者应当及时知道保险事故发生的除外；

H. 精神损害抚慰金；

I. 应当由机动车交通事故责任强制保险赔付的损失和费用。

（3）保险期间。除另有约定外，保险期间为一年，以保险单载明的起讫时间为准，即采用连续责任制。

（4）责任限额与免赔率。

①责任限额。驾驶人每次事故责任限额和乘客每次事故每人责任限额由投保人和保险人在投保时协商确定。投保乘客座位数按照被保险机动车的核定载客数（驾驶人座位除外）确定。

②免赔率。保险人在依据本保险合同约定计算赔款的基础上，在保险单载明的责任限额内，按照下列方式免赔：被保险机动车一方负次要事故责任的，实行 5% 的事故责任免赔率；负同等事故责任的，实行 10% 的事故责任免赔率；负主要事故责任的，实行 15% 的事故责任免赔率；负全部事故责任或单方肇事事故的，实行 20% 的事故责任免赔率。

（5）赔偿处理。机动车车上人员责任保险的赔偿处理包括：及时通知；协助勘验；提供索赔资料；赔款计算；理赔依据标准①。其中，赔款计算如下：

①对每座的受害人，当（依合同约定核定的每座车上人员人身伤亡损失金额－应由机动车交通事故责任强制保险赔偿的金额）×事故责任比例高于或等于每次事故每座赔偿限额时，

　　赔款＝每次事故每座赔偿限额×（1－事故责任免赔率）×（1－绝对免赔率之和）

②对每座的受害人，当（依合同约定核定的每座车上人员人身伤亡损失金额－应由机动车交通事故责任强制保险赔偿的金额）×事故责任比例低于每次事故每座赔偿限额时，

$$赔款 = \left( \begin{array}{c} 依合同约定核定的 \\ 每座车上人员人身 \\ 伤亡损失金额 \end{array} - \begin{array}{c} 应由机动车交通 \\ 事故责任强制保 \\ 险赔偿的金额 \end{array} \right) \times \begin{array}{c} 事故责 \\ 任比例 \end{array} \times \left( 1 - \begin{array}{c} 事故责任 \\ 免赔率 \end{array} \right) \times \left( 1 - \begin{array}{c} 绝对免赔 \\ 率之和 \end{array} \right)$$

**5. 机动车全车盗抢保险**

（1）保险责任。在保险期间内，被保险机动车的下列损失和费用，且不属于免除保险人责任的范围，保险人依照机动车全车盗抢保险合同的约定负责赔偿：

①被保险机动车被盗窃、抢劫、抢夺，经出险当地县级以上公安刑侦部门立案证明，满60天未查明下落的全车损失；

②被保险机动车全车被盗窃、抢劫、抢夺后，受到损坏或车上零部件、附属设备丢失需要修复的合理费用；

③被保险机动车在被抢劫、抢夺过程中，受到损坏需要修复的合理费用。

（2）责任免除。

①在上述保险责任范围内，下列情况下，不论任何原因造成被保险机动车的任何损失和费用，保险人均不负责赔偿：

A. 被保险人索赔时未能提供出险当地县级以上公安刑侦部门出具的盗抢立案证明；

B. 驾驶人、被保险人、投保人故意破坏现场、伪造现场，毁灭证据；

C. 被保险机动车在被扣押、罚没、查封、政府征用期间；

D. 被保险机动车在竞赛、测试期间，在营业性场所维修、保养、改装期间，被运输期间。

②对于下列损失和费用，保险人不负责赔偿：

A. 地震及其次生灾害导致的损失和费用；

B. 战争、军事冲突、恐怖活动、暴乱导致的损失和费用；

C. 诈骗引起的任何损失；投保人、被保险人与他人的民事、经济纠纷导致的任何损失；

---

① 对于赔偿处理的及时通知、协助勘验、提供索赔资料、理赔依据标准，与机动车第三者责任保险的类似，具体参照《中国保险行业协会机动车综合商业保险示范条款》"第三章　机动车车上人员责任保险"的"赔偿处理"约定，限于篇幅，不再赘述。

D. 被保险人或其允许的驾驶人的故意行为、犯罪行为导致的损失和费用;

E. 非全车遭盗窃,仅车上零部件或附属设备被盗窃或损坏;

F. 新增设备的损失;

G. 遭受保险责任范围内的损失后,未经必要修理并检验合格继续使用,致使损失扩大的部分;

H. 被保险机动车被转让、改装、加装或改变使用性质等,被保险人、受让人未及时通知保险人,且转让、改装、加装或改变使用性质等导致被保险机动车危险程度显著增加而发生保险事故;

I. 投保人、被保险人或其允许的驾驶人知道保险事故发生后,故意或者因重大过失未及时通知,致使保险事故的性质、原因、损失程度等难以确定的,保险人对无法确定的部分,不承担赔偿责任,但保险人通过其他途径已经及时知道或者应当及时知道保险事故发生的除外;

J. 因被保险人违反《中国保险行业协会机动车综合商业保险示范条款》第五十八条规定①,导致无法确定的损失。

(3) 保险期间。除另有约定外,保险期间为一年,以保险单载明的起讫时间为准。

(4) 保险金额与免赔率。

①保险金额。保险金额在投保时被保险机动车的实际价值内协商确定。投保时被保险机动车的实际价值由投保人与保险人根据投保时的新车购置价减去折旧金额后的价格协商确定或其他市场公允价值协商确定。折旧金额可根据机动车全车盗抢保险合同列明的参考折旧系数表确定。

②免赔率。保险人在依据机动车全车盗抢保险合同约定计算赔款的基础上,按照下列方式免赔:

A. 发生全车损失的,绝对免赔率为20%;

B. 发生全车损失,被保险人未能提供机动车登记证书、机动车来历凭证的,每缺少一项,增加1%的绝对免赔率。

(5) 赔偿处理。

①索赔通知。被保险机动车全车被盗抢的,被保险人知道保险事故发生后,应在24小时内向出险当地公安刑侦部门报案,并通知保险人。

②提供索赔资料。被保险人在索赔时,须提供保险单、损失清单、有关费用单据、机动车登记证书、机动车来历凭证以及出险当地县级以上公安刑侦部门出具的盗抢立案证明。

③理赔方式。因保险事故损坏的被保险机动车,应当尽量修复。修理前,被保险人应当

---

① 《中国保险行业协会机动车综合商业保险示范条款》第五十八条规定,因保险事故损坏的被保险机动车,应当尽量修复。修理前被保险人应当会同保险人检验,协商确定修理项目、方式和费用。对未协商确定的,保险人可以重新核定。

会同保险人检验，协商确定修理项目、方式和费用。对未协商确定的，保险人可以重新核定。

④赔款计算。保险人按下列方式赔偿：

A. 被保险机动车全车被盗抢的，按以下方法计算赔款：

$$赔款 = 保险金额 × （1 - 绝对免赔率之和）$$

B. 被保险机动车发生以下费用：被保险机动车全车被盗窃、抢劫、抢夺后，受到损坏或车上零部件、附属设备丢失需要修复的合理费用；被保险机动车在被抢劫、抢夺过程中，受到损坏需要修复的合理费用，保险人按实际修复费用在保险金额内计算赔偿。

⑤赔付结案。保险人确认索赔单证齐全、有效后，被保险人签具权益转让书，保险人赔付结案。

⑥合同终止。被保险机动车发生本保险事故，导致全部损失，或一次赔款金额与免赔金额之和达到保险金额，保险人按机动车全车盗抢保险合同约定支付赔款后，本保险责任终止，保险人不退还机动车全车盗抢保险及其附加险的保险费。

6. 机动车保险保险费的计算与无赔款优待

（1）保险费的计算。

①机动车损失保险费率。在确定机动车损失保险费率时，一般应考虑下述因素：从车因素、从人因素、其他因素。

A. 从车因素。从车因素主要包括车辆种类、厂牌型号、车辆的用途、车辆新旧、车辆安全配置、行驶区域、排气量、停放地点。

B. 从人因素。从人因素主要包括投保人（驾驶员）的性别、年龄、驾龄、违章肇事记录、索赔记录、婚姻状况、职业、健康状况、个人嗜好和品行，驾驶员数量。

C. 其他因素。其他因素主要包括多辆车优惠、奖惩制度、免赔规定、再保险情况、通货膨胀、货币的时间价值、法律法规及政策、附带或配套服务措施，包括提供增值服务、延伸服务和公益服务等。

不同国家在具体运用时有所不同。我国 2003 年 1 月 1 日实行机动车保险费率市场化改革，有些保险公司已经开始考虑上述因素。根据我国 2002 年机动车保险条款，确定机动车保险费率主要依据车辆的使用性质、车辆种类、A 类或 B 类三个因素。根据我国《机动车保险费率表》及有关规定核定费率，费率表中的车辆使用性质分为两类：营业用车和非营业用车。对于兼有两类使用性质的车辆，按高档费率计费。机动车损失险保险费的计算公式为

$$机动车损失保险费 = 基本保费 + （保险金额 × 费率）$$

在厘定机动车保险费率方面，不能不提到哈顿矩阵模型。早在 20 世纪 70 年代，美国的小威廉·哈顿就将道路交通描述为一个设计得不好的"人造机器"系统，需要对它进行全面"治疗"。他提出了著名的"哈顿矩阵模型"（Haddon matrix model），阐明了在车祸发生碰撞前、碰撞时、碰撞后三个阶段中相互作用的三个因素：人、车和环境。该九格矩阵构成

了系统动力学模型,矩阵中的每个格都会采取干预措施,以减少道路交通伤害的发生,该模型加深了对行为因素、道路因素和车辆因素的认识,正是这些因素影响道路交通事故的人员伤亡数量和严重程度,哈顿矩阵模型对完善机动车保险费率的厘定有着重要的价值。具体如表 5 - 1 所示。

表 5 - 1 哈顿矩阵模型[①]

| 阶段 | | 因素 | | |
|---|---|---|---|---|
| | | 人员 | 车辆和设备 | 环境 |
| 碰撞前 | 防止碰撞 | 信息<br>态度<br>损伤<br>交警执法力度 | 车辆性能<br>照明<br>制动<br>操控<br>速度管理 | 道路设计和道路布局<br>速度限制<br>行人装备 |
| 碰撞时 | 在碰撞时<br>防止受伤 | 固定装置的使用<br>损伤 | 乘员固定系统<br>其他安全装置<br>防碰撞设计 | 道路两侧防碰撞物体 |
| 碰撞后 | 生命支持 | 急救技术<br>获得医疗救助 | 容易进入车内<br>起火的风险 | 救援设施<br>交通阻塞 |

②第三者责任保险的保险费。第三者责任保险的保险费采用的是一种固定保险费。机动车第三者责任险的固定保费是按不同车辆种类和使用性质对应的第三者责任险每次最高赔偿限额确定的,如有的条款规定为 5 万元、10 万元、15 万元、20 万元、50 万元、100 万元等,相应的保险费也不同。第三者责任险的保险费按投保时确定的每次事故最高赔偿限额对应的固定保费收取。

③短期费率。如果保险期不满 1 年,则应按短期费率计收保险费。短期费率分为两类:按日计费和按月计费。

按日计费适用于被保险人新购置的车辆的投保,以统一续保日期。若按日计费,则其计算公式为

$$应交保险费 = 年保险费 \times 保险天数/365$$

按月计费适用于应被保险人要求而签订的短期保险合同,应交保险费使用短期费率表(如表 5 - 2 所示)计算。若保险期不足 1 个月,则应按 1 个月来计费;投保 1 年,如果中途退保,也按短期费率表计算退保费。若按月计费,则其计算公式为

$$应交保险费 = 年保险费 \times 短期月费率$$

---

① Peden, Scurfield, Sleet, 等. 世界预防道路交通伤害报告. 刘光远, 译. 北京:人民卫生出版社, 2004.

表5-2 按月计短期费率表

| 保险期（月） | 1 | 2 | 3 | 4 | 5 | 6 | 7 | 8 | 9 | 10 | 11 | 12 |
|---|---|---|---|---|---|---|---|---|---|---|---|---|
| 应交费率（%） | 10 | 20 | 30 | 40 | 50 | 60 | 70 | 80 | 85 | 90 | 95 | 100 |

（2）无赔款优待。无赔款优待是保险机动车在上一年保险期限内无赔款，续保时可享受无赔款减收保险费优待，优待金额为本年度续保险种应交保险费的一定比率。该比率因无赔款的年限长短而不同。上年度投保的机动车损失保险、第三者责任险、附加险中任何一项发生赔款，续保时均不能享受无赔款优待；不续保者不享受无赔款优待。若续保险种与上年度相同，但保险金额不同，则无赔款优待以本年度保险金额对应的应交保险费为计算基础。优待的条件如下：保险期限必须满一年；保险期内无赔款；保险期满前办理续保。确定无赔款优待时应注意以下几点：

①车辆同时投保机动车损失保险、第三者责任险和附加险的，只要其中任一险种发生赔款，被保险人续保时就不能享受无赔款优待；

②保险车辆发生保险事故，续保时案件未决，被保险人不能享受无赔款优待。但事故处理后，若保险人无赔款责任，则退还无赔款优待应减收的保险费；

③在一年保险期限内，发生所有权转移的保险车辆，续保时不享受无赔款优待；

④无赔款优待仅限于续保险种，即上年度投保而本年度未续保的险种和本年度新投保的险种，均不享受无赔款优待。

7. 机动车保险的附加险

机动车保险附加险条款的法律效力优于主险条款。附加险条款未尽事宜，以主险条款为准。除附加险条款另有约定外，主险中的责任免除、免赔规则、双方义务同样适用于附加险。这里以2014《示范条款》中的附加险为主要内容，并从基本原理展开论述。

（1）玻璃单独破碎险。投保了机动车损失保险的机动车，可投保玻璃单独破碎险。玻璃单独破碎险不适用主险中的各项免赔率、免赔额约定。其保险责任为：在保险期间内，被保险机动车风挡玻璃或车窗玻璃的单独破碎，保险人按实际损失金额赔偿。

（2）自燃损失险。投保了机动车损失保险的机动车，可投保自燃损失险。其保险责任为：在保险期间内，指在没有外界火源的情况下，本车电器、线路、供油系统、供气系统等被保险机动车自身原因或所载货物自身原因起火燃烧造成本车的损失；在发生保险事故时，被保险人为防止或者减少被保险机动车的损失所支付的必要的、合理的施救费用，由保险人承担；施救费用数额在被保险机动车损失赔偿金额以外另行计算，最高不超过自燃损失险保险金额的数额。

（3）新增加设备损失险。投保了机动车损失保险的机动车，可投保新增加设备损失险。其保险责任为：在保险期间内，投保了新增加设备损失险的被保险机动车因发生机动车损失保险责任范围内的事故，造成车上新增加设备的直接损毁，保险人在保险单载明的新增加设备损失险的保险金额内，按照实际损失计算赔偿。

（4）车身划痕损失险。投保了机动车损失保险的机动车，可投保车身划痕损失险。其保险责任为：在保险期间内，投保了车身划痕损失险的机动车在被保险人或其允许的驾驶人使用过程中，发生无明显碰撞痕迹的车身划痕损失，保险人按照保险合同约定负责赔偿。

（5）发动机涉水损失险。发动机涉水损失险的保险责任为：在保险期间内，投保了发动机涉水损失险的被保险机动车在使用过程中，因发动机进水后导致的发动机的直接损毁，保险人负责赔偿；在发生保险事故时，被保险人为防止或者减少被保险机动车的损失所支付的必要的、合理的施救费用，由保险人承担；施救费用数额在被保险机动车损失赔偿金额以外另行计算，最高不超过保险金额的数额。这是机动车损失保险的附加险①。

（6）修理期间费用补偿险。只有在投保了机动车损失保险的基础上，方可投保修理期间费用补偿险，当机动车损失保险责任终止时，修理期间费用补偿险保险责任同时终止。其保险责任为：在保险期间内，投保了修理期间费用补偿险条款的机动车在使用过程中，发生机动车损失保险责任范围内的事故，造成车身损毁，致使被保险机动车停驶，保险人按保险合同约定，在保险金额内向被保险人补偿修理期间费用，作为代步车费用或弥补停驶损失。

（7）车上货物责任险。投保了机动车第三者责任保险的机动车，可投保车上货物责任险。其保险责任为：在保险期间内，发生意外事故致使被保险机动车所载货物遭受直接损毁，依法应由被保险人承担的损害赔偿责任，保险人负责赔偿。

（8）精神损害抚慰金责任险。只有在投保了机动车第三者责任保险或机动车车上人员责任保险的基础上，方可投保精神损害抚慰金责任险。其保险责任为：在保险期间内，被保险人或其允许的驾驶人在使用被保险机动车的过程中，发生投保的主险约定的保险责任内的事故，造成第三者或车上人员的人身伤亡，受害人据此提出精神损害赔偿请求，保险人依据法院判决及保险合同约定，对应由被保险人或被保险机动车驾驶人支付的精神损害抚慰金，在扣除机动车交通事故责任强制保险应当支付的赔款后，在本保险赔偿限额内负责赔偿。

（9）不计免赔率险。投保了任一主险及其他设置了免赔率的附加险后，均可投保本不计免赔率险。其保险责任为：在保险事故发生后，按照对应投保的险种约定的免赔率计算的，应当由被保险人自行承担的免赔金额部分，保险人负责赔偿。

（10）机动车损失保险无法找到第三方特约险。投保了机动车损失保险后，可投保机动车损失保险无法找到第三方特约险。投保了机动车损失保险无法找到第三方特约险后，对于《机动车损失保险》综合商业保险示范条款第 11 条第（二）款（被保险机动车的损失应当由第三方负责赔偿，无法找到第三方的，实行 30% 的绝对免赔率）列明的，被保险机动车损失应当由第三方负责赔偿，但因无法找到第三方而增加的由被保险人自行承担的免赔金额，保险人负责赔偿。

---

① 根据 2014《示范条款》，发动机涉水损失险仅适用于家庭自用汽车、党政机关、事业团体用车、企业非营业用车，且只有在投保了机动车损失保险后，方可投保发动机涉水损失险。

（11）指定修理厂险。投保了机动车损失保险的机动车，可投保指定修理厂险。投保了指定修理厂险，机动车损失保险事故发生后，被保险人可指定修理厂进行修理。

（12）代步车保险。代步车保险是机动车损失保险的附加险。在保险期间内，被保险机动车因遭受机动车损失保险合同约定的保险事故而修理，且被保险人在修理期限内需要代步机动车并提出请求的，保险人依照该特约条款的约定提供代步机动车。

此外，还可根据需要选择投保以下附加险，如车身划痕损失险，可选免赔额特约条款，发动机特别损失险，更换轮胎服务特约条款，送油、充电服务特约条款，拖车服务特约条款，附加换件特约条款，随车行李物品损失保险条款，新车特约条款，车上货物责任险，附加交通事故精神损害赔偿责任保险，教练车特约条款，附加油污污染责任保险，附加机动车出境保险等①。

8. 机动车交通事故责任强制保险

（1）特点②。机动车交通事故责任强制保险（以下简称交强险）相对于商业第三者责任保险（以下简称商业三责险）而言，具有以下特点：

第一，实施方式不同。交强险是强制保险，商业三责险是自愿保险。《中华人民共和国道路交通安全法》（以下简称《道路交通安全法》）第十七条规定，国家实行机动车第三者责任强制保险制度。同时，第二条规定，"在中华人民共和国境内道路上行驶的机动车的所有人或者管理人，应当依照《道路交通安全法》的规定投保机动车交通事故责任强制保险"。同时，要求具有经营交强险资格的保险公司不能拒保，也不能随意解除交强险合同，但投保人未履行如实告知义务的除外。违反强制性规定的机动车所有人、管理人或保险公司都将受到处罚。因此，交强险属于强制保险。

第二，目的不同。交强险的根本目的在于保护受害人的利益，使受害人得到及时、便捷的补偿，因此，除具有保险的一般风险管理功能之外，它还具有一定的社会管理功能；商业三责险的目的在于保护被保险人的利益，即通过保险的风险管理功能转移被保险人的赔偿责任风险。这是两者的根本区别，由此决定了两者在制度设计上的诸多具体差别。

第三，性质不同。交强险不以营利为目的，属于政府行为，其基本经营原则是不盈不亏，是为了贯彻一项社会政策；而商业三责险是一种商业保险，属于买卖行为，其经营目的是营利。

第四，责任范围不同。交强险的保险责任范围比商业三责险宽泛。基于交强险的目的，就保险责任而言，对一部分责任，采用无过错责任原则，即在其责任限额范围内不再探究被保险人有无过错，只要因交通事故造成第三者损害，无论加害人是否有过错，受害人均可请

---

① 这要视机动车损失保险的保险责任而定，如车身划痕损失，有些公司的机动车损失保险的保险责任已经包括，便无须附加车身划痕损失险。

② 李祝用，徐首良. 论机动车第三者责任强制保险与自愿保险之区别. 保险研究，2006（1）：47 - 48.

求保险赔偿给付①；对另一部分责任，则采用过错责任原则。同时，没有免赔规定。例如，《道路交通安全法》第七十六条规定，"机动车发生交通事故造成人身伤亡、财产损失的，由保险公司在机动车第三者责任强制保险责任限额范围内予以赔偿"。这也说明，交强险赔偿在先，其余部分在商业三责险责任限额内赔偿。另有规定，被保险机动车发生道路交通事故造成本车人员、被保险人以外的受害人人身伤亡、财产损失的，由保险公司依法在机动车交通事故责任强制保险责任限额范围内予以赔偿。道路交通事故的损失是由受害人故意造成的，保险公司不予赔偿。因此，交强险的赔偿范围几乎涵盖了所有道路交通责任风险。

商业三责险不同程度地规定了免赔额、免赔率或责任免除事项。商业三责险的标的是"被保险人对第三者依法应负的赔偿责任"，因而商业三责险条款一般均规定了被保险人依法应承担的赔偿责任，这里采用的归责原则是过失责任原则，只有当被保险人对第三者依法负有赔偿责任并且此赔偿责任属于保险责任时，保险公司才负责赔偿。

第五，责任限额不同。交强险的责任限额较低，采用分项责任限额，最低限额由保险监管部门制定，投保人不可进行选择，并且在最低限额内再区分人身伤亡赔偿限额和财产损失赔偿限额。交强险责任限额分为死亡伤残赔偿限额、医疗费用赔偿限额、财产损失赔偿限额以及被保险人在道路交通事故中无责任的赔偿限额。其中，无责任的赔偿限额分为无责任死亡伤残赔偿限额、无责任医疗费用赔偿限额以及无责任财产损失赔偿限额。商业三责险的责任限额较高，采用综合责任限额，而且分为若干个档次，投保人可以选择，且每个档次的限额一般不再区分人身伤亡赔偿限额和财产损失赔偿限额。例如，有的机动车三责险条款将责任限额分为 5 万元、10 万元、20 万元、50 万元、100 万元以上等多个档次，供投保人自由选择。

第六，条款、费率制定方式不同。各国对条款、费率的监管方式不同，总的来说，对商业三责险的监管较松，对交强险的监管则较为严格。我国交强险条款和费率由保险监管机构统一制定和公布，各保险公司统一使用。《机动车交通事故责任强制保险条例》第六条规定，"机动车交通事故责任强制保险实行统一的保险条款和基础保险费率。保监会按照机动车交通事故责任强制保险业务总体上不盈利不亏损的原则审批保险费率。保监会在审批保险费率时，可以聘请有关专业机构进行评估，可以举行听证会听取公众意见"。保险公司经营该项业务必须符合保险监管机构制定和公布的条款。而商业三责险的条款和费率由保险公司或保险行业协会制定，报保险监管机构备案或审批。

第七，辅助补偿制度设置不同。在交强险制度下，建立了相应的配套制度。首先，建立了社会救助基金制度，作为交强险的补充；其次，在交强险赔偿上规定了先行垫付再向被保险人追偿的制度。而商业三责险的主要目的在于填补被保险人因对第三者的赔偿责任而受的损失，因此也就没有设置相应的对受害人的辅助补偿制度。当未查明交通事故肇事者或者肇

---

① 对无过错责任应当正确理解：第一，所谓无过错，是指双方都无过错；第二，在双方均无法举证对方过错的情况下，推定机动车方有过错。

事者没有投保时，受害人不能向保险人请求赔偿，也不能获得相应的救助；对于一些特殊风险，如前述酒后开车、无证驾驶、故意撞人等，保险公司一般将其列为责任免除，不予赔偿。

（2）保险责任和责任免除。

①保险责任。在中华人民共和国境内（不含港、澳、台地区），被保险人在使用被保险机动车过程中发生交通事故，致使受害人遭受人身伤亡或者财产损失的，依法应当由被保险人承担的损害赔偿责任，保险人按照交强险合同的约定，对每次事故在下列赔偿限额内负责赔偿：死亡伤残赔偿限额为 110 000 元，医疗费用赔偿限额为 10 000 元，财产损失赔偿限额为 2 000 元。当被保险人无责任时，无责任死亡伤残赔偿限额为 11 000 元，无责任医疗费用赔偿限额为 1 000 元，无责任财产损失赔偿限额为 100 元①。

死亡伤残赔偿限额和无责任死亡伤残赔偿限额项下负责赔偿丧葬费、死亡补偿费、受害人亲属办理丧葬事宜支出的交通费用、残疾赔偿金、残疾辅助器具费、护理费、康复费、交通费、被扶养人生活费、住宿费、误工费，以及被保险人依照法院判决或者调解承担的精神损害抚慰金。

医疗费用赔偿限额和无责任医疗费用赔偿限额项下负责赔偿医药费、诊疗费、住院费、住院伙食补助费，以及必要的、合理的后续治疗费、整容费、营养费。

②责任免除。对下列损失和费用，交强险不负责赔偿和垫付：

A. 因受害人故意造成的交通事故的损失；

B. 被保险人所有的财产及被保险机动车上的财产遭受的损失；

C. 被保险机动车发生交通事故，致使受害人停业、停驶、停电、停水、停气、停产、通信或者网络中断、数据丢失、电压变化等造成的损失，以及受害人财产因市场价格变动造成的贬值、修理后因价值降低造成的损失等其他各种间接损失；

D. 因交通事故产生的仲裁或者诉讼费用以及其他相关费用。

（3）垫付和追偿。被保险机动车在下列情形之一下发生交通事故，造成受害人受伤需要抢救的，保险人在接到公安机关交通管理部门的书面通知和医疗机构出具的抢救费用清单后，按照国务院卫生主管部门组织制定的《道路交通事故受伤人员临床诊疗指南》和国家基本医疗保险标准进行核实。对于符合规定的抢救费用，保险人在医疗费用赔偿限额内垫付。被保险人在交通事故中无责任的，保险人在无责任医疗费用赔偿限额内垫付。这些情形包括：驾驶人未取得驾驶资格的；驾驶人醉酒的；被保险机动车被盗抢期间肇事的；被保险人故意制造交通事故的。对于垫付的抢救费用，保险人有权向致害人追偿。对于其他损失和

---

① 2006 年《机动车道路交通事故责任强制保险条款》分别为：死亡伤残赔偿限额为 50 000 元，医疗费用赔偿限额为 8 000 元，财产损失赔偿限额为 2 000 元。当被保险人无责任时，无责任死亡伤残赔偿限额为 10 000 元；无责任医疗费用赔偿限额为 1 600 元；无责任财产损失赔偿限额为 400 元。书中数据为 2008 年实施的《中国保监会关于调整交强险责任限额的公告》调整后的赔偿限额。

费用，保险人不负责垫付和赔偿。

其中，在交强险中，抢救费用是指在被保险机动车发生交通事故，导致受害人受伤时，医疗机构对生命体征不平稳和虽然生命体征平稳，但如果不采取处理措施会产生生命危险，或者导致残疾、器官功能障碍，或者导致病程明显延长的受害人，参照国务院卫生主管部门组织制定的《道路交通事故受伤人员临床诊疗指南》和国家基本医疗保险标准，采取必要的处理措施所发生的医疗费用。

（4）责任限额和保险费率。

①责任限额。交强险合同中的责任限额是指被保险机动车发生交通事故，保险人对每次保险事故所有受害人的人身伤亡和财产损失所承担的最高赔偿金额。责任限额分为死亡伤残赔偿限额、医疗费用赔偿限额、财产损失赔偿限额以及被保险人在道路交通事故中无责任的赔偿限额。其中，无责任的赔偿限额分为无责任死亡伤残赔偿限额、无责任医疗费用赔偿限额以及无责任财产损失赔偿限额。具体如下：

A. 过错责任的赔偿限额。在中华人民共和国境内（不含港、澳、台地区），被保险人在使用被保险机动车过程中发生交通事故，致使受害人遭受人身伤亡或者财产损失的，依法应当由被保险人承担的损害赔偿责任，保险人按照交强险合同的约定，对每次事故在下列赔偿限额内负责赔偿：死亡伤残赔偿限额为 110 000 元，医疗费用赔偿限额为 10 000 元，财产损失赔偿限额为 2 000 元。交强险实行 122 000 元的总责任限额。

B. 无过错责任的赔偿限额。当被保险人无责任时，无责任死亡伤残赔偿限额为 11 000 元；无责任医疗费用赔偿限额为 1 000 元；无责任财产损失赔偿限额为 100 元。

交强险实行的 122 000 元总责任限额方案综合考虑了赔偿覆盖面和消费者的支付能力。机动车所有人或管理人在购买交强险后，还可根据自身的支付能力和保障需求，在交强险基础之上同时购买商业三责险作为补充。

目前实行 122 000 元总责任限额比较符合当前的国民经济发展水平和消费者的支付能力，以及保险公司的经营能力。交强险制度实施一段时间后，中国保监会可以根据相关规定和国民经济发展水平以及制度实施的具体情况，会同相关部门适时调整责任限额①。

②保险费率。在确定交强险费率时主要考虑以下因素：车辆用途、赔偿原则、保障范围、车型大小、经营原则、责任限额、以往损失纪录、国民经济发展水平和消费者承受能力、保险公司经营能力等。

---

① 本书认为，由于全国经济发展不平衡，因此，该赔偿限额应该与经济落后地区的收入水平相匹配，这样可以防止道德风险。对于赔偿金额不够的部分，车主可通过商业三责险补充。同时，应该指出的是，交强险规定的责任限额为根据交强险约定的赔偿金额，并非依照我国的民事法律制度依法应赔偿的金额，根据《中华人民共和国道路交通安全法》和《最高人民法院关于审理人身伤害赔偿案件适用法律若干问题的解释》的民事损害赔偿要求，车主对受害者的赔偿金额也可能大于购买一份交强险的责任限额，因此，对于责任限额之外的补充部分，被保险人可根据其需要，通过投保商业第三者责任险追加；从理论上说，也可自愿选择第二份或多份交强险追加，但为防止道德风险，以多份的累计责任限额为限。

交强险费率实行与被保险机动车道路交通安全违法行为、交通事故记录相联系的浮动机制。在签订交强险合同时，投保人应当一次支付全部保险费。保险费按照中国保监会批准的交强险费率计算。

我国机动车分为家庭自用车、非营业客车、营业客车、非营业货车、营业货车、特种车、摩托车、拖拉机八大类，每一大类又可以按车型大小以及进一步的细分用途分类，相应的费率也不同。例如，家庭自用车分为家庭自用汽车 6 座以下和家庭自用汽车 6 座以上两类，其费率分别为 950 元和 1 100 元；非营业客车分为企业用和机关用非营业客车，并且分别按车座分类；营业客车分为营业出租租赁客车、营业城市公交客车、营业公路客车，并且每一种类型又可以分别按车座等分类。相应地，费率随用途、使用单位、车座不同。

（5）保险期间。按相关规定，交强险的保险期间为 1 年。在以下四种情形下，投保人可以投保 1 年以内的短期交强险：一是境外机动车临时入境的；二是机动车临时上道路行驶的；三是机动车距规定的报废期限不足 1 年的；四是中国保监会规定的其他情形。

（6）赔偿处理。被保险机动车发生交通事故的，由被保险人向保险人申请赔偿保险金。被保险人在索赔时，应当向保险人提供以下材料：交强险的保险单；被保险人出具的索赔申请书；被保险人和受害人的有效身份证明、被保险机动车行驶证和驾驶人的驾驶证；公安机关交通管理部门出具的事故证明，或者人民法院等机构出具的有关法律文书及其他证明；被保险人根据有关法律法规规定选择自行协商方式处理交通事故的，应当提供《交通事故处理程序规定》规定的记录交通事故情况的协议书；受害人财产损失程度证明、人身伤残程度证明、相关医疗证明以及有关损失清单和费用单据；其他与确认保险事故的性质、原因、损失程度等有关的证明和资料。

在保险事故发生后，保险人按照国家有关法律法规规定的赔偿范围、项目和标准以及交强险合同的约定，并根据国务院卫生主管部门组织制定的《道路交通事故受伤人员临床诊疗指南》和国家基本医疗保险标准，在交强险的责任限额内核定人身伤亡的赔偿金额。

因保险事故造成受害人人身伤亡的，未经保险人书面同意，被保险人自行承诺或支付的赔偿金额，保险人在交强险责任限额内有权重新核定。

因保险事故损坏的受害人财产需要修理的，被保险人应当在修理前会同保险人检验，协商确定修理或者更换项目、方式和费用。否则，保险人在交强险责任限额内有权重新核定。

被保险机动车发生涉及受害人受伤的交通事故，因抢救受害人需要保险人支付抢救费用的，保险人在接到公安机关交通管理部门的书面通知和医疗机构出具的抢救费用清单后，按照国务院卫生主管部门组织制定的《道路交通事故受伤人员临床诊疗指南》和国家基本医疗保险标准进行核实。对于符合规定的抢救费用，保险人在医疗费用赔偿限额内支付。被保险人在交通事故中无责任的，保险人在无责任医疗费用赔偿限额内支付。交强险理赔采用连续责任制。

（7）合同的变更与终止。在交强险合同有效期内，被保险机动车所有权发生转移的，投保人应当及时通知保险人，并办理交强险合同变更手续。

在下列三种情况下，投保人可以要求解除交强险合同：被保险机动车被依法注销登记的；被保险机动车办理停驶的；被保险机动车经公安机关证实丢失的。

在交强险合同被解除后，投保人应当及时将保险单、保险标志交还保险人；无法交回保险标志的，应当向保险人说明情况，征得保险人的同意。

当发生《机动车交通事故责任强制保险条例》所列明的投保人、保险人解除交强险合同的情况时，保险人按照日费率收取自保险责任开始之日起至合同解除之日止期间内的保险费。

（8）社会救助基金。根据相关规定，国家设立道路交通事故社会救助基金（以下简称救助基金）。在发生下列情形之一，即抢救费用超过机动车交通事故责任强制保险责任限额、肇事机动车未参加机动车交通事故责任强制保险以及机动车肇事后逃逸时，将由救助基金先行垫付道路交通事故中受害人人身伤亡的丧葬费用、部分或者全部抢救费用，救助基金管理机构有权向道路交通事故责任人追偿。

我国社会救助基金的来源包括：按照机动车交通事故责任强制保险的保险费的一定比例提取的资金①；对未按照规定投保机动车交通事故责任强制保险的机动车的所有人、管理人的罚款；救助基金管理机构依法向道路交通事故责任人追偿的资金；救助基金孳息；其他资金。

救助基金的具体管理办法由国务院财政部门会同中国保监会、国务院公安部门、国务院卫生主管部门、国务院农业主管部门制定试行。

（9）案例：机动车单方过错保险赔偿案。

甲、乙两车于 2016 年 10 月分别向 A、B 两家保险公司投保了交强险。同时，甲向 A 保险公司投保了机动车损失保险和机动车第三者责任保险，前者的保险金额为 24 万元，后者的责任限额为 10 万元。在保险期间，甲车在一次行驶中与乙车相撞，同时引起火灾，甲车全部被烧毁，损失金额为 24 万元，残值为 1.2 万元，车上两位乘客和司机李某受伤，支付医疗费用 2 万元；乙车车损为 8 万元，残值为 0.8 万元，车上人员的医疗费用为 1 万元。经交通管理部门鉴定，甲车负全部责任，免赔率为 20%。问按交强险条款和机动车保险条款，保险公司应如何赔偿？

根据该案例，分析如下：

①按交强险的赔付。

A 保险公司赔付金额 = 0.2 + 1 = 1.2（万元）

B 保险公司赔付金额 = 0.1 + 0.01 = 0.11（万元）

---

① 应该指出的是，按照机动车交通事故责任强制保险的保险费的一定比例提取作为救助基金来源的一部分是不合适的，原因在于：第一，它显失公平，交强险赔偿分为过错责任和无过错责任，被保险人已经承担了过错责任和无过错责任两份责任的费率；同时，交通违规已经罚款，再从中提取等于第二次罚款，甚至让没有违规的也再次遭受变相的赔罚。第二，很难达到保护受害人利益的目的，因为不该交的保费太多，会促使投保率下降，严重的话，会使保险公司的赔付能力受到影响，影响受害人的保障。因此，应当取消按交强险保险费的一定比例提取，改从交通违规罚款中提取一部分作为救助基金来源之一。

②机动车保险（商业保险部分）。

甲车机动车损失保险的赔偿金额 = （保险金额范围内的机动车损失金额 – B 保险公司已

按交强险赔偿的机动车损失金额）× （1 – 免赔率）

$$= （24 – 1.2 – 0.01）× （1 – 20\%）$$

$$= 18.232 （万元）$$

第三者责任险的赔付金额 = （乙车的财产损失和人身损害赔偿金额 – A 保险公司已按交强

险赔偿给乙车的财产损失和人身损害金额）× （1 – 免赔率）

$$= [ （8 – 0.8 + 1） – 1.2 ] × （1 – 20\%）= 5.6 （万元）$$

以上两项合计为

A 保险公司赔付金额 = 18.232 + 5.6 = 23.832 （万元）

所以

A 保险公司的赔付总金额 = 23.832 + 1.2 = 25.032 （万元）

B 保险公司赔付总金额 = 0.1 + 0.01 = 0.11 （万元）

## （二）飞机保险

我国的飞机保险分为基本险和附加险。基本险主要有飞机机身保险、第三者责任保险、旅客法定责任保险；附加险主要有战争罢工险和承运人责任险。

1. 飞机保险的保险责任和责任免除

（1）飞机保险的保险责任。

①飞机机身保险。这是飞机保险的基本险之一。它承保各种类型的客机、货机、客货两用机以及从事各种专业用途的飞机。飞机机身包括机壳、推进器、机器及设备。飞机机身保险承保责任一般包括：飞机在飞行、滑行中以及在地面上，因自然灾害或意外事故造成飞机及其附件的损失；飞机起飞后超过规定时间（一般为 15 天）尚未得到行踪消息所构成的失踪损失；因意外事故引起飞机拆卸、重装和运输费用；清理残骸的合理费用；飞机发生上述自然灾害或意外事故时，所支付的合理施救费用，但最高不得超过飞机机身保险金额的 10%。

②飞机第三者责任保险。承保投保人依法应负的有关飞机对地面、空中或机外的人们造成意外伤害或死亡事故或财物损毁的损失赔偿责任。责任一般包括：飞机在地面上造成任何设备、人员、飞机等损失；飞机在空中造成地面上第三者任何损失以及飞机在空中碰撞造成其他飞机和人身伤亡的损失；同时承保涉及被保险人的赔偿责任所引起的诉讼费，且不受保险单载明的最高赔偿额的限制。

③飞机旅客的法定责任保险。承保旅客在乘坐或上下保险飞机时发生意外，致使旅客受到人身伤害，或随身携带和已经交运登记的行李、物件的损失以及对旅客行李或物件在运输过程中因延迟而造成的损失，根据法律或合同应由被保险人负担的赔偿责任。其中，旅客是指购买飞机票的旅客或被保险人同意免费搭乘的旅客，但不包括为完成被保险人的任务而免费搭载的人员。

（2）飞机保险的责任免除。

①飞机机身保险责任免除。它包括：战争和军事行动；飞机不符合适航条件而飞行；被保险人的故意行为；飞机任何部件的自然磨损或制造及结构缺陷；飞机受损后引起被保险人停航、停运等间接损失。

②飞机第三者责任保险的责任免除。除上列前三条外，还包括：因飞机事故产生的善后工作所支出的费用；被保险人及其工作人员和本机上的旅客或其所有以及代管的财产。

2. 飞机保险的保险金额及责任限额

（1）飞机机身的保险金额，可按照净值确定，也可以由保险人和被保险人协商确定。新购进的飞机可按原值确定。飞机机身险一般采用定值保险方式承保。

（2）飞机第三者责任保险的赔偿限额是根据不同的飞机类型而制定的。以中国人民保险公司经营中的现行规定为例，各类型喷气式飞机的赔偿限额为5 000万元；各类型螺旋式飞机的赔偿限额为2 000万元；直升机的赔偿限额为1 000万元。

（3）旅客法定责任保险的赔偿限额。旅客法定责任保险的赔偿限额应在保险单中列明：每一个人、每一次事故或每一架飞机的赔偿限额。对赔偿限额的规定，应按国内航线和国际航线区别对待。

在国内航线，2006年1月29日，经国务院批准，并自当年3月28日起施行的《国内航空运输承运人赔偿责任限额规定》（以下简称《赔偿责任限额规定》）提出如下具体赔偿规定：国内航空运输承运人因发生在民用航空器上或者在旅客上下民用航空器过程中的事件，造成旅客人身伤亡的，对每名旅客的赔偿责任限额为40万元（旅客自行向保险公司投保航空旅客人身意外保险的，此项保险金额的给付，不免除或者减少承运人应当承担的赔偿责任），而此前仅为7万元。根据《赔偿责任限额规定》，造成旅客随身携带物品毁灭、遗失或者损坏的，对每名旅客的赔偿责任限额为3 000元；对旅客托运的行李和对运输的货物的赔偿责任限额，为每千克100元[①]。向外国人、华侨、港澳同胞和台湾同胞给付的赔偿金，也可以兑换成该国或地区的货币。

在国际航线，赔偿限额一般按国家所批准的国际公约来办理。目前，大多数国家均按1999年《蒙特利尔公约》办理[②]，该公约于2005年7月31日对中国生效。根据1999年《蒙特利尔公约》规定，旅客伤亡时，不论承运人是否有责任，只要损失不是索赔人一方或者第三人造成的，承运人的赔偿限额由以前的7.5万美元增加到10万特别提款权（按照公约签署当日的货币换算标准，约13.5万美元)。当旅客伤亡是由承运人责任造成的时，旅客还可以要求得到超过10万特别提款权的赔偿（10万特别提款权只是一个限额，实际损失低

---

① 许飞琼. 责任保险. 北京：中国金融出版社，2007.

② 《蒙特利尔公约》又称《统一国际航空运输某些规则的公约》，于2003年11月4日正式生效。它是国际民用航空组织在1999年通过的一项国际公约，以取代使用70多年的《华沙公约》及修正其他系列公约、议定书，从而使规范国际航空运输的法律制度走向完整、统一。中国和其他51个国家签署了该项公约。

于 10 万特别提款权的，根据旅客遭受到的实际损失予以赔偿）。另外，对于航班延误造成损失的，每名旅客的赔偿限额为 4 150 特别提款权（约 5 000 美元）。在行李赔偿方面，不再按照以前的以重量为单位计算损失，而是每名旅客以 1 000 特别提款权（约 1 350 美元）为限①。

3. 飞机保险的附加险

（1）飞机战争劫持险。凡战争、敌对行为或武装冲突、拘留、扣留、没收、保险飞机被劫持和被第三者破坏等原因造成的保险飞机的损失费用，以及引起的被保险人对第三者或旅客应负的法律责任或费用，由保险人负责赔偿。

（2）飞机承运货物责任险。凡办好托运手续装载在保险飞机上的货物，如在运输过程中发生损失，根据法律、合同规定应由承运人负责者，由保险人给予赔偿。

4. 飞机保险的其他规定

（1）安全奖励。若保险飞机全年没有发生赔款，年终可退回全年保险费的 25%；虽然发生赔款，但赔款低于保险费的 30%，退回全年保险费的 15%；若赔款达到或超过保险费的 30%，则不退费。

（2）停航退费。飞机飞行时和停在地面上的风险是不一样的，所以当飞机进行正常修理或连续停航超过 10 天时，此期间的保险费可以按日计算退回 50%。但如果飞机是因为发生保险责任事故后修理等停航的，则对修理期间的停航不退费。

（3）声明价值附加费。凡承保飞机上载运的行李或货物，托运人向航空公司声明价值的，航空公司应将按声明价值所收的附加保险费的 80% 交给保险公司。

（4）免赔额的规定。我国飞机保险规定的免赔额按每次事故每一损失计算，列举如下：在地面上的损失，免赔额为 2 万美元；在飞行、滑行中的损失，免赔额为保额的 1%，但不低于 5 万美元；喷气式飞机吸入飞鸟等造成的免赔额为保额的 1%，但不低于 60 万美元，最高以两个引擎为限，最高免赔额为 120 万美元；旅客行李，每件的免赔额为 500 美元；货物，每件的免赔额为 1 万美元；飞机如遭全损，则无免赔额。

### （三）船舶保险

1. 船舶保险的定义

船舶保险是以各种类型船舶为保险标的的保险。其中，船舶是指能漂浮和航行于海洋、江河及其他可通航水域的任何形状的物体，并能自由地、有控制地将货物或旅客从一个港口运往另一个港口的浮动物体。从通常定义上来讲，船舶是浮于水面上的物体；船舶是供航行使用的；船舶是机具，是一定的构成物。船舶保险的种类主要有国内船舶保险和远洋船舶保险两大类。

国内船舶保险承保的船舶仅仅限于航行于国境内以及远海的各种船舶，如机帆船、铁壳轮

---

① 许飞琼. 责任保险. 北京：中国金融出版社，2007.

船、木壳轮船、铁壳驳船、木壳驳船、水泥船、钢板船、木船等；远洋船舶保险承保的船舶按照财产的概念具有较为广泛的定义，它可以是从事运输的各种船舶，包括干货船、散装船、集装箱船、油船、木材船、滚装船、子母船及生活、生产的专用船，也可以是建造中的船舶、水上仓库（趸船）、浮码头和海上钻井平台（不论是否装有推进器）或其他各种设备等。

2. 船舶保险的特点

船舶保险是财产保险中的一种，但有其自身的特点。

（1）运输货物保险一般只承保货物在运输过程中的风险，而船舶保险可以承保从船舶建造下水开始，直到船舶营运，以至停泊和最后报废拆船为止的整个过程的风险。

（2）船舶保险比运输货物保险的保障范围要广泛得多。它既要保船体（船壳）、机器、设备、燃料、供给品，又要保与船舶有关的利益、费用和责任。

（3）船舶保险涉及一个危险单位的价值比运输货物保险相对集中，船舶发生损失往往会出现巨额赔款。例如，1980年3月，挪威北海钻井平台"海上酒家——亚历山大·基兰德"号被强力大风吹翻，造成123人死亡，物质损失3.27亿挪威克朗，救助费用为600万美元；同年，美国船舶保险组合承保的三艘液化天然气运输船，因船只绝缘结构不良，赔款损失达3亿美元。

（4）货主对运输途中的货物安全是无法控制的，而船舶所有人对于船舶无论在航行途中或停泊期间，始终是在其雇用的经理人员和船长、船员的操纵下，这些雇用人员又是受船东直接支配和掌握的。因此，船舶所有人的经营作风、管理水平和信誉对保险船舶的安全会有直接影响。

3. 船舶保险的保障内容

（1）船舶的物质损失，即船壳、机器（包括主机、副机、发电机等）以及海洋船舶的导航设备、燃料、给养等。凡属于船舶本身以及附属于船上的财产，而为船东所有的，均予承保。物质损失是船舶保险保障的主要内容。

（2）船舶的有关利益，即船舶本身物质损失以外的利益损失。当船舶发生事故，除了船舶本身遭受局部或全部损失外，还因船舶停航、修理使被保险人遭受到各种利益损失，如运费、租金、预期利润、营运费用、保险费以及船员工资等。这些利益损失，在国外船舶保险市场上，有相当一部分是作为费用保险来加保的。

（3）对第三者的赔偿责任。由于船舶引起的责任（包括法律责任）需要在经济上负责给予赔偿的损失。例如，船舶碰撞责任、油污责任以及清除航道、打捞沉船责任等。

4. 船舶保险的保险责任

（1）自然灾害和意外事故。这里所指的自然灾害通常与海难相联系，或者是发生在航行中的各种灾难，如暴风雨、海啸、雷电、火灾、搁浅、触礁、沉没等。意外事故是一个相对的概念，在船舶保险中，除不可抗力的自然灾害以外，其他列明的承保责任都是意外事故所引起的。船舶保险条款对下列原因造成的直接损失专门作了规定：装卸货物或燃料时发生的意外事故；锅炉爆炸、船身断裂或机件、船壳的潜在缺陷；船长、船员、驾驶员或引航员的疏忽；除被保险人以外的修船人或租船人的疏忽；船长、船员、驾驶员的不法行为。

（2）碰撞责任。船舶碰撞是指船舶在水上与其他船舶或物体猛烈接触而发生的意外事故。按照国际习惯，船舶与其他船舶相撞称为碰撞；船舶与船舶以外的其他任何固定或浮动物体接触称为触碰。船舶因碰撞或触碰所致的损失是船舶保险承保的基本风险之一。船舶碰撞责任是指船舶因航行疏忽或过失造成船舶碰撞，引起财产损失、人身伤亡，依法应负的赔偿责任。对于船舶碰撞责任划分的依据，一般有三种情况：一方船舶过失造成的船舶碰撞，所有损害赔偿责任应由过失方承担；不可抗力或意外情况所引起的船舶碰撞以及船舶碰撞原因不明造成的损失，由遭受损害的人自行承担；双方船舶都有过失引起的船舶碰撞，其损害赔偿责任应按各方船舶过失程度比例承担。

我国船舶保险碰撞责任条款规定，负责承保被保险船舶与其他船舶碰撞或触碰任何固定的浮动物体或其他物体而引起的被保险人应负的法律赔偿责任。但不包括：人身伤亡或疾病；被保险船舶本船所载的货物或财产或其他承保的责任；清除障碍物、残骸、货物或任何其他物品的费用；任何财产或物体所造成的污染或玷污（包括预防措施或清除的费用），但与被保险船舶发生碰撞的他船或其所载财产遭受的污染或玷污不在此限；任何固定的、浮动的物体以及其他物体的延迟或丧失使用的间接损失或费用。

船舶碰撞责任条款规定，当被保险船舶与其他船舶发生碰撞，双方均有过失时，除一方或双方船东按法律规定享受责任限制外，其赔偿应按交叉责任原则计算，即船舶所有人必须按照彼此的责任比例赔偿对方损失。当被保险船舶碰撞其他物体时，亦适用此项原则。

我国船舶保险规定的碰撞责任条款对远洋船舶保险及航行于国内的机动船舶或保险的机动船舶及拖带的保险船舶均适用。

（3）施救费用。施救费用又称为施救、整理费用，属单独海损性质。施救费用是船舶保险其他条款规定的赔偿责任以外的一项约定，其赔偿不受碰撞责任和物质损失赔偿金额的限制，但不得超过船舶的保险金额。施救费用只是为了保险标的的单方利益，由被保险人或其代理人、雇用人等对受损标的采取各种抢救、防护措施所产生的合理费用。

（4）共同海损费用和救助费用。共同海损是我国远洋和沿海船舶保险承保的重要风险之一。共同海损是指在同一航程中，船舶和船上所载货物遭遇共同危险时，为了共同安全，故意而合理地采取措施所直接造成的特殊牺牲和支付的特殊费用。这种牺牲或费用应由同一航程中的船、货、运费三方按各自的获救价值进行分摊。船舶保险上的分摊为被保险船舶应当分摊的那一部分，而非全部。

救助是指被保险船舶遭受承保风险的袭击，单凭本身力量无法解脱其困境，只好请求第三者或第三者自愿前来提供帮助解脱其所处危险的行为。由此而引起的费用称为救助费用。船舶遭受承保风险袭击，船上有关利益方均遭受损威胁，该项救助费用应列入共同海损费用，由各利益方按照获救价值的比例分摊。除油轮救助外，国际上通行的救助合同均以"无效果、无报酬"的原则计算救助报酬。此外，还有一种以救助方的劳动时间和设备消耗加利润计算其救助费用的"雇佣合同"。

　　船舶保险条款规定，被保险船舶若发生共同海损牺牲，被保险人可获得这种损失的全部赔偿，而无须先行使向其他各方索取分摊额的权利，但这种损失必须是被保险船舶本身的物质损失。船舶保险条款还规定，当所有分摊方均为被保险人或被保险船舶空载航行并无其他分摊利益时，共同海损理算应按《北京理算规则》（第五条除外）或明文同意的类似规则办理，如同各分摊方不属于同一人一样。

　　5. 船舶保险的责任免除

　　船舶承保人为了控制船舶损失的赔偿责任，或者为了促使被保险人爱护保险财产，对有些应由被保险人承担的责任，均在保险条款中明确列为除外责任。船舶保险的除外责任主要有以下几方面：

　　（1）船舶不适航。它包括人员配备不当、装备或装载不妥，但以被保险人在船舶开航时知道或应该知道此种不适航为限。被保险船舶除必须具有合格机构签发的适航证书外，还必须在每一次航程开航前或开航时使船舶适航，即开航前或开航时必须使船壳、机器、设备、人员配备、燃料、物料、给养等适宜于航程的需要。是否构成不适航事实，应以船东是否知道或应该知道为限。例如，船舶开航前缺少大副，船东明知此事而同意开航，则由此发生的损失，保险人不予负责。

　　（2）被保险人及其代表的疏忽或故意行为。被保险人或其代表的疏忽不同于船长、船员的疏忽。被保险人一般都是指船东，但是按照我国的具体情况，凡实际行使船东权利、有权调动和使用船舶的人，可视为船东。至于船东代表主要是指行使管理专门业务、指挥生产的人，如航运、调度、船技部门的负责工作人员，他们的疏忽造成的船舶损失，保险人不负赔偿责任。故意行为是明知故犯，属于船东故意行为所致的损失，保险人在证据确凿的情况下，不承担任何赔偿责任。

　　（3）被保险人恪尽职责应予发现的正常磨损、锈蚀、腐烂或保养不周或材料缺陷，包括不良状态部件的更换和修理。由于在船舶营运过程中，船壳、机件磨损、锈蚀、腐烂是必然现象，为了维护船舶安全，按计划及时进行保养、更换或修理是被保险人应尽的职责，因此保险人不予负责。

　　（4）清除障碍物、残骸及清除航道费用。被保险船舶沉没在航道上，政府当局为了保持航道畅通，按照法律采取强制手段，命令船东清理航道、打捞沉船或设灯标，此类法律责任不在船舶保险范围内，一般由船东保赔协会承保。

　　（5）战争险及罢工险承保责任和除外责任。一般财产保险单均将此类政治原因造成的损失除外。

　　6. 船舶保险的责任期限

　　远洋船舶保险的责任期限分为两种。

　　（1）定期保险的责任期限。定期保险是船舶保险期限的主要形式。定期保险期限一般为1年，最短不能少于3个月。起止时间以保险单上注明的日期为准。当保险责任期满时，如被保险船舶尚在航行中或处于危险中，或在避难港或中途港停靠，经被保险人事先通知保险人并按日比例加付保险费后，本保险继续负责到船舶抵达目的港为止。保险船舶在延长时间内发生全损，需加交 6 个月的保险费。

（2）航次保险的责任期限。航次保险的责任期限按保险单订明的航次为准，如天津—香港、天津—伦敦。起止时间按下列规定办理：

①空载船舶。不载货船舶自起运港解缆或起锚时开始，至目的港抛锚或系缆完毕时终止。

②载货船舶。载货船舶自起运港装货时开始，至目的港卸货完毕时终止。但自船舶抵达目的港当日午夜零时起，最多不得超过 30 天。在任何情况下，航次保险的最长期限不得超过 90 天。如果要超过 90 天，必须事先征得保险人的同意并交付额外保费以后，保险合同方为有效。

国内船舶保险为定期保险，保险期限一般为 1 年，起止时间以保险单上注明的日期为准。

7. 船舶保险的保险金额和保险费率

（1）保险金额的确定。保险价值一般按船壳、机器、锅炉或特种设备（如冷藏机）等保险标的在投保当时的市价和保险费的总和计算。保险金额按保险价值确定。保险金额不得超过保险价值，超过部分无效。

（2）保险费率的制定。船舶保险费率应根据船龄、船型、船舶种类、航行范围、船舶承载货物、船级、船舶状况、船队大小、保险金额、船壳和机器市价、承保条件、免赔额、被保险人经营管理状况和以往事故损失记录等因素来制定。

我国保险公司承保远洋运输公司船舶的保险费率，每年都依据以往 5 年的赔付率来进行调整。伦敦保险市场船舶保险费率的调整是由联合船舶委员会按不同的船队，制定不同的保险费率调整标准，即主要参照以往赔付率。

## 五、货物运输保险

货物运输保险分为海上运输货物保险和国内货物运输保险。

### （一）海上运输货物保险

海上运输货物保险是指承保通过海轮运输的货物，在海上航行中遇到的自然灾害和意外事故所造成的损失。海上运输货物保险又可分为基本险和附加险。

1. 基本险
我国的海上运输货物保险的基本险包括平安险、水渍险和一切险三种。

（1）平安险。"平安险"只是我国保险界的习惯性称谓，并非保障货物可以平安、顺利地到达目的地。事实上，平安险是基本险的三个险别中承保范围最小的险种。平安险的英文意思就是"单独海损不保"，即保险人仅对货物的全部损失和共同海损承担责任。当然，随着国际经济一体化的加强和国际贸易的不断发展，为了适应市场的需要，平安险的承保责任已远远超过了仅对全损和共同海损赔偿的范围，保险人对某些意外事故所造成的单独海损也负赔偿责任。现在，我国平安险的责任范围具体包括以下几方面：

①在被保险货物运输途中，恶劣气候、雷电、海啸、地震、洪水等自然灾害造成整批货物的全部损失或推定全损。当被保险人要求赔付推定全损时，须将受损货物及其权利委付给保险公司，被保险货物用驳船运往或运离海轮的，每一驳船所装的货物可视作一个整批。

②运输工具遭受搁浅、触礁、沉没、与流冰或其他物体碰撞以及失火、爆炸等意外事故造成货物的全部或部分损失。

③在运输工具已经发生搁浅、触礁、沉没、焚毁等意外事故的情况下，货物在此前后又在海上遭受恶劣气候、雷电、海啸等自然灾害所造成的部分损失。

④在装卸或转运时，一件或数件整件货物落海造成的全部或部分损失。

⑤被保险人对遭受承保责任内危险的货物采取抢救。防止或减少货损的措施而支付的合理费用，但以不超过该批被救货物的保险金额为限。

⑥运输工具遭遇海难后，在避难港卸货、存仓及运送货物所发生的特别费用。

⑦共同海损的牺牲、分摊和救助费用。

⑧运输契约订有"船舶互撞责任"条款，根据该条款规定应由货方偿还船方的损失。船舶互撞责任条款是指本船货主如向对方船取得货损的全部赔偿，致使对方船向本船承运人提出索赔，则货主应将这一部分偿还给本船承运人。这一条就是负责货主偿还给本船承运人的损失。

从平安险的责任范围可以看出，保险人除了对自然灾害导致的货物全损及运输工具遭受搁浅、触礁、沉没、焚毁等意外事故引起的单独海损负责外，对运输工具已经发生上述意外事故，同时在此前后又遭遇恶劣气候、雷电、海啸等自然灾害所造成的部分损失，也可承担责任。但如果是仅因遭受恶劣气候等自然灾害而致的单独海损，保险人概不负责。

（2）水渍险。水渍险的承保责任除了包括上列平安险的各项责任外，还负责被保险货物由于恶劣气候、雷电、海啸、地震、洪水等自然灾害所造成的部分损失。也就是说，在平安险的全部责任范围的基础上，再加上恶劣气候等自然灾害所造成的被保险货物的部分损失。

（3）一切险。一切险的承保责任范围最大，不仅包括水渍险的各项责任，还负责被保险货物在运输过程中由于外来原因所致的全部或部分损失。外来原因引起的外来风险通常包括偷窃提货不着险、淡水雨淋险、短量险、混杂玷污险、渗漏险、碰撞破碎险、串味险、受潮发热险、钩损险、包装破裂险、锈损险11种普通附加险。

值得注意的是，光从字面上理解，一切险似乎承保所有风险，保险人负责赔偿货物在运输途中发生的所有损失。但事实上，如前所述，一切险的责任范围并非包括每一种形式的灭失与损害，它只是在水渍险的基础上，将责任进一步扩展，增加了11种普通附加险而已。

2. 附加险

附加险就是只有在投保了主险后方能加保的险别。

（1）普通附加险。普通附加险，又称为一般附加险，承保货物在运输途中由于一般外来原因所致的损失，即包括在一切险责任范围内的各种附加险。普通附加险有以下11种：

①偷窃提货不着险。它承保被保险货物在保险期限内遭受的、偷窃行为所致的损失或整件提货不着，由保险人按保险价值赔偿。这里的"偷"是指整件或整箱货物被偷走；"窃"是指整件或整箱货物中的一部分被窃走；"提货不着"是指在运输途中货物被遗失，致使未能运达目的地交付给收货人。

②淡水雨淋险。这种附加险承保被保险货物因直接遭受的淡水或雨淋以及冰雪融化所致的损失。淡水包括船上淡水舱、船舱内水汽凝聚而成的舱汗以及水管漏水等。淡水与海水是相对而言的。如前所述，平安险、水渍险只负责海水所致的货损，所以本附加险是在平安险和水渍险基础上的扩展。被保险人在索赔时，要注意货物包装外部应有雨水或淡水痕迹或其他适当证明；同时，被保险人亦须及时提货，在提货后十日之内申请检验，否则保险公司不承担责任。

③短量险。短量险承保被保险货物在运输途中发生的数量短少和重量短缺的损失。凡包装的货物短少，须有外包装发生破口、裂袋或扯缝等异常现象，以鉴别是外来原因引起的还是原来的货物短少；散装货物的重量短缺一般以装船重量和卸船重量间的差额作为计量短量的依据，但要扣除货物的正常途耗。

④混杂、玷污险。混杂、玷污险承保被保险货物在运输途中遭受的混进杂质或被玷污而致的损失。例如，散装的粮谷或矿砂混进泥土、草屑、碎石等致使货物质量受到影响。

⑤渗漏险。渗漏险承保流质、半流质、油类等被保险货物在运输途中由于容器损坏而引起的渗漏损失，或者用液体储运的货物（如湿肠衣、酱渍菜等）因储液渗漏而肠衣变质、酱渍菜不能食用等损失。

⑥碰损、破碎险。碰损、破碎险承保被保险货物在运输过程中遭受的震动、碰撞、受压所造成的破碎和碰撞损失。所谓碰撞，主要是对金属或金属制品而言的，如机器、仪器、仪表等货物易受到震动、颠簸、挤压而导致凹瘪、脱瓷、脱漆、划痕等损失。破碎是指一些易碎的货物（如瓷器、陶器、玻璃及器皿等）在运输途中粗鲁装卸、运输工具的震颤等易造成货物本身的破裂、断碎等损失。

⑦串味险。串味险承保被保险食用物品、中药材、化妆品原料等货物在运输途中遭受的因受其他物品（如皮革、樟脑等）的影响而造成的串味损失。但如果这种串味损失和船方配载不当有关，则应由船方负责。

⑧受潮受热险。受潮受热险承保被保险货物在运输途中遭受的因气温突然发生变化或者船上通风设备失灵致使船舱内水汽凝结、发潮或发热所造成的损失。袋装、捆装以及易于吸收水分的货物容易遭受此类损失，如黄豆，极易因船舱水汽过大而变潮、发霉、变质。

⑨钩损险。钩损险承保袋装、捆装货物在运输过程中用钩子（包括手钩、吊钩等）工具装卸时，粗鲁作业致使包装破裂所造成的货物损失，以及钩子直接钩破货物所造成的损失。

⑩包装破裂险。包装破裂险承保被保险的袋装、箱装、桶装、篓装的块、粒、粉状货物在运输过程中遭受的因搬运或装卸不当，致使包装破裂而引起货物的短少、玷污、受潮等损失。

⑪锈损险。锈损险承保被保险货物在运输过程中遭受的因生锈所造成的损失，但需有两个必不可少的条件：一是这种生锈并非原装时就存在的；二是须属于保险期限内发生的。

（2）特别附加险。特别附加险承保没有包括在一切险责任范围内的风险，其货损原因往往与政治、国家行政管理以及一些特殊的外来风险相关联。目前，中国人民保险公司承保的特别附加险主要有交货不到险、进口关税险、舱面险、拒收险、黄曲霉素险和出口货物到香港（包括九龙在内）或澳门存仓火险责任扩展条款。

（3）特殊附加险。特殊附加险主要是指战争险和罢工险。

3. 责任免除

海上运输货物保险条款规定，对下列原因所致的货物损失不负责赔偿：

（1）被保险人的故意行为或过失所造成的损失；

（2）属于发货人责任所引起的损失；

（3）在保险责任开始前，被保险货物已存在的品质不良或数量短差所造成的损失；

（4）被保险货物的自然损耗、本质缺陷、特性以及市价跌落、运输延迟所引起的损失或费用；

（5）战争险和货物运输罢工险条款规定的责任范围和除外责任。

4. 保险期限

关于责任起讫，各国的海上运输货物保险条款各有不同的规定，但就实质而言，大体一致，基本上都包括"仓至仓条款""扩展责任条款""航程终止条款"和"驳船条款"。我国的海上运输货物保险条款对于责任起讫区分正常运输和非正常运输两种情况加以规定。

（1）正常运输。正常运输是指使用正常的运输工具，按照正常的航线、航程行驶并停靠港口，包括正常的延迟和正常的转船。在正常运输情况下，保险人承担责任的起讫期限以仓至仓条款为依据，即自被保险货物运离保险单所载明的起运地仓库或储存处所开始运输时生效，包括正常运输过程中的海上、陆上、内河和驳船运输在内，直至该货物到达保单所载明的目的地收货人的最后仓库或储存处所。货物一经进入收货人的仓库，保险人的责任即行终止；倘若货物在收货人的仓库中发生损失，保险人概不负责。上述仓至仓责任还要受到下列限制：货物自目的港卸离海轮时起算满 60 天，不论被保险货物是否进入收货人仓库，保险责任均告终止。在保险经营实务中，由于情况非常复杂，有的货物目的地就是卸货港，有的则在内陆，因而上述仓至仓条款的规定也应按不同的情况加以区别。

①保单上载明的卸货港就是目的地，则被保险人提货后运到自己的仓库，保险责任即行终止。倘若被保险人提货后并未运往自己的仓库，而是将货物分散、出售、转运、分配、分派，则保险责任从这个时候起即行终止。

②保单上载明的目的地并非在卸货港，而是在内陆某地，则被保险人从船方提货后运到

内陆，货物进入收货人的目的地仓库，保险责任即行终止。

③保单上载明的目的地是在内陆某地；如果货物运往内陆目的地后，并未将货物直接运往收货人仓库，而是在中途先行存放在某一仓库，然后又将该批货物分成几批，分别陆续运往几个内陆目的地，其中包括保单原载目的地，则保险责任到达分配地，即先行存入的某一仓库时终止，也包括运往原目的地的那部分货物。

上述三种情况都要受到保险责任自货物卸离海轮后满 60 天终止这一规定的限制。也就是说，在上述三种情况下的保险责任终止前，若被保险货物卸离海轮后已满 60 天，则保险责任终止。

（2）非正常运输。非正常运输是指在被保险人无法控制的情况下，货物在运输途中发生运输契约终止，致使货物没有按照正常的航程、航线行驶并停靠港口，而是在途中被迫卸货、重装或转载以及由此而发生运输延迟、绕道等。提单中一般都订有自由条款，规定在迫不得已的情况下，承运人有自由变更航程、绕道及终止运输契约的权力，且由此发生的运输延迟、被迫卸货、重装等情况，致使货物遭受损失，承运人不负任何责任。因为这是"迫不得已"发生的，而非承运人的主观意愿所致。在这些情况下，如果被保险人能及时将获知的情况通知保险人，并在必要时同意加缴保险费，则原保险继续有效。

我国对于非正常运输情况下的责任起讫规定，被保险人无法控制的运输延迟、绕道、被迫卸货、重新装载、转载或承运人运用运输契约赋予的权限所作的任何航海上的变更或终止运输契约，致使被保险货物运到非保险单载明的目的地时，在被保险人及时将获知的情况通知保险人，并在必要时加缴保险费的情况下，本保险继续有效。保险责任按下列规定终止：一是被保险货物如在非保险单载明的目的地出售，保险责任至交货时终止，但不论任何情况，均以被保险货物在最后卸载港全部卸离海轮后满 60 天终止；二是被保险货物如在上述 60 天期限内运往保险单所载原目的地或其他目的地，保险责任仍按上述正常运输情况下的责任起讫规定终止。这些实质上就是国际保险市场通常采用的"扩展责任条款"和"航程终止条款"。

### （二）国内货物运输保险

1. 国内货物运输保险的特点与种类

（1）国内货物运输保险的特点。国内货物运输保险是以国内运输过程中的货物作为保险标的，当运输中的货物因自然灾害或意外事故而遭受损失时给予经济补偿的一种财产保险。国内货物运输保险是货物运输保险的一种，具有货物运输保险的一般特点。

（2）国内货物运输保险的种类。

①按运输工具的不同，分为水上货物运输保险、陆上货物运输保险、航空货物运输保险等。

水上货物运输保险承保利用水上运输工具（如轮船、驳船、机帆船、木船、水泥船）运输货物的一种保险。

陆上货物运输保险承保除水上运输工具和飞机以外的所有其他运输工具或手段运输货物的保险，包括机动的、人力的、畜力的运输工具，如火车、汽车等。

航空货物运输保险承保以飞机作为运输工具运载货物的运输保险。

除上述三种货运险外，还有特种货物运输保险，如排筏保险、港内外驳运险、市内陆上运输保险等。

②按运输方式的不同，分为直运货物运输保险、联运货物运输保险、集装箱运输保险。

直运是直达运输的简称。直达运输指货物从起运至目的地只使用一种运输工具的运输，即使中途货物需要转运，转运所用的运输工具也属同一种类。

联运是使用同一张运输单据，用两种或两种以上不同的主要运输工具运送货物的运输，一般有水陆联运、江海联运、陆空联运等。采用联运方式运输的货物投保货运险，其费率要高于直达运输下货物的费率。

由于集装箱运输能做到装运单位化，即把零散货物集中装在大型标准化货箱内，因此，它可以简化甚至避免沿途货物的装卸和转运，从而提高货物运输效率，加速船舶周转，减少货物残损短少。由于上述种种优点，利用集装箱运输的货物如投保货运险，其费率较利用其他运输方式低。

2. 国内水路、陆路货物运输保险

国内水路、陆路货物运输保险是以国内水路、陆路运输过程中的各类货物（不包括铁路运输的包裹及快件商品）为保险对象，保障货物在运输过程中发生灾害事故造成损失时，由保险公司提供经济补偿的一种保险业务。水路及陆路运输是我国最为主要的运输方式。这两种运输方式每年承担的货运量占国内运输总量的70%以上。随着我国与世界各国贸易往来的增加，以及国内各省、市、区的横向联系日趋加强，水路及陆路运输的货运量必将与日俱增。

（1）国内水路、陆路货物运输保险的保险责任范围。

①国内水路、陆路货物运输保险的保险责任。根据中国人民保险公司于1991年5月1日修订的条款，国内水路、陆路货物运输保险责任分为基本险和综合险两种。

水路、陆路货运险基本险的责任是指被保险货物在运输过程中因下列原因而遭受的损失，保险人负赔偿责任：火灾、爆炸、雷电、冰雹、暴风、暴雨、洪水、地震、海啸、地陷、崖崩、滑坡、泥石流所造成的损失；运输工具发生碰撞、搁浅、触礁、沉没、出轨或隧道、码头坍塌所造成的损失；在装货、卸货或转载时，遭受不属于包装不善或装卸人员违反操作规程所造成的损失；按国家规定或一般惯例应分摊的共同海损的费用；在发生上述火灾事故时，因纷乱而造成的货物散失以及因施救或保护货物所支付的直接而合理的费用。

在投保综合的货运险下，保险人除了承担基本险责任外，还要负责赔偿下列损失：受震动、碰撞、挤压而造成碎破、弯曲、凹瘪、折断、开裂或包装破裂致使货物散失的损失；液体货物因受震动、碰撞或挤压致使所用容器（包括封口）损坏而渗漏的损失，或用液体保藏的货物因液体渗漏而造成保藏货物腐烂、变质的损失；遭受盗窃或承运人责任造成的整件提货不着的损失；符合安全运输规定而遭受雨淋所致的损失。

②国内水路、陆路货物运输保险的责任免除。下列原因造成被保险货物的损失，保险人均不负赔偿责任：战争或军事行为；核事件或核爆炸；被保险物本身的缺陷或自然损耗以及包装不善所致的损失；被保险人的故意行为或过失；其他不属于保险责任范围的损失。

（2）国内水路、陆路货物运输保险的保险期限。国内水路、陆路货物运输保险的保险责任起讫期限为：自签发保险凭证和保险货物运离起运地发货人的最后一个仓库或储存处所时起，至该保险凭证上该物的目的地收货人在当地的第一个仓库或储存处所时终止。但保险货物运抵目的地后，如果收货人未及时提货，则保险责任的终止期最多延长至以收货人接到到货通知单后的 15 日为限（以邮戳日期为准）。

保险责任开始的标志是：保险人或其代理人"签发了"保险凭证，以及被保险货物"运离"起运地发货人的最后一个仓库或储存处所，两个条件必须同时具备，否则保险责任不能生效。

关于保险责任的终止，在实务中会出现以下几种情况：第一，被保险货物运抵目的地后，收货人未及时提货，这时保险责任最多可延长至从收货人接到到货通知单后起算的 15 天；第二，被保险货物运抵目的地后，被保险人或其收货人提取部分货物，对此，保险人对其余未提货物也只承担 15 天的责任；第三，在被保险货物运抵目的地后的 15 天内，被保险人或其收货人不是将货物提取放入自己的仓库或储存处所，而是就地直接发运其他单位或再转运其他单位时终止。

（3）国内水路、陆路货运险的保险金额及保险费。国内货物运输保险的保险金额采取定值的方法加以确定并载明于保单，以此作为保险人对保险标的遭受损失时给予补偿的最高限额。根据保险条款的规定，国内水路、陆路货物运输保险的保险金额按货价加运杂费、保险费计算确定。

货物运输保险的费率同样主要取决于赔付率，但由于货物运输保险与其他财产保险有区别，因此，其费率的制定要考虑以下几个因素：

①运输方式。运输方式分为"直运""联运"和"集装箱运输"三种。采用的运输方式不同，货物在运输中所面临的风险也不一样，保险费就应该有所差别。"直运"所使用的运输工具只有一种，货物从一地运到另一地，即使中间需要转运，运输工具仍保持不变；联运则要涉及中途变更运输工具，因而增加了卸载、重载等中间环节，对联运的费率是按联运所使用运输工具中费率最高的一种运输工具再加收 0.5‰ 确定的；采用集装箱运输方式可减少货物的残损短少，风险相对较小，因此，保险费率通常按表定费率再减 50% 确定。

②运输工具。运输工具不同，导致货物可能出险的机会自然不同。例如，火车出事的概率要小于汽车。即使是同一种运输工具，由于载重量不同，费率也有差异。例如，船舶吨位小的费率要高于船舶吨位大的。

③运输途程。运输途程的长短关系到运输所需时间的多少，相对而言，货物在运输途中的时间越长，受损的机会越大，其费率比途程较短的要高。由于运输途程的不同，不仅会有时间上的差别，而且会有地域上的差别，这也会对货物运输保险的费率产生影响。

④货物的性质。货物的性质不同往往决定了货物受损的程度和机会不同。保险人承保易燃、易爆、易腐、易碎物品的风险很大，其发生损失的可能性明显要大于一般货物，因此，费率就较高。我国国内水路、陆路货物运输保险费率规章根据货物的特性，将货物分为五类，类别越高，风险程度越大，费率相应也就越高。

⑤保险险别。综合险的承保责任范围较之基本险为广，因此，综合险的费率要高于基本险。

（4）国内水路、陆路货运险的赔偿处理。在对国内水路、陆路货运险进行赔偿处理时，应注意以下几个方面：

①在计算赔款时，应针对足额和不足额保险情况分别理算。对于足额保险，即被保险人是按起运地货价确定保险金额的，保险人根据实际损失计算赔偿；如果被保险人是按货价加运杂费确定保险金额的，保险人则根据实际损失，按起运地货价加运杂费计算赔偿。但两种的最高赔偿金额均以保险金额为限。对于不足额保险，保险人在赔偿货物损失金额和支付施救费用时，要按保险金额与货物实际价值的比例计算赔偿。

②保险人对货损和施救费用的赔偿应分别计算，但均以不超过保险金额为限。

③代位求偿。当货物遭受的保险责任范围内的损失是由承运人或其他第三者的责任造成时，会涉及代位求偿问题。被保险人可以向责任方提出索赔，也可以向保险人要求赔偿。但是，如果向保险人索赔，则应该在获得赔款后签发权益转让书，即把可以向有责任的一方要求赔偿的权利全部转让给保险人，同时还有义务协助保险人做好追偿工作。

④残值折归被保险人，并从赔偿中扣除。

⑤被保险人的有效索赔时效为 180 天。

3. 国内航空货物运输保险

（1）国内航空货物运输保险的概念。国内航空货物运输保险是以国内航空运输过程中的各类货物为保险对象，保险货物在运输过程中发生灾害事故从而造成损失时，由保险公司提供经济补偿的一种保险业务。凡是可以向民航部门托运货物的单位和个人，都可以将其空运货物（鲜、活物品和动物除外）向保险公司投保国内航空货物运输保险。金银、首饰、珠宝、稀有贵重金属，以及每千克价值在 1 800 元以上的贵重物品，经特别约定后，也可以投保国内航空货运险。

（2）国内航空货物运输保险的保险责任范围。

①保险责任。被保险货物在保险期限内，无论在运输过程中还是在存放过程中，对于下列原因造成的损失，保险人负赔偿责任：

A. 飞机遭受碰撞、倾覆、坠落、失踪（在 3 个月以上），在危难中发生卸载以及遭受恶劣气候或其他危险事故发生抛弃行为所造成的损失；

B. 被保险货物本身遭受火灾、爆炸、雷电、冰雹、暴风、暴雨、洪水、海啸、地震、地陷、崖崩所造成的损失；

C. 被保险货物受震动、碰撞或压力而造成的破碎、弯曲、凹瘪、折断、开裂等损伤以及由此引起包装破裂而造成的损失；

D. 属液体、半流体或者需要用液体保藏的被保险货物，在运输中受震动、碰撞或压力致使容器（包括封口）损坏发生渗漏而造成的损失，或用液体保藏的货物因液体渗漏而致保藏货物腐烂的损失；

E. 被保险货物遭受偷窃或者提货不着造成的损失；

F. 在装货、卸货时和地面运输过程中，遭受不可抗力的意外事故及雨淋造成的被保险货物的损失。

此外，对于在发生责任范围内的灾害事故时，为防止损失扩大采取施救或保护货物的措施而交付的合理费用，保险人也负赔偿责任，但最高以不超过保险金额为限。

②责任免除。保险货物于保险期限内由下列原因造成损失的，无论在运输途中还是在存放过程中的损失，保险公司均不负赔偿责任：战争或军事行动；保险货物本身的缺陷或自然损耗，以及包装不善或者属于托运人不遵守货物运输规则所造成的损失；托运人或被保险人的故意行为或过失；其他不属于保险责任范围内的损失。

（3）国内航空货物运输保险的保险期限。根据保险条款的规定，"保险责任自被保险货物经承运人收讫并签发航空货运单注明保险时起，至空运抵目的地的收货人当地的仓库或储存处所时终止。被保险货物空运至目的地后，如果收货人未及时提货，则保险责任的终止期最多以承运人向收货人发出到货通知以后的 15 天为限"。

飞机在飞行途中，因机件损坏或发生其他故障而被迫降落，以及由于货物严重积压，被保险货物需改用其他运输工具运往原目的地时，保险人对被保险货物所负的责任不予改变，但被保险人应向保险人办理批改手续。如果被保险货物在飞机被迫降的地点出售或分配，保险责任的终止期以承运人向收货人发出通知以后的 15 天为限。

（4）国内航空货物运输保险的保险费率。民航部门所承运的货物与水路、陆路运输机构承运的货物相比，具有批量小、单位价值高的特点，再加上空运货物要比水路、陆路运输货物安全得多，所以航空货物运输保险的费率直接套用国内外水路、陆路货物运输保险的订费方法显然是不妥当的。

航空货物运输保险从被保险货物的特性出发，将各种货物分为一般物质、易损物质和特别易损物质三类，同时相应规定了三个不同档次的费率。为了便于实际操作，每个档次的费率除了用文字说明其划分标准和适用范围外，还辅以具体的物品名目，以便有关人员在必要时可以此类比。

（5）国内航空货物运输保险的保险金额及赔偿处理。国内航空货物运输保险的保险金额的确定同国内水路、陆路运输货物保险；国内航空货物运输保险的赔偿处理规定与国内水路、陆路货物运输保险大体相同，在此不再详述。

4. 国内铁路包裹运输保险

国内铁路包裹运输保险是以国内铁路运输过程中的包裹行李及快件商品为保险对象，当保险包裹行李及快件商品在运输过程中发生灾害事故损失时，由保险公司提供经济补偿的一种保险。

（1）国内铁路包裹运输保险的保险责任范围。

①国内铁路包裹运输保险的保险责任。保险包裹、行李及快件商品在保险期限内无论在运输过程中还是在存放过程中，由下列原因造成的损失，保险公司负赔偿责任：

A. 车辆出轨、隧道坍塌所造成的损失；

B. 火灾、爆炸、雷电、冰雹、暴雨、洪水、海啸、地陷、崖崩所造成的损失；

C. 在装货、卸货时发生意外事故所造成的损失；

D. 保险包裹、行李因遭受震动、碰撞或压力而造成破碎、弯曲、凹瘪、折断、开裂等损伤，以及由此而引起包装破裂的损失；

E. 保险包裹遭受偷窃或者提货不着造成的损失；

F. 凡属液体、半流体或者需要用液体保藏的保险包裹、行李及快件商品，在运输途中因震动、碰撞或挤压致使所装容器（包括封口）损坏发生渗漏而造成的损失；

G. 在装、卸货时和地面运输过程中，遭受不可抗力的意外事故及突然性的雨淋所造成的损失；

H. 发生上述责任范围内的灾害事故时，因施救和保护包裹而支付的合理费用（但不能超过保险金额）。

②国内铁路包裹运输保险的责任免除。保险包裹在保险期限内由下列原因造成损失的，无论在运输过程中还是在存放过程中造成损失，保险公司均不负责赔偿：战争或军事行动；包裹本身的缺陷、霉烂、变质或自然损耗，运输延迟所造成的损失或费用，以及属于托运人不遵守货物运输规章所造成的损失；托运人或被保险人的故意或过失行为所造成的损失；自理自用的保险包裹由于遭受盗窃的损失。

（2）国内铁路包裹运输保险的责任起讫。国内铁路包裹运输保险的责任起讫是以一次运程来计算的。具体来说，从托运的包裹在承运人收讫并签发包裹货运单注明保险时起责任开始，至抵达目的地交付托运人或收货人时责任终止。保险包裹、行李到达目的地后，如托运人或收货人未能及时提货，按照车站规定存放的期限，每延迟 1 天，按件加收保险费。在此期间，保险公司仅按企业财产或家庭财产保险条款负保险责任。

（3）国内铁路包裹运输保险的保险金及保险费。包裹、行李的保险金额，可按所托运的包裹、行李的实际价值由被保险人自行确定；快件商品的保险金额，可按货物进价加上运杂费或者按目的地销售价确定。

被保险人在保险公司签发保险凭证的同时，须按上述标准向保险公司一次交清应交的保险费。

（4）国内铁路包裹运输保险的赔偿处理。

①索赔。国内铁路包裹运输保险出险后，被保险人在向保险公司申请赔偿时，必须提供以下单证：包裹货运单、发票、保险凭证、装箱单、包裹运输事故签证、物资损失清单、救护保险包裹所交出合理费用的单据（包裹行李无发票的，以保险凭证为据）。但在此之前，

即保险包裹、行李运抵保险凭证所载明的目的地后，托运人或收货人在取货时必须进行检验。如果发现包裹受损，必须在 3 天之内向当地保险公司申请复验，否则，保险公司不予受理。

②理赔。保险公司在接到被保险人的索赔申请及有关单证后，要迅速核定是否应赔偿。经核定，如发生损失，保险公司负有赔偿责任的，应在保险金额限度内按实际损失计算赔偿；如为不足额保险，或理赔后需要代位追偿的，按前面述及的方法处理。

## 六、工程保险

### （一）工程保险的概念、特征与种类

1. 工程保险的概念及特征

工程保险是对建筑工程、安装工程及各种机器设备因自然灾害和意外事故造成物质财产损失和第三者责任进行赔偿的保险。它是以各种工程项目为主要承保对象的保险。一般而言，传统的工程保险仅指建筑、安装、机器及船舶建造工程项目的保险。然而，进入 20 世纪以来，尤其是第二次世界大战以后，许多科技工程活动得到了迅速的发展，又逐渐形成了科技工程保险。在我国，工程保险始于 20 世纪 80 年代初，首先承保的是涉外业务，包括建筑工程一切险、安装工程一切险、机器损坏险，其后逐步得到发展和完善。

工程保险虽然承保了火灾保险和责任保险的部分风险，但与传统的财产保险相比较，它又有着如下特征：

（1）风险广泛而集中。传统的财产保险只承保列明的少数风险，而工程保险的许多险种都冠以"一切险"，即除条款列明的责任免除外，保险人对保险期间工程项目因一切突然和不可预料的外来原因所造成的财产损失、费用和责任均予赔偿。可见，其责任十分广泛。同时，现代工程项目集中了先进的工艺、精密的设计和科学的施工方法，使工程造价猛增，造成工程项目本身就是高价值、高技术的集合体，从而使工程保险承保的风险基本上是巨额风险。

（2）涉及较多的利害关系人。在传统财产保险中，投保人一般为单个的法人或自然人，保险合同成立后，投保人即为被保险人；而在工程保险中，由于同一个工程项目涉及多个具有经济利害关系的人，如工程所有人、工程承包人、各种技术顾问及其他有关利益方，所以，凡对于工程保险标的具有保险利益者，均具备对该工程项目的投保人或被保险人资格。

（3）工程保险的内容相互交叉。在建筑工程保险中①，通常包含安装项目，如房屋建筑中的供水设备安装等；在安装工程保险中，一般也包含建筑工程项目，如安装大型机器设备，就需要进行土木建筑打好座基等。因此，这类业务虽有险种差异、相互独立，但内容多

---

① 郑功成．财产保险学．武汉：武汉大学出版社，1992.

有交叉，经营上也有相通性。

（4）工程保险承保技术风险。现代工程项目的技术含量很高、专业性极强，而且可能涉及多种专业学科或尖端技术，如兴建核电站和现代化工厂等。因此，从承保的角度分析，工程保险对于保险的承保技术、承保手段和分保能力的要求比其他财产保险更高。

2. 工程保险的种类

按照保险市场上的承保惯例，工程保险一般分为建筑工程保险、安装工程保险、机器损坏保险、科技工程保险、船舶工程保险。其中，船舶工程保险是承保各类船舶在建造期间（包括下水试航期间）在陆上和海上因特定风险所造成的物质损失，以及被保险人对第三者应承担的赔偿责任为保险标的的保险。它包括船舶（或海上装置、钻井平台）建造保险和拆船保险。这里仅介绍前四个险种。

### （二）建筑工程保险

1. 建筑工程保险的概念

建筑工程保险是承保以土木建筑为主体的民用、工业用和公共事业用的工程在整个建筑期间因自然灾害和意外事故造成的物质损失，以及被保险人对第三者依法应承担的赔偿责任为保险标的的保险，简称建工险。它是随着现代工业和现代科学技术的发展，在火灾保险、意外伤害保险及责任险的基础上逐步演变而成的一种综合性保险。

2. 建筑工程保险的适用范围

建筑工程保险承保的是各类建筑工程，在财产保险经营中，建筑工程保险适用于各类民用、工业用和公共事业用的建筑工程，如房屋、道路、水库、桥梁、码头、娱乐场、管道以及各种市政工程项目的建筑。上述工程在建筑过程中的各种意外风险均可通过投保建筑工程保险而得到保险保障。

建筑工程保险的被保险人大致包括以下几方：第一，工程所有人，即建筑工程的最后所有者；第二，工程承包人，即负责承建该项工程的施工单位，可分为主承包人和分承包人，其中，分承包人是向主承包人承包部分工程的施工单位；第三，技术顾问，即由所有人聘请的建筑师、设计师、工程师和其他专业顾问代表所有人监督工程合同执行的单位或个人；第四，其他关系方，如贷款银行或其他债权人等。当存在多个被保险人时，一般由一方出面投保，并负责支付保费、申报保险期间风险变动情况、提出原始索赔等。

在实务中，由于建筑工程的承包方式不同，所以其投保人也就各异。承包方式主要有四种情况：第一，全部承包方式，即所有人将工程全部承包给某一施工单位，该施工单位作为承包人（或主承包人）负责设计、供料、施工等全部工程环节，最后以钥匙交货方式，将完工的建筑物交给所有人。在此方式中，由于承包人承担了工程的主要风险责任，故而一般由承包人作为投保人。第二，部分承包方式，即所有人负责设计并提供部分建筑材料，施工单位负责施工并提供部分建筑材料，双方各承担部分风险责任，此时可由双方协商，推举一方为投保人，并在合同中写明。第三，分段承包方式，即所有人将一项工程分成几个阶段或几部分分别向外承包,承包人之间是相互独立的,没有契约关系。此时,为避免分别投保造成的时间差和责任差,应由所有人出面投保建工险。第四,施工单位只提供服务的承包方式。所有人负责设计、供料和工程技术指导;施工单位只提供劳务,进行施工,不承担工程的风险责任。此时,应由工程所有人投保。

总之,在一般情况下,建工险的投保人多为所有人或承包人(或主承包人)。当存在多个被保险人时,对每一个被保险人的赔偿以不超过其对保险标的的保险利益为限,必要时,可附批单说明接受赔偿各方的程序和金额。由于建筑工程保险的被保险人不止一个,而且每一个被保险人各有其本身的权益和责任需要向保险人投保,为避免有关各方相互之间的追偿责任,大部分建筑工程保险单加贴交叉责任条款,其基本内容就是各个被保险人之间发生的相互责任事故造成的损失,均可由保险人负责赔偿,无须根据各自的责任相互进行追偿。

3. 保险标的和保险金额

建筑工程保险标的的范围很广,但概括起来,可分为物质财产本身和第三者责任两类。物质财产本身包括建筑、安装工程、机器及附属设备和工具、工程所有人提供的物料、现成建筑物和场地清理费等;第三者责任指在保险有效期内,因发生意外事故造成工地及邻近地区的第三者人身伤亡或财产损失,依法应由被保险人承担的民事赔偿责任和因此而支付的诉讼费及经保险人书面同意的其他费用。为了确定保险金额的方便,建工险保单明细表中列出的保险项目通常包括物质损失、特种风险赔偿、第三者责任三个部分。

(1)物质损失。建工险的物质损失可以分为以下七项:

①建筑工程,包括永久性和临时性工程及工地上的物料。该项目是建工险的主要保险项目,包括建筑工程合同内规定建筑的建筑物主体;建筑物内的装修设备;配套的道路、桥梁、水电设施、供暖取暖设施等土木建筑项目;存放在工地上的建筑材料、设备;临时的建筑工程等。建筑工程的保险金额为承包工程合同的总金额,即建成该项工程的实际造价,应包括设计费、材料设备费、运杂费、施工费、保险费、税款及其他有关费用。

②工程所有人提供的物料和项目,是指未包括在上述建筑工程合同金额中的所有人提供的物料及负责建筑的项目。该项保险金额应按这一部分的重置价值确定。

③安装工程项目,是指未包括在承包工程合同金额内的机器设备安装工程项目,如办公大楼内发电、取暖、空调等机器设备的安装工程。若已包括在承包工程合同内,则无须另行投保,但应在保单中予以说明。该项目的保险金额按重置价值计算,应不超过整个工程项目保险金额的20%;若超过20%,则按安装工程保险费率计收保费;若超过50%,则应单独投保安装工程保险。

④建筑用机器、装置及设备,是指施工用的各种机器设备,如起重机、打桩机、铲车、推土机、钻机、供电供水设备、水泥搅拌机、脚手架、传动装置、临时铁路等。该类财产一般为承包人所有,不包括在建筑工程合同价格之内,因而应作为专项承保。这部分财产应在清单上列明其名称、型号、规格、制造厂家、出厂年月和保险金额,其保险金额按重置价值确定,即重置同原来相同或相近的机器设备的价格,包括出厂价、运费、保险费、关税、安

装费及其他必要的费用。

⑤工地内现成的建筑物，是指不在承保工程范围内的，归所有人或承包人所有的或其保管的工地内已有的建筑物或财产。该项保险金额可由保险双方当事人协商确定，但最高不得超过其实际价值。

⑥场地清理费，是指发生承保危险所致的损失后为清理工地现场所支付的费用。该项费用一般不包括在建筑合同价格内，需单独投保。大工程的该项保额一般不超过合同价格的5%，小工程的该项保额不超过合同金额的10%。本项费用按第一危险赔偿方式承保，即发生损失时，在保险金额内按实际支出数额赔付。

⑦所有人或承包人在工地上的其他财产，是指不能包括在以上六项范围内的其他可保财产。如需投保，则应列明名称或附清单于保单上。其保险金额可参照以上六项的标准由保险双方协商确定。

以上七项之和构成了建工险物质损失项目的总保险金额。

（2）特种风险赔偿。特种风险是指保单明细表中列明的地震、海啸、洪水、暴雨和风暴。特种风险赔偿则是对保单中列明的上述特种风险造成的各项物质损失的赔偿。为控制巨灾损失，保险人对保单中列明的特种风险必须规定赔偿限额。凡保单中列明的特种风险造成的物质损失，无论发生一次或多次保险事故，其赔款均不得超过该限额。其具体限额主要根据工地的自然地理条件、以往发生该类灾害的记录、工程期限的长短以及工程本身的抗灾能力等因素来确定。一般为物质损失总保险金额的50%~80%。如中国人民保险公司承保过的南京金陵饭店工程是70%，这些比例均应核算成具体金额表示。对特种风险不大或基本没有的地区，可不作规定。

（3）第三者责任。建工险的第三者责任是指被保险人在工程保险期内因意外事故造成工地及工地附近的第三者人身伤亡或财产损失依法应负的赔偿责任。第三者责任采用赔偿限额，赔偿限额由保险双方当事人根据工程责任风险的大小商定，并在保险单内列明。

4. 建筑工程保险的保险责任范围

（1）保险责任。建筑工程保险的保险责任相当广泛，概括起来，分为物质部分和第三者责任部分的保险责任，对每一部分，还可分为基本保险责任和附加特别保险责任。

①物质部分的保险责任。其基本保险责任承保造成物质损失的风险有自然灾害、意外事故和人为风险三大类：

第一，列明的自然灾害。建筑工程保险所承保的自然灾害有洪水、潮水、水灾、地震、海啸、暴雨、风暴、雪崩、地陷、山崩、冻灾、冰雹及其他自然灾害（如泥石流、龙卷风、台风等）。

第二，列明的意外事故。建筑工程保险承保的意外事故有雷电、火灾、爆炸；飞机坠毁、飞机部件或物体坠落；原材料缺陷或工艺不善所引起的事故；责任免除以外的其他不可预料的和突然的事故，以及在发生保险责任范围的事故后，现场的必要清除费用，在保险金额内，保险人可予赔偿。其中，原材料缺陷指所用的建筑材料未达到既定标准，在一定程度上属于制造商或供货商的责任。这种建筑材料的缺陷必须是通过正常技术手段或在正常技术水平下无法发现的，否则，如果明知有缺陷而使用造成损失，则属故意行为所致，保险人不予赔偿；工艺不善是指原材料的生产工艺不符合标准要求，尽管原材料本身没有缺陷，但在使用时也会导致事故发生。本条款责任，仅负责原材料缺陷或工艺不善造成的其他保险财产的损失，对原材料本身的损失不予赔偿。

第三，列明的人为风险。建筑工程保险承保的人为风险有盗窃、工人或技术人员缺乏经验、疏忽、过失、恶意行为。其中，盗窃是一切明显的偷窃行为或暴力抢劫造成的损失，但必须是非被保险人或其他代表授意或默许的，否则不予负责。工人、技术人员缺乏经验、疏忽、过失、恶意行为是建工险较大的风险之一，对于工人、技术人员恶意行为造成的损失，必须是非被保险人或其代表授意、纵容或默许的，否则，便是被保险人的故意行为，不予赔偿。

除建筑工程保险有关物质部分的基本保险责任外，有时因投保人的某种特别要求或因工程有其特殊性质需要增加额外的风险保障，从而通常在基本保险责任项下可附加特别保险责任。物质部分的附加特别保险责任可供选择的条款一般有：罢工、暴乱、民众骚乱条款；工地外储存物质条款；有限责任保证期条款；扩展责任保证期条款；机器设备试车条款；使用、移交财产条款等。

②第三者责任部分的保险责任。建筑工程第三者责任险的保险责任是：在保险期间，建筑工地发生意外事故造成工地及邻近地区的第三者人身伤亡和财产损失依法应由被保险人承担的赔偿责任，以及事先经保险人书面同意的被保险人因此而支付的诉讼费用和其他费用，但不包括任何罚款。其中，建筑工程第三者责任险中的第三者是除所有被保险人及其与工程有关的雇员以外的自然人和法人；赔偿责任是被保险人在民法项下应对第三者承担的经济赔偿责任，不包括刑事责任；赔偿责任不得超过保险单中规定的每次事故赔偿限额或保单有效期内累计赔偿限额。

若一项工程中有两个以上被保险人，为避免被保险人之间相互追究第三者责任，则由被保险人申请，经保险人同意，可加保交叉责任条款。该条款规定，除所有被保险人的雇员及可在工程保险单中承保的物质标的外，保险人对保险单所载每一个被保险人均视为单独保险的被保险人，对他们的相互责任而引起的索赔，保险人均视为第三者责任赔偿，不再向负有赔偿责任的被保险人追偿。

（2）责任免除。同保险责任一样，建筑工程保险的责任免除分为物质部分和第三者责任部分的责任免除，它们各有特定的内容。

①物质部分的一般责任免除可分为两类：一类是与火灾保险共有的责任免除；另一类是建工险特有的责任免除。前者可见本书第五章；后者则包括下列七项：

第一，错误设计引起的损失、费用或责任。建筑工程的设计通常是由被保险人自己或其委托的设计师进行的，因此，设计错误引起的损失、费用等视为被保险人的责任，故保险人不予负责。同时，设计师的责任可通过相应的职业责任险提供保障。

第二，换置、修理或矫正标的本身原材料的缺陷或工艺不善所支付的费用。因为保险责任只负责原材料缺陷或工艺不善造成的其他保险财产的损失；而重置、修理或矫正原材料本身的缺陷而产生的一切费用属于制造商或供应商责任，保险人不予负责。

第三，非外力引起的机械或电器装置的损坏或建筑用机器、设备装置失灵。建工险是承保土木工程的财产一切险，对任何机器设备本身的原因所致的损失一概除外，但外来原因导致的机器设备损失，可予以赔偿。

第四，全部停工或部分停工引起的损失、费用或责任。在建筑工程长期停工期间造成的一切损失，保险人不予赔偿；如果停工时间在一个月内，并且被保险人在工地现场采取了有效的安全防护措施，经保险人事先书面同意，可不作停工论处。对于工程的季节性停工。也可不作停工论处。

第五，保单中规定应由被保险人自行负担的免赔额。保险单的明细表中规定有免赔额，免赔额以内的损失，由被保险人自负；损失超过免赔额的部分，由保险人负责。

第六，领有公共运输用执照的车辆、船舶、飞机的损失。因为该类运输工具的行驶区域不限于建筑工地范围，故应投保各种运输工具险予以保障。

第七，建筑工程保险的第三者责任险条款规定的责任范围和责任免除。

由于保险标的不同，其遭受的风险各异，因而对一些特殊的保险标的除上述责任免除外，保险人还有必要规定特别责任免除，以限制其责任。常用的物质部分特别责任免除条款主要有隧道工程特别责任免除条款和大坝水库工程特别责任免除条款。

②建筑工程第三者责任险的责任免除。它包括以下几方面：

第一，明细表中列明的应由被保险人自行承担的第三者物质损失的免赔额，但对第三者人身伤亡不规定免赔额。

第二，领有公共运输用执照的车辆、船舶、飞机造成的事故，因本项应由有关的运输工具第三者责任险承保。

第三，被保险人或其他承包人在现场从事有关工作的职工的人身伤亡和疾病；被保险人及其他承包人或他们的职工所有或由其照管、控制的财产损失。因为这些人均不属于建筑工程保险中的第三者范围。

第四，震动、移动或减弱支撑而造成的其他财产、土地、房屋的损失或上述原因造成的人身伤亡或财产损失。因本项内的事故多属工地上常见的属于设计和管理方的事故，为使被保险人恪尽职守，所以将其作为责任免除。若被保险人对该类责任有特别要求，则可作为特约责任加保。

第五，被保险人根据与他人的协议支付的赔偿或其他款项。本条属于契约责任，是一种常规的责任免除，因为它是通过被保险人与他人的契约规定而承担的责任，不属于被保险人因建筑工程对第三者依法应负的赔偿责任。

5. 建筑工程保险的费率

（1）厘定建筑工程保险费率的依据。建工险没有固定的费率表，每个项目的费率主要根据以下因素确定：

①保险责任范围的大小。它与保险费率成正比。若保险责任范围大，则保险费率高；反之，则保险费率低。

②工程本身的危险程度。工程本身的危险程度主要包括工程的种类、性质、建筑结构、建筑高度；工地及邻近地区的自然地理条件、特别风险发生的可能性，最大可能损失程度；工期长短及施工季节、保证期长短及其责任大小；施工现场安全防护及管理情况等条件。

③承包人及其他工程关系方的资信、经营管理水平及经验等条件。

④保险人本身以往承保同类工程的损失记录。

⑤工程免赔额的高低及第三者责任和特种危险的赔偿限额。免赔额的高低与费率成反比；第三者责任和特种危险的赔偿限额与费率成正比。

总之，厘定费率一定要根据每一项工程的具体情况和承保条件而定，既要考虑保险人的经营状况，也要考虑市场的竞争状况。

（2）建筑工程保险费率的组成。由于建筑工程同一工程的不同保险项目的风险程度不一，尤其是大型工程，因而应分项确定。建筑工程保险费率一般由以下几个方面组成：

①建筑工程所有人提供的物料及项目、安装工程项目、场地清理费、工地内已有的建筑物、所有人或承包人在工地的其他财产等，为一个总的费率，整个工期实行一次性费率；

②建筑用机器、装置及设备为单独的年度费率，如保期不足一年，按短期费率计收保费；

③保证期费率，实行整个保证期一次性费率；

④各种附加保障增收费率，实行整个工期一次性费率；

⑤第三者责任险，实行整个工期一次性费率。

对于一般性的工程项目，为方便起见，在费率构成考虑了以上因素的情况下，可以只规定整个工期的平均一次性费率。但在任何情况下，建筑用施工机器装置及设备必须单独以年费率为基础开价承保，不得与总的平均一次性费率混在一起。

6. 建工险的保险期间与保证期

建筑工程险的保险期间包括从开工到完工的全过程，由投保人根据需要确定。对于一些大型综合性工程，由于各个部分的工程项目是分期施工的，如投保人要求分期投保，经保险人同意后也可分别规定保险期间。根据建筑工程保险的特点，保险期间的风险控制主要包括以下几方面：

（1）保险责任的开始时间。建筑工程保险的保险期限开始有两种情况：自工程破土动工之日起和自被保险项目原材料等卸至工地时起，二者以先发生者为准。动工日包括打地基在内，若经被保险人要求也可从打完地基开始，但应在保单中注明。

（2）保险责任的终止时间。保险责任的终止有以下几种情况（以先发生者为准）：保单规定的终止日期；建筑工程完毕移交给所有人时；所有人开始使用时。若部分使用，则该部分责任终止。

（3）保证期。在工程完毕后，一般还有一个保证期。在保证期间，如发现工程质量有缺陷甚至造成损失，根据承包合同，承包人须负赔偿责任，这是保证期责任。对于保证期责任加保与否，由投保人自行决定，但加保要加交相应的保费。保证期有两种加保方法：有限责任保证期和扩展责任保证期。

（4）控制保险期限的扩展时间。在保单规定的保险期限内，若工程不能按期完工，则由投保人提出申请并加交规定保费后，保险人可签发批单，以延长保险期限。其保费按原费率以日计收，也可根据当地情况或风险大小增收适当百分比的保费。

（5）通过有关义务条款要求被保险人按规范标准施工。

此外，保险人应当到建筑工地进行防损检查，有针对性地提出整改建议，帮助被保险人加强风险管理。

7. 建筑工程保险承保与理赔

（1）建筑工程保险承保。保险人在承保建筑工程项目的保险业务时，应对建筑工程项目及有关各方进行风险调查、现场查勘、划分危险单位，进行风险评估。保险人应当对风险做出适当评价，根据自身承保能力决定是否可以承保。

在承保时，要确定赔偿限额和免赔额。对承保地震、海啸、洪水、暴雨和风暴特种风险的，必须规定赔偿限额。对建工险的第三者责任，则按惯例规定赔偿限额。按照保险项目的种类，建工险的免赔额分为三类：第一，物质损失免赔额。建筑工程免赔额一般为保险金额的 $0.5\% \sim 2\%$，对自然灾害的免赔额大一些，对其他灾害的免赔额则小一些；建筑用机器装置及设备，免赔额一般为保险金额的 5%，或者同时规定损失金额的 $15\% \sim 20\%$，以高者为准；其余保险项目的免赔额一般为保险金额的 2%，而对场地清理费，一般不单独规定免赔额。第二，特种风险的免赔额，应视风险大小而定。第三，第三者责任免赔额，仅对财产损失部分有免赔额规定，可按每次事故赔偿限额的 $1‰ \sim 2‰$ 计算，由被保险人和保险人协商确定；除非另有规定，人身伤亡部分一般不规定免赔额。以上每一项免赔额均为每次事故的绝对免赔额。此外，在填写投保单和出立保险单时，均应如实、认真地填写，以防出现差错、引起纠纷，从而避免意外损失。

（2）建筑工程保险理赔。建筑工程保险的理赔基本程序包括出险通知、现场查勘、责任审核、核定损失、损余处理、计算赔款、赔付结案。被保险人在发生保险责任范围内的事故后，应及时通知保险人。保险人应尽快赶到事故现场予以查勘定损，根据事故发生的时间、地点及原因来审核是否属于保险人应承担的保险责任；如果属于保险事故的损失，则应按保险单赔付。

对各承保项目的损失，按发生损失的账面金额或实际损失赔付；对于第三者责任事故造成他人的财产损失和人身伤亡，分别按保险单规定的赔偿限额内予以赔付；对于施救、保护、清理费用，应与保险项目和第三者责任保险分别计算，且以保险项目发生损失当天的账面金额为限，同时，保险人在支付赔款时，要扣除有关财产物质的残值。

### (三) 安装工程保险

1. 安装工程保险的概念和特点

安装工程保险是指以各种大型机器设备的安装工程项目在安装期间因自然灾害和意外事故造成的物质损失，以及被保险人对第三者依法应承担的赔偿责任为保险标的的保险，简称安工险。它是同建工险一起发展起来的一种工程保险，与建工险同属综合性的工程保险业务。但与建工险比较，它又有其明显的特点。

(1) 以安装项目为主要承保对象。安装工程保险以安装项目为主体的工程项目为承保对象。虽然大型机器设备的安装需要进行一定范围及一定程度的土木建筑，但安装工程保险承保的安装项目始终在投保工程建设中占主体地位，其价值不仅大大超过与之配套的建筑工程，而且建筑工程的本身仅仅是为安装工程服务的。

(2) 安装工程在试车、考核和保证阶段风险最大。在建筑工程保险中，保险风险责任一般贯穿于施工过程中，每一环节，即无论施工初期还是完工时期，均有发生各种风险事故的可能。然而，在安装工程保险中，机器设备只要未正式运转，许多风险就不易发生。虽然风险事故的发生与整个安装过程有关，但只有到安装完毕后的试车、考核和保证阶段，各种问题及施工中的缺陷才会充分暴露出来。因此，安装工程事故也大多发生在安装完毕后的试车、考核和保证阶段，这是承保人应充分注意的。

(3) 承保风险主要是人为风险。机器设备本身是技术产物，承包人对其进行安装和试车更是专业技术性很强的工作，在安装工程施工过程中，机器设备本身的质量如何，安装者的技术状况如何、责任心如何，安装中的电、水、气供应以及施工设备、施工方式方法等均是导致风险发生的主要因素。因此，虽然安装工程面临着自然风险，保险人也承保着多项自然风险，但与人的因素有关的风险是该险种中的主要风险。

2. 安装工程保险的适用范围

安装工程保险的承保项目主要是指安装的机器设备及其安装费，凡属安装工程合同内要安装的机器、设备、装置、物料、基础工程（如地基、座基等）以及为安装工程所需的各种临时设施（如临时供水、供电、通讯设备等），均包括在内。此外，为完成安装工程而使用的机器、设备等，以及为工程服务的土木建筑工程以及工地上的其他财产物、保险事故后的场地清理费等，均可作为附加项目承保。安装工程保险的第三者责任保险与建筑工程保险的第三者责任保险相似，既可以作为基本保险责任，亦可作为附加或扩展保险责任。

同建工险一样，所有对安装工程保险标的具有保险利益的人可成为被保险人，都适用投保安工险。安工险的被保险人主要包括以下几方：第一，工程所有人；第二，工程承包人，包括主承包人和分承包人；第三，供货人，即负责提供被安装机器设备的一方；第四，制造商，即被安装机器设备的制造人，如果供货人和制造人为同一个人，或者制造人和供货人为共同被保险人，在任何条件下，安工险对制造人风险的直接损失都不予负责；第五，技术顾问；第六，其他关系方，如贷款银行或其他债权人等。

3. 保险标的和保险金额

安装工程保险的保险标的范围很广，但概括起来，可分为物质财产本身和第三者责任两类。物质财产本身包括安装项目、土木建筑工程项目、场地清理费、所有人或承包人在工地上的其他财产等；第三者责任指在保险有效期内，因在工地发生意外事故造成工地及邻近地区的第三者人身伤亡或财产损失，依法应由被保险人承担的民事赔偿责任和因此而支付的诉讼费及经保险人书面同意的其他费用。上述各项保险金额之和即为该安工险的保险金额。为了确定保险金额的方便，安工险保单明细表中列出的保险项目通常也包括物质损失、特种风险赔偿、第三者责任三个部分，其中，后两项的内容和赔偿限额的规定均与建工险相同，故不再赘述。安工险的物质损失部分包括：

（1）安装项目。这是安工险的主要保险标的，包括被安装的机器设备、装置、物料、基础工程（地基、机座）以及安装工程所需的各种临时设施，如水、电、照明、通信等设施。它大致分三类：新建工厂、矿山或某一车间生产线安装的成套设备；单独的大型机械装置，如发电机组、锅炉、巨型起重机等的组装工程；各种钢结构建筑物，如储油罐、桥梁、电视发射塔之类的安装管道、电缆的敷设工程等。

安装项目保险金额的确定与承包方式有关。若采用完全承包方式，则保险金额为该项目的承包合同价；若由所有人投保引进设备，则保险金额应为设备的购货合同价加上国外运费和保险费、国内运费和保险费以及关税和安装费（包括人工费、材料费）。安装项目的保险金额一般按安装合同总金额确定，待工程完毕后，再根据完毕时的实际价值进行调整。

（2）土木建筑工程项目。这是指新建、扩建厂矿必须有的工程项目，如厂房、仓库、道路、水塔、办公楼、宿舍、码头、桥梁等。土建工程项目的保险金额应为该项工程项目建成的价格，包括设计费、材料设备费、施工费、运杂费、保险费、税款及其他有关费用等。这些项目一般不在安装工程内，但可在安装工程内附带投保，其保险金额不得超过整个安装工程保额的20%；若为20%～50%，则按建工险费率收取保费；若超过50%，则需单独投保建工险。

（3）场地清理费。保险金额由投保人自定，并在安装工程合同价外单独投保。对于大工程，一般不得超过工程总价值的5%；对于小工程，一般不得超过工程总价值的10%。

（4）为安装工程施工用的承包人的机器设备。其保险金额按重置价值计算。

（5）所有人或承包人在工地上的其他财产。它指上述三项以外的保险标的，大致包括安装施工用机具设备、工地内现成财产等。保险金额按重置价值计算。

上述五项保险金额即构成了物质损失部分的总保险金额。

4. 保险责任范围

（1）保险责任。安工险在保险责任规定方面与建工险略有区别。安工险物质部分的保险责任除与建工险的部分相同外，一般还有如下内容：安装工程出现的超负荷、超电压、碰线、电弧、走电、短路、大气放电及其他电气引起的事故；安装技术不善引起的事故。"安装技术不善"是指按照要求安装，但没达到规定的技术标准，在试车时往往出现损失。这是安工险的主要责任之一。在承保这一责任时，应要求被保险人对安装技术人员进行技术评价，以保证技术人员的技术水平能适应被安装机器设备的要求。

除安装工程保险有关物质部分的基本保险责任外，有时因投保人的某种特别要求或工程有其特殊性质，需要增加额外的风险保障，因而通常在基本保险责任项下可附加保险责任。

安装工程第三者责任险的保险责任与建筑工程第三者责任险的保险责任相同。若一项工程中有两个以上被保险人，则为了避免被保险人之间相互追究第三者责任，由被保险人申请，经保险人同意，可加保交叉责任。

（2）责任免除。安工险物质部分的责任免除多数均与建工险相同。所不同的是，建工险将设计错误造成的损失一概除外；而安工险对设计错误本身的损失除外，对由此引起的其他保险财产的损失予以负责。安装工程第三者责任险的责任免除与建筑工程第三者责任险的责任免除相同，在此不再赘述。

5. 安装工程保险的费率

决定安工险费率的因素同建工险基本相似，除试车期为单独的一次性费率、安装用机器设备为单独的年度费率外，其他项目均为整个工期的一次性费率。

具体而言，安工险的费率主要由以下各项组成：第一，安装项目、土木建筑工程项目、所有人或承包人在工地上的其他财产及清理费为一个总的费率，整个工期实行一次性费率；第二，试车为一个单独费率，是一次性费率；第三，保证期费率，实行整个保证期一次性费率；第四，各种附加保障增收费率，实行整个工期一次性费率；第五，安装、建筑用机器、装置及设备为单独的年费率；第六，第三者责任险，实行整个工期一次性费率。

6. 安工险的保险期间

安工险的保险期间包括从开工到完工的全过程，由投保人根据需要确定。与建工险相比，安工险项下多了一个试车考核期间的保险责任。

（1）保险责任的开始时间。在保单列明的起期日前提下，安工险的保险责任开始有两种情况：自投保工程动工之日起和自被保险项目卸至施工地点时起，二者以先发生者为准。

（2）保险责任的终止时间。保险责任的终止有以下几种情况（以先发生者为准）：保单规定的终止日期；安装工程完毕移交给所有人时；所有人开始使用时，若部分使用，则该部分责任终止。

（3）试车考核期。安工险保险期内一般应包括试车考核期。试车考核期是工程安装完毕后冷试、热试和试生产。冷试是指单机冷车运转；热试是指全线空车联合运转；试生产是指加料全线负荷联合运转。考核期的长短根据工程合同中的规定来决定，试车考核期的责任以不超过 3 个月为限；若超过 3 个月，则应另行加费。试车考核期的出险率最高，往往占整个工期出险的一半，甚至 80% 以上。因此，对考核期的承保应非常慎重。对于旧的机器设备，一律不负责试车，试车开始，保险责任即告终止。

（4）保证期。与建工险一样，安装工程完毕后，一般还有保证期。若加保，亦应注意选择。保证期有两种加保方法：有限责任保证期和扩展责任保证期。

（5）保险期间的扩展时间。在保单规定的保险期间内，若安装工程不能按期完工，而被保险人要求延长保险期间，则由投保人提出申请并加交规定保费后，保险人可签发批单，以延长保险期间。其保费按原费率以日计收，也可根据当地情况或风险大小增收适当百分比的保费。

7. 安装工程保险承保与理赔

保险人在承保安装工程保险业务时，应当做好安装工程保险承保的风险调查，向投保人索取并认真查阅与工程有关的文件资料，做好现场查勘和风险评估工作，根据投保人填写的投保单确定保险单的各项内容，并规定赔偿限额和免赔额。这部分内容可参见建工险的承保与理赔。

尽管建工险和安工险在责任分析上依据的保险责任条款不同，但二者的理赔，其总的原则、要求、内容、程序都是相同的，故不再论述。

### （四）机器损坏保险

机器损坏保险是承保以各类安装完毕并已转入运行的机器设备因人为的、意外的或物理的原因造成物质损失为保险标的的保险。我国的机器损坏保险适用于各种涉外或利用外资的企业或项目。

1. 机器损坏保险的保险标的

机器损坏保险专门承保各类安装完毕并已转入运行的机器设备。与火灾保险相比，机器损坏险承保的危险主要是保险标的本身固有的危险，即工厂机器内部本身的损失。在机器损坏保险业务中，用于防损的钱比用于赔款的钱更多。如果一台机器同时投保了财产保险和机器损失保险，就能获得完善的保障，因此，机器损坏保险还可以作为财产一切险的附加险来承保。

2. 机器损坏保险的保险责任范围

（1）保险责任。保险公司对下列原因引起的意外事故造成的物质损坏或灭失负赔偿责任：设计、制造或安装错误、铸造和原材料缺陷；工人、技术人员操作失误、缺乏经验、技术不善、疏忽、过失、恶意行为；离心力引起的断裂；超负荷、超电压、碰线、电弧、漏电、短路、大气放电、感应电及其他电气原因；责任免除规定以外的其他原因。

（2）责任免除。机器损坏保险的责任免除包括以下几项：机器设备运行必然引起的后果，如自然磨损等；一切操作中的媒介物（如润滑油等）及其他各种易损、易耗品；被保险人及其代表在保险生效时已经知道或应该知道的保险机器及其附属设备的缺点或缺陷；根据法律或契约，应由供货方、制造人、安装人或修理人负责的损失或费用；公共设施部门的限制性供应及故意或非意外行为引起的停电、停气、停水；火灾、爆炸；自然灾害（地震、海啸、雷电等）；飞行物体坠落；机动车碰撞；水箱、水管爆裂；被保险人及其代表的重大的过失或故意行为；保险事故发生后引起的各种间接损失或责任；应由被保险人自行负责的免赔额；战争和类似战争的行为；政府命令或任何公共当局没收、征用、销毁或毁坏；核裂变、核聚变、核武器、核材料、核辐射及放射性污染。

3. 机器损坏保险的保险金额与理赔

机器损坏保险常根据保险机器新的重置价值承保，包括新机器的价值、关税、运费、保费以及安装费用。

在机器损坏保险中，对于保险机器的损失赔偿，还规定有免赔额，这一免赔额多为每次事故的免赔额。根据风险的不同，免赔额可以在保险金额的 1%~15% 范围内浮动。

4. 机器损坏保险的费率与停工退费规定

同火灾保险相比，机器保险的损失率和费率都相当高。机器损坏保险的费率由机器的类型、用途、以往损失纪录以及其他因素，如被保险人的管理水平、技术水平、经验，安全措施和产品的可靠性及用途等共同确定。

如果机器损坏险承保的锅炉、汽轮机、蒸汽机、发电机或柴油机连续停工超过 3 个月，则停工期间的保费按下列比例退还：连续停工 3~5 月者，退还全年保费的 15%；连续停工 6~8 月者，退还全年保费的 25%；连续停工 9~10 月者，退还全年保费的 35%；全年停工者，退还全年保费的 50%。但该退费的规定不适用于季节性的工厂使用的机器。

### （五）科技工程保险

1. 科技工程保险概述

科技工程保险，又称特殊风险保险，与建筑工程和安装工程保险有许多相似之处，但该类保险业务更具专业技术性和科技开拓危险性，且与现代科学技术的研究和应用有直接关系。因此，它又不能被一般建筑工程保险和安装工程保险所包容。

由于科技工程中具有特别的风险，加之深受多种因素的影响与制约，无论人们采取多么严密的防范措施，均不可能完全避免科技工程事故的发生。一旦发生灾祸，其损失往往是数以亿元计，乃至数以百亿元计的，并进而波及政局与社会的稳定。因此，世界各国，尤其是发达国家的科技工程无一不以保险作为转嫁风险损失的工具和后盾。

在财产保险市场上，保险人承保的科技工程保险业务主要有海洋石油开发保险、航天工程保险、核能工程保险等，其共同特点就是高额投资、价值昂贵，且分阶段进行。保险人既可按工程的不同阶段承保，又可连续取保。在这一点上，科技工程保险与建筑工程保险和安装工程保险有许多相似之处。

2. 航天工程保险

航天工程保险是指为航天产品，包括卫星、航天飞机、运载火箭等在发射前的制造、运输、安装和发射时以及发射后的轨道运行、使用寿命提供保险保障的综合性财产保险业务。在国际保险市场上，航天工程保险亦被称为一揽子保险。按照保险期限的起讫时间，它分为以下三种形式：

（1）发射前保险。它是对卫星、航天飞机及其他航天产品、运载火箭在制造、试验、运输及安装过程中所受意外损失提供保险保障的保险。它以在产到制成及运输、安装中的航天产品为保险标的，承担一切意外危险。

（2）发射保险。它是对从运载器点火开始到发射后一定时间（通常为半年）为止的期间内发射失败导致经济损失提供保险保障的保险。该险种承担发射时的意外事故和发射后的太空风险，是航天工程保险中的主要形式。

（3）寿命保险。它是对卫星及其他人造天体从发射成功后到某一规定时间（通常为2年）内，太空风险或自身原因造成其坠毁或不能按时收回或失去作用造成的损失为保险标的的保险。通信、广播、气象、导航及地球资源卫星的寿命一般为1～2年，最长的不超过10年。

对于上述险种，既可单独投保，又可一揽子投保。对于航天工程保险的保险金额，一般分阶段确定：发射前保险以制装总成本为依据确定保险金额；发射保险以航天产品价值及发射费用为依据确定保险金额；寿命保险则以工作效能为依据，确定保险金额。由于航天工程保险风险的高深莫测，其保险费率也高于其他财产或工程保险费率，所以保险人在确定费率时，主要考虑航天产品的质量、航天工程的损失率及其他风险。

### 3. 海洋石油开发保险

海洋石油开发保险是以海洋石油开发工程所有人或承包人的海洋石油开发工程从勘探到建成、生产整个开发过程中的风险为承保对象的保险。该险种一般分为四个阶段：普查勘探阶段、钻探阶段、建设阶段和生产阶段。每一阶段均有若干具体的险种供投保人选择投保，每一阶段均以工期为保险责任起讫期。海洋石油开发保险一般包括勘探作业工具保险、勘探设备保险、费用保险、责任保险、建筑安装工程保险，在承保理赔方面，均与其他工程保险具有相通性。以中国人民保险公司的经营为例，分别为海洋石油开发工业提供的险种有钻井船一切险、钻井平台一切险、平台钻机一切险、井喷控制费用保险、渗漏污染保险、油管铺设一切险、海上石油开发工程建造险、雇主责任保险等许多项。因此，海洋石油开发保险具有技术性强、条款复杂、险种繁多的特点。

### 4. 核能工程保险

核能工程保险是指以核能工程项目的财产损失及其赔偿责任为保险标的的科技工程保险。保险人承保核能工程中的各种核事故和核责任风险，它是随着现代原子能技术的发展以及各国对原子能和平用途的研究和应用而逐渐发展起来的新型保险业务。该险种于20世纪50年代起源于英国。到20世纪末，全世界有20多个国家成立了核能保险集团，核能工程保险成为国际保险市场上一项有影响的科技工程保险业务，并成为各国民用核能工程的必要配套项目。

核能工程保险的特点在于，它承保的主要责任是核事故风险，而在其他各种财产、工程保险中，把核事故风险列为常规除外责任，并且不允许扩展承保。同时，核事故风险性质特殊、风险异常，使得核能工程保险具有政策性保险的特色，即政府的某些立法（如核事故损害赔偿法）通常规定核事故中应按绝对责任承担损害赔偿责任，并对保险人在责任险项下的超赔给予财政补贴。因此，核能工程险更讲求与政府法规的配合和需要政府的支持。

核能工程保险的种类一般包括核能工程财产损毁保险、核能安装工程险、核原料运输险、核责任险，其中，核能工程财产损毁保险和核责任险是最主要的业务。在承保中，对核能工程本身，即财产物资与核责任风险应分别确定保险金额与赔偿限额；有的保险人还分别订立一般事故赔偿限额与核事故赔偿限额；有的保险人将核能工程操作人员与技术人员列入第三者责任保险范围予以承保。

## 七、农业保险

### （一）农业保险的定义

农业保险是保险人对于从事农业生产的单位或个人在进行种植业、养殖业生产过程中遭受自然灾害和意外事故所造成的损失，在保险责任范围内承担赔偿保险金责任的保险。它是财产保险的一种。由于农业是人们利用植物、动物的生长机能，通过人工控制和培育来取得农产品的，其基本特点是自然再生产与经济再生产结合在一起，具有生产周期长、自然条件影响大、生产季节性和不稳定性等特点，因而农业保险必须符合农业生产的特点。我国广义的农业包括农、林、牧、副、渔五业，狭义的农业只包括种植业。通过农业保险，可以保障农业生产者受灾后得以及时恢复生产能力，使农业生产持续发展。

### （二）农业保险业务的分类

由于农业是从事植物种植和动物饲养的，因而农业保险通常按保险标的不同，可分为种植业保险和养殖业保险。

1. 种植业保险

种植业保险是各种农作物保险和林作物保险的总称。该类保险是保险人对于农业生产的单位或个人在从事农作物、林木苗圃等种植生产过程中遭受自然灾害造成的损失，给予经济补偿的保险。它常分为以下几类：

（1）农作物保险。农作物保险分为生长期农作物保险和收获期农作物保险。

①生长期农作物保险。生长期农作物保险是以粮食作物、经济作物等为对象，以各种作物在一定期间因农业风险造成价值或生产费用损失为承保责任的保险。生长期农作物保险通常采取农作物成本保险和农作物收获量保险两种方式，并实行不足额承保。

②收获期农作物保险。收获期农作物保险是以农作物成熟后的初级产品价值为承保对象的短期风险保险。它是生长期农作物保险的后续保险。

（2）林木保险。林木保险分为森林保险和果树保险。

①森林保险。森林保险是以国有林场、集体林场、个体林场营造的人工林和天然林为承保对象，以林木生长期间农业风险造成林木价值或营林造林生产费用损失为承保责任的保险。森林的生长过程较长，保险期可定为一年期或数年期。其主要承保责任是火灾造成的损失。保险金额以造林成本或林木蓄积量等为依据确定。

②果树保险。果树保险是以常绿果树和落叶果树为承保对象的保险。果树保险的标的既有林业生产特征，又有农业生产的一般特征。保险责任主要是各种气象灾害，一般不保病虫

害，不保一切险。

2. 养殖业保险

养殖业保险是指以有生命的陆生动物和水生生物为保险标的的保险。包括畜禽保险（家畜保险、牧畜保险、家禽保险）、水产养殖保险（淡水养殖保险、海水养殖保险）和特种养殖保险。

（1）畜禽保险。

畜禽保险是以有生命的畜禽类为保险标的的养殖业保险。根据保险标的的不同特点和不同养殖方式，可把畜禽保险分为家畜保险、牧畜保险和家禽保险三类。

①家畜保险。家畜保险是以家畜为保险标的的保险。分为大家畜保险和中小家畜保险。大家畜保险。

A. 大家畜保险是以役用、乳用、肉用、种用的大家畜为保险标的的保险。它是畜禽保险的主要险种，其保险标的有牛、马、骡、驴、骆驼等；保险责任是大家畜由于灾害事故、疾病等原因造成的死亡损失。保险金额的确定主要以大家畜的账面价值、协商价值或市场价值为依据。

B. 中小家畜保险。中小家畜保险是以各种中小家畜如猪、羊、兔等为保险标的的保险。承保时主要采取定额承保和变额承保两种方式，承保中小家畜饲养期间的死亡损失。

②牧畜保险。牧畜保险是以牧区群养群牧的牛、马、驴、骡、骆驼等大牲畜以及山羊、绵羊等小牲畜为保险标的的保险，可采取定额承保和估价承保两种方式。

③家禽保险。家禽保险是以鸡、鸭、鹅等家禽为保险标的的保险。保险责任是因自然灾害、意外事故造成的家禽死亡损失。保险金额可以采取定额承保方式，也可以根据家禽的生理生长规律采取变额承保方式。

（2）水产养殖保险。

水产养殖保险是以利用淡水水域和海水水域进行养殖的鱼、珍珠等海洋生物为保险标的的保险。保险责任主要是因自然灾害和意外事故造成的水产品死亡责任和流失责任。保险金额主要有保养殖成本和保养殖产量两种，采取不足额承保方式。

此外，为适应经济发展的需要，对有些经济动物养殖业还可办理特种养殖保险，如对鹿、鸵鸟、鳖、蛇、牛蛙、蚯蚓等，可分别承保养鹿保险、鸵鸟保险、养鳖保险等。

# 第三节　责任保险

## 一、责任保险概述

### （一）责任保险的概念和特征

责任保险是以被保险人对第三者依法应负的赔偿责任为保险标的的保险。它是保险人对被保险人的过失等行为造成他人的财产损失或人身伤亡，根据法律或合同的规定，应对受害者承担的赔偿责任提供经济赔偿。

责任保险是随着财产保险的发展而产生的，它是法律制度的发展和完善导致民事损害赔偿责任大量增加的结果。早期的责任保险出现于 19 世纪中期的英国，发达于 20 世纪 70 年代以后，至今已成为国际保险市场上举足轻重的保险业务。责任保险属于财产保险，但与一般财产保险比较，它又有如下基本特征：

第一，责任保险产生和发展的基础是健全、完善的法律制度。只有当法律制度界定了人们存在对他人应负的赔偿责任时，人们才通过责任保险来转嫁这种责任风险。因此，健全的法律制度，尤其是民法和各种专门民事法律、法规是责任保险产生与发展的基础。

第二，责任保险的"替代性"和"保障性"。由于保险人承保的是被保险人依法应对他人（第三者）所负的赔偿责任，因而保险人支付的保险金最终落到受害人手中，并归其所有。这样，既替代了被保险人（致害人）的赔偿责任，又保障了受害人应有的合法权利。而在一般财产保险中，保险人是对被保险人的经济损失进行补偿，并归其所有。

第三，责任保险只有赔偿限额。由于第三者事先的不确定性构成了保险人承担经济赔偿额度的不确定性，这种不确定的赔偿责任只有在保险合同中加以确定，才利于稳定经营，因此，在责任保险中，只能以赔偿限额来作为保险人承担赔偿责任的最高限度；而在一般财产保险中，保险人承担的最高赔偿限度是保险金额。

第四，责任保险的特殊承保方式。责任保险具有两种承保方式：独立的责任险；附加的或基本的责任险。前者指保险人出立专门的独立保单的责任保险，一般分为产品责任保险、公众责任保险、雇主责任保险、职业责任保险；后者与特定的物质财产保险有密切的联系，可分为作为一般财产保险的附加险承保和作为一般财产保险的基本险承保。

第五，赔偿处理的特殊决定方式。在一般财产保险中，保险人的赔偿金额是由保险人根据投保方式、保险金额、损失金额等因素来确定的；而在责任保险中，赔偿责任产生后，被保险人承担的赔偿金额通常是由法院或仲裁机构根据责任的大小及受害人的财产或人身的实际损害程度来裁定的。当然，保险人在决定赔偿金额时要受到赔偿限额的约束。

**（二）责任保险的法律基础**

1. 民事损害赔偿责任的构成要件

（1）损害事实存在。损害事实的有无是认定侵权行为的逻辑起点。只有行为人的违法行为对他人的财产、人身或精神造成事实上的伤害，行为人才负有赔偿责任。

（2）行为的违法性。当行为人造成他人财产或人身损害的行为违法时，行为人才承担赔偿责任。

（3）行为与结果之间存在因果关系。损害事实必须是行为人的违法行为所致，行为人才负有赔偿责任。

（4）行为人的过错。只有存在过错，行为人才对其行为造成的损害负赔偿责任。行为人的过错包括故意和过失两种，前者是已经预见到损害事实，却希望促成其形成；后者是明了行为可能出现的损害事实，却主观判断不可能形成。无论故意还是过失，只要存在过错，并且造成了损害事实，行为人就应当承担赔偿责任。

2. 责任保险承保的民事法律责任

法律责任分为民事责任、刑事责任和行政责任。责任保险一般不保刑事责任和行政责任，而承保的是被保险人对第三者依法应负的赔偿责任，这种责任属于民事责任。

民事责任是民事主体在违反合同义务或法定义务，侵害他人合法权益时依法应承担的法律后果。

民事责任分为侵权责任和合同责任。侵权责任是行为人不法侵害他人非合同权利或者受法律保护的利益而依法应当承担的民事责任。侵权责任是法定之债中的一种，依行为人的主观状态与责任的关系，侵权责任分为过错责任和无过错责任。其中，过错责任是行为人依法对自己的过错行为所应负的民事责任，分为故意责任和过失责任。在法律有明确规定的情况下，也要求行为人举证说明自己无过错；不能举证的，则推定其有过错。但是，保险人从风险控制的角度出发，只对过失责任进行承保，故意责任则被列入责任免除范围内。这是因为过失责任通常是当事人疏忽或过于自信所造成的，并非有预谋、有企图的故意行为，保险人完全可以按照商业保险的运作与经营规则承担这种民事损害赔偿责任。而故意责任是一方当事人有预谋、有企图的故意行为，属于道德危险，故列入责任免除的范围。无过错责任是为确保受害人的人身和财产的合法权益，法律规定的对行为人的加重行为，即对损害的发生，行为人虽无过错，但仍应承担的民事责任，如医疗事故、交通事故、产品责任、工业活动的损害、航空器引起的损害、原子能和核辐射引起的损害等。

合同责任分为缔约过失责任和违约责任。缔约过失责任是指在合同订立过程中，一方当事人因没有履行依据诚实信用原则所应负的义务，对另一方当事人因此而遭受的损失所承担的民事责任。一方当事人依据诚实信用原则所应负的义务主要为合同前义务，另一方当事人的利益损失主要为信赖利益的损失。缔约过失责任的实践意义在于有利于交易的促成，维护交易的安全。在没有合同关系或合同没有生效的情况下，当人们遭受损害时，无法追究当事人的合同责任，通常运用侵权行为责任理论来寻求救济。然而，由于侵权行为的成立条件较为严格，有时难以达到目的，如果适用缔约过失责任，则有利于保护当事人的利益。缔约过失责任制度的建立，一方面，促使人们在市场中大胆寻求交易伙伴，一旦遭受损害，则可以缔约过失责任为理论武器寻求法律的保护；另一方面，会提醒从事交易准备活动的人们，要认真、诚实地对待谈判对象，否则必须为自己的过失承担一定的法律后果。由于有些违约责任具有很多主观因素，责任保险通常对于有些违约责任采取特约承保的方式，当然在公众责任保险、雇主责任保险、职业责任保险和产品责任保险中，有些有违约因素。责任保险承保的保险责任主要为侵权责任中的过失责任和一些无过失责任，有些违约也可经特别约定承保违约责任。上述关系如图5-1上述。

```
                                        ┌ 过失责任
                              ┌ 过错责任 ┤
                     ┌ 侵权责任 ┤         └ 故意责任
                     │        └ 无过错责任
            ┌ 民事责任 ┤
            │        │         ┌ 违约责任
            │        └ 合同责任 ┤
  法律责任 ┤ 刑事责任           └ 缔约过失责任
            │
            └ 行政责任
```

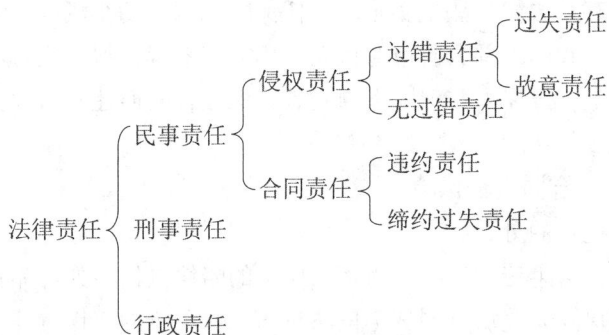

**图 5 - 1　法律责任图**

3. 责任保险的保险事故成立的条件

责任保险的保险事故是指保险合同中列明的、被保险人侵权或违约对于第三者造成损失事实时应承担的民事损害赔偿责任。因此，责任保险的保险事故的成立必须同时具备两个条件：损害事实或违约事实存在；受害人（第三者）向致害人（被保险人）提出索赔要求。

4. 责任保险的法律依据

既然责任保险承保的是被保险人对第三者的赔偿责任，所以责任保险的法律依据是民法和各种专门民事法律、法规。如《中华人民共和国法通则》《中华人民共和国民法总则》《中华人民共和国侵权责任法》等民事法律法规，均为我国责任保险的法律依据。

### （三）责任保险的分类

责任保险的种类纷繁复杂，可按不同的标准分类。其主要分类有以下几种：

1. 承担独立责任的责任保险和承保基本责任或附加责任的责任保险

这是按承保方式进行的分类。

前者以责任性质区分并各自签发专门的责任保险单，一般有四种类型：公众责任保险、产品责任保险、雇主责任保险、职业责任保险；后者与财产保险密切结合，如建筑工程、安装工程的第三者责任保险，一般作为附加责任予以承保，机动车辆第三者责任保险则作为机动车辆的基本险予以承保。

2. 过失责任保险和无过失责任保险

这是按责任发生原因进行的分类。

前者承保被保险人因过失行为对他人造成损害依法应负的赔偿责任，如场所责任保险、厂家责任保险、汽车第三者责任保险、职业责任保险、个人责任保险、其他过失责任保险；后者承保被保险人无论有无过失，都要对给他人造成的损害依法应付的赔偿责任，如产品责任保险、雇主责任保险、核电站责任保险、其他无过失责任保险。

3. 法定责任保险与自愿责任保险

这是按实施方式进行的分类。

前者是通过制定有关法律、法规实施的责任保险，如机动车辆第三者责任保险、劳工险等，世界上许多国家、我国大部分省市对机动车辆第三者责任保险实行法定责任保险；后者是在自愿原则的基础上，投保人与保险人通过签订保险合同而建立保险关系的责任保险，大部分责任保险为自愿责任保险。

4. 侵权责任保险与合同责任保险

这是按责任性质进行的分类。

前者承保被保险人对第三者侵权行为依法应负的赔偿责任，如产品责任保险、职业责任保险等；后者承保被保险人违反合同规定依法对第三者应负的赔偿责任，如货运合同责任保险承保承运人未履行提供适航船只造成托运人货物损失应负的赔偿责任、用工合同责任保险承保雇用合同规定的雇主对雇员在雇用期间遭受人身伤害应负的赔偿责任。

**（四）责任保险的共性规定**

1. 保险责任范围

（1）保险责任。保险人在责任保险单下承担的赔偿责任一般包括以下两项：

①侵权责任和违约责任。责任保险人承保的侵权责任和违约责任是指过错责任中的过失责任和无过错责任，以及经过特别约定的违约责任。按照有关法律规定，被保险人对造成他人财产损失或人身伤亡应承担的赔偿责任，由保险人负责。

②赔偿纠纷引起的由被保险人支付的诉讼、律师费用，以及其他事先经保险人同意支付的费用。

保险人承担上述赔偿责任的前提条件是：责任事故的发生应符合保险条款的规定，包括事故的原因、地点、范围等，均应审核清楚。保险承保的赔偿责任一般为有形的财产损失和有形的人身伤害，而对无形的财产损失和无形的人身伤害，一般不予承保。但对于被保险人的无形财产损失是有形的财产损失和无形的人身伤害所致的，另当别论。

（2）责任免除。它包括以下六项：战争、罢工；核风险（核保险责任除外）；被保险人的故意行为；被保险人的家属、雇员的人身伤害或财物损失（雇主责任保险除外）；被保险人的合同责任（特别约定除外）；被保险人所有、占有、使用或租赁的财产或由被保险人照顾、保管或控制的财产损失。在上述责任免除中，有些经特别约定，也可以加保，亦可增加责任免除。

2. 保险费与保险费率

责任保险的保险费率是根据各种责任保险的风险大小及损失率高低而确定的。在厘定其保险费率时，应考虑以下六个因素：被保险人的业务性质、种类和产品等产生意外损害赔偿责任可能性的大小；赔偿限额及免赔额的高低；当地法律对损害赔偿的规定；承保区域的大小；同类业务的历史损失资料；保险人的业务水平和每一笔业务的酬劳。

3. 赔偿限额与免赔额

责任保险承保的是被保险人的民事赔偿责任，而非有固定价值的标准。因此，不论何种责任保险，均无保险金额的规定，而是确定赔偿限额作为保险人承担赔偿责任的最高额度。

超过了赔偿限额的索赔，仍由被保险人自行负责。

赔偿限额的确定，一般都由保险人与被保险人协商订入保险合同中，也可由保险人事先在保险单上列明，被保险人认可即行。在责任保险中，通常规定两项赔偿限额：一是事故赔偿限额，即每次责任事故或同一原因引起的一系列责任事故的赔偿限额，分为财产损失赔偿限额与人身伤亡赔偿限额；二是累积赔偿限额，即保险期内累计的赔偿限额，分为累计的财产损失赔偿限额和累计的人身伤亡赔偿限额。

此外，责任保险单上一般还有免赔额的规定，其免赔额通常是绝对免赔。

## 二、公众责任保险

### （一）公众责任保险的定义与险种

1. 公众责任保险的定义

公众责任保险是以被保险人在公众活动场所的过失等侵权或违约行为，致使他人的人身或财产受到损害，依法由被保险人承担受害人的赔偿责任为保险标的的保险。其中，公众责任是指致害人在公众活动场所的过失等侵权或违约行为，致使他人的人身或财产受到损害，依法由致害人对受害人承担的赔偿责任；被保险人是加害人。公众责任以法律上负有责任为前提，各国的民法及各种有关的单行法规是公众责任的法律依据。

公众责任风险普遍存在，如商店、旅馆、展览馆、医院、动物园等各种公共场所，都有可能在生产、营业过程中发生意外事故，造成他人的人身伤害或财产损失，致害人就必须依法承担相应的民事赔偿责任。因此，就有分散、转嫁公众责任风险的必要。这是各种公众责任保险产生并得到迅速发展的基础。

2. 公众责任保险的险种

（1）综合公共责任保险。该保险承保被保险人在任何地点、因非故意行为或活动所造成的他人人身伤亡或财产损失依法所应负的赔偿责任。它是一种综合性的责任保险，其责任包括合同责任、产品责任、业主及工程承包人的预防责任、完工责任、个人伤害责任。

（2）场所责任保险。该险种承保固定场所（包括建筑物及其设备、装置）存在结构上的缺陷或管理不善，或被保险人在场所内进行经营活动时疏忽而发生意外事故，造成他人人身伤害或财产损失的赔偿责任。这是公众责任保险中业务量最大的险别。场所责任保险广泛适用于商店、旅馆、办公楼、动物园、展览馆、游乐场等各种公共娱乐场所及工厂等，通常以普通责任险总保单附加场所责任险条款的方式承保，它又可以进一步分为旅馆责任保险、电梯责任保险、展览会责任保险、机场责任保险等险种。

（3）承包人责任保险。该险种承保被保险人在进行合同项下的工程或其他作业时造成的对他人的损害赔偿责任。它适用于建筑、安装、修理工程等承包人，也可在建工险内承保。

（4）承运人责任保险。该险种承保承运人在进行客、货运输过程中可能发生的损害赔偿责任。

（5）个人责任保险。该险种是为个人及家庭提供的责任保险，具体承保的责任范围有：在被保险人所有、使用或支配的住宅内发生意外事故引起的对第三者损害赔偿责任；被保险人在承保地区范围内的日常生活中造成对第三者的损害赔偿责任。

**（二）公众责任保险的基本内容**

1. 保险责任范围

（1）保险责任。我国公众责任保险的保险责任包括两项：

①被保险人在保单列明的地点内发生意外事故，造成第三者人身伤害或财产损失，依法应承担的赔偿责任；

②损害事故引起的诉讼、抗辩费用和经保险人事先同意支付的其他费用。

（2）责任免除。我国的公众责任保单的责任免除规定有以下几方面：

①被保险人根据合同应承担的责任，除非该合同责任同时构成法律责任。

②被保险人的雇员所遭受的人身伤害。

③下列损失的责任：被保险人或其雇佣人员、代理人所有的财产或由其照管、控制的财产；被保险人雇佣人员或其代理人正在从事或一直从事工作的任何物品、土地、房屋或建筑。此项责任属雇主责任保险的范围。

④下列引起的损失或伤害责任：未载入本保单表列，而属于被保险人的，或其所占有的，或以其名义使用的任何牲畜、脚踏车、车辆、火车头、各类船只、飞机、电梯、升降机、起重机等；火灾、地震、爆炸、洪水、烟熏和水污；有缺陷的卫生装置或任何类型的中毒，或任何不洁、有害的食物或饮料；大气、土地水污染及其他类型的污染；被保险人做出或认可的医疗措施或医疗建议。

⑤震动、移动或减轻支撑引起任何土地或财产的损害责任。

⑥战争、类似战争行为、敌对行为、武装冲突、恐怖活动、谋反、政变直接或间接引起的任何后果所致的责任。

⑦罢工、暴动、民众骚乱或恶意行为直接或间接引起的任何后果所致的责任。

⑧核裂变、核聚变、核武器、核材料、核辐射及放射性污染所引起的直接或间接的责任。

⑨被保险人及其代表的故意行为及其重大过失。

⑩罚款、罚金、惩罚性赔款。

保险单明细表或有关条款中规定的应由被保险人自行负担的免赔额，保险人均不负赔付责任。

以上责任免除一般可概括为三类：一是绝对责任免除，即责任保人不能承保的风险；二是在其他保险中承保的风险；三是经过加贴批单、增收保费才能承保的风险。

2. 赔偿限额与免赔额

（1）赔偿限额。公众责任保险的赔偿限额是保险人承担赔偿责任的最高限额，其高低一般由保险双方当事人在签订合同时，根据可能发生的赔偿责任风险大小协商确定，并在保单中订明。赔偿限额的规定有两种方法：一是规定每次事故的赔偿限额，无分项（财产损失和人身伤亡）限额，在整个保险期间无累计限额；二是规定保单的累计赔偿限额，即每次事故的赔偿限额，不分项，然后规定整个保险期限内的累计限，或者规定每次事故人身伤害和财产损失的分项限额，再规定保险期内的累计赔偿限额。保险人通常采用第一种方法，但也可采用第二种方法确定赔偿限额。我国则采用后者。

（2）免赔额。免赔额是保险人的免责限度，其确定以承保业务的风险大小为依据，并在保单上注明。我国公众责任保险对他人人身伤害无免赔额规定，但对他人财产损失，一般规定每次事故的绝对免赔额。

3. 保险费率与保险费

由于公众责任保险的保险期限一般为一年期或不足一年期的短期业务，其费率也按常规分为一年期费率（标准费率）和短期费率。在同等条件下，短期费率比一年期费率要高。

按照国际惯例，保险人一般按每次事故的基本赔偿限额和免赔额分别订立人身伤害与财产损失两项费率。当基本赔偿限额和免赔额增减时，费率也适当增减，但并非按比例增减。

保险人在厘定费率时，除考虑责任限额和免赔额因素外，还应考虑下列因素：被保险人的业务性质决定产生损害赔偿责任的可能性大小；被保险人的风险类型；被保险人的管理水平与管理效果；被保险人以往损失赔偿的记录。

保险费率订立后，保险人在区分短期业务与一年期业务的基础上，按赔偿（责任）限额选择适用的费率计算保险费。国外对商店、旅馆等公共场所，一般按营业面积的大小计算保费；对工厂，一般按全年的工资总额为依据；对修理、建筑、服务行业，多按全年业务收入计算，当然也可将两个或三个因素结合计算，以其规模或赔偿限额乘以适用的保险费率即得保险费。

## 三、产品责任保险

### （一）产品责任保险概述

产品责任保险是产品的生产者或销售者由于产品存在缺陷，造成使用者或其他人的人身伤害或财产损失，依法应承担的赔偿责任为保险标的的保险。其保险标的是指产品存在缺陷造成使用者或其他人的人身伤害或财产损失，生产商或销售商依法应承担的赔偿责任。

在产品责任关系中，产品制造者、修理者、销售者是产品责任关系的责任方，都可以投保产品责任保险；而产品用户、消费者或公众是产品责任关系中的受害方。

在产品发生责任事故后，责任方如何承担赔偿责任，由当地法院或仲裁机构根据有关产品质量法律裁定。在产品责任的归责原则方面，目前在西方国家分为两大体系：绝对责任制和疏忽责任制。前者为客户因使用某种产品造成损害，即使未能证明制造商或销售商有过失，制造商或销售商也要负赔偿责任，而且不能援用其在销售合同项下的免责规定来推脱对受害人的赔偿责任；后者为用户在使用产品过程中受到损害，便可向生产者或销售者提出索赔，但需承担"举证之责"，证明损失是生产者或销售者的疏忽所致的。显然，绝对责任制比疏忽责任制对受害者更有利，因而英、日等其他国家有采用绝对责任制的趋向。

产品责任保险与产品保证保险都与产品有关，但两者的保险标的不同。产品责任保险承保的是产品责任事故造成他人财产损失或人身伤害依法应负的赔偿责任；而产品保证保险承保产品事故中产品本身的损失。

### （二）产品责任保险的基本内容

1. 产品责任保险的投保人

产品的制造商、修理商、销售商等一切可能对产品事故造成损害负有赔偿责任的人都具有保险利益，都可以投保产品责任保险。

2. 产品责任保险的保险责任范围

（1）产品责任保险的保险责任。产品责任保险的保险责任包括以下几方面：

①在保险有效期内，被保险人生产、销售、分配或修理的产品在承保区域内发生事故，造成用户、消费者或其他任何人的人身伤害或财产损失，依法应由被保险人承担的损害赔偿责任；

②被保险人为产品事故所支付的诉讼、抗辩费用以及其他经保险人事先同意支付的合理费用，保险人亦负责赔偿。

（2）产品责任保险的责任免除。产品责任保险的责任免除包括以下几方面：

①根据合同应由被保险人对其他人承担的责任，除非这种合同责任已构成了法律责任；

②根据劳动法或雇用合同，被保险人对其雇员及有关人员应当承担的损害赔偿责任；

③被保险人所有、保管或控制的财产的损失；

④被保险人故意违法生产、出售或分配的产品或商品造成任何人的人身伤害或财产损失；

⑤被保险产品或商品本身的损失及被保险人因退换回收有缺陷产品造成的费用及损失；

⑥被保险产品造成的大气、土地及水污染及其他各种污染所引起的责任等。

此外，战争、类似战争行为、敌对行为、武装冲突、恐怖活动、谋反、政变直接或间接引起的任何后果所致的责任；罢工、暴动、民众骚乱或恶意行为直接或间接引起的任何后果所致的责任；核裂变、核聚变、核武器、核材料、核辐射及放射性污染所引起的直接或间接的责任；罚款、罚金、惩罚性赔款；保险单明细表或有关条款中规定的、应由被保险人自行负担的免赔额，保险人均不负赔付责任。

3. 保险期限

产品责任保险的保险期限通常为一年，期满可以续保。在实践中，根据对保险期限的认定不同以及承保方式不同，可分为期内发生式与期内索赔式两种。前者是以保险事故发生为基础的，即不论产品是什么时候生产或销售的，只要产品事故发生在保险期限内，不论何时索赔，保险人均予以赔付；后者是以索赔为基础的，而不论产品事故发生在何时（上溯期间往往有具体规定，不可过长），只要索赔发生在保险期限内，则保险人予以赔偿。对于保险人来说，期内索赔式更易于进行风险控制与核算，而期内发生式的业务终止无限期，不利于保险人核算。无论期内发生式还是期内索赔式，在保险期限内，当年投保的产品不一定发生保险事故或产生索赔，而产品使用期限多超出一年。因此，为了获取长期保障，被保险人都必须不断投保，以维持长期的保险期限。

4. 赔偿限额

产品责任保险的赔偿限额是根据不同产品事故发生后可能引起的赔偿责任大小，以及产品销售区所决定的，赔偿责任大的产品和销往产品责任规定严格地区的产品，限额要高一些；反之，要低一些。赔偿限额多由被保险人提出，经保险人同意后在保单中列明。

在产品责任保险的保单中，通常规定两种赔偿限额，即每次事故的限额和保单累计限额。另外，在每一项限额下，还分别规定了人身伤害和财产损失的限额，当产品事故导致用户或消费者人身伤害或财产损失时，分别适用各自的限额。对于诉讼及其他费用，保险人在限额之外赔付，不受限额的限制，但诉讼及其他费用的最高限额一般也以赔偿责任限额为限。

5. 保险费率与保险费

（1）保险费率。保险费率受许多因素影响，主要有：产品特点和可能对人身或财产造成损害的风险大小；产品数量和产品价格；承保地区范围，包括承保的地区范围大小和国家或地区的差别；产品制造者的技术水平和质量管理情况；赔偿限额的高低。

（2）保险费。产品责任保险的保险费通常实行预收保险费制，即在签订产品责任保险合同时，按投保的生产、销售总额或营业收入及规定的费率计算预收保险费，待保险期满后，再根据被保险人在保险期内实际生产、销售总额或营业收入计算应收保险费，多退少补。其计算公式为

$$应收保险费 = 生产（销售）总值 \times 适用费率$$

## 四、雇主责任保险

### （一）雇主责任保险的定义

雇主责任保险是以雇主对其雇员在受雇期间执行任务时，发生意外事故或患职业病而造成人身伤残或死亡时，依法应承担的赔偿责任为保险标的的保险。雇主通过投保雇主责任保险，将雇主责任转嫁给保险人，其前提条件是雇主与雇员之间存在直接的雇用合同关系。

雇主责任保险的法律依据因各国法律制度的差异和立法完备程度的不同而存在差别，一般依据民法、劳动法、雇主责任法。

------------------------------------------------------------

### (二) 雇主责任保险的基本内容

1. 保险责任范围

(1) 保险责任。雇主责任保险的保险责任包括以下几方面:

①雇员在保单列明的地点于保险有效期内从事与其职业有关的工作时遭受意外而致伤、残、死亡,被保险人依据法律或雇用合同应承担的赔偿责任;

②患有与业务有关的职业性疾病而致雇员人身伤残、死亡的赔偿责任;

③被保险人依法应承担的雇员的医药费,此项医药费的支出以雇员遭受前述两项事故而致伤残为条件。对于非前述两项事故所致的雇员医药费,保险人不予负责;

④应支出的法律费用,包括抗辩费用、律师费用、取证费用以及经法院判决应由被保险人代雇员支付的诉讼费用,但该项费用必须用于处理保险责任范围内的索赔纠纷或诉讼案件,且是合理的诉诸法律而支出的额外费用。

(2) 责任免除。雇主责任保险的责任免除一般包括以下几方面:

①战争、类似战争行为、叛乱、罢工、暴动或由于核辐射所致的被雇人员的伤残、死亡或疾病;

②被保险人的故意行为或重大过失;

③被雇人员由于疾病、传染病、分娩、流产以及因这些疾病而施行内外科治疗手术所致的伤残或死亡;

④雇员自身的故意行为和违法行为造成的伤害,如雇员自伤、自杀、犯罪行为、酗酒及无照驾驶各种机动车辆所致的伤残或死亡;

⑤被保险人对其承包人雇用的员工的责任。

(3) 扩展责任。我国雇主责任保险在经保险双方约定后,可以扩展附加医药费保险和附加第三者责任保险。

2. 保险期限

雇主责任保险的保险期限一般为一年,期满续保,也可按雇用合同的期限投保不足一年或一年以上的雇主责任保险。国外多以"期内索赔式"承保雇主责任保险,即以索赔提出的时间是否在保单有效期间计算保单的责任期限,从而解决了因发生索赔较晚而无法确定损失发生的准确时间或无法寻找过去的保险单的困难。

3. 赔偿限额与保险费

(1) 赔偿限额。雇主责任保险的赔偿限额通常以雇员工资收入为依据,由保险双方当事人在签订保险合同时确定并载入保险合同。其特点是在保险单上仅根据雇用合同的要求,规定以若干个月的工资收入为限。在确定赔偿限额时,应考虑每个雇员的工种、月均工资收入及伤害程度。

(2) 保险费。雇主责任保险采用预收保险费制,保险费是按不同工种雇员的适用费率乘以该类雇员年度工资总额计算出来的,原则上规定签发保险单时一次收清。制定雇主责保险费率的依据主要有：被保险人雇员的行业和工种；赔偿限额；是否有附加的扩展责任保险。

## 五、职业责任保险

### （一）职业责任保险的定义与类型

1. 职业责任保险的定义

职业责任保险是从事各种专业技术工作的单位或个人在履行自己的责任过程中，因过失行为而给他人造成的财产损失或人身伤害依法应负的赔偿责任为保险标的的保险，又称为职业赔偿保险或业务过失责任保险。例如，医生在治疗过程中出现诊断错误、手术错误或用药错误等对病人造成的人身伤害或费用损失；保险代理人的失误导致保险人或被保险人的损失等。这些有过失的专业技术人员都要承担相应的职业责任。

2. 职业责任保险的类型

按照不同的标准，职业责任保险可以做如下划分：

（1）以投保人为依据，可以分为普通职业责任保险和个人职业责任保险两类。前者以单位为投保者，以在投保单位工作的个人为保障对象；后者以个人为投保人，保障的也是投保人自己的职业责任风险。

（2）以被保险人从事的职业为依据，可以分为医生责任保险、药剂师责任保险、律师责任保险、会计师责任保险、建筑师责任保险、设计师责任保险、兽医责任保险、保险代理人责任保险、保险经纪人责任保险等众多业务种类。

（3）以承保方式的依据不同，可以分为以索赔为基础的职业责任保险和以事故发生为基础的职业责任保险。

### （二）职业责任保险的基本内容

1. 保险责任范围

（1）保险责任。职业责任保险在国外并无统一的条款及保单格式，而是由保险公司根据不同种类的职业责任设计并制定专门的保险单承保。对于保险责任范围，职业责任保险承保的保险责任是各种职业技术人员由于职业上的疏忽、错误或失职行为而造成的损失，包括赔偿金和诉讼费用两项。

（2）责任免除。职业责任保险的一般责任免除包括以下五项：战争、类似战争行为、叛乱、罢工、暴动或核风险（但核责任险除外）；被保险人的故意行为；被保险人的家属、雇员的人身伤害或财产损失（雇主责任险除外）；被保险人的合同责任，除非该合同责任同时构成法律责任；被保险人所有或由其照管、控制的财产。

职业责任保险的特定责任免除包括以下四项：被保险人或从事该业务的前任或其任何雇员，或从事该业务的雇员的前任不诚实、欺诈、犯罪或恶意行为所引起的任何索赔；文件的灭失或损毁引起的任何索赔，但也可加费后扩展责任承保；被保险人的隐瞒或欺诈行为，以及被保险人在投保或保险有效期内不如实向保险人报告应报告的情况而引起的任何索赔；被保险人被指控有对他人诽谤或恶意中伤行为而引起的索赔，但对特定的职业责任险，也可承保这种赔偿责任。

2. 保险期限与承保方式

（1）保险期限。职业责任保险的保险期限通常为一年。由于职业责任事故从产生到受害方提出索赔，有可能间隔一个相当长的期限，如一年、两年，甚至更长时间，因此，职业责任险也需不断续保。

（2）承保方式。职业责任保险的承保方式有两种：

一是以索赔为基础的承保方式，保险人仅对在保险有效期内提出的索赔负责，而不管导致索赔的事故是否发生在保险有效期内。采用该承保方式，可以使保险人确切地把握该保单项下应支付的赔款，即使赔款额当期不能确定，至少可使保险人了解索赔的情况，对应承保的风险做出比较切合实际的估价。但该承保方式存在保险人承担的风险责任大的缺点。为便于控制风险责任，各国保险普遍采用限制条款，规定责任追溯日期，保险人仅对追溯日期开始后发生并在保单有效期内提出的索赔负责。

二是以事故发生为基础的承保方式，保险人仅对在保险有效期内发生的职业责任事故引起的损失负责，而不管受害方是否在保险有效期内提出索赔。采用该承保方式的优点是，保险人支付的赔款与其保险期限内实际承保的风险责任相适应。其缺点是，保险人在该保单项下承保的赔偿责任往往要拖很长时间才能确定，而且因为货币价值等因素，最终索赔的数额可能大大超过疏忽行为发生时的水平。在此情况下，如果索赔数额超过保单规定的赔偿限额，超过部分应由被保险人自行承担。由于该承保方式要经过较长时间才能确定赔偿责任，故又称其为长尾巴业务，所以此种方式在实践中已减少使用。

3. 赔偿限额与保险费率

（1）赔偿限额。职业责任保险的保单的赔偿限额一般为累计赔偿限额，而不规定每次事故的赔偿限额，但也有保险人采用每次索赔或每次事故限额，而不规定累计限额。法律诉讼费用一般在赔偿限额以外赔付，但若最终解决的赔偿金额超过限额，则法律诉讼费用应按两者的比例分摊。

（2）保险费率。由于职业责任保险的业务性质差异较大，故其费率不同。在厘定其费率时，一般应考虑如下八项因素：职业种类；工作场所；工作单位性质（营利性与非营利性以及国有、集体、股份制单位之分）；业务数量；被保险人及其雇员的专业技术水平；被保险人职业责任事故的历史统计资料及索赔记录；被保险人及其雇员的工作责任心和个人品质；赔偿限额、免赔额和其他承保条件。

## 第四节　信用保险和保证保险

### 一、信用保证保险概述

#### （一）信用保险和保证保险概念及区别

信用保证保险是随着商业信用的发展而产生的一类新兴保险业务。信用保证保险分为信用保险和保证保险，其中，信用保险是保险人根据权利人的要求担保义务人（被保证人）信用的保险；保证保险是义务人（被保证人）根据权利人的要求，要求保险人向权利人担保义务人自己信用的保险。信用保险和保证保险都是保险人对义务人（被保证人）的作为或不作为致使权利人遭受损失负赔偿责任的保险，即保险人对义务人信用的担保。但二者的对象和投保人均不同，前者是权利人要求保险人担保义务人（被保证人）的信用，后者是义务人（被保证人）要求保险人向权利人担保自己的信用；前者由权利人投保，后者由义务人投保。

信用保险和保证保险承保的标的都是被保证人（义务人）的信用风险，但二者存在区别，主要表现为：

第一，出立保单形式不同。信用保险是通过填写保险单来承保的，其保险单同其他财产保险的保险单并无大的差别，同样规定了责任范围、责任免除、保险金额（责任限额）、保险费、损失赔偿等条款；而保证保险是通过出立保证书来承保的，该保证书的内容通常很简单，只规定了担保事宜。

第二，投保人不同。信用保险的投保人是权利人，承保的是被保证人（义务人）的信用风险，保证保险的投保人是义务人，义务人应权利人的要求投保义务人自己的信用风险，义务人是被保证人，由保险公司出立保证书担保，保险人在此是保证人，保险公司为降低风险，往往要求义务人提供反担保。

第三，风险大小不同。在信用保险中，被保险人交纳保费是为了把可能因义务人不履行义务而使自己受到损失的风险转嫁给保险人，保险人必须把保费的大部分或全部用于赔款（甚至亏损），保险人赔偿后虽然可以向责任方追偿，但成功率很低；在保证保险中，保险人出立保证书，履约的全部义务还是由义务人承担，并未发生风险转移，保险人收取的保费只是凭其信用资格而得到的一种担保费，风险仍由义务人承担，在义务人没有能力承担的情况下才由保险人代为履行义务，因此，对保险人来说，经营保证保险的风险是相当小的。

#### （二）信用保证保险的基本特征

信用保证保险虽然属于广义的财产保险，但与一般的财产保险比较，它又具有如下特征：

第一，信用保证保险承保的是一种信用风险，而不是自然灾害和意外事故造成的风险损失，因而无论权利人还是被保证人要求投保，关键都在于保险人事先必须对被保证人的资信情况进行了严格审查，认为确有把握才能承保，如同银行对贷款申请人的资信必须严格审查后才能批准其贷款一样。

第二，在信用保险与保证保险实务中，当保证的事故发生致使权利人遭受损失时，只有在被保证人不能补偿损失时，才由保险人代为赔偿，从而只是对权利人的担保。

第三，从理论上讲，保险人经营这类业务只是收取担保费，而无盈利可言，因为信用保险与保证保险均由直接责任者承担责任，保险人不是从抵押财物中得到补偿，就是行使追偿权追回赔款。

## 二、信用保险

信用保险是保险人根据权利人的要求担保被保证人信用的保险。其业务内容一般分为国内信用保险、出口信用保险和投资保险三类，它们各自又可以进一步分为若干具体险种。

### （一）国内信用保险

国内信用保险亦称为商业信用保险，它是指在商业活动中，一方当事人为了避免另一方当事人的信用风险，而作为权利人，要求保险人将另一方当事人作为被保证人并承担被保证人的信用风险而使权利人遭受商业利益损失的保险。商业信用保险承保的保险标的是被保证人的商业信用，这种商业信用的实际内容通过列明的方式在保险合同中予以明确，其保险金额根据当事人之间的商业合同的标的价值来确定。国内信用保险一般承保批发业务，不承保零售业务；只承保 3 ~ 6 个月的短期商业信用风险，不承保长期商业信用风险。其险种主要有赊销信用保险、贷款信用保险。

1. 赊销信用保险

赊销信用保险是为国内商业贸易（批发）中延期付款或分期付款行为提供信用担保的一种信用保险业务。在这种业务中，投保人是制造商或供应商，保险人承保的是买方（义务人）的信用风险，目的在于保证被保险人（权利人）能按期收回赊销货款，保障商业贸易的顺利进行。从国外的实践来看，赊销信用保险适用于一些以分期付款方式销售的耐用商品，如汽车、船舶、住宅及大批量商品等，这类商业贸易往往数额较多、金额较大，一旦买方无力偿付分期支付的货款，就会造成制造商或供应商的经济损失，因而需要保险人提供买方信用风险保险服务。

2. 贷款信用保险

贷款信用保险是保险人对银行或其他金融机构与企业之间的借贷合同进行担保并承保其信用风险的保险。在贷款信用保险中，放款方（债权人）是投保人，当保险单出立后，即成为被保险人。这是因为，银行对放出的款项具有全额保险利益，通过保险后，当借款人无法归还贷款时，可以从保险人那里获得补偿，然后把债权转让给保险人追偿。其目的是保证银行信贷资金的正常周转。

贷款信用保险的保险责任一般应包括决策失误、政府部门干预、市场竞争等风险，只要不是投保人或被保险人的故意行为和违法犯罪行为所致的贷款无法收回，其他风险均可承保。贷款信用保险的保险金额确定，应以银行贷出的款项为依据。在厘定保险费率时，应将其与银行利率相联系，并着重考虑下列四项因素：企业的资信情况；企业的经营管理水平与市场竞争力；贷款项目的期限和用途；不同的经济地区。

### （二）出口信用保险

1. 出口信用保险的特征

出口信用保险是承保出口商在经营出口业务的过程中因进口商方面的商业风险或进口国方面的政治风险而遭受损失的一种特殊的保险。出口信用保险与其他以实物作为保险标的财产保险相比，有如下主要区别：

（1）经营目的不同。出口信用保险的目的是鼓励和扩大出口，保证出口商以及与之融通资金的银行因出口所致的各种损失，其业务方针体现着国家的产业政策和国际贸易政策；而其他保险除了海上保险与一国对外贸易政策紧密相连外，其目的均是稳定国内生产和生活，与一国的对外贸易关系不大。

（2）经营方针不同。在经营上实行非盈利的方针，通常是以比较低的收费承担比较高的风险，最终由国家财政作为后盾，其经营亏损由国家财政加以解决。

（3）经营机构不同。因为出口信用保险承保的风险较大、所需的资金较多，故经营机构大多为政府机构或由国家财政直接投资设立的公司，或国家委托独家代办的商业保险机构，它的经营更侧重于社会效益；而其他财产险以盈利为目的，由商业性保险公司经营。

（4）费率厘定不同。在其他财产保险中，概率论是其得以经营的数理基础，其基本定律之一是大数法则。确立费率时，以保额损失率为主要依据；而在出口信用保险中，由于其风险的特殊性，信息在厘定费率时起着举足轻重的作用。在厘定其费率时，除考察保险机构以往的赔付记录外，还要考察出口商的资信、规模和经营出口贸易的历史情况，以及买方国家的政治经济和外汇收支状况、国际市场的发展趋势。

（5）投保人不同。出口信用保险的投保人必须是本国国民或本国企业，投保的业务一般应是在本国生产或制造的产品的出口。

（6）适用范围不同。凡出口公司通过银行以信用证、付款交单、承兑交单、赊账等支付方式给汇的出口贸易，均可以投保出口信用保险。

各国的出口信用保险体制各不相同，完全由各国依据自己的国情决定。我国于1988年开始由中国人民保险公司独家经营出口信用保险，1995年中国进出口银行也开始经营该项业务。

2. 出口信用保险的类型

出口信用保险可按不同的标准分类，具体如下：

（1）根据保险的期限不同，出口信用保险分为短期出口信用保险和中长期出口信用保险。短期出口信用保险一般是指保险期限不超过 180 天的出口信用保险，通常适用于初级产品和消费品的出口。短期出口信用保险是出口信用保险中最为广泛使用的险种，许多国家均开办综合短期出口信用保险，此保单可根据被保险人的要求延长保险期限，但最长只能延长至 365 天。中长期出口信用保险则是以两年以上、金额巨大、付款期长的信用风险为保险标的的保险。它一般适用于电站、大型生产线等成套设备项目或船舶、飞机等资本性或半资本性货物的出口。中长期出口信用保险的特点有政策性强、保险合同无统一格式、保险机构早期介入、需要提供担保、需要一次性支付保险费等。

（2）根据保险责任起讫时间不同，出口信用保险业务可分为出运前的保险和出运后的保险。出运前的保险是保险人承保从合同订立日到货物起运日的信用风险；出运后的保险则承保从货物起运日到保险单终止日的由买方的商业风险或买方所在国家的政治风险导致出口商的经济损失。

此外，根据承保方式不同，出口信用保险业务可以分为综合承保和选择承保；根据承保的风险不同，出口信用保险可以分为商业风险保险和政治风险保险；等等。

3. 出口信用保险的保险责任范围

（1）保险责任。出口信用保险承保的风险有商业风险和政治风险两种。

①商业风险。商业风险是指买方付款信用方面的风险，又称为买方风险。它包括：买方破产或实际已资不抵债而无力偿还货款；买方逾期不付款；买方违约拒收货物，致使货物被运回、降价转卖或放弃。其中，买方逾期不付款是指买方在放账期满时仍不支付货款，经买方要求，被保险人同意，买方在付汇期限上可增加付汇展延期，展延期仍属放账期的范围；买方拒收货物与拒付货款行为并非被保险人的过错所致，而购买方丧失信用或有其他不道德意图而拒收，如果是被保险人不及时交货或货物数量、技术规格不符合合同规定而引起买方拒收、拒付，则属于被保险人未履行合同行为，不属于出口信用保险的责任范围。

②政治风险。政治风险是指与被保险人进行贸易的买方所在国或第三国发生内部政治、经济状况的变化而导致买卖双方都无法控制的收汇风险，又称为国家风险。它包括：买方所在国实行外汇管制，限制汇兑；买方所在国实行进口管制，禁止贸易；买方的进口许可证被撤销；买方所在国颁布延期付款令；买方所在国发生战争、动乱、骚乱、暴动等；买方所在国或任何有关第三国发生非常事件。

（2）责任免除。在出口信用保险中，保险人不负赔偿责任的项目通常有以下六项：被保险人违约或违法导致买方拒付货款所致的损失；汇率变动的损失；在货物交付时，已经或通常能够由货物运输保险或其他保险承保的损失；发货前，买方未能获得进口许可证或其他有关的许可而导致不能收货付款的损失；买方违约在先情况下被保险人坚持发货所致的损失；买卖合同规定的付款币制违反国家外汇规定的损失。

4. 出口信用保险的责任限额

由于出口信用保险承担的风险大、范围广，保险责任限额也与其他险种不同。一般而言，出口信用保险单规定了如下三种限额：

（1）保单的最高赔偿限额。短期出口信用保险的保单以一年为限。保单的最高赔偿限额是指保险人对被保险人在 12 个月内所累计承担的总赔偿限额。保险人在承保业务之前，要求被保险人填写投保单，出口商将其前 12 个月的出口累计金额通知保险人，保险人综合出口企业的经营情况、产品销售情况、出运目的地的分布情况以及出口金额的大小，制定保单的最高赔偿限额。

（2）买方信用限额。买方信用限额指保险单对被保险人向某特定买方出口货物所承担的最高赔偿限额。保险人与被保险人对与被保险人进行贸易的每一个买家都有一个"买方信用限额申请、审批"的过程。保险人要求被保险人就保单范围内的买家逐一申请其适用的信用放账额度，其额度经保险人批准后可循环使用。被保险人在申请买方信用限额时，需向保险人提供买方有关的信用资料，以供保险人确定一个适当的买方信用限额。买方信用限额一旦确立，保险人将在规定限额内负赔偿责任。

（3）被保险人自行掌握的信用限额。在实际工作中，对于有丰富经验并拥有广大市场的被保险人，保险人无须对其每一个买家的资信进行仔细调查，而是在一定范围内给予其灵活处理日常业务的权力。

5. 出口信用保险的费率

在制定出口信用保险的费率时，一般应考虑下列六个因素：买方所在国的政治、经济及外汇收支状况；出口商的资信、经营规模和出口贸易的历史记录；出口商以往的赔付记录；贸易合同规定的付款条件；投保的出口贸易额大小及货物的种类；国际市场的经济发展趋势。

对短期出口信用的保险费率，通常应考虑买方所在国家或地区所属类别、付款方式、信用期限。一般而言，出口信用保险机构通常将世界各国家或地区按其经济情况、外汇储备情况及外汇政策、政治形势的不同，分为五类：第一类国家或地区的经济形势、国际支付能力、政治形势均较好，因而收汇风险小；第五类国家或地区的收汇风险则非常明显，大部分保险人不承保此类国家或地区出口信用保险业务。对第一类别到第四类别国家或地区的出口，因其风险大小不同、支付方式不同，即付款交单和承兑交单及信用证方式付款所带来的收汇风险各不相同，因而收取保险费的费率也不同。放账期长的费率高，放账期短的费率低。

6. 出口信用保险的承保与理赔

（1）承保出口信用保险的要求主要有以下三项：

①出口公司在投保短期出口信用险前，需向保险公司提供一份反映其出口及收汇情况和投保要求的申请书，保险机构根据其提供的资料及通过调查掌握的情况，决定是否承保，中长期保险则应对每一份出口合同进行严格的审查。

②短期出口信用险一般实行全部投保的原则，即出口企业必须将所有以商业信用方式的出口按其销售额全部投保，不能只选择风险大的国家和买方投保。这项原则对保险公司分散

风险和保持业务经营的稳定性至关重要。

③责任限额是出口信用保单中的一项重要规定，一般的保单中都规定两种限额：一是对买方的信用限额，即对每一买方所造成卖方的损失，保险人所承担的最高赔偿限额；二是对出口方保单的累计责任限额，即保险人对被保险人（出口方）在每12个月内保单累计的最高赔偿限额。买方信用限额应由出口方根据不同买方的资信情况及买方在一定时期内预计以信用方式成交的金额，逐个向保险人提出申请，经保险人审查批准后生效。出口方要想获得信用保险的充分保险保障，并扩大出口，对每一个买方都应申请信用限额，这样，保单的累计最高赔偿限额必然增加。

（2）出口信用保险的理赔。出口信用保险理赔的基本内容如下：

①索赔手续。当发生保险责任范围内的损失时，被保险人应立即通知保险公司，并采取一切措施减少损失。被保险人在索赔时，应填写索赔申请书，并提供出口贸易合同、发票、银行证明和其他必要的单证。对被保险人的索赔，除了买方破产或无力偿付贷款原因外，对其他原因引起的损失，在等待期满后再定损核赔。被保险人在获得赔偿后，仍应协助保险公司向债务人追偿欠款。

②最高赔偿限额与免赔额。为了控制风险责任，保险人在承保信用保险时，通常规定每一保单的最高赔偿限额和免赔额。短期出口信用保险项下发生的定损核赔金额可能会受最高赔偿限额与免赔额的影响而发生变化，许多出口信用保险公司，如英国的出口信用担保局签发的出口信用保险单，都对此有详细规定，它们常在其保单上为被保险人规定一个绝对免赔额。若被保险人的一笔出口损失金额不超过此规定的数额，则保险人可免予赔偿。赔偿时，按每一笔损失扣除该免赔额。同时，当全部损失赔偿累计数超过保险单规定的最高责任额时，保险公司对超出部分也不承担赔偿责任。

③出口信用保险定损核赔等待期。由于出口信用保险所承保的范围不一，因而确定标的是否实际损失的时间也各异。除条款规定买方被宣告破产或丧失偿付能力后即可定损核赔外，对其他原因引起的标的损失，保险人还要视不同情况规定一段"观察期"，待观察期满后，保险人才予以定损核赔。这一观察期在出口信用险中称为定损核赔等待期。该等待期由保险双方依照惯例确定，从1个月到6个月不等。

④损失控制。出口信用保险人在接到损失可能发生的报告后，应立即要求并配合被保险人采取措施避免或减少损失。同时，对已经支付赔款的，应及时采取追偿措施。

### （三）投资保险

#### 1. 投资保险的概念

投资保险是承保以被保险人因投资引进国政治局势动荡或政府法令变动所引起的投资损失为保险标的的保险，又称为政治风险保险。其承保对象一般是海外投资者。所谓政治风险，是指东道国政府没收或征用外国投资者的财产、实行外汇管制、撤销进出口许可证、内战、绑架等风险而使投资者遭受投资损失的风险。投资保险业务的开展是第二次世界大战后为了鼓励资本输出而发展起来的。第二次世界大战后不久，美国于1948年4月根据《对外援助法》制定了《经济合作法案》，开始实施马歇尔计划，同时设立了经济合作署，专门管理外援及海外投资事务，并开始实行投资风险保险制度。此后，也逐渐向发展中国家转移。第二次世界大战后，其他国家也仿效美国实行投资保险制度，该制度于20世纪60年代在欧美国家逐渐形成。在我国，投资保险首先是为了引进外资、适应外国投资者的需要于1979年开办的。

2. 投资保险的保险责任范围

（1）保险责任。投资保险的保险责任主要包括以下三种：

①战争险，又称为战争、革命、暴乱风险，包括战争、类似战争行为、叛乱、罢工及暴动所造成的有形财产的直接损失的风险。现金、证券等不属于保险财产；

②征用险，又称为国有化风险，是投资者在国外的投资资产被东道国政府有关部门征用或没收的风险；

③汇兑险，即外汇风险，是东道国的突发事变导致投资者在投资国与投资国有关的款项无法兑换货币转移的风险。我国投资保险承保的这一风险是"由于政府有关部门汇兑限制，使被保险人不能按投资契约规定将应属被保险人所有并可汇出的汇款汇出"，因此引起投资者的损失，由保险公司负责赔偿。

（2）责任免除。我国投资保险条款约定对下列风险造成的损失，保险人不予赔偿：

①原子弹、氢弹等核武器造成的损失；

②被保险人投资项目受损后造成被保险人的一切商业损失；

③被保险人及其代表违背或不履行投资合同或故意违法行为导致政府有关部门征用或没收造成的损失；

④被保险人没有按照政府有关部门所规定的汇款期限汇出汇款所造成的损失；

⑤投资合同范围之外的任何其他财产的征用、没收所造成的损失。

3. 投资保险的保险期间

投资保险的保险期间分为短期和长期两种。短期为一年；长期保险期限最短的为3年，最长的为15年。投保3年以后，被保险人有权要求注销保单，但如未到3年提前注销保单，则被保险人须交足3年的保险费。保单到期后可以续保，但条件仍需要双方另行商议。

4. 投资保险的保险金额与保险费

投资保险的保险金额以被保险人在海外的投资金额为依据，是投资金额与双方约定比例的乘积，保险金额一般规定为投资金额的90%。但长期和短期投资项目又有不同，一年期的保险金额为该年的投资金额乘以双方约定的百分比，保险金额一般规定为投资金额的90%；长期投资项目每年的投资金额在投保时按每年预算投资金额确定，当年的保险金额为当年预算金额的90%。长期投资项目需确定一个项目总投资金额下的最高保险金额，其保险费需在年度保费的基础上加差额保费。当长期投资项目期满时，按实际投资额结算。

投资保险费率一般根据保险期间的长短、投资接受国的政治形势、投资者的能力、工程项目以及地区条件等因素确定。它一般分为长期费率和短期费率，且保险费在当年开始时预收，每年结算一次，这是因为投资期间有变化。20 世纪 90 年代中期，我国投资保险的短期年费率一般为 8‰，长期年度基础费率一般为 6‰。

5. 投资保险的理赔

（1）赔偿期限的规定。由于各种政治风险造成的投资损失有可能在不久后通过不同途径予以挽救，所以损失发生与否需经过一段时间才能确定。因此，投资保险有赔偿期限的规定。根据不同的保险责任，一般有如下规定：第一，战争、类似战争行为、叛乱、罢工及暴动造成投资项目的损失，在提出财产损失证明后或被保险人投资项目终止 6 个月后赔偿；第二，政府有关部门的征用或没收引起的投资损失，在征用、没收发生满 6 个月后赔偿；第三，政府有关部门汇兑限制造成的投资损失，自被保险人提出申请汇款 3 个月后赔偿。

（2）赔偿金额的规定。在赔偿金额方面，有如下规定：第一，当被保险人在保单所列投资合同项下的投资发生保险责任范围内的损失时，保险人根据损失金额按投资金额与保险金额的比例赔付，保险金额最高占投资金额的 90%；第二，由于投资额的承保比例一般为投资金额的 90%，因而被保险人所受损失若将来追回，也应由被保险人和保险人按各自承担损失的比例分摊。

## 三、保证保险

### （一）保证保险的特征

保证保险是义务人（被保证人）根据权利人的要求，要求保险人向权利人担保义务人自己信用的保险，即由保险人为被保证人向权利人提供的担保业务。保证保险在保险学界争论较大，虽然它属于广义的财产保险，但它同一般的保险不同，与一般保险业务相比，保证保险有如下特征：

第一，保证保险的当事人涉及三方：保证人，即保险人；被保证人，即义务人；权利人，即受益人。一般保险的当事人只有保险人与投保人。

第二，保证保险中的被保险人对保证人（保险人）给予权利人的补偿，有偿还的义务；而一般保险的被保险人并无任何返还责任。

第三，保证保险合同是保险人对另一方的债务偿付、违约或失误承担附属性责任的书面承诺。这种承诺是在保证保险合同所规定的履约条件已具备而被保证人不履行合同义务的条件下，保证人才履行赔偿责任。当发生保险事故且权利人遭受经济损失时，只有在被保证人不能补偿损失时，才由保险人代为补偿。因此，从本质上来说，保证保险只是对权利人的担保。

第四，保险人必须严格审查被保证人的资信。保险人只有严格审查被保证人的财力、资信、声誉的好坏以及以往履约历史等，才能代替被保证人向权利人承担法律责任。

第五，保险费实质上是一种手续费。保险公司在承保一般保险业务时，都必须做好赔偿准备；一种风险能否保险，归根到底是看承担这种风险所收取的保险费是否足以抵补这种风险发生的赔款。保证保险是一种担保业务，它基本上是建立在无赔款基础之上的，因此，保证保险收取的保险费实质上是一种手续费，是利用保险公司的名义提供担保的一种报酬。

### （二）保证保险的类型

保证保险通常分为诚实保证保险和确实保证保险两类。其中，诚实保证保险将在后面予以介绍，此处只介绍确实保证保险的险种。

确实保证保险是当被保证人不履行义务而使权利人遭受损失时，由保险人负赔偿责任的保证保险。其保险标的是被保证人的违约责任，它是对业主和其他权利人的保证。确实保证保险的种类繁多，大致可概括为如下四类：

1. 合同保证保险

因合同保证保险的内容较多，于后面单独介绍。

2. 司法保证保险

司法保证保险是因法律程序而引起的保证业务。按其保证内容，可分为诉讼保证保险和受托保证保险两种。

（1）诉讼保证保险。当原告或被告要求法院为其利益采取某种行动，而又可能伤害另一方利益时，法院为了维护双方的合法权益，通常会要求申请人提供某种诉讼保证的保险。其行动如扣押、查封、冻结某些财产等。诉讼保证又可分为保释保证保险、上诉保证保险、扣押保证保险、禁令保证保险。

（2）受托保证保险。它承保经由法院命令为他人利益管理财产的人不尽职尽责而造成被管理人的财产损失，由保险人负赔偿责任。需要提供此种保证的被保证人包括财产受托人、破产管理人、遗嘱执行人、遗产管理人、缺乏完全行为能力人的监护人。

3. 许可证保证保险

许可证保证保险是担保从事经营活动领取执照的人遵守法规或履行义务的保险。在有些国家，从事某一活动或经营的人在向政府申请执照或许可证时，往往需要提供此种保证保险。

4. 公务员保证保险

公务员保证保险是对政府工作人员的诚实信用提供保证的保险。它分为诚实总括保证保险和忠实执行职务保证保险两种。前者对公务员不诚实或欺诈等行为所造成的损失承担赔偿责任；后者对公务员因工作中未能忠于职守而给政府造成的损失承担赔偿责任。

### （三）诚实保证保险

1. 诚实保证保险的概念与特征

诚实保证保险，亦称为雇员忠诚保险，是当被保证人（雇员）行为不诚实而使权利人（雇主）遭受损失时，由保证人（保险人）承担赔偿责任的一种保证保险。在诚实保证保险中，雇主为权利人，雇员为被保证人，以雇员的诚实信用为标的。诚实保证保险与确实保证保险相比较，其特征如下：第一，诚实保证保险的保证合同涉及雇主与雇员的关系；而确实保证保险不涉及。第二，诚实保证保险承保的风险只限于雇员的不诚实行为，包括盗窃、欺诈、伪造、隐匿、违背职守等，因此又称为不诚实保险；而确实保证保险承保的风险是被保证人履行一定义务的能力或意愿，而与不诚实无关。第三，诚实保证保险的投保人既可以是被保证人（雇员），也可以是权利人（雇主）；而确实保证保险必须由被保证人自己投保。

2. 诚实保证保险的类型

诚实保证保险按其承保的形式，可分为以下五类：指名保证保险、职位保证保险、总括保证保险、伪造保证保险和三 D 保单。

（1）指名保证保险。指名保证保险是以特定的雇员为被保证人，在雇主遭受被保证人的不诚实而造成的损失时，由保证人承担赔偿责任的保险。它常分为个人保证保险和表定保证保险两种。

①个人保证保险。个人保证保险是以某一个特定的雇员为被保证人，当该雇员单独或与他人合谋造成雇主损失时，由保证人承担赔偿责任的保险。个人保证合同只承保特定的个人。

②表定保证保险。表定保证保险是在同一份保证合同中承保两个以上的雇员，每个人都有自己的保证金额的保证保险。实际上，该种保证保险只是将若干份个人保证合同合并为一份保证合同而已。该种保证保险可随机增减，只是必须在规定的表内列出被保证人的姓名及其各自的保证金额。

（2）职位保证保险。职位保证保险是在保证保险合同中不列举各被保证人的姓名及保险金额，只列举各级职位名称、保证金额及每一个职位人数的保险。职位保证保险分为单一职位保证保险和职位表定保证保险两种。

①单一职位保证保险。单一职位保证保险是在同一份保证合同中承保某一职位的若干被保证人，无论任何人担任此职位均有效的保证保险。该险种适用于员工流动性较大的单位。

②职位表定保证保险。职位表定保证保险是在同一份保险合同中承保几个不同的职位，每一职位都规定有各自保证金额的保证保险。其余规定同单一职位保证保险基本相同。在合同订立后新增加的职位亦可自动承保，但必须在特定的期限内告知保险人。

（3）总括保证保险。总括保证保险是以雇主所有的正式雇员为保险对象的保险。其特点如下：合同不载明每一个雇员的姓名、职位名称及保证金额，只要确认损失系雇员的不诚实行为所致的，无须证明由何人或何种职位所致，便可由保险人负责赔偿。总括保证保险已成为诚实保证保险中最为流行的一种形式。总括保证保险又可分为普通总括保证保险和特别总括保证保险两种。

①普通总括保证保险。普通总括保证保险是对单位全体雇员不指出姓名和职位的保证保险。保费按年计算，在交费后一年内如人数增加，除企业合并外，不另加保费。只要认定损失是由雇员的不诚实行为所致的，保证人均承担赔偿责任。

②特别总括保证保险。特别总括保证保险是承保各种金融机构的雇员由于不诚实行为造成的损失而由保险人承担赔偿责任的保险。各金融机构中的所有金钱、有价证券、金银条块

以及其他贵重物品，因其雇员的不诚实行为造成的损失，保险人均负赔偿责任。

（4）伪造保证保险。伪造保证保险是承保因伪造或篡改背书、签名、收款人姓名、金额等造成的损失的保证保险。它又分为存户伪造保证保险和家庭伪造保证保险。

（5）三D保单。三D保单是指不诚实（dishonest）、损毁（destruction）及失踪（disappearance）的综合保单。它包括诚实保证和盗窃保险。它承保企业因他人的不诚实、盗窃、失踪、伪造或篡改票据遭受的各种损失。其内容包括五部分，被保险人可选择投保部分或全部。这五部分内容是：雇员不诚实保证，相当于上述的商业总括保证或职位总括保证；屋内财产的盗窃保险；屋外财产的盗窃保险；保管箱盗窃保险；存户的伪造保险。

3. 诚实保证保险的保险责任范围

（1）诚实保证保险的保险责任。诚实保证保险主要承保雇员的不法行为致使雇主遭受的经济损失。它主要包括：雇员在受雇期间盗窃财物而致的损失；雇员在受雇期间贪污财物而致的损失；雇员在受雇期间的欺诈行为（包括欺骗雇主和其他关系方）而致的损失；雇员在保险期间因上述行为造成钱财损失的发现期，一般规定为六个月，即最迟自该雇员退休、离职或死亡之日起或保险单规定六个月内提出索赔，以其中先发生者为准。诚实保证保险的保险责任在不同国家不尽相同，如在美国，诚实保证保险通常承保两大类风险：欺诈和不诚实。

（2）诚实保证保险的责任免除。对于下列原因造成雇主的钱物损失，保险人不负赔偿责任：雇主擅自减少雇员工资待遇或加重工作任务而导致雇员不诚实行为所带来的损失；雇主没有按照安全预防措施和尽责督促检查而造成的任何钱物损失；雇主及其代理人和雇员恶意串通而造成的损失；超过了索赔期限仍未索赔者。

### （四）合同保证保险

1. 合同保证保险的概念与分类

合同保证保险是承保被保证人不履行各种合同义务而造成权利人的经济损失的一种保险。它主要是适应投资人对建设工程要求承包人如期履约而兴办起来的，最普遍的业务是建筑工程承包合同的保证保险。合同保证保险包括以下几种：

（1）建筑保证保险。建筑保证保险承保建筑误期所致的各种损失。根据建设工程的不同阶段，它可分为四种：投标保证保险、履约合同保证保险、预付款保证保险、维修保证保险。投保人既可分阶段投保上述险种，也可投保综合性的建筑保证保险。

（2）完工保证保险。完工保证保险承保借款建筑人未按期完工和到期不归还借款而造成有关权利人的损失。在投保完工保证保险的情况下，可由保险人负赔偿责任。

（3）供给保证保险。供给保证保险承保供给方违反合同规定的供给义务而使需求方遭受损失时，由保险人承担赔偿责任。例如，制造厂商与某加工厂商订立合同，由制造厂商按期提供一定数量的半成品给加工厂商，一旦制造厂商违反供给义务而使加工厂商遭受损失，若投保了供给保证保险，则由保险人负赔偿责任。

2. 合同保证保险的责任范围

合同保证保险根据工程承包合同内容来确定保险责任，一般仅以承包人对工程所有人承担的经济责任为限：保险人只负责工程合同中规定的承包人方面的原因造成的工期延误的损失；保险人赔偿的数额也以工程合同中规定的承包人应赔偿的数额为限。如果承包合同中规定了承包人若不能按期保质完工，就要向工程所有人支付罚款，则保险人的赔偿数额以该罚款数额为限。此外，合同保证保险的保险金额一般以不超过工程总造价的 80% 为限。

### （五）产品保证保险

1. 产品保证保险的概念及其意义

产品保证保险，亦称为产品质量保险或产品信誉保险，是以被保险人因制造或销售的产品丧失或不能达到合同规定的效能而应对买主承担赔偿责任为保险标的的保险。它与产品责任保险的业务性质有根本区别。不过，在保险实务中，产品保证保险经常同产品责任保险综合承保，尤其在欧美国家，保险人一般同时开办产品责任保险和产品保证保险，制造商或销售商则同时投保产品责任保险和产品保证保险。

开办产品保证保险的意义主要有以下几方面：能增强人们消费或使用产品的安全感，有利于维护用户或消费者的正当权益；有利于企业迅速赢得顾客，打开产品销路；能促进企业的质量管理，提高投保企业的竞争能力，最终使整个社会的生产力水平得到提高。

2. 产品保证保险的保险责任范围

（1）产品保证保险的保险责任。由于产品保证保险承保的是制造商、销售商或修理商因其制造、销售或修理的产品质量有内在缺陷而造成产品本身损失对用户所负有的经济赔偿责任，因而其责任范围是产品自身的损失及其有关费用，这是产品责任保险不承保的责任。具体包括以下三项：第一，赔偿用户更换或整修不合格或有质量缺陷产品的损失和费用。第二，赔偿用户因产品质量不符合使用标准而丧失使用价值的损失及由此引起的额外费用。例如，运输公司因购买不合格汽车而造成的停业损失（包括利润和工资损失），以及为继续营业临时租用他人汽车而支付的租费等。第三，被保险人根据法院判决或有关行政当局的命令，收回、更换或修理已投放市场的质量有严重缺陷产品造成用户的损失及费用。

（2）产品保证保险的责任免除。其责任免除包括以下七项：用户或他人故意行为或过失或欺诈引起的损失；用户不按产品说明书或技术操作规定使用产品或擅自拆卸产品而造成的产品本身损失；属于制造商、销售商或修理商保修范围内的损失；产品在运输途中因外部原因造成的损失或费用等；制造或销售的产品有缺陷而致他人人身伤亡的医疗费用和住院、护理等其他费用或其他财产损失；经有关部门鉴定，不属上述质量问题造成的损失和费用；不属于本条款所列责任范围内的其他损失。对上述原因导致的保险事故造成的损失，保险人均不负赔偿责任。

由于产品保证保险是一项十分复杂的业务，所以在经营中，必须以投保企业信誉好、产品质量高为承保条件。同时，由于产品保证保险的风险一般不易估算和控制，故保险人通常采取与投保人共保的办法，由保险人和投保人各承担一定比例（如50%）的责任。

3. 产品保证保险的保险金额和保险费率

产品保证保险的保险金额一般以被保险人的购货发票金额或修理费收据金额来确定。前者如出厂价、批发价、零售价等，以何种价格确定，可以由保险双方根据产品所有权的转移方式及转移价格为依据。

在费率厘定方面，应以下列因素为依据综合考虑：产品制造者、销售者的技术水平和质量管理情况，这是确定费率的首要因素；产品的性能和用途；产品的数量和价格；产品的销售区域；保险人投保该类产品以往的损失记录。

## 四、信用保险和保证保险的承保与理赔

### （一）保险承保

保险人在承保时，应当采取风险控制措施。一般而言，保险人的防范风险措施主要有以下几方面：

第一，对被保证人的资信严格审查后才能承保。在信用、保证保险中，保险人是在"没有损失"这一概念基础上提供服务的，所收取的保险费实质上是一种手续费或服务费。当保险人提供担保服务时，往往要求被保证人向其提供反担保。但是，在向权利人提供信用保险的过程中，保险人就不能得到被保证人的反担保，只能在先赔付权利人损失后，再取代权利人向被保证人追偿。是否能追偿回所赔金额取决于被保证人的资信状况。因此，无论权利人投保，还是被保证人投保，均须在严格审查被保证人资信的情况下才能确定是否承保。

对保证保险，保险人要审查承包商的信誉、财务报告、承包能力、与分包商的关系等情况。如果承包商的财务状况不够好，还可要求第三者向保险人提供担保。如果没有财务报告，也无第三者担保，保险人则要求被保证人提供抵押品。

第二，采取共保形式，由被保险人自担一部分风险。为了防止滥于放款或赊销，保险人可要求被保险人必须自行承担一部分风险。自行承担风险的方式有两种：一种方式是共保，即双方在约定共保的比例后，被保险人不得将自保部分向其他保险企业另行投保，而使自己避免承担责任；另一种方式是规定绝对免赔额，每一项损失在免赔额以下的，由被保险人自行负责，超过部分才由保险人负责，如短期出口信用保险单规定，对商业风险的免赔率为10%，对政治风险的免赔率为10%~5%，免赔限额因买主的资信状况而有所区别，以促使被保险人减少保险事故。

第三，准确分析国际政治经济形势，正确估价政治风险状况。对投资保险的承保，要了解东道国的政治风险状况，如有无战争、罢工、外汇管制或政府征用的风险等；对出口信用保险的政治风险，则要了解买方所在国的政治经济状况，有选择地承保，同时通过费率和免赔率来控制。

第四，对保证保险采取保全措施。保险人承保通常采取下列保全措施：要求投保人或被

保证人事先提供实物抵押或现金保证；在保险单上明确规定，被保证人对保险人为其向权利人支付的任何补偿，有返还给保险人的义务，即保险人为被保证人支付权利人的任何赔偿后，有权向被保证人追回。

第五，明确保险人的有关责任。一方面，保险人要求被保险人以信用卓著或具有清偿能力的单位或个人为放款或赊销对象，如果被保险人在选择放款或赊销对象时有明显不加注意的行为，并由此产生了损失，保险人可以不负责任；另一方面，保险人还会要求被保险人在发现被保证人有行为不轨的迹象时，应停止让其经营钱财或对其放款、赊销，并及时报告保险人。

### （二）保险期间与等待期

对信用保证保险保险期间的风险进行控制，主要应做到如下几点：

第一，明确保险期间。如信用保证保险的保险期间一般分为短期和长期两种，对短期业务，一般为 180 天，到期可续保，但最长不得超过 365 天。续保时，还应当另行约定相关条件。对长期业务，保险期间为 3 年以上，最长为 20 年，亦可以通过控制保险期间而减少保险事故。

第二，规定等待期。对信用、保证保险索赔规定等待期是国际保险市场上通常的做法。其目的在于：一是使保险人有时间核实损失；二是可以督促出口方采取一切必要的措施挽救或减少损失。根据不同的损失原因，索赔期限的规定有所不同。例如，对于买方破产所致的损失，在证实买方已被宣告破产后，即可索赔；对于买方拖欠货款所致的损失，要等付款期满 6 个月后，方可索赔；对于各种政治原因引起的损失，需等造成损失的事件发生 4 个月之后才予赔偿。

经过审理可以确定，被保险人已经保险的出口确实受到损失，这一损失的原因确实属于保单责任范围之内，而不涉及条款规定的任何一项责任免除，而且保单规定的赔偿等待期已经到期，理赔人员即可编制"赔款计算书"报有关领导审定签字后赔付。

### （三）保险理赔的要求

保险理赔的要求一般包括以下几方面：

第一，被保险人在发觉被保证人出现问题时，应立即通知保险人，在短期内提出赔偿请求，并提供必要的账册和材料，以供查证。

第二，发生问题后，被保险人应主动采取措施，深入追查，在各方面给予保险人有效的配合，因追查而支出的费用由保险人负担。

第三，保险人在进行赔偿后可以被保险人的名义代位向被保证人或第三人进行诉讼、追偿，也可以依法处分其财产或担保品。

第四，如被保险人和有关当事人达成协议和解，应取得保险人的同意，否则保险人可不受协议的约束。

## 综合练习

### 一、填空题

1. 企业财产保险有_____和_____之分，它们的主要区别体现在保险责任范围方面。

2. 普通家庭财产保险分为_____和_____两个险别。

3. 家庭财产保险采用的是_____和非不定值保险。

4. 家庭财产两全保险兼有_____和_____双重性质。

5. 机动车辆保险是财产和责任综合保险，其基本险一般分为_____、_____和_____三个部分。

6. 当保险期不足一年时，机动车辆保险的保费按计收，分为两类：_____计费和_____计费。

7. 海上运输货物保险可分为_____和_____。

8. 我国的海上运输货物保险的基本险包括_____、_____和_____三种。

9. 国内水路、陆路货物运输保险分为_____和_____两种险别。

10. 责任保险按实施方式，可分为_____和_____；按承保的方式，可分为_____和_____。

### 二、单项选择题

1. 以投保时保险标的的实际价值或估计价值作为保险价值，其保险金额按保险价值来确定，这种保险称为（　　）。

A. 不定值保险　　　　　　　　　　B. 定值保险

C. 定额保险　　　　　　　　　　　D. 超额保险

2. 以各种有形财产的现有利益、预期利益为保险标的的保险是（　　）。

A. 财产损失保险　　　　　　　　　B. 责任保险

C. 人身保险　　　　　　　　　　　D. 信用保险

3. 我国《保险法》规定，财产保险分为（　　）。

A. 财产损失保险、责任保险、信用保险等　B. 财产损失保险、责任保险、健康保险等

C. 农业保险、货物运输保险、责任保险等　D. 责任保险、农业保险、信用保险

4. 某工厂添置一套设备，投保时市价为 80 万元，后来该设备被盗。当时，市价涨至 100 万元，请问赔偿金额为（　　）。

A. 80 万元　　　　　　　　　　　　B. 100 万元

C. 20 万元　　　　　　　　　　　　D. 180 万元

5. 在抵押贷款的财产保险时，银行以抵押权人名义对抵押品房屋投保。如果银行贷款

为 10 万元，房屋价值为 13 万元，保险金额为 12 万元，则保险人对被保险人的赔偿金额为（    ）。

    A. 10 万元　　　　　　　　　　　　B. 13 万元

    C. 12 万元　　　　　　　　　　　　D. 不予赔偿

6. 保险金额不得超过（    ），超过部分无效。

    A. 保险价值　　　　　　　　　　　B. 保险标的

    C. 保险利益　　　　　　　　　　　D. 事故损失

7. 货物运输保险常采用的方式是（    ）。

    A. 超额保险　　　　　　　　　　　B. 足额保险

    C. 定值保险　　　　　　　　　　　D. 不定值保险

8. 某企业投保企业财产险，保险金额为 100 万元，出险时保险财产的保险价值为 120 万元，实际遭受损失 30 万元，保险人应赔偿（    ）。

    A. 100 万元　　　　　　　　　　　B. 120 万元

    C. 30 万元　　　　　　　　　　　　D. 25 万元

9. 某企业投保企业财产险，保险金额为 100 万元，出险时保险财产的保险价值为 80 万元，当发生全损时，保险人应赔偿（    ）。

    A. 100 万元　　　　　　　　　　　B. 80 万元

    C. 20 万元　　　　　　　　　　　　D. 40 万元

10. 保险人对被保险船舶因承保风险引起的（    ），进行损失赔偿时，应按规定扣除每次事故约定的免赔额。

    A. 单独海损　　　　　　　　　　　B. 共同海损

    C. 碰撞责任　　　　　　　　　　　D. 施救费用

11. 机身险采用的承保方式一般为（    ）。

    A. 定额保险　　　　　　　　　　　B. 限额保险

    C. 不定值保险　　　　　　　　　　D. 定值保险

12. 根据 2008 年 2 月 1 日中国保监会《机动车交通事故责任强制保险责任限额》调整后的赔偿限额，结合根据我国交强险条款内容，在中华人民共和国境内（不含港、澳、台地区），被保险人在使用被保险机动车过程中发生交通事故，致使受害人遭受人身伤亡或者财产损失，依法应当由被保险人承担的损害赔偿责任，保险人按照交强险合同的约定，对每次事故的死亡伤残赔偿限额为（    ）。

    A. 110 000 元　　　　　　　　　　B. 50 000 元

    C. 10 000 元　　　　　　　　　　　D. 100 元

13. 根据 2008 年 2 月 1 日中国保监会《机动车交通事故责任强制保险责任限额》调整后的赔偿限额，结合根据我国交强险条款内容，在中华人民共和国境内（不含港、澳、台地区），被保险人在使用被保险机动车过程中发生交通事故，致使受害人遭受人身伤亡或者财产损失，无责任财产损失赔偿限额为（　　　　）。

A. 10 000 元　　　　　　　　　　　B. 2 000 元

C. 1 000 元　　　　　　　　　　　D. 100 元

### 三、多项选择题

1. 企业财产保险承保的保险标的范围包括（　　　　）。

A. 属于被保险人所有或与他人共有而由被保险人负责的财产

B. 由被保险人经营管理或替他人保管的财产

C. 具有其他法律上承认的、与被保险人有经济利害关系的财产

D. 土地、矿藏、矿井、矿坑、森林、水产资源及文件、账册、图表、技术资料等

E. 货币、票证、有价证券

2. 我国企业财产保险包括（　　　　）两个险别。

A. 基本险　　　　　　　　　　　B. 综合险

C. 战争险　　　　　　　　　　　D. 平安险

E. 水渍险

3. 企业财产保险基本险的保险责任包括（　　　　）。

A. 火灾、雷击、爆炸、飞行物体及其他空中运行物体坠落造成保险标的的损失

B. 被保险人所有自用的供电、供水、供气设备因保险事故遭受损坏，引起停电、停水、停气，以致造成保险标的的直接损失

C. 在发生保险事故时，为抢救保险标的或防止灾害蔓延，采取合理的、必要的措施而造成保险标的的损失

D. 保险事故发生后，被保险人为防止或者减少保险标的的损失所支付的合理的、必要的费用

E. 暴雨、洪水、台风、暴风、龙卷风、雪灾、雹灾、冰凌、泥石流、崖崩、突发性滑坡、地面下陷下沉等原因造成保险标的的损失

4. 企业财产保险综合险的保险责任包括（　　　　）。

A. 火灾、雷击、爆炸、飞行物体及其他空中运行物体坠落造成保险标的的损失

B. 被保险人所有自用的供电、供水、供气设备因保险事故遭受损坏，引起停电、停水、停气，以致造成保险标的的直接损失

C. 在发生保险事故时，为抢救保险标的或防止灾害蔓延，采取合理的、必要的措施而造成保险标的的损失

D. 停工、停业期间支出的工资费用、利润损失

E. 暴雨、洪水、台风、暴风、龙卷风、雪灾、雹灾、冰凌、泥石流、崖崩、突发性滑坡、地面下陷下沉等原因造成保险标的的损失

5. 我国海上运输货物保险的基本险的险别包括（　　　　）。

A. 灾害损失保险　　　　　　　　　　B. 平安险

C. 盗窃保险                                    D. 一切险

E. 水渍险

6. 海上运输货物保险的普通附加险的险别包括（    ）等。

A. 偷窃提货不着险                            B. 淡水雨淋险

C. 短量险                                      D. 混杂、玷污险

E. 串味险

7. 国内水路、陆路货物运输保险的险别包括（    ）。

A. 基本险                                      B. 平安险

C. 一切险                                      D. 综合险

E. 水渍险

8. 责任保险的保险事故通常要具备的条件有（    ）。

A. 被保险人的过失                            B. 被保险人的故意行为

C. 被保险人的非法行为                        D. 损害事实的存在

E. 过失与损害事实的因果关系

9. 财产保险按保险价值的确定方式不同，分为（    ）。

A. 财产损失保险                              B. 责任保险

C. 不定值保险                                D. 定额保险

E. 定值保险

10. 下列项目中，属于我国远洋船舶保险一切险保险责任的有（    ）。

A. 船长及其船员的故意行为                    B. 碰撞责任

C. 被保险人及其代表的疏忽                    D. 共同海损

E. 施救费用

11. 飞机机身险的保险金额可以按（    ）确定。

A. 净值                                        B. 由保险人和投保人双方协商

C. 原值                                        D. 重置价值

E. 原价加成

12. 下列项目中，属于车辆损失保险保险责任的有（    ）。

A. 碰撞、倾覆                                B. 车辆货物相互碰撞

C. 施救保护费用                              D. 洪水、雷击

E. 渡船事故

13. 船舶保险与货物运输保险相比较，其特点有（    ）。

A. 保单无须背书即可转让                      B. 保险责任以水面风险为限

C. 保障范围具有广泛性                        D. 船舶发生损失时往往会出现巨额赔款

E. 船舶的安全受船舶所有人的影响

14. 机动车交通事故责任强制保险与商业三责险的区别是（    ）。

A. 保险期限不同                              B. 实施方式不同

C. 目的不同            D. 性质不同

E. 责任范围不同

15. 根据我国 2006 年交强险条款规定，在下列损失和费用中，交强险不负责赔偿和垫付的有（      ）。

A. 受害人故意造成的交通事故的损失       B. 被保险人所有财产的财产损失

C. 因交通事故产生的仲裁费用            D. 驾驶人醉酒造成受害人的抢救费用

E. 被保险人故意制造交通事故而造成受害人的抢救费用

## 四、判断题

1. 企业财产险属于法定保险方式。                                      （     ）

2. 财产保险的标的是各种物质财产及有关的利益。                  （     ）

3. 一般来说，财产保险资金的流动性比人身保险资金的流动性强。    （     ）

4. 不论财产的实际价值如何，保险人均按约定的保险金额来计算赔款的保险方式是不定值保险。                                            （     ）

## 五、名词解释

营业中断保险   定值保险   不定值保险   信用保险   保证保险   共同海损   单独海损 施救费用   救助费用   责任保险   公众责任保险   产品责任保险   职业责任保险   雇主责任保险 交强险   车辆损失险

## 六、简答题

1. 企业财产保险承保的保险标的包括哪些内容？

2. 简述企业财产保险的基本险、综合险的责任范围。

3. 简述企业财产保险的赔款计算。

4. 如何确定车辆损失险的保险金额？

5. 简述机动车辆保险的保险责任和责任免除。

6. 车辆损失的赔偿处理是如何计算的？

7. 机动车辆第三者责任险的"第三者"是如何定义的？

8. 简述交强险的特点。

9. 简述交强险的责任限额。

10. 我国的海上运输货物保险条款对于责任起讫是如何规定的？

11. 简述定值保险和不定值保险的区别。

12. 简述平安险、水渍险和一切险的联系与区别。

13. 什么叫责任保险？独立承保的责任保险包括哪几类？

14. 信用保险与保证保险的区别主要有哪些？

15. 简述出口信用保险的内容。

## 七、计算题

1. 张某拥有 50 万元的家庭财产，向保险公司投保家庭财产保险，保险金额为 40 万元。

在保险期间，王某家中失火。

　　(1) 当家庭财产损失为 10 万元时，保险公司应赔偿多少？

　　(2) 当家庭财产损失为 45 万元时，保险公司又应赔偿多少？

　　2. 某企业投保企业财产保险，保险金额为 100 万元。在保险期间发生火灾。

　　(1) 当绝对免赔率为 5%，财产损失为 2 万元时，保险公司应赔偿多少？

　　(2) 当绝对免赔率为 5%，财产损失为 8 万元时，保险公司应赔偿多少？

　　(3) 当相对免赔率为 5%，财产损失为 8 万元时，保险公司应赔偿多少？

## 八、案例分析题

　　1. 有一批货物出口，货主投保货运险，按投保时实际价值与保险人约定保险价值为 24 万元，保险金额也为 24 万元，后来货物在运输途中出险，出险时当地完好市价为 20 万元。问如果货物全损，保险人如何赔偿？赔多少？如果货物部分损失，将受损货物在当地处理后出售获得 6 万元价款，则保险人如何赔偿？赔多少？

　　2. 某商贸公司从国外购得一批粮食，委托当地粮食储运公司储存。该粮食储运公司将粮食运入粮库后，向当地的 A 保险公司投保了财产保险综合险。与此同时，该商贸公司也以此批粮食为标的向当地 B 保险公司投保了财产保险综合险。一日，粮库发生意外火灾，这批粮食全部损毁。储运公司及商贸公司分别向各自投保的保险公司报险索赔。有人认为，商贸公司和储运公司将同一标的向两个保险公司投保，此属重复保险。根据《中华人民共和国保险法》及保险合同的规定，对于重复保险，各保险人按照其保险金额与保险金额总和的比例承担赔偿责任。这种观点正确吗？为什么？

　　3. 某保险公司承保某企业财产保险，其保险金额为 4 800 万元，在保险合同有效期内的某日发生了火灾，损失金额为 600 万元，出险时财产的实际价值为 6 000 万元。试计算其赔偿金额，并指出该保险是超额保险还是不足额保险。

　　4. 若甲、乙两车于 2009 年 10 月分别向 A、B 两家保险公司投保了交强险。同时，甲向 A 保险公司投保了车辆损失险和第三者责任险，前者的保险金额为 24 万元，后者的责任限额为 10 万元。在保险期间，甲车在一次行驶中与乙车相撞，同时引起火灾，甲车全部被烧毁，损失金额为 24 万元，残值为 1.2 万元，车上两位乘客和司机李某受伤，支付医疗费用 2 万元；乙车车损为 8 万元，残值为 0.8 万元，车上人员的医疗费用为 1 万元。经交通管理部门鉴定，甲车负 70% 的责任，乙车负 30% 的责任。A 保险公司对甲车的免赔率为 15%。问按交强险条款和机动车辆保险条款，保险公司应如何赔偿？

# 第六章　人身保险

## 教学目标

了解人身保险的特征；掌握人身保险合同的常见条款，人寿保险、健康保险和意外伤害保险的概念；学会分析人身保险与财产保险的区别、人身意外伤害保险与第三者责任保险的区别。

## 第一节　人身保险概述

### 一、人身保险的概念和特征

人身保险是以人的生命和身体为保险标的的保险。当人们遭受不幸事故或因疾病、年老而丧失工作能力、伤残、死亡或退休时，根据保险合同条款的规定，保险人对被保险人或受益人给付预定的保险金，以解决病、残、老、死所造成的经济困难，是对社会保障不足的一种补充。在我国，按照保障范围的不同，可把人身保险分为人寿保险、健康保险及意外伤害保险。在前面已经分析了财产保险和人身保险的主要区别。同理，相对于财产保险而言，人身保险也有其自身的特征。

#### （一）人身保险是一种定额保险

如前所述，因为人的寿命和身体的价值不能用金钱来衡量，因此，人身保险合同就无法通过保险标的的价值确定保险金额。在一般情况下，人身保险的保险金额由投保人根据被保险人对人身保险的需要和投保人的缴费能力，在法律允许的范围与条件下，与保险人协商确定，属于定额保险，不存在超额保险、不足额保险，也不存在重复保险。保险金额不表明保险标的的价值。

同时，因为人的生、死、伤、残、病等情形是无法衡量其经济上的实际损失的，所以被保险人发生人身保险合同约定的事件后，保险人依合同中约定的金额给付保险金，而不以保险事故发生造成的实际损失计算，也不实行比例分摊和代位求偿。被保险人可以持有若干份保险单，亦可依若干份合同取得保险金。如果事件是由第三者造成的，被保险人还有权要求支付赔偿金。

### （二）人身保险的保险利益是以人与人的关系来确定的，而不是以人与物或责任的关系来确定的

根据我国《保险法》的规定，人身保险合同主要是采取限制家庭成员关系范围并结合被保险人同意的方式对人身保险合同保险利益加以明确的。正因为人身保险具有这一特征，所以它不存在超额保险、重复保险和代位求偿权问题。财产保险的保险金额受可保利益或财产价值的限制，保险金额超过保险利益或财产价值的部分无效，而且财产保险对重复保险要实行分摊赔偿责任。由于人身保险的可保利益无法用货币估量，所以人身保险不存在超额投保和重复保险问题。保险公司允许被保险人投保几种人身保险或取得几份保险单，但保险公司也可以根据被保险人的需要和收入水平加以控制，使总计的保险金额不高得过分。同样，代位求偿权原则也不适用于人身保险。如果被保险人伤亡是由第三者造成的，则被保险人或其受益人既能从保险公司取得保险金，又能向肇事方提出损害赔偿要求，保险公司不能行使代位求偿权。

### （三）人身保险的长期性

人身保险的保险期间都比较长，特别是人寿保险，其保险期间通常在五年以上，有的险种长达几十年，乃至人的一生。人身保险的保险期间可分为交费期、领取期两个阶段，具体情况视不同的险种而定：有些险种交费期长，而领取期短，有可能交费 30 年而到期后一次领取全部保险金；有些险种则交费期长，领取期也长；有的险种无论在交费期内，还是在领取期内，都给被保险人一定的保险保障；有些险种的交费期就是保险保障期；有些险种在交费期内没有保险保障，只有在领取期才享有保障。

## 二、人身保险合同的常见条款

正由于人身保险合同具有许多不同于财产保险合同的自身特征，所以人身保险合同也存在许多不同于财产保险合同的特定条款。

### （一）不可争条款

不可争条款又称为不可抗辩条款，是指自人身保险合同订立时起，超过法定时限后，保险人将不得以投保人在投保时违反如实告知义务，误告、漏告、隐瞒某些事实为理由，而主张合同无效或拒绝给付保险金。

人身保险是最大诚信的合同，对于被保险人的年龄、健康状况、职业等足以影响保险人决定是否同意承保，以及在承保时保险人所提出询问的情况，投保人应履行如实告知义务，不得有任何隐瞒或欺骗。如果在投保时，投保人故意隐匿或因过失遗漏而做不实申报，足以变更或减少保险人对于风险的估计，保险人有权解除合同。但由于涉及此项条款的合同基本

上为长期险，如果不加以限制，则保险人有可能利用期限长而滥用这一权力，从而使被保险人的利益无法得到保障。同时，经过长时间后要查明投保人如实告知义务是否履行非常困难，而且容易引起纠纷。因此，法律规定了一个期间，要求保险人在此期间内尽其审查义务，并有权提出合同解除。一旦超过该期限，法律规定保险人不得再主张合同解除或不承担给付保险金责任，以保护被保险人和受益人的利益和便于解决纠纷。例如，在投保人或被保险人未履行如实告知义务方面，我国《保险法》十六条规定，"自合同成立之日起超过二年的，保险人不得解除合同；发生保险事故的，保险人应当承担赔偿或者给付保险金的责任"。由此看出，对投保人履行如实告知义务问题，在允许保险人对投保人是否履行如实告知义务提出异议并解除合同的同时，对保险人的这一权利的行使做了时间上的限制，期限为两年。就是自签订合同开始两年以内，保险人有权主张合同解除，该期间称为可抗辩期；超过两年以后，保险人则失去这一权利，称为不可抗辩。国际上对被保险人的健康方面也适用这一规定，而我国这一条只适用于年龄方面，健康方面则要靠在保险合同中进行特别的约定。

### （二）　年龄误告条款

年龄误告条款主要是针对投保人申报的被保险人的年龄不真实，而真实年龄又符合合同约定限制的情况下而设立的。法律与保险合同中一般均规定年龄误告条款，要求保险人按被保险人的真实年龄调整。我国《保险法》第三十二条规定，"投保人申报的被保险人年龄不真实，并且其真实年龄不符合合同约定的年龄限制的，保险人可以解除合同，并按照合同约定退还保险单的现金价值。保险人行使合同解除权，适用本法第十六条第三款、第六款的规定。投保人申报的被保险人年龄不真实，致使投保人支付的保险费少于应付保险费的，保险人有权更正并要求投保人补交保险费，或者在给付保险金时按照实付保险费与应付保险费的比例支付。投保人申报的被保险人年龄不真实，致使投保人支付的保险费多于应付保险费的，保险人应当将多收的保险费退还投保人"。根据我国法律，这条规定不仅包括对投保人申报的被保险人的年龄不真实，而真实年龄又符合合同约定年龄限制的合同进行保险费或保险金的调整，而且包括对投保人申报的被保险人的年龄不真实，而真实年龄又不符合合同约定年龄限制，自合同成立之日起已逾两年的有效合同进行保险费或保险金的调整。

年龄误告的保险费或保险金的调整有以下两种情况：一是在合同约定的保险事件尚未发生或期限尚未到达时，发现投保人申报的被保险人年龄不真实。这时，保险人应及时进行调整。发现投保人支付保险费少于应付保险费的，尽早通知投保人补交过去少交的保险费或按原交纳的保险费数额，调整保险金给付额；发现投保人支付保险费多于应交保险费的，应予以及时清算，退还投保人或根据投保人的意见，按原交纳的保险费数额，调整保险金给付额。二是合同约定的保险事件发生或期限到达时，发现投保人申报的被保险人年龄不真实。在这种情况下，投保人支付的保险费少于应付保险费的，保险人在投保人自愿的情况下，可以要求投保人补交保险费，在补交保险费后，保险人可按合同的约定给付保险金；如果投保人不愿补交保险费，则保险人可以在给付保险金时，按照实付保险费与应付保险费比例支付；如果投保人实付的保险费多于应收保险费，则保险人应该将多收的保险费退还投保人；如果投保人申报的被保险人年龄不真实，导致保险人多支付保险金，被保险人或受益人或领取保险金的人就将多领的保险金退还保险人。

### （三）宽限期条款

宽限期条款是指如果保险合同约定分期支付保险费，但投保人支付首期保险费后未按时交付分期保险费，法律或合同规定给予投保人一定的宽限时间，在此期间，即使未交纳保险费，仍能保持保险合同效力。我国《保险法》第三十六条规定，"合同约定分期支付保险费，投保人支付首期保险费后，除合同另有约定外，投保人自保险人催告之日起超过三十日未支付当期保险费，或者超过约定的期限六十日未支付当期保险费的，合同效力中止，或者由保险人按照合同约定的条件减少保险金额"。

在一般情况下，合同约定分期支付保险费的，投保人应于合同成立时支付首期保险费，并应当按期交纳其余各期保险费。但由于合同的保险期限较长，投保人必须长年累月按照约定期限交纳保险费，可能发生一时疏忽或者经济困难及其他客观原因而导致没有在约定的期限交付保险费的情况。这时，如果保险人因此而解除保险合同，将使被保险人的利益受到损害。因此，法律规定在合同里应当规定有 30～60 天的宽限期。投保人没有及时交付保险费，但只要在宽限期内，合同仍然有效。如果发生保险事故，保险人仍应承担给付责任。

另外，超过宽限期后，投保人未支付当期保险费的，有两种结果：第一，保险合同效力中止；第二，由保险人按照合同约定的条件减少保险金额，在一般情况下，保险金额减少，保险合同的其他条件不变，投保人亦不必再交纳保险费。

### （四）保险合同效力中止和复效条款

保险合同效力中止是指保险合同在有效期间内，缺乏某些必要条件而使合同暂时失去效力，称为合同中止。一旦在法定或约定的时间内所需条件得到满足，合同可以恢复原来的效力，称为合同复效。

为了充分保护被保险人和受益人的利益，在投保人交纳保险费方面，除给予一定的宽限期外，法律还规定在宽限期内仍未交纳应付保险费的，保险合同的效力不会被解除，只会被中止。我国《保险法》规定，依照第三十六条规定合同效力中止的，经保险人与投保人协商并达成协议，在投保人补交保险费后，合同效力恢复。但是，自合同效力中止之日起 2 年内双方未达成协议的，保险人有权解除合同。此外，保险人依照这款规定解除合同的，如果投保人已交足二年以上保险费，保险人应当按照合同约定退还保险单的现金价值；投保人未交足二年保险费的，保险人应当在扣除手续费后，退还保险费。也就是说，这种中止并不意味着保险合同永久失去效力。一旦投保人重新具备交纳保险费的能力，并且愿意补交合同效力停止期间的保险费本金和利息，保险合同效力就可得到恢复，这是为了避免投保人积累的具有现金价值的保险单因一时的困难被解除，致使被保险人、受益人失去保险保障。但如果这一中止期限届满，投保人仍未能交纳和补交保险费，并未能就复效问题与保险人达成一致意见，那么保险人有权解除保险合同。我国《保险法》第三十六条、三十七条分别对此作了规定，第三十六条规定，"合同约定分期支付保险费，投保人支付首期保险费后，除合同另有约定外，投保人自保险人催告之日起超过三十日未支付当期保险费，或者超过约定的期限六十日未支付当期保险费的，合同效力中止，或者由保险人按照合同约定的条件减少保险金额。被保险人在前款规定期限内发生保险事故的，保险人应当按照合同约定给付保险金，但可以扣减欠交的保险费"。第三十七条规定，"合同效力依照本法第三十六条规定中止的，经保险人与投保人协商并达成协议，在投保人补交保险费后，合同效力恢复。但是，自合同效力中止之日起满二年双方未达成协议的，保险人有权解除合同。保险人依照前款规定解除合同的，应当按照合同约定退还保险单的现金价值"。

### （五）自杀条款

在人寿保险合同中，一般都将自杀作为责任免除条款来规定，主要是为了避免蓄意自杀者通过保险方式谋取保险金，防止道德危险的发生。但自杀毕竟是死亡的一种，有时被保险人遭遇意外事件的打击或心态失常亦会做出结束自己生命的行为，并非有意图谋保险给付金。为了更好地保障投保人、被保险人、受益人的合法权益，保险人也出于维护自己的利益，在很多人寿保险合同中都将自杀列入保险条款，但规定在保险合同生效较长的期限后被保险人的自杀行为，保险人才承担给付保险金责任，这一期限通常是2年，以防止被保险人预谋保险金而签订保险合同。我国《保险法》第四十四条规定，"以被保险人死亡为给付保险金条件的合同，自合同成立或者合同效力恢复之日起二年内，被保险人自杀的，保险人不承担给付保险金的责任，但被保险人自杀时为无民事行为能力人的除外。保险人依照前款规定不承担给付保险金责任的，应当按照合同约定退还保险单的现金价值"。

根据有关调查和科学分析，一个人不大可能在一两年以前就开始预谋自杀计划或某一自杀意图能够持续两年。因为即使一个人在投保时有自杀意图，也极有可能随着时光的推移而改变初衷。因此，这样规定既可避免道德危险的产生，也可最大限度地保障被保险人、受益人的利益。

### （六）不丧失现金价值条款

正如前述，在长期人身保险中，保险费率的组成中含有储蓄因素，特别是带有长期性生存给付保险的纯保险费往往含有很大比重的储蓄保险费。于是保险单交费达到一定时间后，逐年积存相当数额的责任准备金，并随着时间的延伸而不断增加，这就形成了保险单的现金价值。因此，除定期死亡保险外，每一份长期保险在交足两年以上的保险费后，都包含现金价值。自杀条款更是规定，以死亡为给付保险金条件的合同，被保险人自合同成立之日起于两年内自杀的，保险人不承担给付保险金责任，但对投保人已支付的保险费，保险人应按照保险单退还其现金价值。也就是说，一旦被保险人在合同成立后两年内自杀，都应计算其保险单的现金价值，无论其是否交足两年以上的保险费。

我国《保险法》规定，现金价值不因保险合同效力的变化而丧失。这是因为，现金价值虽然由保险人运用保管，但实际上是属于投保人、被保险人所有的利益。在投保人解除合同时，保险人应当退还保险单的现金价值。即使投保人或被保险人、受益人违反合同规定的某些义务而致使保险合同解除，保险单的现金价值也不会丧失，而仍属于投保人或受益人。在实务操作中，保险人一般都把这种现金价值列明在保险单上。当投保人不愿意继续交纳保险费时，投保人有权选择有利于自己的方式来处理这笔现金价值。其方式有如下几种：一是申请退保，这时的退保金实际上就是现金价值。二是按保险单当时的现金价值作为一次交清的趸交保险费，向保险人申请投保同类保险的"减额交清保险"。在改保后的保险合同中，保险人只对将来给付的保险金做相应调整，减少给付数额，而保险期间与其他保险内容不变，投保人也不用再续交保险费。三是按保险单当时的现金价值作为一次交清的趸交保险费，向保险人申请变更为"展期定期保险"，主要是指定期死亡保险。变更后，保险合同的保险责任、保险期限等主要内容会有所改变，而变更后的保险金给付额与原保险合同相应的保险金给付额基本一致。投保人无须再交纳续期保险费。四是在投保时或保险费宽限期期满前书面声明，当分期保险费在宽限期后仍未交付时，将保险单当时的现金价值作为续期保险费进行垫交，但对于此项垫交的保险费，投保人要在一定时期内予以偿还并补交利息。在垫交保险费期间，保险合同持续有效，保险人承担保险责任；当待垫支的现金价值不足，而投保人尚未补交时，保险合同效力中止。

### （七）保单贷款条款

长期性人身保险合同，在积累一定的保险费产生现金价值后，投保人可以在保险单的现金价值数额内，以具有现金价值的保险单作为质押，向其投保的保险人或第三者申请贷款。习惯上称为保单贷款或保单质押贷款。

质押是一种担保形式，分为动产质押和权利质押。保单质押属于权利质押，是指债务人或者第三者将其某种权利移交债权人占有，将该权利作为债权担保，当债务人不偿还债务时，债权人有权依照《中华人民共和国担保法》中的规定兑现质押的权利。一般来说，人身保险的保险单具有一定数量的现金价值，因此，从一定意义上说，保险单是一种有价值的单证，也是投保人拥有保险单的现金价值的权利凭证。在进行质押贷款时，投保人应将保险单移交给债权人。如果债权人不是其投保的保险人，则应通知该保险人。出质后，投保人也不得将保险单转让或解除。

保单贷款通常是投保人以保险单作质押向保险人贷款；贷款数额一般不超过保单现金价值的一定比例。因贷款会影响保险人的资金运用，有可能使保险人减少资金收益，因此，投保人需承担合同约定的贷款利息。当合同约定的贷款期届满时，投保人应返还所借款项本息。逾期未归还借款的，投保人可申请延期，但当贷款本息累计已超过其保险单的现金价值时，投保人又未按期归还借款，保险人有权终止保险合同效力；若贷款本息清偿之前，被保险人已发生保险事故，则保险人有权从应给付的保险金中扣除投保人所借款本息，其余部分作为给付保险金支付。

保单贷款条款的实行对保险双方都是有利的。对于投保人来说，可以很方便地融通资金，增加寿险保险单的使用价值；对于保险人来说，可以鼓励投保人投保。因为投保人要在一个较长的保险合同有效期内把大量资金交给保险人，在此期间，投保人难免会遇到经济困难，如果投在保险上的资金不能运用，则会给投保人带来很大的财务困难，最终可能导致投保人一时无力交纳保险费，甚至退保。

### (八)　自动垫缴保费条款

该条款规定，当投保人未能在宽限期内交付保险费，而此时保单已具有现金价值，同时该现金价值足够缴付所欠缴的保费时，除非投保人有反对声明，保险人应自动垫缴其所欠的保费，使保单继续有效。如果第一次垫交后，再次出现保费仍未在规定的期间交付的情况，垫交须继续进行，直至累计的贷款本息达到保单上的现金价值的数额。此后，投保人若再不交费，则保单失效。在垫交期间，如果发生保险事故，则保险人应从保险金内扣除保险费的本息后再给付。保险人自动垫缴保费实际上是保险人对投保人的贷款，其目的是避免非故意的保单失效。为防止投保人过度使用，有些保险公司会限制其使用次数。

### (九)　受益人条款

该条款是在人身保险合同中关于受益人的指定、资格、顺序、变更及受益人权利等内容的具体规定。受益人是人身保险合同中十分重要的关系人，很多国家的人身保险合同中都有受益人条款。

人身保险中的受益人通常分为指定受益人和未指定受益人两类。指定受益人按其请求权的顺序，分为原始受益人、后继受益人。许多国家在受益人条款中都规定：如果受益人在被保险人之前死亡，这个受益人的权利将转回给被保险人，被保险人可以另再指定受益人。这个再指定受益人就是后继受益人。当被保险人没有遗嘱指定受益人时，则被保险人的法定继承人就成为受益人，这时保险金就变成了被保险人的遗产。

投保人或被保险人除了指定受益人外，如果保单赋予投保人或被保险人变更受益人的权利，则变更受益人无须征求受益人同意，但必须遵循一定的手续，否则变更无效。现在最通常的手续是书面通知保险公司。这种不需要任何人同意就可以变更的受益人称为可变更受益人。如果需要受益人同意才能变更的受益人，则称为不可变更受益人。现在大部分的保单都允许保单所有或被保险人变更受益人，但也会受到一些因素的限制，如夫妻共同财产、财产划分协议或团体保险方面的法律限制。在可变更受益人情况下，被保险人享用保单的各种权益（如退保、抵押贷款等）无须经受益人同意，被保险人对保单具有一切支配使用权力，对这些权力，受益人无权过问。保单是被保险人生存时可以自己支配的财产，在被保险人死亡之前，受益人只有"期待权"。

此外，还有战争条款、意外死亡条款、红利任选条款、保险金给付的任选条款、共同灾难条款。

### （十）共同灾难条款

当被保险人与第一受益人两者同时死于共同的意外事故，也就是共同灾难时，在处理保险金给付时，按照受益人条款很难处理。共同灾难条款就成了处理保险金给付的重要依据。

共同灾难的可能结果有三种：可以确定两者死亡的先后顺序；确定两者同时死亡；无法确定两者死亡的先后顺序。

第一种结果按照受益人条款就可以处理。如果被保险人后死，而第一受益人先死，保险金就列为被保险人的遗产；如指定了第二受益人，则保险金归第二受益人所有。如果第一受益人后死，而被保险人先死，不管是否指定了第二受益人，保险金都列为第一受益人的遗产。

第二种和第三种结果处理起来就比较麻烦，在法律上有许多争论。在美国的大部分州已通过了《统一同时死亡法》，按照该法的规定，被保险人与第一受益人在共同灾难中同时死亡或无法确定死亡的先后顺序的情况下，被保险人比第一受益人后死。因此，在没有指定第二受益人的情况下，保险金就列为被保险人的遗产；如指定了第二受益人，则保险金归第二受益人所有。

应用共同灾难条款必须符合两个要件：必须有共同灾难发生；必须同时死亡或无法确定死亡的先后顺序。我国《保险法》第四十二条第五款规定，"受益人与被保险人在同一事件中死亡，且不能确定死亡先后顺序的，推定受益人死亡在先"。

# 第二节　人寿保险

## 一、人寿保险的概念和基本特征

### （一）人寿保险的概念

人寿保险是以被保险人的寿命为保险标的，以人的生存、死亡两种形态为给付保险金条件的保险。当发生保险合同约定的事故或合同约定的条件满足时，保险人对被保险人履行给付保险金责任。人寿保险通常又可分为三类：第一类是以被保险人生存为给付保险金条件的生存保险；第二类是以被保险人死亡为给付保险金条件的死亡保险；第三类是被保险人生存或死亡均为给付保险金条件的生死两全保险。

人寿保险是人身保险中产生得最早的一个险种。在一段较长的时期内，人们一直认为死亡是人类面临的最大的人身风险，因此，早期的人寿保险专指死亡保险。随着社会经济的发展，人们不仅希望生存，而且希望长寿。由于维持生存和长寿需要支付相当的生活费用，所以实际上也是一种风险，因此，又出现了生存保险以及把死亡保险和生存保险相结合的两全保险。由于一个人无法预知自己寿命的长短，满期时一次性给付保险金的生存保险不能为养老的需要提供充分保障，后来又进一步产生了年金保险。

人寿保险发展到今天，已有三百余年的历史，它对安定人民生活、促进社会稳定、保证国家长治久安都起着十分积极的作用，故在许多国家，人寿保险已成为千家万户必不可少的社会经济项目，在整个保险业务中具有举足轻重的地位。

### （二）人寿保险的基本特征

1. 风险的特殊性

人寿保险保障的风险，从整体上说，具有一定的稳定性；从个体上说，又具有变动性。在人寿保险中，被保险人在保险期限内死亡或满期生存，保险人都有可能给付保险金，故人寿保险的纯保险费是依据被保险人在一定时期内死亡或生存的概率来计算的。人的死亡是必然的，最终一定会发生且发生的结果也是确定的，但发生的时间是不确定的。正是由于人的生命固有的这种不确定性，才产生了保障由于死亡引起损失的保险的必要性。

2. 业务的长期性

人寿保险一般采用长期性业务。保险期限少则几年，多则十几年或几十年，以至终身。由于人的死亡风险随着人的年龄增长逐年增加，在人寿保险中，如果以每一年的死亡率为计算保险费的依据，就会出现年轻的投保人交费负担较轻、年老的投保人交费负担过重的情况。当被保险人年老时，一方面由于劳动能力减弱而劳动收入减少，另一方面却要交纳较高的保险费。老年时期是最需要保险保障的时期，但由于费用负担过重，投保人可能会放弃投保，这将不利于保险业务的开展，也使被保险人得不到充分的保障。为了克服短期保险中的不平衡性，同时采取按年度均衡费率计算保费，即在投保人交费的早期，把被保险人应该在若干年内所交纳的保险费总额平均分摊至每一年收取，使保险人每年收取的保费不随被保险人的死亡率逐年变化，而是每年收取相同的保费，费率在整个保险期内保持不变。这样就使得投保人年交保费负担比较均衡，不会使被保险人因费用负担过重而在晚年得不到保险保障。均衡费率不反映被保险人当年的死亡率，与反映被保险人当年死亡率的自然费率是不一致的。保险早期的均衡费率高于自然费率，保险后期的均衡费率低于自然费率。保险人用保险前期多收的保费弥补保险后期不足的保险费，这样既可以使投保人的经济负担均衡，又能保证被保险人晚年能享受到保险保障。

同时，人寿保险的长期性特征，使保险人可以从长期稳定的保费收入中获得一笔相当可观的资金并进行投资。投资一直是寿险公司的一项重要而专门的业务。

3. 储蓄性

从上面的阐述可知，在人寿保险中，保险人每年收取的保险费超过其当时需要支付的保险金。这个超过部分是投保人提前交给保险人，用于履行未来义务的资金。在还没有履行保险义务期间，它相当于投保人存在保险人处的长期性的储蓄存款。这笔存款由保险人投资于生产建设或存储于银行产生利息。这部分利息是投保人交纳的保险费产生的，因此，利息连同本金一起都为被保险人所有，用于被保险人的权益。被保险人可以享受这部分利益，只要保单没到期，就会有责任准备金属于被保险人的权益，为将来给付被保险人做准备。

当然，人寿保险的储蓄性与银行的储蓄性是有区别的，保险费收取与提留责任准备金的计算方式以及给付条件截然不同。最大的区别是给付保险金不仅包括本金和利息，而且包括从未得到给付的保险单中摊出的结余。

## 二、人寿保险的种类

按照不同的分类标准，人寿保险可以有不同的类别。

### （一）按保险事故划分

按保险事故，可将人寿保险分为死亡保险、生存保险和两全保险

1. 死亡保险

死亡保险是以被保险人的死亡作为给付保险金条件的保险。死亡保险所保障的是避免被保险人死亡而使其家属或依其收入生活的人陷入困境。按照保险期限的不同，死亡保险又可分为定期死亡保险和终身死亡保险：定期死亡保险习惯上称为定期保险，是一种以被保险人在保险合同规定期间发生死亡事故而由保险人负责给付保险金的保险。具体地说，如果被保险人在保险合同中规定的保险有效期内死亡，则保险人根据合同规定给付受益人定额的保险金；如果被保险人没有在保险合同中规定的保险有效期内发生死亡，即在保险期限届满时仍然生存，合同即行终止，保险人无给付义务，亦不退还已收的保险费；终身死亡保险简称终身寿险或终身保险，是一种不定期的死亡保险。自合同生效之日起，至被保险人死亡为止，即保险人对被保险人要终身负责，不论被保险人何时死亡，保险人均依照保险合同的规定给付死亡保险金。终身保险的给付必须以被保险人死亡为条件，被保险人不死亡，则受益人不能领取保险金。当然，这也不是绝对的。通常，被保险人的年龄以 100 岁为限，100 岁以上的生存者亦可以领取终身保险金。终身死亡保险的最大优点是可以得到永久性保障。

2. 生存保险

生存保险是以被保险人在一定时期内继续生存为给付保险金条件的保险。也就是说，只有当被保险人一直生存到保险期限届满时，保险人才按照合同规定支付生存保险金，若被保险人中途死亡，则不给付保险金，所缴付的保险费也不再退还。生存保险可以使被保险人到了一定期限后领到一定数额的保险金，以满足其生活等方面的需要。

3. 两全保险

两全保险又称为生死合险，是把定期死亡保险和生存保险结合起来的保险形式。也就是说，被保险人在保险合同规定的年限内死亡，或到合同规定的年限时仍生存，保险人按照合

同均承担给付保险金责任的保险。两全保险的死亡保险金和生存保险金可以不同，当被保险人在合同有效期内死亡时，保险人按合同规定支付死亡保险金，保险合同也就终止；若被保险人生存至合同期满，保险人则支付生存保险金。因此，这个险种具有如下特点：一是具有保障性和储蓄性双重功能；二是保险费率较高，因其保险责任含有死亡和生存两项；三是不仅保障受益人的利益，也保障被保险人本人的利益；四是保险单具有现金价值。

两全保险的业务种类很多，主要有以下几种：

（1）普通两全保险，即无论被保险人在保险有效期内死亡还是生存到保险期满，保险人都给付保险金的保险。

（2）双倍两全保险，即被保险人如果在保险期满时生存，则保险人给付一个保险金额的保险金；若被保险人在保险有效期内死亡，则保险人给付两个保险金额的保险金。

（3）养老附加定期保险，即被保险人如果在保险期满时生存，则保险人给付一个保险金额的保险金；如果被保险人在保险有效期内死亡，则保险人按照生存保险金的若干倍给付保险金。

（4）联合两全保险，即由几个人联合投保的两全保险。在保险期内，当联合被保险人中的任何一人死亡时，保险人给付全部保险金，保单即失效；如果在保险期限内，联合被保险人中无一人死亡，则保险期届满时保险人给付保险金，保险金由全体被保险人共同受领。

### （二）按照有无利益分配划分

按照有无利益分配，可将人寿保险分为分红保险与不分红保险

1. 分红保险

分红保险是保险人将每期盈利的一部分以红利形式分配给被保险人的保险。这种保单在设计时已规定了固定数额的预定利率，同时保险人还承诺将保险公司每期盈余的一部分以红利的形式支付给被保险人，使得被保险人不仅得到了保险保障，而且可以分享保险公司的经营成果。红利的分配方式多种多样，可以领取现金，可以抵充保费，可以增加责任准备金或提高保险金额等。

2. 不分红保险

不分红保险是被保险人在交纳保险费后，没有任何盈利分配的保险。

### （三）按参加保险的人数不同划分

按参加保险的人数不同，可将人寿保险分为单独人寿保险、团体人寿保险和联合人寿保险

1. 单独人寿保险

单独人寿保险是只有一个被保险人的人寿保险，如简易人寿保险、子女教育婚嫁金保险、家庭人寿保险、优生家庭人寿保险、平安长寿保险、少儿终身平安保险、为了明天保险、永相伴终身保险、常青树终身保险、幸福成长综合保险等。尽管这些险种各自的名称并

不相同，具体承保和给付的办法也不完全一样，但一般都具有如下几个特点：第一，从保险的责任范围来看，虽然许多寿险险种的保险责任都包括死亡和生存，即带有两全保险的性质，但有些险种更侧重于生存责任，有些更侧重于死亡责任。第二，从针对的目标群体来看，生存保险的险种有相当大一部分是针对青少年设计的，其对被保险人的年龄要求一般是在16周岁以下，投保人是被保险的父母或抚养人，主要为被保险人提供其成长时期的教育保险金、创业保险金和结婚保险金。第三，从保险金额的确定方式来看，一般均采用由双方当事人在订立保险合同时协商确定保险金额的方式，但一般会在保险条款中规定一个保险金额的上、下限，在此限度内，由投保人根据自己的实际情况任意选择保额，但保额不宜过高或者过低。因为如果保额过高，可能会引起道德危险；如果保额过低，又会失去保险的意义。第四，从保险金给付的特点来看，人寿保险作为一种定额保险，其保险金额就是保险事故发生时依约给付的金额。当发生保险事故时，被保险人可以从每一份保险合同中分别得到约定的保险金。此外，人寿保险的保险人不能从被保险人那里取得代位求偿权，来代替投保人向有过错的第三人进行追偿。如果有过错的第三人应负责任，则被保险人或其受益人亦有权向其要求经济上的补偿。

### 2. 团体人寿保险

团体人寿保险以一定社会团体为投保人，以团体的全体成员为被保险人，以被保险人指定的家属或其他人为受益人的保险。这种保险的保险金额可以依照被保险人的类别或等级制度，在同一类别之内的员工的保险金额是一致的。也就是说，团体人寿保险是以团体为保险对象，由保险人签发一张总的保险单，为该团体的成员提供保障的保险。无论哪一种团体人寿保险，它一般都具有以下几个特点：第一，对团体有一定的选择标准。保险人为了防止团体的"逆选择"，对团体投保有较严格的规定，不仅要求投保团体必须是依法成立的组织，有自身的专业活动，而且要求投保团体中参加保险的人数必须达到规定的标准。第二，免体检。团体人寿保险一般不要求对每一个被保险人进行体检，这主要是为了简化手续。第三，保险金额分等级制定。一般来说，团体人寿保险的被保险人不能自由选择投保金额，在一个团体内，可以实行单一标准或者划分为不同等级标准。第四，费率较低。团体人寿保险的费率在各类人寿保险中是偏低的，一方面，由于手续简化，节省了大量的费用，如管理费、体检费等；另一方面，由于团体寿险中被保险人的平均年龄可以经常保持稳定，从而使死亡率保持稳定。团体人寿保险的费率适用也有两个特点：实行统一费率，即一个团体实行一个费率，将每个被保险人平等对待；实行经验费率，即根据团体的给付情况厘定费率标准。第五，保障范围比较广泛。一般来说，团体人寿保险多属于人寿保险中的两全保险险种，其除了提供死亡和生存双重保障，如意外或疾病死亡给付、满期生存给付外，还提供残疾保障，相当于一种综合性质的寿险险种。

### 3. 联合人寿保险

联合人寿保险是把有一定利害关系的2人或3人以上的人视为一个被保险人整体的保险。如父母、夫妻、子女、兄弟姐妹或合作人等。如果联合保险中第一个人死亡，即将保险金给付其他生存的人；如果保险期限内无一人死亡，保险金即付给所有联合被保险人或他们指定的受益人。这种保险形式在我国还不多见。

## （四）按风险程度不同划分

按风险程度不同，可将人寿保险分为标准体保险和次健体保险。

1. 标准体保险

标准体保险是被保险人的风险程度与保险人订立的正常费率相适应的人身保险。标准体又称为健康体或强体，是指身体、职业、道德等方面没有明显的缺陷，可以用正常费率来承保的被保险人。人身保险的大部分险种都是标准体保险。

2. 次健体保险

次健体保险是不能用正常费率来承保的人身保险。次健体又称为次标准体、非标准体，被保险人的风险程度超过了标准体的风险程度，因而只能用特殊的条件加以承保。

## （五）按被保险人的年龄不同划分

按被保险人的年龄不同，可将人寿保险分为成年人保险和未成年人保险。

1. 成年人保险

成年人保险是以年龄超过一定的规定（以各国法律规定的成年人年龄为准，如《中华人民共和国民法通则》规定18周岁以上的公民是成年人），具有行为能力的人为被保险人的人身保险。成年人保险的被保险人可独立行使保单赋予的一切权利和承担应尽的义务。

2. 未成年人保险

未成年人保险是以不具备行为能力的人（具体年龄视各国法律的规定而定）为被保险人的人身保险。保单上的一切权利和义务都由未成年人的法定监护人或代理人代理或征得其同意。为了保护未成年人的身心健康和生命安全、消除道德风险因素，各国法律都严格禁止开办未成年人的死亡保险。我国《保险法》第三十三条规定，"投保人不得为无民事行为能力人投保以死亡为给付保险金条件的人身保险，保险人也不得承保。父母为其未成年子女投保的人身保险，不受前款规定的限制，但是，因被保险人死亡给付的保险金总和不得超过国务院保险监督管理机构规定的限额"。第一百六十三条规定，"对为无民事行为能力人承保以死亡为给付保险金条件的保险人，处五万元以上三十万元以下的罚款"。

## （六）按创新状况划分

按照创新状况，可将人寿保险分为传统型人寿保险和新型人寿保险。

1. 传统型人寿保险

传统型人寿保险有四个基本类别：定期寿险、终身寿险、生存保险和两全保险。

（1）定期寿险。定期寿险又称为定期死亡保险，它提供特定期间的死亡保障，如1年、5年、10年、20年，或到被保险人的某个年龄为止。当被保险人在特定期间内死亡时，由保险人向受益人给付保险金；如特定期间届满，被保险人仍然生存，则保险人不承担保险责任。除长期险种外，定期寿险通常没有现金价值，为非储蓄性产品。定期寿险是人寿保险业务中产生最早，也最简单的一个险种。它的期限短，保费低于养老寿险与终身寿险，经常成为长期性寿险的替代品。由于定期寿险是廉价的保险，所以适合于两类人购买：一类是家庭收入低而急需较高保险金额的人，如刚结婚并有小孩的年轻夫妇；另一类是在短期内承担一项危险工作的人。

（2）终身寿险。终身寿险又称为终身死亡保险，它提供被保险人终身的死亡保障，一般到生命表的终端年龄（如100岁）为止。只要保险合同效力维持，不论被保险人在100岁以前何时死亡，保险人都向受益人给付保险金。如果被保险人生存到100岁，则保险人向其本人给付保险金。投保人投保终身寿险的目的一般是在被保险人死亡后，其家属得到一笔收入。终身寿险的保险费高于定期寿险，而低于养老寿险。因此，从保险成本的角度看，终身寿险是最贵的定期寿险，同时它也是最便宜的养老寿险。终身寿险具有现金价值，但就储蓄成分而言，它低于养老寿险。

依缴纳保险费的方式，终身寿险分为三种形式：

①普通终身寿险。投保人在被保险人生存期间，每年都要缴费。它是人寿保险公司提供的最普通的保险，由于采用均衡保费方式，年均保费较低，适合中等收入者购买。

②限期缴费终身寿险。投保人的缴费期间并非终身，而是限定在某一特定期间。特定期间有两种表示方法：一种以特定的年数表示，如10年限缴终身寿险；另一种以特定的年龄表示，如60岁缴清终身寿险。由于缴费期限短，其年均衡保险费大于终身缴费的年均衡保费，所以该种保险单不适合需要保险保障大而收入水平低的人购买，特别适合短期内有较高的收入者购买。

③趸缴终身寿险。投保人一次缴清保费。由于一次缴纳高昂的保费，一般人承受不起，所以它对于偏重于储蓄或逃避遗产税的人比较有吸引力。上述三种形态的终身寿险，就储蓄成分而言，趸缴终身寿险最高，普通终身寿险最低，而保障成分恰恰相反。另外，随着年龄的增长，人的死亡概率也会增大，因此，费率要随年龄的增长而提高。与此同时，被保险人的劳动能力减弱，收入相应减少。为解决这一矛盾，长期人寿保险的保费收取一般采用均衡保费制。

（3）生存保险。生存保险是指以被保险人的生存为给付保险金条件的人寿保险，即当被保险人于保险期满或达到合同约定的年龄时仍然生存，保险人负责给付保险金。生存保险具有较强的储蓄功能，被保险人在一定时期后可以领取一笔保险金，以满足生活等方面的支出需求。因此，生存保险以储蓄为主，主要为老年人提供养老保障或者为子女提供教育金等。

除定期生存保险外，生存保险的主要类型还包括年金保险。年金保险是指保险人在约定的期限或指定人的生存期内，按照一定的周期给付年金领取者一定保险金的保险。这种周期可以是年、半年、季或月，但以月为主。年金保险是生存保险的特殊形态，目的是保障晚年的经济收入。在年金保险中，保费可以采用一次缴清方式，也可以采取按月或年的分期缴费方式。但不论采取何种方式，在开始领取年金以前，投保人都必须交清所有的保费，因此年金领取日也就是交费截止日。

年金保险虽然是生存保险的一种，但又被看作寿险的变化形式。一般人寿保险的主要功能在于积累或创造一笔资金，而年金保险的基本功能是有规则地清偿用人寿保险或非人寿保险方式所积累或创造的一笔资金。年金保险不提供死亡保障，而是提供因被保险人的长寿所致的收入损失保障。

（4）两全保险。两全保险又称为生死合险，它是生存保险与死亡保险的结合。当被保险人在保险期内死亡或生存到保险期满时，保险人均给付保险金。由于同时考虑生存与死亡这两种生命状态，既提供强大的储蓄功能，又能防止储蓄期间的死亡危险，因此，它既可以保障被保险人退休后生活的需要，又可以解除被保险人死亡而给家庭生活困难所带来的后顾之忧。

两全保险有两项基本用途：提供老年退休基金；为遗属提供生活与教育费用。由于两全保险的储蓄性强于终身寿险，属于高度储蓄性保险产品，故其有以下特殊用途：①作为投资工具；②作为半强迫性储蓄工具；③作为个人借贷中的债务抵押品。两全保险一般规定一个期限，期限的表示方法有两种：一种是以特定的年数表示，如10年、15年、20年的两全保险；另一种是以特定的年龄表示，如55岁、60岁、65岁的两全保险。保险费通常在整个保险期间按年、半年、季或月交付，也可以限期缴清。

2. 新型人寿保险

上述定期寿险、终身寿险、生存保险和两全保险都属于传统型人寿保险。由于保额通常为一个固定的数额，没有考虑通货膨胀因素，保险的保障功能因基金在积累期的通货膨胀会明显减弱，同时，人寿保险公司的大部分投资是固定收益率的长期投资，即使有的险种也有分红，但这类传统的人寿保险对通货膨胀的反应也是很弱的[①]。在有些国家的某个时期，高利率与高通货膨胀率诱发的大量退保和大幅度增加的保单质押贷款，严重威胁到人寿保险公司的财务稳定和安全。与其他金融产品相比，传统型人寿保险产品的竞争力被削弱，人寿保险公司在金融机构之间的竞争中处于不利地位。上述因素引发了人寿保险业的创新，人寿保险公司开发出一系列对付通货膨胀和更灵活满足顾客需求的产品，如分红保险、万能人寿保险、投资连结保险等。

与传统型人寿保险产品相比，新型人寿保险产品十分注重投资功能。万能寿险给保户或保单所有人在保险金额的增减与保险费的交纳时限性方面增加了弹性。

虽然新型人寿保险具有很强的投资功能，但许多保户并不十分了解他们所承担的投资风

---

① 传统型人寿保险不仅对利率的中长期上升的反应很弱，对利率的中长期下降的反应也很弱。人寿保险公司会因为利率下降而出现利差损，从而威胁其偿付能力。所以在一个不确定性的经济环境中，人寿保险公司应该有一个明确的利率战略，防止利率的中长期波动对公司造成不利影响。

险，可能并未被告知或未被充分告知保单固有的风险。当保险公司的高风险投资组合出现问题时，便会对稳定的保单价值与保险公司的财务健全更加关心。所以，从 20 世纪 80 年代开始，保险公司将成本的公开作为保单设计与运用的主要关注因素之一。

（1）分红保险。分红保险产品最早出现在 18 世纪的英国。1776 年，英国公平保险公司在成立 15 周年进行决算时，发现实际的责任准备金比将来支付保险金所需的准备金多出许多，于是将已收保费的 10% 还给投保人，这是世界上最早的寿险分红。1881 年，该公司改变了分配方式，采用在保险费缴纳期间每年按照保险金额的 1.5% 增加保险金给付，这就是最早的保险金增额式分红办法。

分红保险产品的红利的实质来源是保险公司经营中的盈余，但并不是所有盈余都会成为保单红利，只有其中的可分配盈余才能形成最后的保单红利。盈余就是收入多于支出的那部分价值，通常是指在法定会计准则下的会计报表中体现的账户盈余，由于盈余在不同的会计准则下有不同的计算原则，所以其具体金额不尽相同。

红利来源的因素是很多的，主要来源于"三差益"，即利差益、费差益和死差益。利差指保险公司的实际经验投资收益率与定价时预定利率之偏差，若投资收益率大于预定利率，则有利差益；若投资收益率小于预定利率，则产生利差损。费差指保险公司的实际经验费用与预定费用之差，并根据利率进行调整。若实际费用小于预定费用，则有费差益；若实际费用大于预定费用，则产生费差损。死差指保险公司的实际经验死亡成本与预定死亡成本之差。若实际死亡成本小于预定死亡成本，则有死差益；若实际死亡成本大于预定死亡成本，则产生死差损。这里的"死亡成本"是指按照生命表或者年金表的死亡率和生存率确定的死亡保险或者生存保险的成本。

除"三差"之外，还有一些因素，如退保差，它指定价时预定退保成本与保险公司实际经验退保成本之差；合同终止、资产增值等其他非主要因素有时也能带来一些利润。这些"三差"之外的因素一般统称"其他差"。

红利一般有两种表现形式：一种是现金分红，指直接以现金的形式将可分配盈余分配给保单持有人；另一种是增额分红，指在整个保险期限内每年以增加保额的方式分配红利，提高后的保额一旦公布，则不得取消。采用增额分红方式的保险公司可在合同终止时以现金方式给付。

（2）万能人寿保险。万能人寿保险又称为综合人寿保险，是新型人寿保险中的主流产品。它具有弹性、成本透明与投资特征，能满足顾客的需要，能与银行、投资基金和其他金融机构进行业务竞争。万能人寿保险适合需要长期保障和相对注重投资安全的人购买。

万能人寿保险的特点表现在以下几个方面：

①弹性是它最显著的特点，是它保持长期竞争力的主要因素。在保险期间，它的保费可以随保单所有人的需求与经济状况而改变，投保人甚至可以暂时停止支付保费。保单所有人可以根据需要改变保险金额，但保险单规定了一个最低保险金额，增加保险金需要提供可保性证明。而对于传统型普通终身寿险，增加保险金额时必须购买一个新的保单，减少保险金

额时必须退保，再另行购买一个新的保单。

②保险公司为每个保单所有人设立了单独账户。

③保单的透明度高，保险公司至少每年向保单所有人寄送一份报告书，向其显示所缴保费如何在提供死亡给付保障、费用和现金价值间进行分配。而传统型具有现金价值的保单并不区分死亡率、投资与费用的构成。

④现金价值与实际投资收益率相联系。万能人寿保险一般以投资于中短期金融工具为主，而传统型人寿保险以长期投资为主。

⑤保单所有人不仅可以进行保单质押贷款，而且可以提取出部分现金价值，合同却继续有效。

（3）投资连结保险。投资连结保险产品在英国、法国、东南亚部分国家或地区与我国都是新型人寿产品的主要类型之一。

按照中国保监会《投资连结保险管理暂行办法》中的规定，投资连结保险是指包含保险保障功能并至少在一个投资账户中拥有一定资产价值的人身保险产品。投资连结保险是一种将投资与风险保障相结合的保险，保险公司将客户所交的保费分成"保障"和"投资"两部分，被保险人在获得风险保障的同时，将保费的一部分用来购买保险公司所设立的基金单位，由保险公司进行投资运作。投资连结保险具有以下特点：①投资连结保险有固定的保障作为基本保险保障，但没有固定的预定利率，因此保险公司承担死亡风险与费用风险，保户承担投资账户的投资风险；②投资连结保险的保单价值与投资绩效相联系，随投资收益的变动而不断变动；③在传统型人寿保险中，保户不知道所支付的保费是如何分摊到各种收费中的，而投资连结保险在运作上是透明的，保户能够知道所交保费的各项用途。

收益率是投资连结保险的买点，投资连结保险的销售受制于客户的期望、资本市场的景气与保险公司的资产管理能力，同时基金对其形成强有力的直接竞争。

## 三、年金保险

由于年金保险是使用范围最广泛的人寿保险，所以在此进行专门介绍。

年金保险是指在被保险人生存期间，保险人按合同约定的金额、方式、期限，有规则并且定期向被保险人给付保险金的生存保险。

年金是指一方当事人在规定或约定的期限中有规则并且定期地向另一方当事人给付一定金额的方式。定期并不一定按年计算，可以是1年、半年或者1个月。年金是"大概念"，而年金保险只属于年金的一种。年金保险的保险金是否给付，取决于被保险人是否生存。从年金保险至首次领取期的保险金给付开始，只要被保险人生存，保险人就给付保险金。除年金这一特性外，其还有两个独特之处：一是免体检。对参加年金保险的被保险人，无论团体投保还是个人投保，一般都不进行体检。二是费率厘定。年金保险的费率厘定主要以生命表中的生存率为基础。

实际上，年金保险是为了避免寿命较长者的经济收入无法得到充分保障而进行的一种经济储备，故年金又称为养老金。这是因为在领取年金前已死亡者所交的保险费贴补了寿命较高者的年金，能较好地解决社会生活中高龄者生活安定的问题。

按照不同的标准，年金保险可分为不同的种类。

### （一）按被保险人数划分

按被保险人数，可将年金保险分为个人年金、联合年金、联合及生存者年金和最后生存者年金。

个人年金也称为单生年金，指以一个被保险人生存作为给付条件的年金。

联合年金是指以两个或两个以上的被保险人均生存作为给付条件的年金，即这种年金的给付在数个被保险人中第一个死亡时即停止。

联合及生存者年金是指以两个或两个以上的被保险人中至少尚有一个生存者作为给付条件的年金。这种年金的给付继续到其中最后一个被保险人死亡为止。但这种年金的给付数额规定：如果联合投保人中有一人死亡则按预先约定的比例减少给付金额。

最后生存者年金是指以两个或两个以上的被保险人中至少尚有一个生存者作为给付条件的年金。给付数额规定：只要有人生存，年金照常给付并不减少，直至全部被保险人死亡。

### （二）按给付额是否变动划分

按给付额是否变动，可将年金保险分为定额年金和变额年金。

定额年金是指每次给付额按合同规定的固定数额支付的年金。

变额年金是指给付额按货币购买力的变化予以调整的年金。这种年金用来克服定额年金在通货膨胀条件下保障水平降低的缺点。

### （三）按照给付期间划分

按照给付期间，可将年金保险分为终身年金、最低保证年金和短期年金。

终身年金指被保险人在有生之年一直可以领取的年金，一旦其死亡，就不再给付的年金。为了防止被保险人过早死亡而丧失领取年金的权力，于是产生了最低保证年金。

最低保证年金分为两种：一种是确定给付年金，即规定了一个最低保证确定年数，在规定期间内，无论被保险人生存与否，均可得到年金给付；另一种是退还年金，即当年金受领人死亡而其年金领取总额低于年金购买价格时，保险人以现金方式一次或分期退还其差额。

短期年金分为两种：一种是确定年金，即年金支付的期间事先已经确定，与年金加入者的生死不发生关联；另一种是定期生存年金，即年金的给付以一定的年数为限，并且在受领人死亡时停止支付。

在各类年金保险中，个人年金保险因为适应我国城乡居民的需要和个人经济的发展，所以成为我国规模最大的险种，如"个人养老金保险""养老金还本保险"等。这些个人年金险种具有如下特征：

第一，被保险人生前享有养老金，其受益人也在被保险人死后可能领取保险金。也就是说，若被保险人身体健康，能在约定的年份开始领取养老金，一般能保证其领取 10 年固定年金。10 年固定年金是指被保险人未领取保险金满 10 年不幸身故，剩余期间年金可由其受益人继续领取到 10 年期满，保险责任终止。若被保险人在领满固定年金后仍然健在，可继续领取养老金直至终身；若被保险人尚未享有养老金待遇而在交费期间内死亡，仍可由其受益人或家属领取身故保险金。

第二，投保条件比较宽松。一般的个人年金保险条款规定，凡年龄在 65 周岁以下的居民，均可作为该保险的被保险人。可见，凡是城乡居民，无论干部、工人、农民还是个体劳动者，只要有交纳保险费的能力，都可以参加个人年金保险。加入个人年金保险对被保险人的健康状况没有要求，更无须检验被保险人的身体。

第三，交费方式多种多样。个人年金保险的投保人既可以在加入保险后按月交纳保险费，也可以按季度、半年、年交纳保险费；既可以一次性交纳保险费后立即按月领取养老金，也可以在一次性交纳保险费后延期一定年限再按月领取养老金；既可以先确定以后每年领取的养老金数额，来确定到达领取养老金的年龄后所领取的养老金数额，也可以先不确定以后每年领取的养老金数额，在达到领取养老金的年龄后，根据所交保费所形成的基金账户金额来确定所领取的养老金数额。

第四，养老金的领取时间有一定的选择余地。为了方便被保险人，个人年金保险条款一般将被保险人领取养老金的起始年龄设定多个档位，由被保险人根据自己的实际需要，自行进行选择，如一般规定，被保险人领取养老金的年龄可以从以下四个档位进行选择，即 50周岁、55 周岁、60 周岁、65 周岁。

第五，领取养老保险金的方式灵活。一般的个人年金保险条款分别规定了几种不同的养老金领取方式。

## 第三节　健康保险

### 一、健康保险的概念及特征

健康保险是指被保险人在患疾病而发生医疗费用支出，或因疾病所致残疾或死亡，或因疾病、伤害不能工作而减少收入时，由保险人负责给付保险金的一种保险。

健康保险也称为疾病保险，其承保的风险具有以下特征：第一，它是非明显的外来原因造成的。健康保险所承保的疾病应当是人体内在的原因所致的，而非外来、急剧、偶然的事故。当然，某些疾病可以由外界原因诱发，如病菌的传染、气候的骤变、误服药物等，但这些外来的感染必然在身体内部潜伏并酝酿一段时间才会形成明显的病症，因此还是应将其作为内在原因，属疾病范围。第二，它是非先天的原因造成的。疾病是指身体状态由健康转变为不健康。只有当这种转变发生在保险责任期间时，才由保险人承担相应责任。至于在保险合同订立前已先天存在的疾病或器官性能上的残缺不全或畸形，自应排除在健康保险范围之外。当然，如属遗传因素或潜伏较深的病症，在保险合同订立之前并未显现，在合同持续有效期间才由潜伏转为明显的疾病，亦可列入疾病保险范围。第三，它是非长存的原因造成的。人的生命周期都要经历成长和衰老的过程。在趋于衰老期间的一些病态是必然的生理现象，这属于自然现象，不能作为疾病，也不能将为了增强体质、延缓衰老的保健费用纳入健康保险的范围。

人寿保险的给付金额一般是固定的，在保险事故发生时，按照规定的金额全数给付。健康保险既有对患病给付一定保险金的险种，也有对医疗费用和收入损失进行补偿的险种，其给付金额往往是按照实际发生的费用或收入损失而定的。有些国家把医疗费用保险列入损害保险，允许由损害（财产）保险公司承保，我国则将其列入人身保险业务范围内，只能由经营人身保险业务的保险公司经营。另外，人寿保险一般属于长期合同，而健康保险通常是短期保险，以一年期居多。

此外，健康保险的承保条件一般比寿险要严格。为防止已经患有疾病的被保险人投保，保单中常规定一个观察期，观察期多为半年，被保险人在观察期内因疾病支出医疗费用及收入损失，保险人不负责。观察期结束后，保单才正式生效。对在体检中不能达到标准条款规定的身体健康要求的被保险人，则一般按照次健体保单来承保，或提高保费，或重新规定承保范围。对于被保险人所患的特殊疾病，可单独制定特种条款，额外收费或注明列为责任免除。

## 二、健康保险的种类

健康保险的险种包括医疗保险、残疾收入补偿保险、住院医疗保险、疾病保险和生育保险。

### （一）医疗保险

医疗保险是指提供医疗费用的保险，它是健康保险的主要险种之一。医疗费用是病人为了治病而发生的各种费用，包括医生的诊断、手术费用及住院、护理、医院设备、药品等费用。各种不同的健康保险保单所保障的费用一般是其中一项或若干项之组合。常见的医疗保险有以下几种：

1. 普通医疗保险

普通医疗保险给被保险人提供治疗疾病时所相关的一般性医疗费用，主要包括门诊费用、医药费用、检查费用等。这种保险比较适合一般社会公众，保费成本较低，一般具有免赔额和费用分担规定，当被保险人每次疾病所发生的费用累计超过保险金额时，保险人不再负责。

2. 住院保险

由于住院所发生的费用是相当可观的，故将住院的费用作为一项单独的保险。住院保险的项目主要是每天医疗房间的费用，住院期间的诊断费、手术费、药费和医院设备使用费。由于住院时期长短将直接影响其费用的高低，所以一般保单对各种不同疾病的住院期间长短有限制。

3. 手术保险

手术保险提供因病人做手术而发生的费用，一般负担全部手术费用，而不由被保险人比例分担。这种保险既可作为单独保险，也可列为附加险种。

4. 综合医疗保险

综合医疗保险是保险人为被保险人提供的一种全面的医疗费用保险，其保障范围包括医疗和住院手术等一切费用。这种保单的保费较高，且具有较高的免赔额和分担比例。

5. 特种疾病保险

对于某些特殊的疾病，如癌症、血液病、肾衰竭及心脏病等，由于医疗费用昂贵，故设计特种疾病保险为投保人提供保障，且保险金额比较大。

医疗保险一般不承保订立保险合同时已患有的疾病、被保险人因自杀而导致的疾病、核辐射所致疾病、因酗酒及擅用麻醉剂或吸毒所致疾病、因不法行为或严重违反安全规则所致疾病和艾滋病。

### (二) 残疾收入补偿保险

残疾收入补偿保险是提供被保险人因疾病所致残疾后不能继续正常工作时所发生的收入损失的补偿保险。它分为完全残疾和部分残疾。完全残疾是指永久丧失全部劳动能力，不能参加工作以获得工资收入。例如，有的残疾收入保单在条款中列明，当被保险人的双眼、双手或双脚等完全失去正常功能时，可推定为完全残疾。部分残疾是指被保险人还能进行一些有收入的其他职业。当然，这种职业会比原来的收入少。事实上，残疾收入补偿一般可分为两种：一种是因疾病所致，属健康保险；另一种是因外来伤害所致，属意外伤害保险。无疑，这里的残疾收入补偿保险是第一种。

残疾收入补偿保险的保险金给付一般按月或按周进行补偿。这根据被保险人的选择而定，每月或每周可提供金额相等的收入补偿。残疾收入的给付一般不按年或一次性给付，其目的在于便于保险人及时观察被保险人的实际残疾状况的变化，同时也能更好地维持被保险人的生活开支。给付期限可以是短期或长期的。短期给付是为了补偿在身体恢复前不能工作的收入损失，长期给付是补偿全部残疾而不能恢复工作的被保险人的收入损失。通常规定给付到 60 岁或退休年龄或被保险人死亡。短期给付期限一般为 1~2 年。同时，一般保单规定在残疾后的开始一段时间称为推迟期，在此期间不给付任何补偿，推迟期一般为 3 个月或半年。这是由于在短期间内，被保险人还可以维持一定生活，而且有的残疾症状是暂时性的，可以在短期内逐渐恢复。因此，它通过取消对短期残疾的给付，减少保险成本。在给付金额的规定上，完全残疾的残疾给付一般只补偿原来实际收入水平的75%~90%，而不是全部，其目的在于鼓励残疾人积极寻求力所能及的劳动达到自我补偿。在部分残疾下，按残疾前后的收入差额进行比例给付。

### （三）住院医疗保险

住院医疗保险是我国人身保险业务中发展潜力较大的险种之一，具体险种包括一般住院医疗保险、学生及幼儿住院医疗保险、农村住院医疗保险和团体住院医疗保险等。这些险种具有以下特点：第一，商业性住院医疗保险是社会医疗保险制度的一种必要而有益的补充。从目前我国的现状来看，享受社会医疗保险（公费医疗）的人数只占全体公民人数的一个较小的比重，绝大多数人需要通过向寿险公司投保医疗保险，尤其是住院医疗保险的方式，来转嫁其在未来生活中面临的健康风险。享有公费医疗的人，其保险额度也是有限的，故仍需要商业医疗保险来补充。另外，由于住院医疗保险兼具"社会性"和"商业性"两重属性，所以寿险公司在开发、设计住院医疗保险险种时，要将公费医疗的某些规定结合起来考虑。第二，一般以附加险的形式出现，即要求在投保了主险的基础上附加承保住院医疗保险。第三，承保标准比较严格。由于疾病是住院医疗保险承保的主要风险，因而保险人对产生疾病的因素均要进行严格的审查。

### （四）疾病保险

疾病保险是为被保险人因患疾病而给付保险金的形式。它一般具有如下特点：一是个人可以作为一种独立的险种而任意选择投保；二是规定了一个观察期，观察期一般为半年（6个月或180天）；三是疾病保险为被保险人提供切实的疾病保障，且程度较高；四是保险期限较长，一般都能使被保险人"一次投保，终身受益"。目前，我国开办的疾病保险险种主要包括重大疾病保险、幸福安康保险、步步高增额保险和平安康乐防癌保险等。

### （五）生育保险

生育保险承保产妇在分娩过程中发生的死亡及新生儿的死亡。目前，我国开办的生育保险险种主要包括母婴安康保险和计划生育手术平安保险等，都属于一种短期性质的健康保险。

对于健康保险，特别是其中的医疗费用保险，为了避免保险人在处理赔款时费用过大，通常都规定以下三种条款：第一，免赔额条款。该条款规定保险人只负责超过免赔额的部分。其中，免赔额的计算一般有三种，一是单一赔款免赔额，它针对每次赔款的数额；二是全年免赔额，它按全年赔款总计，超过一定数额后才赔付；三是集体免赔额，它针对团体投保而言。规定了免赔额之后，小额的医疗费由被保险人自负，大额的医疗费用由保险人承担。第二，比例给付条款。在大多数健康保险合同中，对超过免赔额以上的医疗费用，均采用保险人与被保险人共同分摊的比例给付方法，如保险人承担 80%~90%，被保险人承担其余的。这样规定，既保障了被保险人的经济利益，也促进了被保险人对医疗费用的节约。第三，给付限额条款。在合同中规定最高保险金额，医疗费用实际支出超过部分由被保险人自己负担，保险人通常采用这种做法以控制总支出水平。

## 第四节　意外伤害保险

### 一、意外伤害保险的概念及特征

意外伤害保险是被保险人在保险有效期内，当遭受非本意的、外来的、突然发生的意外事故，致使身体蒙受伤害而残废或死亡时，保险人按照保险合同的规定给付保险金的一种人身保险。其中，意外，是指伤害的发生是被保险人事先没有预见到的，或伤害的发生违背了被保险人的主观意愿。伤害，是指外来的致害物以一定的方式破坏性地接触被保险人，致使其身体受到伤害的客观事实。在意外伤害保险中，人身伤害必须是意外事故造成的。意外事故的构成必须具备三要素：首先是非本意的，又称为意外发生的，即非预期的、非故意的事故；其次是外来的，即是被保险人身体外部的原因造成的事故；第三是突然发生的，即事故的原因与伤害结果之间有直接的因果关系，在瞬间造成伤害，被保险人来不及预防，而非经成年累月造成的。例如，交通事故、烫伤等。上述三要素缺一不可。此外，构成意外伤害还必须有伤害的客观事实。

意外伤害保险一般具有以下特征：一是被保险人遭受意外伤害的概率取决于其职业、工种或所从事的活动。在其他条件相同的情况下，被保险人的职业、工种或所从事活动的危险程度越高，其应交的保险费就越多。二是意外伤害的承保条件一般较宽，高龄者可以投保，对被保险人也不必进行体格检查。三是保险责任是被保险人因意外伤害所致的死亡和残疾，不负责疾病所致的死亡和残疾。四是责任期限的特殊性。只要被保险人遭受意外伤害的事件发生在保险期内，而且在自遭受意外伤害之日起一定时期，即责任期间内（一般为 90 天或 180 天）造成死亡、残疾的后果，保险人就要承担保险责任，给付保险金。即使在被保险人死亡或被确定为残疾时，保险期限已经结束，保险人仍要负责给付保险金。

意外伤害保险中的死亡给付是按照保险合同的规定进行的，不得有所增减。当发生意外事故时，残疾给付是按照残疾保险金数额与残疾程度的百分率的乘积支付的。当发生一次伤害、多处致残或多次伤害的情况时，保险人可同时或连续支付残疾保险金，但累计数额以不超过保险金额为限。

意外伤害保险的保险责任具有以下特征：一是被保险人须遭受意外伤害事故；二是须导致被保险人死亡或残疾；三是意外伤害事故是死亡或残疾的直接原因；四是意外伤害事故须发生在保险期间内。

## 二、意外伤害保险的险种

个人意外伤害保险和团体意外伤害保险是最常见的两类意外伤害保险。

### (一) 个人意外伤害保险

这类保险包括航空人身意外伤害保险、机动车驾驶学员人身意外伤害保险、驾乘人员人身意外伤害保险、游客意外伤害保险、铁路和公路旅客意外伤害保险等险种。它们具有如下特点：一是大多属自愿保险。我国《保险法》要求，商业保险公司一般采用自愿保险的形式。但某些险种由国家或地方政府颁布法律、行政法规、地方性法规强制实施，如铁路和公路旅客意外伤害保险。二是多数险种的保险期限较短，多则一年，少则几天、几小时甚至几分钟，如为空中索道提供的意外伤害保险，保险期限可能只有几分钟。三是投保条件相对宽松。一般的意外伤害保险对保险对象均没有资格上的限制，凡是身体健康、能正常工作或正常劳动者均可作为保险对象。四是保险费率低，而保障性较大。由于一般的意外伤害保险不具有储蓄性，故保险费仅为保险金额的千分之几，甚至万分之几，投保人只要交纳少量的保险费，即可获得较大程度的保障。

### (二) 团体意外伤害保险

这类保险是最主要的意外伤害保险险种，包括团体人身意外伤害保险、学生团体平安保险等险种。它们具有如下特点：一是投保人为投保单位。投保单位以法人的身份作为保险合同当事人的一方，代表着本单位的职工或者本学校的学生（被保险人）履行保险合同所约定的权利和义务。同时，此类保险具有以死亡为给付保险金条件的内容，因此，投保人在投保时应经被保险人书面同意，并认可保险金额。二是保险人选择的是团体，而非个别被保险人。团体意外伤害保险的保险对象是一个单位的职工或一个学校的全体在校学生。三是一般仅规定最低保额，对最高保额并未做出限制。四是保险费率低。团体意外伤害保险由于是团体投保，降低了管理成本等方面的费用，故应适用更低的费率。五是一般要求投保单位在保险起保之日一次交清保险费后，保险单才能开始生效。但当投保单位一次交清保险费确有困难时，经过特别约定，也可以分期交费，但交费分期不宜过多，同时约定，分期内不能交费者，保险单要作失效处理。

## 🗐 综合练习

### 一、填空题

1. 按保险事故，人寿保险可以分为＿＿＿＿＿＿、＿＿＿＿＿＿＿和＿＿＿＿＿＿＿；按照有无利益分配，可分为＿＿＿＿＿＿和＿＿＿＿＿＿；按参加保险的人数不同，可分为＿＿＿＿＿＿、＿＿＿＿＿＿和＿＿＿＿＿＿。

2. 年金保险是使用范围最广泛的_____。

3. 健康保险包括_____、_____、_____、_____和_____。

4. 普通医疗保险给被保险人提供治疗疾病时所相关的一般性医疗费用，主要包括_____、_____、_____等。

5. 住院保险的项目主要是住院期间的_____、_____、_____和_____。

## 二、单项选择题

1. 人身保险的保险金额一般由（    ）确定。

A. 保险人
B. 被保险人
C. 保险人和投保险人协商
D. 保险人和被保险人协商

2. 人寿保险的保险标的是（    ）。

A. 被保险人的生命
B. 投保人的生命
C. 被保险人的生命或身体
D. 被保险人的身体

3. 人寿保险采用（    ），即保险人在各年度均收取数额相等的保险费把被保险人应在若干年负担的保险费的总和，运用科学的计算方法平均分摊于各个年度。

A. 自然保险费
B. 均衡保险费
C. 纯保险费
D. 总保险费

4. 按照（    ），年金保险可以分为定额年金和变额年金。

A. 保险费是否变动
B. 保险金额是否变动
C. 给付额是否变动
D. 给付期间是否变动

5. 不可抗辩条款规定，从保单生效之日起满（    ）后，保险人不能以投保人和被保险人于投保时故意隐瞒、过失、遗漏或不实说明为由否定合同的有效性。

A. 三个月
B. 半年
C. 一年
D. 两年

## 三、多项选择题

1. 人寿保险均衡保险费的含义是（    ）。

A. 随着年龄的增长，投保人每年需交纳的保险费越来越多
B. 随着年龄的增长，投保人每年需交纳的保险费越来越少
C. 投保人在各年度均交纳数额相等的保险费
D. 保险费不随被保险人年龄的逐年增长而变化
E. 把投保人应在若干年内负担的保险费总额，运用科学的计算方法平均分摊于各个年度

2. 健康保险承保的疾病风险具有的特点包括（    ）。

A. 由非明显的外来原因造成的
B. 由非先天原因造成的
C. 由非长期的原因造成的
D. 由非偶然的原因造成的
E. 被保险人自身内在的原因引起的

3. 健康保险，特别是医疗保险，一般通过（    ）等方式进行成本分摊。

A. 规定免赔款                 B. 实行共同保险

C. 规定给付比例               D. 规定给付限额

E. 比例再保险

4. 意外伤害保险中意外事故的构成必须具备的要素是（    ）

A. 事故的发生非本意           B. 外来的

C. 突然发生的                 D. 被保险人的内在原因造成的

E. 可以预见的

## 四、判断题

1. 我国《保险法》规定，分期支付保费的寿险合同宽限期为30天。（    ）

2. 团体寿险的费率在各类人寿保险中是偏高的。（    ）

3. 变额年金的设计是为了克服通货膨胀条件下保障水平降低的缺点。（    ）

4. 健康保险合同中通常有免赔额条款的规定。（    ）

5. 人寿保险前期的均衡费率低于自然费率，保险后期的均衡费率高于自然费率。

（    ）

6. 保险人厘定人身意外保险费率时考虑的主要因素是年龄。（    ）

7. 人寿保险合同运用重复保险分摊原则。（    ）

8. 不可争条款主要限制了保险人滥用最大诚信原则的权利。（    ）

## 五、名词解释

人身保险　人寿保险　年金保险　宽限期条款　健康保险　医疗保险　残疾收入补偿保险　自杀条款　意外伤害保险　不可争条款　年龄误告条款　保单贷款　保险合同效力中止和复效条款　不丧失现金价值条款　共同灾难条款

## 六、简答题

1. 简述人身保险的特征。

2. 简述人寿保险的基本特征。

3. 简述人寿保险的种类和概念。

4. 试比较人身保险各险种的保险责任范围。

# 第七章 再保险

**教学目标**

了解再保险的概念、作用及组织形式；掌握再保险的两种方式：比例再保险和非比例再保险；掌握临时再保险合同、合同再保险合同和预约再保险合同的主要内容。

## 第一节 再保险概述

### 一、再保险的概念

再保险是指保险人为了分散风险而将原承保的全部或部分保险业务转移给另一个保险人的保险。根据《保险法》第二十八条的规定，"保险人将其承担的保险业务，以分保形式部分转移给其他保险人的，为再保险"。再保险也称为"分保"。在再保险业务中，分出再保险业务的人称为分出人；接受再保险业务的人称为分入人。全部转移风险责任的情况比较少见，一般是指当保险公司承保了某一保险业务，而这一业务又不属于该公司的通常经营范围时，该保险公司可能让再保险人承担全部责任。

在再保险中，转移风险责任的一方或分出保险业务的公司叫作原保险人或分出公司，承受风险责任的一方或接受分保业务的公司叫作再保险人或分入公司；分出公司自己负责的那部分风险责任叫作自留额，转移出去的那部分风险责任叫作分出额。分入公司所接受的风险责任还可以通过签订合同再分摊给其他保险人，称为转分保。分出公司在分出风险责任的同时，把保险费的一部分交给分入公司，称为分保费；分入公司根据分保费付给分出公司一定费用，用以支付分出公司为展业及管理等所产生的费用开支，叫作分保佣金或再保险手续费。当再保险合同有盈余时，分入公司根据分保费付给分出公司的费用称为盈余佣金，也叫纯益手续费。

### 二、再保险的特征

再保险从原保险中独立出来，与原保险既有联系，又有区别。二者的主要联系在于：它们都是对风险责任的分散，原保险是对投保人的风险责任予以分散，是对风险的第一次转嫁；再保险是对保险人的风险责任予以分散，也可以说，再保险是对风险的第二次转嫁。两者的主要区别在于：

第一，合同当事人不同。原保险合同的双方当事人是投保人和保险人；再保险合同的双方当事人都是保险人，即分出人与分入人，与原投保人无关。

第二，保险标的不同。原保险合同的保险标的是被保险人的财产或人身，或者具体为被保险人的财产及有关利益或者人的寿命和身体；而再保险合同的保险标的是原保险人分出的责任，分出人将原保险的保险业务部分地转移给分入人。

第三，保险合同的性质不同。原保险合同具有经济补偿性或者保险金给付性；而再保险合同具有责任分摊性或补充性，其直接目的是要对原保险人的承保责任进行分摊。

## 三、再保险的作用

再保险之所以能产生和发展，与其所具有的功能和作用是分不开的。再保险的作用具体表现为以下几方面：

### （一）分散风险

保险是风险管理的一种方法，凭借该方法，风险损失的冲击力得以分散。再保险也符合这一目的，它是原保险人能够借以分散风险损失的方法。如果一个保险公司自己承担全部的大额业务，则可能影响财务的稳定性，所以就需要找到向其他保险人分散风险的方法，使得自己不至于在遭受保险事故时负担过重。从分保接受人来讲，表面上是承受了别的风险，实际上，他和原保险人接受投保人的风险一样，也需要根据大数法则的需要，从业务性质、风险状况、分保方式等方面来考虑是否接受业务、以什么条件接受业务，所以再保险人只是在更大的范围内来承保业务，再保险实际上是风险的进一步分散。有些大额业务，不仅一个保险公司无法自己承担，需要将其分保给许多家分散在世界各地的保险公司承担，而且这些接受公司往往需要再进行转分保，以确保事故一旦发生的财务稳定性。例如，1986年墨西哥地震，损失约为30亿美元；1988年，被称为"世纪飓风"的"吉伯特"号飓风在几天内横扫加勒比海和其他几个中美洲中部国家，造成损失80亿美元；"两伊战争"扣留船只损失4亿美元，但由于这些事故都办理了分保，故对单个保险公司影响不大；2013年9月4日发生于江苏无锡的SK海力士火灾保险案也是一个有效分保的典型案例，这是亚洲第一大火灾保险赔案，在估损的9亿美元中，5家共保公司的净自留额仅仅占2.36%，其余97.64%的损失被分保出去，从而有效地分散了风险、稳定了经营。

### （二）扩大承保能力

任何一个保险人都希望承保量尽可能多，但保险人的承保能力都受很多条件的限制，尤其为资本金和公积金等制约。如果保险人的承保量过大，超过他自己的实际承保能力，就会造成经营的不稳定，因而会影响保险人的生存，也会对被保险人造成威胁，因为那意味着被保险人可能得不到补偿。但如果不承保大额业务，则无法与其他保险公司竞争，甚至无法经营业务，因为那样就无法符合大数法则所要求的大量同类风险的存在。因此，各国保险法都规定了保险公司业务量与资本额的比例。由于业务量的计算不包括分保费，所以保险公司可以在不增加资本额的情况下通过再保险增加业务量，扩大承保能力。

### （三）控制责任，稳定经营

在保险经营过程中主要的支出是赔款，而赔款的多少取决于保险人对风险所承担的责任。再保险通过控制风险责任使保险经营得以稳定，具体做法分两个方面：一是控制每一风险单位的责任，即保险人规定每一风险单位自留额，将未来可能超过自留额的责任分保出去，这种控制通常也称为险位控制。二是对累计责任的控制，即对大数法则而言，每个风险单位是单独面对可能发生的损失，但在实际经营中常有累积责任的情况。责任累积一方面存在于一次巨灾事故中，另一方面存在于一定时期以内。

### （四）降低营业费用，增加运用资金

如果保险人在提存未满期保费准备金时，根据保险法规定，不能扣除营业费用，就必须在保险资金中另外支取营业费用。但通过再保险，保险人可以在分保费中扣存未满期保费准备金，还可以获得分保佣金收入。这样，保险人由于办理分保，摊回了一部分营业费用。同时，办理分保须提未满期保费准备金和未决赔款准备金，保险人可在一定时间内加以运用，从而增加了保险人的资金运用总量。

### （五）有利于拓展新业务

保险人在涉及新业务过程中，由于经验不足，往往十分谨慎，不利于新业务的迅速开展。再保险具有控制责任的特性，可使保险人通过分保，使自己的赔付率维持在某一水平之下，所以准备拓展新业务的保险公司可以放下顾虑，积极运作，使很多新业务得以发展起来。

## 四、再保险的组织形式

再保险的组织形式主要有再保险公司、再保险集团、兼营再保险业务的保险公司。

### （一）再保险公司

再保险公司是专营再保险业务的公司的简称，或称为专业再保险公司，其本身不直接承保业务，而是专门接受原保险人分出的业务，同时也将接受的再保险业务的一部分转分给其

他保险公司。但对转分保业务的成分一般都有严格的控制,如慕尼黑再保险公司1990年大约占再保险费的14%,瑞士再保险公司只占1.3%。专业再保险公司是在再保险需求不断扩大、保险业竞争加剧的情形下,从兼营再保险业务的保险公司中独立出来的,适应再保险业的发展。

世界上最早的专业再保险公司是德国的科隆再保险公司,成立于1846年,1852年开始经营业务。据1992年美国标准普尔公司(Standard & Poor's)公布的材料,1990年,世界10家最大的专业再保险公司的再保险费总收入为280.59亿美元(其中,慕尼黑再保险费收入为82.45亿美元;瑞士再保险费收入为56.33亿美元,两家占50%以上)。目前最大的专业再保险公司是瑞士再保险公司,其次是慕尼黑再保险公司。中国再保险公司也是一家专业再保险公司。

许多专业再保险公司在世界各地都有附属公司,广泛开展各类再保险业务,为直接承保公司提供了强大的资金后盾和技术服务,加速了保险和再保险业务的发展。近十几年来,许多亚非拉国家为了减少再保险费外汇支出,加强了再保险管理。例如,肯尼亚、尼日利亚、巴基斯坦、土耳其、埃及等国家,建立了国家再保险公司,由政府控制国内保险公司向国外分保。其中,土耳其米里再保险公司已进入世界100家大型保险公司,列第82位,1990年的再保险费收入已超过10亿美元。埃及再保险公司列第99位,再保险费收入为6.17亿美元。有的地区建立由国家合伙经营的再保险公司,如我国参加的亚洲再保险公司,近年来,业务亦有较大发展。又如,巴林的阿拉伯再保险集团,1990年排列第85位,再保险费收入为9.68亿美元。

### (二) 再保险集团

再保险集团是许多保险公司经共同协议联合组成的再保险组织。这种再保险集团有国家性的,也有地区性的、跨区域性的。其组织形式也各不相同,有的委托一个会员公司作为经理人,有的成立"再保险公司"由各会员公司集资。现在亚非拉国家都建有这种地区性的再保险集团,如亚非再保险集团、亚非再保险航空集团、土巴伊火险、航空险集团(1985年改名为经济合作组织再保险集团)、非洲航空险集团等。此外,还有一些专业联营性的再保险集团,如由保险人群体协议组成处理特殊风险的联合组织,如英国、德国、日本、美国等国家建立的原子能保险集团,以及法国的特殊风险保险集团。

再保险集团的通常做法是集团中的每一个成员将其承保业务的全部或一部分放入集团,然后各成员按事先商定的固定比例分担每一成员放入集团的业务。这是在集团成员之间办理再保险的组织形式。集团规章一般定有承保限额,对超限额的集团责任也向外进行再保险。

### (三) 兼营再保险业务的保险公司

兼再保险业务的保险公司可以说是最早的再保险承保人组织形式。在再保险业务尚不发达的时候,通常都是由直接承保公司兼营的。随着再保险业的发展,这类保险公司在经营直接保险业务的同时,偶尔接受再保险业务,但更经常的是,以互惠交换业务的方式获得再保险业务。它们在再保险市场上既是分出公司，也是接受公司。例如，中国人民保险公司、中国太平洋保险公司、中国平安保险公司均属于这一类型。

### （四）劳合社承保人

劳合社创立于 1871 年，是由创始人爱德华·劳埃德命名的劳民咖啡馆发展而来的世界最大的国际保险市场。1988 年，劳合社有社员 33 532 个，包括几千个承保人，组成水险、非水险、人身险、航空险、汽车险等承保人组合。1978—1987 年，保持 10% 左右的利润，每年约有 70 亿~80 亿英镑的保费收入。劳合社承保人也是英国最大的接受再保险的组织，有些承保人可以通过费率左右伦敦再保险的卖方市场。分给劳合社承保人的业务必须经过注册的劳合社经纪人中介，劳合社承受的分保条须经签字办公室统一签字。1988 年后，劳合社的业务成绩连续几年出现亏损，社员数量一直下降，到 1992 年降为 22 322 个，减少了 30% 以上，其承保能力有所削弱。

此外，专业自营保险公司也承保再保险业务。专业自营保险公司从 20 世纪 60 年代初逐渐发展起来，其中大部分成立于 20 世纪 70—80 年代。有很多专业自营保险公司为享受免税优惠，在百慕大群岛或开曼等地注册。1987 年，百慕大群岛的保险收入达到 103 亿美元，有人称其为世界第三位再保险市场。但专业自营保险公司一般规模不大，业务质量良莠不齐，常常要将主要风险转嫁给再保险市场，所以接受介入业务不是很多。在近几年国际保险市场不景气的情况下，有些公司因此而遭受亏损。尽管如此，这些年来，专业自营保险公司不仅在美国、英国发展，而且在欧洲大陆及澳大利亚都有较快的发展。在美国已有 1 000 多家，著名的澳大利亚坤泰斯航空公司也设立了自己的保险公司。

## 第二节　再保险的方式

### 一、比例再保险

#### （一）比例再保险的概念

比例再保险是指分出人与分入人相互订立合同，按照保险金额比例分担原保险责任的一种分保方法。在这种方法中，分出人的自留额和分保额表现为保额的一定比例。这个比例亦是分割保费与赔款的依据，也就是说，保额、保费、赔款按同一比例分担。在比例再保险中，可以分为成数再保险、溢额再保险和成数和溢额混合再保险。

#### （二）成数再保险

成数再保险是最简单的一种再保险方式。原保险人将每一风险单位的保险金额，按双方商定的固定比例，即成数确定原保险人的自留额和再保险人的分保额，再保险费、赔款的分摊均按同一比例计算。

一般来讲,针对每一风险单位或每一张保单,双方会规定一个最高限额。在这个限额内分出人和分入人按成数分担责任,超过限额的部分须由分出公司另外安排分保或自己承担。

【例7-1】某保险公司的一份船舶险成数分保合同,每艘船的最高限额为1 000万元,分出公司自留20%,分出80%。对于分出额,甲分入公司承担40%,乙分入公司承担60%。分保情况如表7-1所示。

表7-1　某保险业务成数分保情况　　　　　　　　　　　　　　　　单位:万元

| 船名 | 总额 | | | 自留额(20%) | | | 分保额(80%) | | |
|------|------|------|------|------|------|------|------|------|------|
| | 保额 | 保费 | 赔款 | 保额 | 保费 | 赔款 | 保额 | 保费 | 赔款 |
| A | 200 | 2 | 4 | 40 | 0.4 | 0.8 | 160 | 1.6 | 3.2 |
| B | 400 | 4 | 10 | 80 | 0.8 | 2 | 320 | 3.2 | 8 |
| C | 600 | 6 | 0 | 120 | 1.2 | 0 | 480 | 4.8 | 0 |
| D | 800 | 8 | 3 | 160 | 1.6 | 0.6 | 640 | 6.4 | 2.4 |
| 合计 | 2 000 | 20 | 17 | 400 | 3.0 | 3.4 | 1 600 | 16.0 | 13.6 |

在表7-1中,A、B、C、D四艘船的保额均在合同限额1 000万元以内,所以保费和赔款均按自留20%、分保80%分配,其中分保摊付赔款合计17万元,甲分入公司负担16×40% =6.4(万元),乙分入公司负担16×60% =9.6(万元)。

可见,成数再保险是按固定比例分配责任、保费和赔款,分出人和分入人有共同的利害关系。对某一笔业务来讲,分出公司有盈余和亏损,分入公司也相应有盈余和亏损,因此,这种方式有合伙性质,适用于新公司、小公司或大公司的新险种。其最大的优点是手续简单,可以节省有关的费用开支。此外,这种方式还可以与其他方式结合适用。

### (三)溢额再保险

溢额再保险是以保额为基础,由分出人确定自己承担的自留额,以自留额的一定倍数为分出额,并按照自留额和分出额对保额的比例对保费和赔款进行分摊的一种分保方式。

溢额分保自然也是以保额为基础分割保费和赔款,但比例不像成数再保险那样是固定的,因为分出人只将超过规定自留额以上的部分分保。一般将自留额的数量称为"线",分保出自留额的几倍称为几线。

【例7-2】有一份溢额再保险合同,每一风险单位的自留额为200万元,分保额为4线,即800万元,总承保能力为1 000万元,超过的另外办理分保或分出公司自留,则有三笔业务,分保情况如表7-2所示。

**表7－2　某保险业务的溢额分保情况**　　　　　　　　　单位：万元

| 船名 | 总额 | | | 自留额（20%） | | | 分保额（80%） | | |
|---|---|---|---|---|---|---|---|---|---|
| | 保额 | 保费 | 赔款 | 保额 | 保费 | 赔款 | 保额 | 保费 | 赔款 |
| 甲 | 200 | 2 | 4 | 200 | 2 | 4 | 0 | 0 | 0 |
| 乙 | 600 | 6 | 0 | 200 | 2 | 0 | 400 | 4 | 0 |
| 丙 | 1 500 | 15 | 100 | 200 | 2 | 13.33 | 800 | 8 | 53.33 |
| 总计 | 1 300 | 23 | 104 | 600 | 6 | 17.33 | 1 200 | 12 | 53.33 |

在表7－2中，根据合同要求，自留额为200万元，所以甲船不需要分保，全部由自己承担风险责任。乙、丙船的总保额超过200万元，所以需要分保。合同规定分保额为4线，则乙船的分保额为400万元，丙船的分保额为800万元。丙船剩余的500万元由自己负责或另外安排临时分保。

另外，溢额再保险还可以分层设计，即把上述分保4线的情况称为第一溢额，在此基础上安排第二溢额、第三溢额等。例如，针对3 200万元承保能力安排分保：自留额为200万元，第一溢额为5线，即200万元后的1 000万元；第二溢额为10线，即1 200万元后的2 000万元。

溢额再保险在运用上对分出公司有较大的自由度，分出公司可根据风险情况自行决定自留额，这既有助于风险分散，又保留了一定的保费收入。自然，它也有手续烦琐的不利之处，而且有些巨额风险有赖于其他分保方式的支持。

**（四）成数和溢额混合再保险**

成数和溢额混合再保险是将成数和溢额两种再保险方式混合运用，即把成数分保合同视同自留限额，以成数分保合同限额的若干线数作为溢额分保限额。在安排上可以有先后，既可以先安排成数分保，也可以先安排溢额分保。下面以先安排溢额分保为例。

某分出公司安排5 000万元承保能力的溢额分保，自留额为1 000万元，分保额为4线；针对自留额1 000万元再安排成数分保：40%自留，即400万元，60%分保，即600万元。从分出公司来看，实际自留责任，或者说净自留额为400万元。

## 二、非比例再保险

**（一）非比例再保险的概念**

非比例再保险是指分出人和分入人相互订立保险合同，以赔款金额作为基础分担原保险责任的一种再保险方式，即先规定分出人自己负担的赔款额，再将超过这一额度的赔款分保出去,由分保接受人承担。当然,分保接受人也不是无限地承担责任,往往对其也有限额的规定。非比例再保险采取单独的费率计算,与原保费没有像比例再保险那样的比例关系。非比例再保险分为超额赔款再保险和赔付率超赔再保险。

**(二) 超额赔款再保险**

超额赔款也可以是非比例再保险的通称,但这里指的是以赔款额度作为自留和分保界限的一种分保方式,在运用中也分为险位超赔分保和事故超赔分保。

1. 险位超赔分保

险位超赔分保是指以每一风险单位一次事故中有限风险单位所发生的赔款金额来计算自留额和分保额。如果在一次事故中造成多个风险单位的损失,有的合同也规定风险单位个数限定。

**【例 7 - 3】** 某一超赔合同的内容为每风险单位 100 万元后的 900 万元分保,一次事故中限三个风险单位。现假设有一次事故造成四个风险单位损失,赔款额分别为 200 万元、400 万元、300 万元、250 万元,则对于前三个风险单位,分出人负担 300 万元,接受人负担 500 万元,而第四个风险单位因合同规定的限制全部由分出人负担。

2. 事故超赔分保

事故超赔分保是以一次事故所发生的赔款总和计算自留额和分保额,即一次事故中许多风险单位同时发生损失,当责任累积额超过自留额时,超过部分由接受公司负责。这种再保险方式主要是针对巨大的自然灾害设计的,所以又称为"巨灾超赔分保"。由于大的自然灾害的损失额一般都比较大,所以巨灾超赔分保常分层安排,以避免风险的集中。所谓分层,即对整个超赔保障数额安排不同的层数,分保给不同的接受公司。

**【例 7 - 4】** 某分出人针对其承保的 3 000 万元业务安排三层超赔分保:自留额为 500 万元;

第一层,超过 500 万元后的 500 万元;

第二层,超过 1 000 万元后的 1 000 万元;

第三层,超过 2 000 万元后的 1 000 万元。

在发生赔款时,先由分出公司按自留额赔付,不足部分由第一层负担;若再有剩余,则由第二层负担,依此类推。也就是说,对于高层来讲,只有大额赔款才轮到他支付。

**(三) 损失中止超赔再保险或赔付率超赔再保险**

这种方式是按年度赔款累计总额或年度赔款与保费的比率来计算自留额和分保额。这是在一定期间内控制风险的一种方式。例如,双方当事人可以约定,如在一年内分出人的赔付率(赔款与保费之比)超过 75%,则超过的部分由接受公司负责,也以一定比率表示,如 75% 后的 40%,即接受公司负担赔付率为 75% ~ 115% 的损失。有时也规定一个最高限额,如 200 万元。以两者先达到者为限。如果分出人当年净保费收入 100 万元,赔款 85 万元,则分出人自负 75 万元赔款，接受公司负担 15 万元赔款；如果分出人当年净得保费收入 100 万元，赔款 120 万元，则分出公司除负担自留额 75 万元以外，还要负担超过 115% 以上的那部分，即 5 万元，接受公司负担 40 万元；如果分出人当年净自留保费 1 000 万元，赔款 1 100 万元，则分出公司除负担 750 万元以外，还要负担超过 200 万元限额的 150 万元，接受公司则负担 200 万元，因为按 75%~115% 计算应是 400 万元，超过 200 万元。

## 第三节　再保险合同

再保险合同又称为分保合同，是分出公司和分入公司约定双方权利义务关系的协议。再保险合同是独立的合同，但又以原保险合同为基础，因此，具有普遍意义的保险基本原则也适用于再保险合同。

关于保险的补偿原则，在再保险合同中体现得更充分；关于保险的保险利益原则，再保险合同的保险标的是原保险人在原保险合同下能承担的责任，为法律所承认，所以构成保险利益，再保险的保险利益须以原保险的责任为限；关于保险的最大诚信原则，由于分入人对风险责任的评估多依赖于分出人提供的资料，所以分出人有责任以诚信态度对待双方签订的合同，对影响分保条件的实质情况要如实告知。

### 一、再保险合同的种类

再保险合同可以根据不同的标准进行分类。

第一，按再保险的方式，分为比例再保险合同和非比例再保险合同。比例再保险合同是以保险金额为基础的再保险合同；非比例再保险合同是以赔款金额为基础的再保险合同。这两大方式的划分是根据不同时期的客观需要，适应不同要求而产生的。每一类型中又可分为不同的几种方式。

第二，按分保安排的不同，可以分为临时再保险合同、合同再保险合同和预约再保险合同。

临时再保险合同是根据业务需要临时选择分保接受人，经协商达成协议，逐笔成交的分保合同。对于临时再保险的业务，分保接受人没有义务一定接受。临时再保险是再保险合同发展的早期形式，但现在仍然采用。

合同再保险合同是由分出人和分入人以预先签订合同的方式确定双方的权利义务关系，在一定时期内对一宗或一类业务进行约定。对于合同分保业务，分出人和分入人都没有选择余地，分出人必须分出，分入人必须接受。

预约再保险合同是介于合同再保险合同和临时再保险合同之间的一种再保险合同。对于合同中规定的业务，分出人有权选择是否分出，但一旦分出，分入人必须接受。也就是说，预约再保险对分出人有临时再保险合同性质，对分入人有合同再保险合同性质。

## 二、再保险合同的主要内容

再保险合同的主要内容包括：再保险合同当事人的名称、地址；保险期限；执行条款，含再保险的方式、业务范围、地区范围及责任范围；除外责任；保险费的计算、支付方式及对原保险人的税收处理；手续费条款；赔款条款；账务条款，即账单编送及账务结算事宜；仲裁条款，规定再保险合同的仲裁范围、仲裁地点、仲裁机构、仲裁程序和仲裁效力等；保险合同终止条款，规定终止合同的通知，订明特殊终止合同的情形；货币条款，规定自负责任额、分保责任额、保费和赔款使用的货币以及结付应用的汇率；保险责任的分担及除外责任；争议处理，包括仲裁和诉讼条款；赔款规定；等等。

再保险合同的常用条款一般包括以下几方面：

第一，共同利益条款。共同利益条款是关于双方共同权利的规定，即原保险人与再保险人在保险费的获得、向第三者追偿、保险金赔付、保险仲裁或诉讼等方面对被保险人或受益人而言有着共同的利益。对于上述事宜，原保险人在维护双方共同利益的情况下，有权单独处理，由此而产生的原保险人为自己单独利益以外的一切费用由双方均摊。为维护再保险人的利益，共同利益条款一般还规定，再保险人不承担超过再保险合同规定的责任范围以外的赔款和费用，也不承担超过再保险合同规定的限额以上的赔款和费用。

第二，过失或疏忽条款。过失或疏忽条款是在保险期限内保险事故发生以及原保险人在执行再保险合同条款时，原保险人的过失或疏忽而非故意造成的损失，再保险人仍应承担相应的赔偿责任。

第三，双方权利保障条款。双方权利保障条款是原保险人与再保险人应保证对方享有其权利，以使合法利益得到保护。原保险人应赋予对方查校账册，如保单、保费、报表、赔案卷宗等业务文件的权利；再保险人则赋予原保险人选择承保标的、制定费率和处理赔款的权利。

第四，其他条款。其他条款是保险合同应具有的共同条款，包括：缔约当事人的名称、地址；保险期限；再保险的险种和方式；保险费的计算和支付方式；保险责任的分担及除外责任；争议处理，包括仲裁和诉讼条款；赔款规定；等等。

## 🗂 综合练习

### 一、填空题

1. 再保险的作用体现在_____、_____、_____、_____、_____。
2. 再保险的组织形式有_____、_____、_____等。
3. 比例再保险可以分为_____、_____和_____。

4. 非比例再保险可以分为＿＿＿＿＿＿和＿＿＿＿＿＿。

5. 再保险合同按再保险的方式，可以分为＿＿＿＿＿＿和＿＿＿＿＿。

## 二、单项选择题

1. 分入公司根据分保费付给分出公司一定费用，以支付分出为展业及管理等所产生的费用开支，叫作（　　）。

A. 盈余佣金　　　　　　　　　　　B. 分保佣金

C. 纯益手续费　　　　　　　　　　D. 分保费

2. 世界上最早的专业再保险公司是（　　）。

A. 瑞士再保险公司　　　　　　　　B. 慕尼黑再保险公司

C. 林肯再保险公司　　　　　　　　D. 科隆再保险公司

3. 某一赔付率超赔再保险合同规定，分入人承担超过60%之后的50%。假设分出人的净自保费为2 000万元，赔款为2 500万元，则分出人负担（　　）。

A. 1 200万元　　　　　　　　　　B. 1 500万元

C. 1 000万元　　　　　　　　　　D. 1 250万元

## 三、多项选择题

1. 下列关于再保险的描述中，正确的有（　　）。

A. 再保险是对风险的第一次转嫁

B. 再保险是对风险的第二次转嫁

C. 再保险合同与原投保人没有直接关系

D. 分入人将所接受的风险再分摊给其他保险人的行为称为转分保

E. 再保险是对风险的横向转嫁

2. 再保险与原保险的区别主要在于（　　）。

A. 保险标的不同　　　　　　　　　B. 合同当事人不同

C. 保险合同的性质不同　　　　　　D. 经营目的的不同

E. 保险监管机构不同

## 四、判断题

1. 事故超赔分保是指以每一风险单位一次事故中有限风险单位所发生的赔款金额来计算自留额和分保额。　　　　　　　　　　　　　　　　　　　　　（　　）

2. 比例再保险是指分出人与分入人相互订立合同，按照赔款金额比例作为基础分担原保险责任的一种再保险方式。　　　　　　　　　　　　　　　　　　（　　）

3. 对于原保险人的过失或疏忽而非故意造成的损失，再保险人仍应承担相应的赔偿责任。　　　　　　　　　　　　　　　　　　　　　　　　　　　　　　（　　）

4. 某一份溢额再保险合同的最大承保能力为1 200万元，分保额为5线，则其自留额为240万元。　　　　　　　　　　　　　　　　　　　　　　　　　　　　（　　）

5. 当再保险合同有盈余时，分入公司根据分保费付给分出公司的费用为分保佣金。

（　　）

6. 世界上最早的专业再保险公司是德国科隆再保险公司，成立于1852年。　　（　　）

## 五、名词解释

比例再保险　成数再保险　溢额再保险　非比例再保险　超额赔款再保险　赔付率超赔再保险　临时再保险合同　合同再保险合同

## 六、简答题

1. 简述比例再保险与非比例再保险的区别。

2. 简述原保险与再保险的区别。

3. 简述比例再保险合同的分类。

4. 简述再保险合同的主要内容。

# 第八章　保险运行环节

## 教学目标

　　了解保险运行的几个环节：展业、承保、保险防灾防损、保险理赔等；掌握保险展业和承保的要求，掌握保险防灾防损的方法，掌握保险理赔的原则和基本程序。

## 第一节　展业

　　保险展业就是保险公司进行市场营销的过程，即向客户提供保险商品和服务。展业工作和方法的深度直接影响保险人的业务经营量，因此，业务人员在深入企业单位进行展业活动前，必须做好各项准备，掌握一些必要的情况。例如，在进行企业财产保险的展业工作时，工作人员应当熟悉以下情况：一是本地区工交、财贸、基建、文教等企业和机关团体单位的户数、机构设置与资产数额，以及本地区的风险状况；二是已参加保险的企业、单位的户数及资产数额；三是尚未参加保险的企业、单位的户数及资产数额；四是展业对象的基本情况，如资产的分布情况，生产、经营、财务情况和企业领导人、财务负责人情况；五是条款、条款解释、费率规章、有关知识及投保单的填写要求。

### 一、保险宣传

　　在掌握了必要的信息资料以后，保险公司就要进行保险宣传。保险宣传对于保险业务的顺利开展和增强国民的保险意识具有重要作用。只有更多的人了解和认识保险，才能吸引更多的企业、家庭和个人投保，从而扩大保险的影响，提高保险的社会地位。在我国，保险业务停办了二十余年，导致人们的保险意识淡薄：不少人对保险比较陌生，有些企事业单位的领导对保险的职能和作用也认识不够。保险要为社会所接受，就得依靠宣传。保险宣传的方式有多种多样，如广告宣传、召开各种座谈会、放映保险故事影片、电台和报纸播放或登载保险知识系列讲座、印发宣传材料和宣传品等。在从事保险宣传工作时，要充分运用有关科学，尤其是心理学在保险宣传工作中非常重要。例如，保险宣传可以运用心理学的原理来分析保险需求的心理要素。按照马斯洛的理论，人们的需要分为五个层次：生理的需要、安全的需要、爱和归属的需要、尊敬的需要和自我实现的需要。参加保险就属于"安全的需要"。俗话说，"天有不测风云，人有旦夕祸福"。风险是客观的、普遍存在的，参加保险就能在发生保险事故时得到补偿。同时，在保险宣传的过程中也要运用公共关系学。保险工作人员在向公众宣传保险知识和开拓保险业务时也要掌握公共关系学的原理：首先，注意自我形象设计，无论服饰还是言谈举止，都应给人庄重可信感，而且重视业务素质的提高，给人留下知识渊博的印象；其次，在宣传方法上，循序渐进，从客户的利益出发，鼓励其投保，即使对方态度冷淡，也要耐心讲解保险知识，消除其对保险的种种疑虑。

## 二、保险展业的方式

保险市场营销的内容包括：保险销售系统和销售活动及其管理，保险市场调查和保险品种设计，以及保险代理人的招聘、订约和培训等。保险展业是保险市场营销的最后一个阶段，即销售的过程。保险展业的方式包括保险人直接展业、保险代理人展业和保险经纪人展业①。

第一类是保险人直接展业。保险人直接展业是指保险公司依靠自己的业务人员去争取业务。这适合于规模大、分支机构健全的保险公司以及金额巨大的险种。例如，中国人民保险公司、中国人寿保险公司、中国平安保险公司和中国太平洋保险公司在全国各地都设立了分支机构，这为保险人直接展业创造了有利条件。

第二类是保险代理人展业。对许多保险公司来说，单靠保险人直接展业是不足以争取到大量保险业务的，而且销售费用高。如果保险公司单靠保险人直接展业，就必须配备大量展业人员和增设机构，大量工资和费用支出势必会提高成本，而且展业具有季节性特点，在淡季时，人员会显得过剩。因此，保险公司除了使用保险人直接展业外，还广泛利用保险代理人展业。在我国，保险代理人分为保险专业代理公司、保险兼业代理机构和个人保险代理人。其中，保险专业代理公司是专门代理保险业务的代理机构；保险兼业代理机构是在从事主业的同时设专人代理保险业务的机构，如卖机票的地方兼卖航空意外险、飞机延误保证保险，卖车的车行代买车险、银行代理保险、旅行社代理保险等；个人保险代理人则是专门保险业务的个人。截至2016年年底，我国保险专业代理公司有1 774家，兼业代理机构大致有19万家，个人保险代理人大致有700多万人，这些保险代理人在我国保险展业中发挥了重要作用。利用保险代理人展业的优点在于：第一，降低展业成本，提高保险经营效益。因为保险代理人展业的佣金是与其展业业务量挂钩的。海外经验表明，利用中介人展业可减少三分之一至

---

① 应当指出的是，保险展业的方式有多种分类，按营销渠道不同，分为保险公司展业、保险代理人展业、保险经纪人展业；按保险展业的行业不同，分为保险公司展业、银行展业、邮政展业、其他展业；按展业的手段不同，分为柜台销售、陌生拜访、电话销售、网上销售。

二分之一的展业成本。第二，可扩大展业领域。因为兼业代理人涉及较多领域，更有利于展业。第三，可较快增加保险业务量。保险公司与代理人或代理机构的代理关系是以代理合同为基础的，在开展保险代理业务前，保险代理人和保险人应当签订保险代理合同。保险代理合同的内容包括代理职责、权利、义务、险种范围、代理手续、保费结算、手续费提取标准和合同期限等。在规定的职权范围内为保险人招揽业务，并按招揽的业务量取得佣金。

第三类是保险经纪人展业。正如前述，保险经纪人不同于保险代理人，若代为投保人投保，则保险经纪人是投保人的代理人；若为投保人寻找或介绍保险公司，则为居间行为；若为投保人咨询，则为咨询行为。保险经纪人在保险市场和风险管理方面富有经验，能为投保人制定风险管理方案和物色适当的保险人。在英国保险市场上，保险人广泛使用经纪人展业，其水险业务的 90% 以上通过保险经纪人展业，劳合社业务通过保险经纪人展业的为100%。截至 2016 年年底，我国保险经纪公司有 469 家，保险经纪人在保险展业中发挥了重要作用。保险经纪人展业具有展业成本低、展业质量高的优点。

### 三、展业的方法与技巧

保险工作人员在展业过程中会运用一些技巧，具体内容如下：

第一，为投保人设计合适的投保方案。由于投保人所面临的风险概率、风险程度不同，因而他们对保险的需求也各不相同，这就需要展业人员为投保人设计最佳的投保方案。例如，在企业财产保险中，因为不同行业的企业单位风险大小不同，即使是同一行业的企业，它们所处的区域、地理环境也不同，那么其自身的风险性质、风险大小必然也不同。因此，保险企业的展业人员就应该针对各个不同的投保人所处的风险，选择最佳的投保方案，即最大限度地保障企业的经营稳定，又不损害保险企业自身的经济效益。

第二，提供周到、优质的服务。保险属于金融服务业，保险公司只有提供优质的服务，才能占领较大的市场份额。一般来说，保险服务包括两方面的内容：一是保险业务自身的服务，即承保、防灾防损、查勘理赔等；二是拓展性服务，如汽车修理服务、风险管理咨询服务、社会福利服务、金融服务等。由此可以看出，保险服务是一种延伸意义上的服务。也就是说，服务手段在现代保险业中具有更丰富的内容，不仅要提供周到、优质的服务，增强自身的信誉，即保险企业向公众提供的保险服务必须具有全面性、高效性；而且要扩展到社会经济中更广泛的领域中。只有这样，才能更好地实现保险企业的经济利益。保险企业服务质量的好坏、服务工作的成功与否都直接与保险企业自身的形象紧密相关，也与投保人的情感和情绪密切相连。如果保险企业的服务质量优、项目多，则保险企业的自身信誉较好，投保人也会相应产生推动投保行为的积极心理因素；反之，则会使投保人产生消极的心理因素，不利于投保行为的产生。对于已产生投保行为的投保者来说，也不利于再一次投保行为的产生，阻碍了投保人投保行为的良性循环。

第三，及时获取有关信息。保险企业的展业人员应对市场上的各种需求进行调查收集，全面掌握市场上的各种需求信息。信息是保险企业进行预测、决策的基础，所以保险企业从业人员对信息的收集一定要快、准、灵。例如，某一保险公司在看到报纸等新闻媒介机构宣传的某工程开工的新闻发布会后去推销建筑工程险的保险单，但其他保险公司已经获知了这一消息并在协商之中，那这家公司可能会处于被动的地位。因此，信息的收集一定要快，要有一定的时效价值和准确性。

保险展业只是保险业务经营过程中的第一步，展业工作做得好，便为保险业务经营打下了坚实的基础。

## 第二节　承保

承保是保险经营的重要环节，是指保险人对被保险人的选择，即保险人决定接受或拒绝投保人投保的行为。承保的基本目标是为保险公司安排一个安全和盈利的业务分布与组合。为此，承保人必须避免逆选择。也就是说，保险人应该选择那些损失将不会超过在费率构成中假设的损失数据的被保险人。然而，在同一承保类别中，每个保险标的的风险情况并非一模一样，有些会高于平均损失，有些则会低于平均损失，保险人必须选择一组能够适当平衡的被保险人，即低于平均损失的被保险人能够抵消高于平均损失的被保险人，以便保险费收入足以支付所有赔款和费用。保险公司在进行承保时，应做好以下几方面工作：

首先，应当由承保部门制定与公司目标相一致的承保方针，编制承保手册。承保手册具体规定承保的险种、展业的地区、所使用的保险单和费率厘定计划，以及可以接受的、难以确定的和拒保的业务、保险金额等。承保手册便于保险展业人员贯彻执行公司的方针、政策。

其次，承保部门在决定是否接受投保时，要对投保人做出评价。评价需要得到有关信息，信息的种类随险种而定。例如，在人身保险中，必须考虑被保险人的身体状况、投保人的道德品质因素和因投保而放松防损工作的心理因素。承保人可从投保单、代理人的报告、实地检查报告等方面取得信息。

最后，承保部门在对有关信息进行评估后，要做出承保决策。决策的方式有三种：第一种是接受投保，出立保险单。第二种是有条件地接受投保。例如，如果投保人低于承保标准，则减少保险金额，或者使用较高的免赔额或费率。只有投保人接受这些限制性条件，保险公司才会出立保险单。第三种是拒绝承保。如果投保人明显低于承保标准，就对投保申请予以拒绝。

承保决策实际上就是业务的选择。业务选择包括选择"人"和"物"。人寿保险的被保险人本身就是保险对象，人和标的的选择是一致的，人寿保险的业务选择就是对被保险人的选择，承保人绝不会选择患有不治之症的被保险人。财产保险的直接对象是物，但拥有或控制财产的被保险人会影响标的的风险大小，因而除对"物"的选择之外，还存在对"人"的选择问题。在承保过程中，承保人还要确定适当的保险范围、保险金额、保险条件和费率。在承保以后，承保人还要进行监督，如果被保险人违反合同的基本条件，承保人可终止合同或不予以续保。

此外，承保部门还有一个重要职能，就是承保管理。承保管理是承保人对保险合同订立过程的管理，从一项保险业务的洽谈、投保到签单、收取保险费，都属于承保管理的范围。投保单是保险合同的重要组成部分，也是不可缺少的原始单证，承保人必须对投保单进行审核。首先，投保人对保险标的必须具有保险利益；其次，投保单上保险标的的内容必须与实际情况相符，保险财产的存放或坐落地点也应载明；再次，要根据保险条款的规定，核定保险范围和确定保险金额，避免超额保险和不足额保险；最后，承保人要按保险公司的费率表和有关规定准确、合理地厘定费率。在审核投保单之后，由签单员缮制保险单，再由复核员按签单要求进行复核和登记，并把投保单、保险单和批单副本装订成册，交专人保管，以便今后查找，使理赔工作能顺利进行。

值得一提的是，我国机动车保险业务主要是委托公安交通管理部门代办的，因此，机动车保险承保工作的质量与代理部门有着密切的关系。交通管理部门把车辆年检同展业、承保结合起来，不会出现脱保、漏保现象，而且做到了验车承保，并方便了客户。但是，交通管理部门是行政机构，为了便于交通事故处理，有时希望全部车辆都参加保险，以致有的地方对承保工作的质量关心不够。因此，根据机动车辆保险业务发展的需要，可以委托有关部门代办业务，如汽车经销商，但必须与代理人签订代理协议，明确双方的权利和义务。代理人应根据代理协议、保险条款和实务手续规定办理机动车辆保险的承保工作。为了保证代理业务的质量，保险公司应加强对代理人员的培训，并对他们的工作进行经常性的检查和辅导。

## 第三节 保险防灾防损

### 一、保险防灾防损的概念

保险防灾防损是保险双方共同努力，采取措施，减少或消除风险发生的因素，从而降低保险经营成本、提高经济效益的活动。保险防灾防损是保险公司一项不可忽视的重要工作，需要遵循积极主动、经常、及时、有效和与社会有关防灾部门密切配合的原则。

### 二、保险防灾防损的方法

保险防灾防损的方法主要有以下几种：

第一，加强保险防灾宣传、咨询工作。

第二，积极配合社会上专门的防灾组织，开展各项防灾工作。

第三，对重点保户进行安全检查。

第四，条款制约与费率优惠，如在投保、续保中规定无赔款或防护好的优待、有赔款加费；规定免赔率或免赔额；对经常发生保险赔款的保户，在投保时拒保。

## 第四节　保险理赔

### 一、保险理赔的概念与原则

#### （一）保险理赔的概念

理赔，即保险的赔偿处理，是指保险人履行保险赔偿和给付责任，被保险人或受益人享受保险权利的具体表现，是保险补偿职能的体现。

保险理赔分为保险人直接理赔与保险代理人理赔两种。理赔工作由理赔员来处理。在财产与责任保险中，理赔员主要有理赔代理人、公司理赔员、独立理赔员和公众理赔员等。

#### （二）保险理赔的原则

保险理赔是对承保质量的检验。若对业务选择不严格，则会导致赔案增多、赔款增加；若承保手续不齐全，则会增加理赔工作的难度。通过赔偿处理，也可发现防灾防损工作中存在的问题和漏洞，作为加强和改进防灾防损工作的依据。理赔工作的质量好坏还关系到保险公司的声誉，从而影响到展业。因此，在保险理赔工作中，应当坚持以下原则：

第一，贯彻"主动、迅速、准确、合理"的八字方针。其中，主动、迅速是指保险公司接到被保险人的报告后主动了解受灾受损情况，理赔工作人员及时赶赴现场查勘并迅速赔偿损失，热情地为被保险人提供服务；准确、合理是指在理赔时要分清责任，准确定损，赔款合情合理。这就要求理赔工作人员具有丰富的保险专业知识，对各类保险标的相当熟悉，以及掌握查明损失原因和估算损失的方法。

第二，重合同、守信用。保险人在处理赔案时，要严格遵守保险合同的条款，尊重被保险人的合法权益。

第三，实事求是。这是保险理赔工作应当遵循的基本原则与要求。这一原则要求理赔人员在分析案情、处理赔偿或给付案件时，一切从事实和证据出发，判断保险事故的原因和性质，不得主观臆断。经调查与审核，一旦确认发生了保险责任范围内的事故，就应依照合同从实理赔。

### 二、保险理赔的基本程序

保险理赔因不同险种而有所不同，一般程序如下：

## （一）出险通知

在保险标的发生保险事故后，被保险人要立即通过口头或函电方式通知保险公司。理赔人员在接到出险通知后，应及时填写出险登记簿，对通知事项予以登记。在人身保险中，保险关系人提出给付申请的，除进行上述登记外，还要求填写保险金给付申请书。按照理赔程序规则应当通报的案件，应及时向上级理赔部门通报。

## （二）损失检验

保险公司在接到损失通知后，应立即派人员勘查现场，对受损标的进行检验，以便准确取得损失的原因、受损情况和受损程度等材料，从而判断是否属于保险责任。

## （三）审核各项单证

（1）审查保险单的有效性。损失是否发生在保险单有效期间内，这是受理赔案的基本前提。

（2）除保险单的有关单证需首先审查以外，对其他有关单证也必须予以审核，如勘查报告、损失证明、所有权证明、账册、商业单据、运输单证，以查核被保险人是否有索赔权以及根据损失原因来确定损失是否属于保险范围。

## （四）核实损失原因

在损失检验和审核各项单证的基础上，对审核中发现的问题，根据案情可考虑进一步核实原因，包括赴现场实地调查和通过函电了解，或向专家、检验部门复证。

## （五）核定损失程度和数额，赔付结案

当保险标的损失的原因肯定属于保险责任范围时，要进一步核定损失程度，具体计算应赔数额，予以赔偿或给付。

具体的理赔程序因险种不同而有所区别，这里以企业财产保险实务为例说明，请参见附录。

## 🗂 综合练习

**一、填空题**

1. 保险运行的环节主要包括_____、_____、_____、_____等。

2. 保险展业的方式包括_____、_____、_____。

**二、单项选择题**

1. 保险人在承保管理中，审核投保人资格时，主要审核的内容是（　　）。

A. 投保人对保险标的的保险利益　　　　B. 投保人的民事行为能力

C. 投保人的民事权利能力　　　　　　D. 投保人的缴费能力

2. 风险程度高的人比风险程度低的人更愿意投保，这种倾向称为（　　　）。

A. 保险欺诈　　　　　　　　　　　　B. 递选择

C. 负选择　　　　　　　　　　　　　D. 道德风险

## 三、多项选择题

1. 承保部门在对有关信息进行评估后，做出的承保决策方式主要有（　　　）。

A. 接受投保　　　　　　　　　　　　B. 有条件地接受投保

C. 拒绝承保　　　　　　　　　　　　D. 无条件地接受投保

2. 保险理赔原则有（　　　）。

A. 重合同、守信用　　　　　　　　　B. 实事求是

C. 主动、迅速、准确、合理　　　　　D. 惜赔

## 四、判断题

1. 保险展业包括保险公司直接展业、保险代理人展业、保险经纪人展业和保险公估展业。　　　　　　　　　　　　　　　　　　　　　　　　　　　　　（　　　）

2. 通融赔付是保险理赔的基本原则。　　　　　　　　　　　　　　（　　　）

## 五、名词解释

展业　承保　核保　理赔

## 六、简答题

1. 简述保险展业的方式。

2. 简述保险公司承保时应注意的问题。

3. 简述保险理赔的原则。

4. 简述保险理赔的基本程序。

5. 简述保险防灾防损的方法。

# 第九章　保险经营

　　了解保险经营的特征、保险基金的特征、我国对保险投资的规定等问题；掌握保险经营的原则，掌握非寿险费率与寿险费率的厘定，掌握保险准备金的提取方法，掌握保险投资方式。

## 第一节　保险经营的特征与原则

### 一、保险经营的特征

　　保险业是风险管理行业，它为社会生产、流通和消费领域提供经济保障，属于第三产业。保险经营具有以下特征：

　　第一，保险经营活动是一种具有经济保障性质的、特殊的劳务活动。保险经营以特定的风险存在为前提，以集合多数单位和个人为条件，以大数法则为基础，以经济补偿与给付为基本功能。

　　第二，保险经营资产具有负债性。在保险经营的资产中，自有资本所占的比重很小，绝大部分来自投保人按照保险合同向保险企业交纳的保险费、保险储金，以及保险公司从保险费中所提取的各项准备金，尤其是寿险公司，负债占了资产的很大部分。保险企业经营资产的很大一部分是其对被保险人未来赔偿或给付的负债。

　　第三，保险经营成本具有不确定性。首先，保险费率是根据过去的统计资料计算出来的，与未来的情况有偏差；其次，保险事故的发生具有偶然性；最后，就每一保单而言，在保险期限内，保险事故发生得越早，成本越大。如果保险事故在保险期限内未发生，就基本上不存在保险成本。

　　第四，保险企业的利润计算具有特殊性。保险人的利润在以当年收入减去当年支出的基础上，还要调整年度的各项责任准备金，调整数额的大小直接影响保险企业的利润。从直观的角度看，寿险企业的利润基本上来自利差收益、死差收益与费差收益。

第五，保险投资是现代保险企业稳健经营的基石。保险经营中保险费的收缴与赔偿或给付存在时间与数量上的不对称，从而形成一笔闲置资金，构成投资的资金来源。现代保险业由于承保利润很低，甚至发生连续的承保亏损，为了保证赔偿或给付，并形成与增加经营利润，必须运用好闲置资金，并要追求比较好的投资实绩。优秀的投资业绩有利于推行更低的费率，扩大承保业务，增强企业的竞争能力，使保险经营呈现良性发展态势。

第六，保险经营具有分散性和广泛性。保险企业承保的风险范围广，经营的险种多，囊括了社会生产和生活的各个领域，影响面广泛。

## 二、保险经营的原则

保险经营活动既有商品经营的一般共性，也有其个性。因此，保险经营除贯彻一般商品经营原则，如经济核算原则、随行就市原则、薄利多销原则等外，还应遵循一些特殊的经营原则。

### （一）风险大量原则

风险大量原则是在可保风险的范围内，保险人根据自己的承保能力，努力承保大量具有同类性质与同类价值的风险与保险标的。这是保险经营的基本原则。

遵循这一原则的原因如下：第一，大数法则的要求，稳定经营的需要。保险经营是以大数法则为基础的，需要有一个最低保险标的数量，这样才能使实际保险责任事故的发生频率更接近损失期望值，从而保证保险经营的稳定。第二，降低保险成本、增强保险人承保能力的需要。承保的保险标的越多，可使保险人经营收入增加，经营费用相对较为节约，从而能降低保险成本，增强承保能力。

### （二）风险分散原则

风险分散原则是保险人为了保证经营的稳定性，应使风险分散的范围尽可能扩大。若保险人承保的风险过于集中，则一旦发生保险事故，就可能产生责任累积，使保险人无力承担保险责任。

风险分散分为宏观与微观两个层面。宏观层面上的风险分散包括：第一，风险按地理范围分散，最理想的是在全球范围内分散；第二，多种经营补偿，即保险公司不能只经营一种保险业务，而要经营多样化的业务，从而可以利用不同险种的风险组合来达到部分抵消；第三，跨时间的风险分散，即通过时间来减少波动。

微观层面上的风险分散包括承保前分散和承保后分散两种方式。承保前实行风险分散，主要体现在承保时要合理划分危险单位，并使每个危险单位尽可能独立；承保后实行风险分散，主要体现在采取共同保险和再保险的方法。共同保险特别适用于保障大工业风险，对于中小型风险不合适，因为营业费用太高。再保险无疑是在时间、空间和通过保险金额的同类性获得风险补偿的理想办法，保险人将超过其财务力量和影响其业务量平衡的任何风险的一部分分出去，既可以使其灵活经营，同时又能向客户提供优质服务。

### (三) 风险选择原则

风险选择原则是指保险人对投保人所投保的风险种类、风险程度和保险金额等应有充分和准确的认识与评估，并根据判断做出选择。这是因为：为了保险经营的稳定性，不仅必须有大量的保险标的，而且应尽量使保险标的的风险性质相同，或在风险程度有差异的情况下体现费率公平，这样才能充分发挥大数法则的作用，使风险平均分散。风险选择分为两种形式：

1. 事先选择

事先选择是在承保前考虑决定是否承保，包括对人和物的选择。其中，对人的选择是对投保人或被保险人的评价和选择；对物的选择是对保险标的的评价和选择。事先选择考察被保险人或保险标的是否符合可保风险的条件与范围，从而决定采取承保、有条件的承保还是拒保，以保证对承保风险的有效控制。有条件的承保是针对那些存在明显较大风险的保险标的，保险人可以承保，但必须与投保人协商，调整保险条件，附加限制性条款，如提高保险费率、提高免赔额、附加特殊的风险责任、有条件的赔偿等。

2. 事后选择

事后选择是在承保后若发现保险标的有较大的风险存在，而对合同做出淘汰性选择。保险合同的淘汰通常有两种方式：一种是等待保险合同期满后不再续保；另一种是保险人若发现有明显的误告或欺诈行为，保险人可中途终止承保。需要注意的是，逆选择是保险人在风险选择时应防范的一种投保人行为。所谓逆选择，是指投保人选择对自己有利而对保险人不利的保险险种，如在人身保险方面，体弱或年老的人投保死亡保险；体格强壮的人选择生存保险。

## 第二节 保险经营的数理基础

### 一、保险费率的构成与厘定原则

#### (一) 保险费的含义与构成

保险费是保险金额与保险费率的乘积。保险人承保一笔保险业务，用保险金额乘以保险费率就得出该笔业务应收取的保险费，即

$$保险费 = 保险金额 \times 保险费率$$

保险费由纯保费和附加保费构成，纯保费是保险人用于赔付给被保险人或受益人的保险金，它是保险费的最低界限；附加保费是由保险人所支配的费用，由营业费用、营业税和营

业利润构成。

### (二) 保险费率的含义与构成

保险费率是保险费与保险金额的比率。保险费率又称为保险价格，是被保险人为取得保险保障而由投保人向保险人所支付的价金，通常以每百元或每千元保险金额的保险费来表示。保险费率是计算保险费的标准。

保险费率一般由纯费率和附加费率两部分组成。习惯上，将纯费率和附加费率相加所得到的保险费率称为毛费率。

纯费率是纯保费与保险金额的比率。纯费率也称为净费率，用于保险事故发生后进行赔偿和给付保险金，其计算的依据因险种不同而有差别。财产保险纯费率的计算依据是损失概率，即根据保额损失率或保险财产的平均损失率来计算。保额损失率是一定时期内赔偿金额与保险金额的比率。人寿保险纯费率的计算依据是生命表和利息。

附加费率是附加保费与保险金额的比率。它是以保险人的营业费用为基础计算的，用于保险人的业务费用支出、手续费支出以及提供部分保险利润等，通常以占纯费率的一定比例表示。附加费率由费用率、营业税率和利润率构成。

### (三) 厘定保险费率的基本原则

保险人在厘定费率时，要贯彻权利与义务相等的原则。具体而言，厘定保险费率的基本原则为充分性原则、公平性原则、合理性原则、稳定灵活原则以及促进防损原则。

1. 充分性原则

充分性原则指所收取的保险费足以支付保险金的赔付及合理的营业费用、税收和公司的预期利润。充分性原则的核心是保证保险人有足够的偿付能力。

2. 公平性原则

公平性原则指一方面，保费收入必须与预期的支付相对称；另一方面，被保险人所负担的保费应与其所获得的保险权利相一致，保费的多少应与保险的种类、保险期限、保险金额、被保险人的年龄与性别等相对称，风险性质相同的被保险人应承担相同的保险费率，风险性质不同的被保险人则应承担有差别的保险费率。

3. 合理性原则

合理性原则指保险费率应尽可能合理，不可因保险费率过高而使保险人获得超额利润。

4. 稳定灵活原则

稳定灵活原则指保险费率应当在一定时期内保持稳定，以保证保险公司的信誉。同时，也要随着风险的变化、保险责任的变化和市场需求等因素的变化而调整，具有一定的灵活性。

5. 促进防损原则

促进防损原则指保险费率的制定有利于促进被保险人加强防灾防损，对防灾工作做得好的被保险人，降低其费率；对无损或损失少的被保险人，实行优惠费率；而对防灾防损工作做得差的被保险人,实行高费率或续保加费。

### (四) 保险费率厘定的一般方法

保险费率的计算方法大致有三类:分类法、观察法和增减法。

1. 分类法

分类法是在按风险的性质分类的基础上分别计算费率的方法。依据该方法确定的保险费率常常被载于保险手册中,因此又称该方法为手册法。该方法假设风险损失是一系列相同的风险因素作用的结果。因此,通常按一定的标志对风险进行分类,将不同的保险标的,根据风险性质分别归入风险性质一致的相应群体,计算基本费率。同一类别的保险标的的投保人适用相同的费率。该方法广泛用于财产保险、人寿保险和大部分意外伤害保险。例如,我国的企业财产保险,按保险标的的使用性质分为若干类,每一类又分为若干等级,不同等级费率水平各异。但是,在使用分类费率时,可以根据所采取的防灾防损措施而加费或者减费。例如,对于人身保险,其基本的分类依据是年龄、性别和健康状况,年龄、性别和健康状况相同的被归为一类。分类法的优点在于便于运用,适用费率能够迅速查到。

2. 观察法

观察法又称为个别法或判断法,是按具体的每一保险标的分别计算确定费率的方法。该方法由核保人员依据经验判断,提出一个费率供双方协商。当某些险种没有以往可信的损失统计资料而不能使用分类法时,就只能根据个人的主观判断确定费率。例如,卫星保险,在首次发射人造卫星时,因无相应的统计资料,就只能使用观察法来确定费率。观察法多用于海上保险和一些内陆运输保险,因为各种船舶、港口和危险水域的情况错综复杂,情况各异。

3. 增减法

增减法又称为修正法,是在分类法的基础上,结合个别标的的风险状况予以计算确定费率的方法。在用增减法确定费率时,一方面,凭借分类法确定基本费率;另一方面,依据实际经验再予以细分,并结合不同的情况提高或者降低费率,对分类费率予以补充和修正。增减法因其使用结合了风险程度的差异,因此具有促进防灾防损的作用。费率更能够反映个别标的的风险情况,从而坚持了公平负担保险费的原则。增减法的依据在于,个别标的的风险损失数据与其他标的的风险损失数据明显不同。以增减法计算确定保险费的方法有三种:第一是表定法,即以每一风险单位为计算依据,在对每一风险单位确定一个基本费率的基础上,根据个别标的的风险状况增减修正;第二是经验法,即根据被保险人以往的损失经验,对分类法所确定的保险费率予以修正的方法;第三是追溯法,即依据保险期间的损失经验数据来确定当期保险费的方法,即保险费率于当期终了时依据实际经验再加以调整修正。

## 二、非寿险费率的厘定

非寿险费率的厘定是以损失概率为依据的,通过计算保额损失率加均方差计算纯费率;

纯费率与附加保费率之和即毛费率。其厘定的基本步骤如下：

**（一）确定纯费率**

纯费率是纯保费占保险金额的比率。它是用于补偿被保险人因保险事故造成保险标的损失的金额。其计算公式为

$$纯费率 = 保额损失率 \pm 均方差$$

1. 计算保额损失率

保额损失率是赔偿金额占保险金额的比率。其计算公式为

$$保额损失率 = \frac{赔偿金额}{保险金额} \times 1\,000‰$$

但在许多情况下，若知各年的保额损失率，则可计算平均保额损失率。

【例 9 - 1】假设某保险公司过去 10 年保额损失率统计资料如表 9 - 1 所示。

表 9 - 1　某保险公司 10 年保额损失率统计表

| 年度 | 2008 | 2009 | 2010 | 2011 | 2012 | 2013 | 2014 | 2015 | 2016 | 2017 |
|---|---|---|---|---|---|---|---|---|---|---|
| 保额损失率 $x_i$（‰） | 6.1 | 5.7 | 5.4 | 6.4 | 5.8 | 6.3 | 6.0 | 6.2 | 5.9 | 6.2 |

分析：

若以 $\bar{x}$ 表示平均保额损失率，$x_i$（$i = 1$，2，$\cdots$，$n$）表示不同时期的保额损失率，$n$ 表示期限，则：

$$\overline{X} = \frac{\sum\limits_{i=1}^{n} x_i}{n}$$

$= (6.1‰ + 5.7‰ + 5.4‰ + 6.4‰ + 5.8‰ + 6.3‰ + 6.0‰ + 6.2‰ + 5.9‰ + 6.2‰) \div 10$

$= 6.0‰$

2. 计算均方差

均方差是各保额损失率与平均损失率离差平方和平均数的平方根。它反映各保额损失率与平均保额损失率相差的程度。它说明平均保额损失率的代表性，均方差越小，则其代表性愈强；反之，则代表性愈差。若以 $\sigma$ 表示均方差，则其计算公式为

$$\sigma = \sqrt{\frac{\sum\limits_{i=1}^{n} (x_i - \bar{x})^2}{n}}$$

平均保额损失率附加均方差的大小取决于损失率的稳定程度。对于损失率较稳定的，则其概率 $P$（$A$）不要求太高，相应地概率度（$t$）为 1 即可；反之，则要求概率较高，以便对高风险的险种有较大的把握，从而稳定经营，相应的概率度为 2 或 3。兹列举如下：

若 $t = 1$，$P$（$A$）$= 68.27\%$，附加 1 个均方差，一般适合损失率比较稳定的险种，如火

灾保险。

若 $t=2$，$P(A)=95.45\%$，附加 2 个均方差，一般适合损失率不够稳定的险种，如机动车辆保险、飞机保险等。

若 $t=3$，$P(A)=99.73\%$，附加 3 个均方差，一般适合损失率很不稳定的高风险险种，如卫星发射。

【例 9 – 2】根据上述资料计算的均方差如表 9 – 2 所示。

表 9 – 2 均方差计算表

| 年度 | 保额损失率 $x_i$（‰） | 离差（$x_i-\bar{x}$）（‰） | 离差的平方 $(x_i-\bar{x})^2$（‰） |
|------|------|------|------|
| 2008 | 6.1 | +0.1 | 0.01 |
| 2009 | 5.7 | −0.3 | 0.09 |
| 2010 | 5.4 | −0.6 | 0.36 |
| 2011 | 6.4 | +0.4 | 0.16 |
| 2012 | 5.8 | −0.2 | 0.04 |
| 2013 | 6.3 | +0.3 | 0.09 |
| 2014 | 6.0 | 0 | 0 |
| 2015 | 6.2 | +0.2 | 0.04 |
| 2016 | 5.9 | −0.1 | 0.01 |
| 2017 | 6.2 | +0.2 | 0.04 |
| Σ | 6.0 | — | 0.84 |

则：

$$\sigma = \sqrt{\frac{0.84}{10}} \times 1\,000\% = 0.29‰$$

3. 计算稳定系数

稳定系数是均方差与平均保额损失率之比。它衡量期望值与实际结果的密切程度，即平均保额损失率对各实际保额损失率（随机变量各观察值）的代表程度，以公式表示为

$$V_\sigma = \frac{\sigma}{\bar{x}}$$

稳定系数愈低，则保险经营的稳定性愈高；反之，稳定系数愈高，则保险经营的稳定性愈低。稳定系数一般为 10%~20% 较为合适。

接上面的例子，根据上述资料计算，计算结果为

$$V_\sigma = \frac{0.29‰}{6‰} \times 100\% = 4.833\%$$

该结果 4.833% 远小于 10%，说明保险经营的稳定性很高。

4. 确定纯费率

财产保险的纯费率是财产保险的纯保费占保险金额的比率，是作为保险金用于补偿被保险人因保险事故造成保险标的的损失金额。其计算公式为

纯费率 = 保额损失率 ± 均方差 = 保额损失率 × （1 ± 稳定系数）

若以 68.27% 的概率估计， $t=1$ ，则纯费率为 $(\bar{x}-\sigma; \bar{x}+\sigma)$ ；

若以 95.45% 的概率估计， $t=2$ ，则纯费率为 $(\bar{x}-2\sigma; \bar{x}+2\sigma)$ ；

若以 99.73% 的概率估计， $t=3$ ，则纯费率为 $(\bar{x}-3\sigma; \bar{x}+3\sigma)$ 。

对稳定系数低的，则稳定性高，附加的均方差就可小些；反之，对高风险的险种，其保额损失率所附加的均方差就应该大一些。在一般情况下，保险公司为了经营的稳定性，对附加的均方差一般采用加，而不采用减的形式。故上例中，由于稳定系数小于 10%，说明稳定性很高，是低风险的险种。所以

纯费率 = 6‰ + 0.29‰ = 6.29‰

### （二）确定附加费率

附加费率是附加保费与保险金额的比率。其计算公式为

$$附加费率 = \frac{附加保费}{保险金额} \times 1\,000‰$$

附加费率由营业费率、营业税率、营业利润率构成。其中：

$$营业费率 = \frac{营业费}{保费收入}$$

$$营业税率 = \frac{营业税}{保费收入}$$

$$营业利润率 = \frac{营业利润}{保费收入}$$

通常，附加费率可根据纯保费与附加保费的比例来确定，即

附加费率 = 纯费率 × 附加保费与纯保费的比例

其中，

$$附加保费与纯保费的比例 = \frac{附加保费}{纯保费} \times 100\%$$

### （三）确定毛费率

由于财产保险的毛费率由纯费率和附加费率构成，所以毛费率的计算公式为

毛费率 = 纯费率 + 附加费率

= （保额损失率 + 均方差） + 附加费率

= 保额损失率 × （1 + 稳定系数） + 附加费率

若根据上面的例子，附加保费与纯保费的比例为 20% ，

$$附加费率 = 6.29‰ \times 20\% = 1.258‰$$

从而

$$毛费率 = 6.29‰ + 1.258‰ = 7.548‰$$

## 三、寿险费率的厘定

### （一）人寿保险费的构成及性质

人寿保险是以人的生命作为保险标的的保险，它的保险事故是死亡和生存。人寿保险费要厘定得公平、合理，必须观察人的死亡率，即如何选择生命表；寿险的长期性决定了在厘定费率时必须考虑利息因素；保险公司所办的保险必然有一定的业务费用。由于保险公司在制定费率时，上述因素都是预估的，因此，预定死亡率、预定利率、预定费用率是计算各种年龄、各种保单的保险费的数理基础。

人寿保险费由两部分构成：纯保险费和附加保费。前者用于保险金的给付；后者用于保险公司业务经营费用的开支。二者的总和就是营业保险费，亦称毛保费。其计算公式为

$$毛保费 = 纯保费 + 附加保费$$

纯保费以预定死亡率和预定利率为基础计算，是保险金给付的来源，纯保险费总额与保险金给付总额达到平衡；附加保费用于保险经营过程中的一切费用开支。由于寿险的保险期限较长，所以它的费用比较复杂，有些费用只在保单第一年存在，有些费用分摊于保险的整个期间；有些费用可表示为固定常数，而有些费用表示为保费或保额的一定比例。由纯保费和附加保费构成的保险费称为营业保费。营业保费是保险经营过程中实际收取的保险费。

由于人寿保险大都采用均衡保险费的方法，所以投保人所交纳的保费中的纯保费部分又可以分解为危险保费和储蓄保费。其中，危险保费是用来支付当年保险金的给付，储蓄保费则是纯保费中扣除危险保费后的剩余部分，这部分保费逐年以复利累积，用来弥补未来年份保费收不抵支的不足部分。

确定保险费的过程实质是，在不同缴费方式下的保险费匹配不同保险事故对应的保险面值和各项经营费用。寿险保费计算的基本原则是收支平衡原则。收支平衡原则作为寿险保险费计算的基本原则，其内涵如下：

第一，在寿险保费收支平衡原则中，从保险人的角度看，"收"指保险人收取的保费总额，"支"指保险人的保险金给付和支出的各项经营费用。此项收与支应当平衡。从投保人的角度看，其支出保费总额应当与收到的保额或安全保障或获得的服务平衡。

第二，收支平衡关系建立的时点通常在投保生效之日，而保险金给付与保费缴纳总是分离的。收支平衡绝不是收的总额简单等于支付总额，或者使保费总额等于保险面值。要使收支平衡建立，必须将分离的货币额折现到一个可比点或可比日，方能判断它们的大小；又由

于寿险不仅涉及利率，而且离不开生死概率，所以货币的折现非简单的折现，而是精算意义上的折现。一句话，收支平衡是精算意义上的平衡。

第三，通过上述分析，收支平衡原则可由以下具体文字方式描述：

$$保险费的精算现值 = 保险金额的精算现值 + 各项业务费用的精算现值$$

进一步，保险费的精算现值为纯保费的精算现值与附加保费的精算现值之和，从而可得：

$$纯保费的精算现值 + 附加保费的精算现值 = 保险金的精算现值 + 各项业务费用的精算现值$$

据此情形，可分别计算纯保费和附加保费，即

$$纯保费的精算现值 = 保险金的精算现值$$

$$附加保费的精算现值 = 各项业务费用的精算现值$$

### （二）人寿保险费的分类

1. 自然纯保费与均衡纯保费

（1）自然纯保费。自然纯保费是分别以各年岁的死亡率为缴付标准计算的保险费。它是以每年更新续保为条件，在签订一年定期保险合同时各年度的纯保费。因为各年岁的死亡率不同，所以保费必须随之变动。

（2）均衡纯保费。均衡纯保费是在约定缴费期限内，每次缴费金额始终不变的均衡毛保费中扣除均衡附加保费的剩余部分。

无论何种缴费方式的纯保费，其实质均为毛保费的重要组成部分，用于保险人未来债务的支出。

均衡保费制度的出现，一方面，克服了上述保费缴付形式的不足，使得投保人乐意接受，并能承担；另一方面，使保险人的保险业务易于开展。

2. 年缴纯保费和趸缴纯保费

（1）年缴纯保费。年缴纯保费是自投保之日起分若干时期缴清的年缴毛保费中扣除附加保费后的剩余部分。

（2）趸缴纯保费。趸缴纯保费是在投保之日一次性缴清的趸交毛保费中扣除附加保费后的剩余部分。如果把各个年岁应缴的自然纯保费都折算成投保时的现值，合并为一个总数，它就是趸缴纯保费。

3. 纯保险费和附加保费

这是按保险费所含成分进行的分类。

（1）纯保险费。纯保险费包含保险责任事故的危险性，同时要估计到保险基金的利息收入。

（2）附加保费。附加保费是保险公司在业务管理上可能遇到的费用，如工资、租金、各种业务开支，合理地分摊到每一笔业务上的数目。

### （三）人寿保险费率的计算依据

人寿保险的保险标的是人的生命，保险人积聚众多投保人所缴纳的保险费，一旦被保险

人在保险期间死亡或满期生存，便给付保险金，故保险费的计算必须考虑死亡率、生存率等因素。由于寿险多为长期合同，而且收取保费在先，支付保险金在后，所以必须考虑利息的因素。另外，经营寿险业务的保险公司所必需的各项费用开支亦必须由被保险人负担，所以在计算保险费时还必须考虑费用的因素。

因此，人寿保险费的计算依据应该是预定死亡率、预定利息率、预定费用率。此三项就是人寿保险费计算的三要素，亦称为人寿保险费计算的三个基础率。

一般来说，人身意外伤害保险和健康保险费率厘定的依据基本相同，因此，其保险费率的厘定方法与财产保险的计算方法类似。

1. 生命表

（1）生命表的概念和种类。生命表又称为死亡表或寿命表，是根据一定时期内的特定国家（或地区）或特定人口群体（如寿险公司的全体被保险人）的有关生命统计资料，经整理、计算编制而成的统计表。生命表中最重要的就是设计产生每个年龄的死亡率。影响死亡率的因素很多，主要有年龄、性别、职业、习性、以往病史、种族等。一般情况下，在设计生命表时，只注重考虑年龄和性别。生命表在有关人口的理论研究、社会经济政策的制定、寿险公司的保险费及责任准备金的计算等各个方面都有着极为重要的作用。生命表一般分为国民生命表和经验生命表。其中，国民生命表又可分为完全生命表和简易生命表；经验生命表又可分为、选择表和终极表、综合表。

生命表的种类繁多，主要有以下几种：

①国民生命表和经验生命表。按死亡统计的对象，可将生命表分为国民生命表和经验生命表。前者是以全体国民或特定地区的人口统计资料编制的统计表，是根据政府机关的户口普查及死亡统计资料综合而成的生命表，又称为普通生命表；后者是以人寿保险公司承保的被保险人实际经验的死亡统计资料编制的统计表，是根据人寿保险业务经营中被保险人的死亡统计数编制而成的生命表。两者相比较而言，由于国民生命表的资料来源于人口普查或抽样调查，其对象中男女老幼、体质强弱的人均有，而人寿保险公司的被保险人一般要经体检合格后才予以承保，因此，在同一时期内，国民生命表的死亡率一般高于经验表的死亡率。经验生命表更能反映各种被保险人的死亡率特征，在人寿保险费率的计算中，一般采用经验生命表。经验生命表是寿险精算的科学基础，是寿险费率和责任准备金计算的依据，也是寿险成本核算的依据。

②完全生命表和简易生命表。这是按反映程度是否详细进行的分类。完全生命表是能够反映每一年龄生死概率的生命表。它是根据准确的人口普查资料，依年龄分别计算死亡率、生存率、平均寿命等生命函数而编制的；简易生命表是只反映年龄组别生死概率的生命表，如按 5 岁或 10 岁年龄组编制的生命表，它是采取每年的人口动态统计资料和人口抽样调查的统计资料，按年龄段（如 5 岁或 10 岁为一段）计算死亡率、生存率、平均寿命等生命函数而编制的。

③选择表、终极表和综合表。选择表是依据选择效果仍存在的资料编制而成的生命表。该表的死亡率同时考虑年龄及投保经过年数两个因素，故而最具准确性。由于不分红保费的

制定必须准确，故它常用该表。其中，选择表中对应的经过年数称为选择期间。选择表都有一个特定的选择期间（一般为3年），经过年数超过选择期间后，选择效果便消失。

终极表是根据选择效果消失的资料编制而成的生命表。普通寿险的保费通常是根据该表计算的。此表的死亡率略高于选择表，故此表计算的保费较高，因而也会导致较大的安全幅度，对寿险公司而言，较为有利。其中，终极死亡率是选择效果消失后的死亡率，根据终极死亡率编制的生命表为终极生命表。

综合表是以所有被保险人的经验，不考虑投保经过年数而制定的生命表，即综合被保险人在保险合同订立后最初数年及以后数年间的死亡统计而编制的生命表。其死亡率刚好介于选择表与终极表之间，此表常用来制定简易人身保险的保费。因为简易人身保险较特殊，所以其被保险人的选择效果要比普通寿险少得多。它是不考虑保险合同投保后经过的年数而以全期间为对象并按年龄计算死亡率的生命表。

④寿险生命表与年金生命表。寿险生命表是以被保险人的经验而编制的一种生命表。年金生命表是根据购买年金者的死亡统计所编制的生命表。因为购买年金保险者，其经济情况和体格标准通常均比死亡保险的一般被保险人要好，故其死亡率较普通保险的死亡率低。

（2）生命表的选用。经营人寿保险业务应该使用经验生命表，而不能使用国民生命表，这是因为经验生命表的死亡率具有代表性。

（3）生命表的结构。将中国人寿保险业经验生命表（1990—1993，混合表）中的部分列举如表9－3所示。

表9－3　中国人寿保险业经验生命表（1990—1993，混合表，部分）

| 年龄（$x$） | 年初生存人数（$l_x$） | 年死亡人数（$d_x$） | 生存率（$p_x$） | 死亡率（$q_x$） |
|---|---|---|---|---|
| 25 | 980 199 | 724 | 0.999 262 | 0.000 738 |
| 26 | 979 475 | 713 | 0.999 272 | 0.000 728 |
| 27 | 978 762 | 711 | 0.999 274 | 0.000 726 |
| 28 | 978 051 | 714 | 0.999 270 | 0.000 730 |
| 29 | 977 337 | 726 | 0.999 257 | 0.000 743 |
| 30 | 976 611 | 755 | 0.999 227 | 0.000 773 |
| 31 | 975 856 | 790 | 0.999 191 | 0.000 809 |
| 32 | 975 066 | 834 | 0.999 145 | 0.000 855 |
| 33 | 974 232 | 886 | 0.999 090 | 0.000 901 0 |
| 34 | 973 346 | 950 | 0.999 024 | 0.000 976 |
| 35 | 972 396 | 1 028 | 0.998 943 | 0.001 057 |

| 年龄（$x$） | 年初生存人数（$l_x$） | 年死亡人数（$d_x$） | 生存率（$p_x$） | 死亡率（$q_x$） |
|---|---|---|---|---|
| 36 | 971 368 | 1 113 | 0.998 854 | 0.001 146 |
| 37 | 970 255 | 1 212 | 0.998 751 | 0.001 249 |
| 38 | 969 043 | 1 324 | 0.998 534 | 0.001 366 |
| 39 | 967 719 | 1 449 | 0.998 503 | 0.001 497 |
| 40 | 966 270 | 1 594 | 0.998 357 | 0.001 643 |
| 41 | 964 676 | 1 748 | 0.998 182 | 0.001 812 |
| 42 | 962 928 | 1 919 | 0.998 007 | 0.001 993 |
| 43 | 961 009 | 2 107 | 0.997 807 | 0.002 993 |
| 44 | 958 902 | 2 310 | 0.997 591 | 0.002 409 |
| 45 | 956 592 | 2 543 | 0.997 342 | 0.002 658 |

根据表 9－3 可知，生命表一般包括以下几项：

①$x$：年龄。生命表的年龄自 0 岁起，每一岁为一组。自出生时算起，直到最高龄，即极限年龄。极限年龄一般用 $w$ 表示。

②$l_x$：$x$ 岁的人在年初的生存人数。在生命表中，0 岁的人在年初的人数（刚出生的人数）一般假定为 100 000 人，即 $l_0 = 100\ 000$ 人。

③$d_x$：$x$ 岁的人在年内死亡的人数，即 $x$ 岁至 $x+1$ 岁的死亡人数。例如，$d_5$ 表示 5 岁至 6 岁的人的死亡人数。

④$p_x$：$x$ 岁的人在一年间的生存率，即 $x$ 岁的人生存至 $x+1$ 岁的概率。

⑤$q_x$：$x$ 岁的人在一年间的死亡率，即 $x$ 岁的人在一年内死亡（死于 $x+1$ 岁前）的概率。

⑥$\overset{\circ}{e}_x$：平均余命，即 $x$ 岁的全体人口平均计算可期望生存的"余年"，即仍可继续生存的岁数。对于年龄 0 岁的平均余命为平均寿命。对于在 $x$ 岁仍生存的 $l_x$，未来共生存 $T_x$，则每个人还可以活 $T_x/l_x$ 年，其计算公式

$$\overset{\circ}{e}_x = \frac{T_x}{l_x}$$

其中，

$$T_x = l_x + l_{x+1} + l_{x+2} + \cdots + l_{w-1}$$

对于平均余命项，为了简化，不予列示。

为了保证费率计算的合理性和准确性，保险公司在选择生命表时应该注意公平性、寿险经营的安全性、使用上的效用性和操作上的简便性。

（4）生命表中各项生命函数的关系。各项之间的关系如下：

①$x$ 岁的人年初生存人数（$l_x$）与年内的死亡人数（$d_x$）的差额为次年年初（$x+1$）岁的生存人数，即 $l_{x+1}$ 用计算公式表示如下：

$$l_x - d_x = l_{x+1} \tag{9-1}$$

式（9-1）可以变换为

$$d_x = l_x - l_{x+1}$$

即 $x$ 岁的人年内死亡人数等于 $x$ 岁的人年初生存人数与次年年初尚存活人数的差额。

②连续数年死亡人数之和等于第一年年初生存人数和最后一年年初生存人数的差额。其计算公式如下：

$$d_x + d_{x+1} + \cdots + d_{x+2} + \cdots + d_{x+n-1} = l_x - l_{x+n}$$

③生存率是指次年年初生存人数（$l_{x+1}$）与年初生存人数（$l_x$）之比。其计算公式如下：

$$p_x = \frac{l_{x+1}}{l_x}$$

这是 $x$ 岁的人存活到 $x+1$ 岁的生存率。如果计算 $x$ 岁的人存活到 $x+n$ 岁的生存率，则计算公式如下：

$$_np_x = \frac{l_{x+n}}{l_x}$$

④死亡率是指年内死亡的人数（$d_x$）与年初生存人数（$l_x$）之比。其计算公式如下：

$$q_x = \frac{d_x}{l_x} = \frac{l_x - l_{x+1}}{l_x}$$

这是 $x$ 岁的人一年间的死亡率。如果计算 $x$ 岁的人在 $n$ 年间的死亡率，则计算公式如下：

$$_nq_x = \frac{l_x - l_{x+n}}{l_x}$$

2. 利息

利息是货币的时间价值，即一定量的本金通过投资行为产生的收益。它是借款人借入资金，运用一定时间后，支付给放款人的报酬，即一定资金在一定时间期内的收益。计算利息有三个基本要素：本金、利率和期间。所借入的资金称为本金；运用本金的一定时间称为期间；利率是在一定时期内（月或年）利息额占本金的比率，是在单位时期（如年、季、月等）内单位本金（如每千元或每百元）所赚的利息，常以百分比表示。利率因为单位时期的不同，有年利率、季利率、月利率之分。利息的数额取决于本金的数量、利率的高低、存放期间的长短。本金数量越大，利率越高，存放期间越长，则利息越多；反之，利息就越少。

由于人寿保险一般是长期性的，所以人寿保险费的计算必须考虑利息因素。投保人交纳的保险费留存保险公司内部，作为未来给付保险金的准备金，这部分资金存在银行的利息或得到其他投资的收益应归被保险人。因此，保险人在计算保险费率时，就按照一定的利息率算给被保险人。利息率的计算方法有单利和复利两种计息方法。

（1）单利。单利就是仅用本金计算利息的方法。在单利计算方法下，利息额等于本金乘以计息期数，再乘以利率。若以 $P$ 表示本金，$i$ 表示利率，$n$ 表示计算期数，$I$ 表示利息额，$S$ 表示本利和（本金和利息之和），则它们之间有如下关系：

$$I = P \times n \times i$$
$$S = P + I = P + P \times n \times i = P(1 + n \times i)$$

例如，本金为 1 000 元，年利率为 5%，时期为 2 年，求利息。

解：$I = 1\,000 \times 5\% \times 2 = 100$（元）

又如，本金为 1 000 元，年利率为 5%，时期为 2 年，求本利和。

解：$S = 1\,000 \times (1 + 5\% \times 2) = 1\,100$（元）

（2）复利。本金存放一定时期，按照一定的利率，每期都有利息。复利的计算是对本金及其所生的利息一并计息，也就是利上有利，即上期所得的利息在本期也生息。复利计息的特点是，把上一期末的本利和作为下一期的本金，在计算时每一期本金的数额都是不同的。若以 $P$ 表示本金，$i$ 表示利率，$n$ 表示计算期数，$I$ 表示利息额，$S$ 表示本金与利息之和，则以复利计算的本利和及利息分别为

$$S = P(1 + i)^n \tag{9-2}$$
$$I = P(1 + i)^n - P = P \times [(1 + i)^n - 1] \tag{9-3}$$

例如，年初将本金 1 000 元存入银行，年利率为 5%，存期 2 年，则用复利计算本利和为

$$S = 1\,000 \times (1 + 5\%)^2 = 1\,102.5 \text{（元）}$$

若 $P = 1$，则一般公式为

$$S = (1 + i)^n \tag{9-4}$$

根据式（9-3）可以求出复利的利息额为

$$I = (1 + i)^n - 1$$

根据式（9-2）可以求出本金为

$$P = \frac{S}{(1 + i)^n} \tag{9-5}$$

若 $S = 1$，则得一般公式为

$$P = \frac{1}{(1 + i)^n} \tag{9-6}$$

（3）终值和现值。在人寿保险费的计算中使用的终值和现值都是按复利法计算的，而且编制成终值表和现值表，作为计算工具。

①终值。终值是一定的本金在一定的利率条件下经过一定时间生息后的本金加利息之和，它是本利和的另一种表述。终值即本利和。复利终值用式（9-4）计算。复利终值表如表 9-4 所示。

表 9-4　复利终值表　　　　　　　　　　　$(1+i)^n$

| 年利率 $i$ <br> 年数 $n$ | 5% | 6% | 7% | 8% |
|---|---|---|---|---|
| 1 | 1. 050 000 | 1. 060 000 | 1. 070 000 | 1. 080 000 |
| 2 | 1. 102 500 | 1. 123 600 | 1. 449 000 | 1. 166 400 |
| 3 | 1. 157 625 | 1. 191 016 | 1. 225 043 | 1. 259 712 |
| 4 | 1. 215 506 | 1. 262 477 | 1. 310 796 | 1. 360 489 |
| 5 | 1. 276 281 | 1. 338 226 | 1. 402 552 | 1. 469 328 |
| 6 | 1. 340 095 | 1. 418 519 | 1. 500 730 | 1. 586 874 |
| 7 | 1. 407 100 | 1. 503 630 | 1. 605 781 | 1. 713 824 |
| 8 | 1. 477 454 | 1. 593 848 | 1. 718 186 | 1. 850 930 |
| 9 | 1. 551 327 | 1. 689 479 | 1. 838 459 | 1. 999 005 |
| 10 | 1. 628 893 | 1. 790 848 | 1. 967 151 | 2. 158 925 |
| 11 | 1. 710 338 | 1. 898 299 | 2. 104 852 | 2. 331 639 |
| 12 | 1. 795 855 | 2. 012 196 | 2. 252 192 | 2. 518 170 |
| 13 | 1. 885 647 | 2. 132 928 | 2. 409 845 | 2. 719 624 |
| 14 | 1. 979 929 | 2. 260 904 | 2. 578 634 | 2. 937 164 |
| 15 | 2. 078 926 | 2. 396 558 | 2. 759 032 | 3. 172 169 |
| 16 | 2. 182 872 | 2. 540 352 | 2. 952 164 | 3. 425 943 |
| 17 | 2. 292 015 | 2. 692 773 | 3. 158 815 | 3. 700 018 |
| 18 | 2. 406 616 | 2. 854 339 | 3. 379 932 | 3. 996 019 |
| 19 | 2. 526 946 | 3. 025 600 | 3. 616 528 | 4. 315 701 |
| 20 | 2. 653 293 | 3. 207 135 | 3. 869 684 | 4. 660 957 |

②现值。现值就是按某种利率及生息时间计算的、在未来某一时刻要积累终值一元，而现在所需要的货币量，即现在需要多少本金，将来加上利息才能积累一元的终值。所以现值即本金。

从式（9-6）可以知道

$$P = \frac{1}{(1+i)^n}$$

如果用 $v$ 代表现值 $1/(1+i)$，则

$$v^n = \frac{1}{(1+i)^n} \tag{9-7}$$

复利现值用式（9-6）计算。复利现值表如表9-5所示。

表9-5 复利现值表 $(1+i)^n$

| 年数 $n$ ＼ 年利率 $i$ | 5% | 6% | 7% | 8% |
|---|---|---|---|---|
| 1 | 0.952 381 | 0.943 396 | 0.934 579 | 0.925 926 |
| 2 | 0.907 030 | 0.889 996 | 0.873 439 | 0.857 339 |
| 3 | 0.863 838 | 0.839 619 | 0.816 298 | 0.793 832 |
| 4 | 0.822 703 | 0.792 094 | 0.762 895 | 0.735 030 |
| 5 | 0.783 527 | 0.747 258 | 0.712 986 | 0.680 583 |
| 6 | 0.746 216 | 0.704 960 | 0.666 342 | 0.630 170 |
| 7 | 0.710 682 | 0.665 057 | 0.622 750 | 0.583 490 |
| 8 | 0.676 840 | 0.627 412 | 0.582 009 | 0.540 269 |
| 9 | 0.644 610 | 0.591 898 | 0.543 934 | 0.500 249 |
| 10 | 0.613 914 | 0.558 394 | 0.508 349 | 0.463 193 |
| 11 | 0.584 680 | 0.526 787 | 0.475 093 | 0.428 883 |
| 12 | 0.556 838 | 0.496 969 | 0.444 012 | 0.397 114 |
| 13 | 0.530 322 | 0.468 839 | 0.419 564 | 0.367 698 |
| 14 | 0.505 069 | 0.442 301 | 0.387 817 | 0.340 461 |
| 15 | 0.481 018 | 0.417 265 | 0.362 446 | 0.315 242 |
| 16 | 0.458 112 | 0.393 646 | 0.338 435 | 0.291 890 |
| 17 | 0.436 297 | 0.371 364 | 0.316 574 | 0.270 269 |
| 18 | 0.415 521 | 0.350 344 | 0.295 864 | 0.250 249 |
| 19 | 0.395 735 | 0.350 513 | 0.276 508 | 0.231 712 |
| 20 | 0.376 890 | 0.311 845 | 0.258 419 | 0.215 458 |

（4）确定年金。年金是在一定时间内按照一定的时间间隔有规则地收或付的款项。年金按支付条件，可分为确定年金和生命年金。其中，确定年金是支付有确定起讫时期的年金，又称为生存年金；生命年金是年金的支付依死亡或生存事件是否发生的年金，即与收款

人生命有关的年金。

年金还可按下列不同的标准分类：按每期年金支付的时间，可分为期首付年金和期末付年金；按年金的期数，可分为定期年金和终身年金；按每期年金支付额有无变化，可分为定额年金和变额年金；按支付开始的时期，可分为即期年金和延期年金；按年金领受人的人数，可分为单人年金和联合年金；按年金支付者的责任，可分为纯粹年金和退款年金；按缴费方式，可分为趸缴年金和分期缴年金。其中，期首付年金是指年金支付发生在每一期的期初；期末付年金是指年金支付发生在每一期的期末。期末付年金的现值等于每一期年金支付在初始时刻（0 时刻）的现值之和。即期年金是只要年金领受人达到一定条件，就即刻开始支付的年金；延期年金是延长一定时期后才开始支付的年金，即年金的开始日比订约时要晚若干时期。延期年金也可分为期首付延期年金和期末付延期年金。

### （四）纯保险费的计算

人寿保险费的缴费方式有趸缴和分期缴付两种。其中，趸缴是投保人将保费一次缴清；分期缴付则是投保人按年、半年、季或月缴付。因此，趸缴纯保费是投保人在投保时向保险人一次缴纳的纯保费的总额；年缴纯保费则是将趸缴纯保险费改为按年均衡地缴费。同时，由于人寿保险的险种不同，其计算也不同，这里仅介绍生存保险、定期寿险及两全保险的纯保费计算方法。纯保费的计算同样适用收支平衡的原则，保险人收取的纯保费现值应等于给付的保险金现值。

1. 趸缴纯保费的计算

趸缴纯保费是在签订长期寿险合同时，投保人将保险期间应缴付保险人的纯保费一次全部缴清。趸缴纯保费应与保险合同所规定的保险人在整个保险期内的给付义务等价。根据险种不同，趸缴纯保费的计算分为定期生存保险、定期死亡保险和两全保险趸缴纯保费分别计算。

（1）定期生存保险趸缴纯保费的计算。定期生存保险又称为纯生存保险，是以被保险人在某一期间内生存为保险事故，给付约定保险金的保险形式，即被保险人生存至保险合同规定的期限届满时按保险合同约定给付保险金于受益人的保险。具体地，保险人对纯生存保险承担责任，是被保险人在保险期限届满时仍生存才给付约定的保险金，若在保险期限内死亡，则不给付任何保险金，也不退还保费。根据纯生存保险的含义，活到 $x+n$ 岁的人方可获得 1 元的给付，而依生命表，活到 $x+n$ 岁的人有 $l_{x+n}$，故保险人对活到 $x+n$ 岁的 $l_{x+n}$ 人给付的保险金总额为 $l_{x+n}$，此金额在 $x$ 岁的现值为 $v^n \cdot l_{x+n}$。对每个投保人，凡参加定期生存保险的被保险人，每人在 $x$ 岁应缴纳趸缴纯保费，即 $x$ 岁的人生存 $n$ 年时取得 1 元的保险金一次应缴的纯保费，而在 $x$ 岁的总人数为人，所以保险人数收取趸缴纯保费总额为。

根据收支平衡原则，便得到

$$l_x \cdot A_{x:\overline{n}|}^1 = v^n \cdot l_{x+n}$$

从而得到定期生存保险趸缴纯保费的计算公式为

$$A_{x:\overline{n}|}^1 = \frac{v^n \cdot l_{x+n}}{l_x} \tag{9-8}$$

【例9-3】35岁的972 396人，投保5年期生存保险，保险金额为100 000元，求投保人每人应趸缴纯保险费。

分析：

①查生命表，40岁人口（$l_{40}$）领取保险金的人数为966 271人。

②按年利率$i=5\%$，查现值表$v^5$为0.783 527，代入式（9-8），得到

$$100\,000 A_{35:\overline{5}|} = 100\,000 \times (966\,271 \times 0.783\,527)/972\,396 = 77\,859.17（元）$$

即35岁的人投保该种保险应该一次缴纳的纯保费为77 859.17元。

（2）定期死亡保险的趸缴纯保费的计算。定期死亡保险是被保险人在保险期间内以死亡作为保险事故而由保险人给付保险金的保险。该保险对于保险期限届满时仍然生存的被保险人不给付保险金。

根据定期死亡保险的性质，设$l_x$个年龄为$x$的人投保$n$年期的死亡保险，在$n$年内每年死亡的人（$d_x$，$d_{x+1}$，…，$d_{x+n-1}$）在年末由受益人或被保险人领取保险金1元，年利率为$i$。每年因被保险人死亡，受益人领取1元保险金现值之和为

$$d_x \cdot v + d_{x+1} \cdot v^2 + \cdots + d_{x+n-1} \cdot v^n$$

这也就是保险人支付的保险金现值。

$A_{x:\overline{n}|}^1$表示定期死亡保险趸缴纯保费，即$x$岁的人口在$n$年内死亡取得一元的保险金一次应缴的纯保费，而$x$岁的人口为$l_x$，那么保险人对$l_x$收取的定期死亡保险趸缴纯保费为$l_x \cdot A_{x:\overline{n}|}^1$元。

根据收支平衡的原则，

$$l_x \cdot A_{x:\overline{n}|}^1 = d_x \cdot v + d_{x+1} \cdot v^2 + \cdots + d_{x+n-1} \cdot v^n$$

则得定期死亡保险趸缴纯保费计算公式为

$$A_{x:\overline{n}|}^1 = \frac{d_x \cdot v + d_{x+1} \cdot v^2 + \cdots + d_{x+n-1} \cdot v^n}{l_x} \tag{9-9}$$

【例9-4】35岁的972 396人，投保5年期死亡保险，保险金额为100 000元，预定利率为5%，求投保人每人应趸缴纯保险费。

分析：代入式（9-9），列表计算如表9-6所示。

表9-6　趸缴纯保费计算表（i=5%）

| （1） | （2） | （3） | （4） | （5） |
|---|---|---|---|---|
| $x$ | $d_x$ | $v^{x-35+1}$ | （2）×（3）/$l_{35}$ | （4）×100 000 |
| 35 | 1 028 | 0.952 381 | 0.001 006 8 | 100.68 |
| 36 | 1 113 | 0.907 030 | 0.001 038 2 | 103.82 |
| 37 | 1 212 | 0.863 838 | 0.001 076 7 | 107.67 |

续表

| (1) | (2) | (3) | (4) | (5) |
|-----|-----|-----|-----|-----|
| 38 | 1 324 | 0. 822 703 | 0. 001 120 2 | 112. 02 |
| 39 | 1 449 | 0. 783 527 | 0. 001 167 6 | 116. 76 |
| 合计 | – | – | 0. 005 409 5 | 540. 95 |

即 35 岁的人投保该保险应该一次缴清的纯保险费为 540. 95 元。

（3）两全保险趸缴纯保费的计算。两全保险是被保险人至保险合同规定的期限届满时，无论生存还是死亡，均可按保险合同约定领取保险金的保险。既然被保险人在保险期限届满时无论生存还是死亡，均享有保险金请求的权利，因而也应承担缴付生存和死亡两份保险费的义务，即两全保险趸缴纯保费为生存保险与死亡保险趸缴纯保费之和。其计算公式为

$$A_{x:\overline{n}|} = A_{x:\overline{n}|}^{\ 1} + A_{x:\overline{n}|}^{1} = \frac{l_{x+n} \cdot v^n}{l_x} + \frac{d_x \cdot v + d_{x+1} \cdot v^2 + \ldots + d_{x+n-1} \cdot v^n}{l_x} \qquad (9-10)$$

【例 9 – 5】35 岁的 972 396 人，投保 5 年期两全保险，保险金额为 100 000 元，求投保人每人应趸缴纯保险费。

分析：

$$100\ 000A_{x:\overline{n}|} = 100\ 000 \times (0.\ 778\ 591\ 7 + 0.\ 005\ 409\ 5) = 78\ 400.\ 12（元）$$

即 35 岁的人投保两全保险应该一次缴纳的纯保险费为 78 400. 12 元。

2. 年缴纯保费的计算

年缴纯保费的计算就是将趸缴纯保费改为按年均衡地缴费的计算。由于趸缴纯保费的方式，要求投保人一次缴纳数目很大的保费，实为一般收入的投保人所难以负担。因此，在实际业务中，绝大多数的寿险业务采用分期缴费的方式，可以按年交，也可以按半年交、按季或按月交。年缴纯保费是指年缴均衡纯保费，即每年缴纳的纯保费数量都相等。这里只讨论每年缴纳保费一次的年缴纯保费。采用按年平均缴付保险费的方式，投保人所缴付的年缴纯保费现值的总和的积存值，应当与趸缴纯保费的积存值相等。同时，根据收支平衡的原则，它也应等于保险金给付现值总和的积存值。只有在这种条件下，才符合保险合同双方当事人权利和义务均等的原则。依照收支相等的原则，年缴纯保费的计算原理为

年缴纯保费的现值 = 支出保险金现值 = 趸缴纯保费现值

因此，

$$年缴纯保费 = \frac{趸缴纯保费}{保费缴付 1 元期首付年金的现值} \qquad (9-11)$$

具体计算因险种不同而不同，现仅就定期生存保险、定期死亡保险、两全保险的年缴纯保费研究如下：

（1）定期生存保险的年缴纯保费。$P_{x:\overline{n}|}^{\ 1}$ 表示 $x$ 岁投保，保额 1 元 $n$ 年纯生存保险的年缴

纯保费。根据收支平衡原理，保险人收取 $x$ 岁人的保费现值为

$$P_{x:\overline{n}|}^{\;1}(l_x + v \cdot l_{x+1} + v^2 \cdot l_{x+2} + \ldots + v^{n-1} \cdot l_{x+n-1})$$

保险人支出保额在 $x$ 岁人生存到 $x+n$ 岁的保额现值为 $v^n \cdot l_{x+n}$。

根据收支相等的原则，有

$$P_{x:\overline{n}|}^{\;1}(l_x + v \cdot l_{x+1} + v^2 \cdot l_{x+2} + \ldots + v^{n-1} \cdot l_{x+n-1}) = v^n \cdot l_{x+n}$$

于是

$$P_{x:\overline{n}|}^{\;1} = \frac{v^n \cdot 1_{x+n}}{l_x + v \cdot l_{x+1} + v^2 \cdot l_{x+2} + \ldots + v^{n-1} \cdot l_{x+n-1}} = \frac{A_{x:\overline{n}|}^{\;1}}{\ddot{a}_{x:\overline{n}|}} \qquad (9-12)$$

（2）定期死亡保险的年缴纯保费。$P_{x:\overline{n}|}^{1}$ 表示 $x$ 岁投保，保额 1 元 $n$ 年死亡保险的年缴纯保费。根据收支平衡原理，保险人收取 $x$ 岁人的保险费现值为

$$P_{x:\overline{n}|}^{1}(l_x + v \cdot l_{x+1} + v^2 \cdot l_{x+2} + \ldots + v^{n-1} \cdot l_{x+n-1})$$

保险人支出保额在 $x$ 岁的人 $x+n$ 岁内死亡的保额现值为

$$v \cdot d_x + v^2 \cdot d_{x+1} + \ldots + v^n \cdot d_{x+n-1}$$

根据收支相等的原则，

$$P_{x:\overline{n}|}^{1}(l_x + v \cdot l_{x+1} + v^2 \cdot l_{x+2} + \ldots + v^{n-1} \cdot l_{x+n-1}) = v \cdot d_x + v^2 \cdot d_{x+1} + \ldots + v^n \cdot d_{x+n-1}$$

于是

$$P_{x:\overline{n}|}^{1} = \frac{v \cdot d_x + v^2 \cdot d_{x+1} + \ldots + v^n \cdot d_{x+n-1}}{l_x + v \cdot l_{x+1} + v^2 \cdot l_{x+2} + \ldots + v^{n-1} \cdot l_{x+n-1}} = \frac{A_{x:\overline{n}|}^{1}}{\ddot{a}_{x:\overline{n}|}} \qquad (9-13)$$

（3）两全保险的年缴纯保费。如同两全保险的趸缴净保费为定期寿险与定期生存保险二者的趸缴净保费之和，两全保险的年缴净保费也为二者的年缴净保费之和。若以 $P_{x:\overline{n}|}$ 表示两全保险的年缴纯保费，即 $x$ 岁的人在 $n$ 年内无论生存还是死亡，取得 1 元的保险金每年应缴的纯保费。两全保险的年缴纯保费为

$$P_{x:\overline{n}|} = P_{x:\overline{n}|}^{\;1} + P_{x:\overline{n}|}^{1} = \frac{A_{x:\overline{n}|}}{\ddot{a}_{x:\overline{n}|}} \qquad (9-14)$$

【例9-6】若35岁的972 396人，投保5年期的生存保险、定期死亡保险和两全保险，保险金额为100 000元，年利率为5%。试分别求投保人每人年缴纯保费。

①生存保险的年缴纯保费。根据上述资料编制年缴纯保费现值计算表，如表9-7所示。

表9-7　生存保险年缴纯保险费1元现值计算表（$i=5\%$）

| (1) | (2) | (3) | (4) | (5) | (6) |
|---|---|---|---|---|---|
| $n$ | $x$ | $l_x$ | $v^{x-35}$ | (3)×(4) | $\ddot{a}_{x:\overline{n}|}$ |
| 1 | 35 | 972 396 | 1.000 000 | 972 396 | 1.000 000 |
| 2 | 36 | 971 368 | 0.952 381 | 925 112.4 | 0.951 374 |
| 3 | 37 | 970 255 | 0.907 030 | 880 050.4 | 0.905 033 |

| (1) | (2) | (3) | (4) | (5) | (6) |
|------|------|---------|-----------|-------------|-----------|
| 4 | 38 | 969 043 | 0. 863 838 | 837 096. 2 | 0. 860 859 |
| 5 | 39 | 967 719 | 0. 822 703 | 796 145. 3 | 0. 818 746 |
| 合计 | — | — | — | 4 410 800. 3 | 4. 536 012 |

②死亡保险的年缴纯保费为

$$100\,000P^1_{x:\overline{n}|} = 100\,000\,\frac{A^1_{x:\overline{n}|}}{\ddot{a}_{x:\overline{n}|}} = \frac{100\,000 \times 0.\,009\,927\,2}{4.\,527\,032} = 219.\,287\ （元）$$

③两全保险的年缴纯保费为

$$100\,000P_{x:\overline{n}|} = 100\,000P_{x:\frac{1}{n}|} + 100\,000P^1_{x:\overline{n}|} = 17\,327.\,639\,6\ （元）$$

### （五）营业保费的计算

以上应用收支平衡原则，通过采用纯保费与保额对等关系的建立，讨论了趸缴保费和均衡纯保费的计算。下面应用收支平衡原则研究营业保费的计算。

营业保费的计算，一方面，依据纯保费计算基础的选择，即保险公司采取谨慎、保守的方式和采取粗略、宽松的方式决定影响纯保费的死亡率、利息率，其计算的要求有所差异，前者计算精度比后者计算精度的要求高。另一方面，费用预估和分摊，以及分摊年度的选择等，都影响附加保费的计算。严格、完整地对其进行讨论，属于寿险精算的内容，此处仅提出计算营业保费的一些简要研究方法。

保险公司经营寿险业务还需要一些必要的营业费用，如业务人员招揽新合同、签发保单、合同成立后的维持、保全及催收保费等工作，均需要支出相当的费用。这部分于纯保费之外为经营寿险业务所必需的费用，就是所谓的附加保费。这部分保费也要由每一个投保人负担。纯保费与附加保费的总和就是营业保费，营业保费才是每一位投保人实际要缴纳的保费。以下先分析附加费用的构成，再讨论计算营业保费的三种常见的方法。

1. 附加费用的构成

保险公司经营寿险业务，所必需的营业费用一般包括以下三项：

（1）新合同费。新合同费也称为原始费用，是保险公司为招揽新合同，于第一年度所必须支出的一切费用，如宣传广告费、外勤人员招揽费（薪金、佣金）、体检费、各种单证印刷及成本费等费用。

（2）维持费。与新合同费不同，维持费是契约自一开始至终了的整个保险期间，为使合同维持保全所必需的一切费用，如寄送催缴保费通知单、合同内容的变更、保单质押贷款、固定资产折旧等为维持保单保全工作的各项费用。

（3）收费费用。收费费用，即保费收缴费用，包括收费员的薪金、支付给与公司订有合同代收保费的团体的手续费，以及其他与收费事务有关的费用。

2. 营业保费的计算

由于预定附加费用率的形式不同，通常计算营业保费的方法有三种。

（1）比例法。比例法就是按照营业保费的一定比例计算附加费用的方法。这一比例一般根据以往的业务经营的经验确定。若以 $P'$ 表示营业保费，$k$ 表示附加费占营业保费的比例，$P$ 表示纯保费，则有

$$P' = P + kP'$$

即

$$P' = \frac{P}{1-k} \qquad (9-15)$$

若以 $L$ 表示附加保费，则

$$L = kP' = \frac{k \cdot P}{1-k} \qquad (9-16)$$

我国目前计算营业保费时采用的是比例法。该方法的特点是附加费用的计算简便，并且与营业保费成正比；但确定附加费用不够合理，因为对于保费高的保单，所收取的附加费可能多于实际经营费用的支出；而对于保费低的保单，所收取的附加费甚至可能不足以支付实际经营的费用。

【例 9 - 7】已知某 20 岁的人投保 5 年的定期死亡保险，每年年缴纯保费为 390 元，附加保费比例为 15%，则用比例法计算营业保费和附加保费为

$$P' = \frac{P}{1-k} = \frac{390}{1-15\%} = 458.82 \text{（元）}$$

$$L = kP' = 15\% \times 458.82 = 68.82 \text{（元）}$$

（2）比例常数法。该方法是首先根据以往的业务资料确定每单位保险金额所必须支出的费用，作为一个固定费用（用常数 $\alpha$ 表示），然后确定一定比例的营业保费作为其余部分的附加费，即

$$P' = P + \alpha + kP'$$

所以

$$P' = \frac{P + \alpha}{1-k} \qquad (9-17)$$

【例 9 - 8】已知某 30 岁的人投保 10 年的两全保险，每年年缴纯保费为 400 元，每份保单需支出固定费用 15 元，附加保费比例为 8%，则用比例常数法计算营业保费和附加保费为

$$P' = \frac{P + \alpha}{1-k} = \frac{400 + 15}{1-8\%} = 451.09 \text{（元）}$$

$$L = \alpha + kP' = 15 + 451.09 \times 8\% = 15 + 36.09 = 51.09 \text{（元）}$$

（3）三元素法。所谓三元素法，就是将附加费用分解成新合同费、维持费、收费费用三个部分，并且假设：①新合同费用是一次性费用，单位保额的费用为 $\alpha$；②维持费用，单

位保额每年的费用为 $\beta$；③收费费用，每年占营业费用的比例为 $\gamma$。然后根据"毛保费现值＝净保费现值＋附加费现值"的原理来计算营业保费。

在上述三种方法中，三元素法虽然准确，但计算过程复杂，不如比例法和比例常数法简便。

# 第三节　保险基金

## 一、保险基金的概念和特征

### （一）保险基金的概念

保险基金是指专门从事风险经营的保险机构，根据法律或合同规定，以收取保险费的办法建立的、专门用于保险事故所致经济损失的补偿或人身伤亡的给付的一项专用基金。它是保险人履行保险义务的条件。

保险基金是一种社会后备基金。社会后备基金的主要形式包括集中形式的后备基金、自保形式的后备基金和保险形式的后备基金。其中，保险形式的后备基金即保险基金是保险机构通过签订合同向被保险人收取保险费而形成的一种后备基金，用于对保险事故造成的损失的补偿。它的运动过程包括三个阶段：保险费收取；资金的积累和运用；经济补偿。

### （二）保险基金的特征

保险基金和其他基金相比较，具有如下三个主要特征：

1. 保险基金是一种合理的分担金

从保险基金的定义可知，保险基金主要来源于参加保险的成千上万个投保人所缴纳的保险费，其用途是补偿少数被保险人因保险事故所遭受的损失。也就是说，投保人缴纳保险费的过程就是分摊赔款的过程；受灾的被保险人从保险人那里取得的经济补偿就来源于这些投保人所缴纳的保险费，所以从保险基金的来源与运用来看，保险基金是一种分担金。同时，保险人向投保人收取保险费是按保险费率收缴，而保险费率是按照实事求是、公平合理的原则，根据大量的历史资料，采用概率论的科学方法，经过精确计算确定的，还对不同的险种、不同的损失频率和程度规定了不同的费率。可见，被保险人所缴纳的保险费是比较合理的。因此，从保险基金来源与运用和其建立的根据与计算方法来看，保险基金是一种合理的分担金。

2. 保险基金是一种责任准备金

保险人在收缴投保人缴纳的保险费后必须建立保险基金准备进行经济补偿或给付，而实际上保险赔款的支付要在保险事故发生后才进行。也就是说，保险标的不出险、不发生保险事故，就不能动用保险基金。由此可见，收取保险费在前，赔款在后，正是因为保险基金的收入与支出时间上的不一致和保险责任的连续性，所以保险人的保险赔偿责任在合同有效期内是不能解除的，即在保险合同的有效期内，在保险事故发生之前，保险人必须将保险基金置于准备状态，以随时用于经济损失补偿。因此，保险基金是一种责任准备金。

3. 保险基金是一种返还性资金

保险是一种合同行为，补偿或给付保险金要以保险合同为依据，即对已投保并缴纳保险费的、遭受灾害事故损失的被保险人才能进行赔偿。也就是说，只有参加保险并缴纳保险费的人，在发生事故后才能获得补偿或给付；而没有投保、不缴纳保险费的人，即使发生事故，也不能取得保险人的赔款。这一交一补的过程就体现了保险基金的返还性。所以，根据保险基金的支付对象和条件，它是一种返还性资金。当然，这种返还性是从保险基金收支的总体上讲的，对具体的被保险人和险种来说则不一定：对每个被保险人来说可能返还，也可能不返还，如某些人年年投保和交付保费，却没有得到任何赔偿，而有的人刚刚投保，就获得了巨额赔偿；有的险种是返还性的，如人寿保险，特别是"两全人寿保险"，而有的险种不一定返还，如财产保险，缴纳保险费的被保险人如果遭灾受损了，可以取得补偿，领取赔款；如果没有遭灾受损，就得不到补偿，不能领取赔款。

## 二、保险责任准备金

### （一）保险责任准备金的含义与类型

保险责任准备金是保险公司按法律规定为在保险合同有效期内履行赔偿或给付保险金义务而将保险费予以提存的各种金额。保险公司所收取的纯保费并不是保险公司的利润，其中绝大部分都会因保险事故的发生而赔偿或者给付被保险人或受益人。因此，为兑现保险合同约定的承诺，保险公司必须提存各种责任准备金，以保证在合同约定的保险事故发生后，向被保险人或受益人支付保险金。由于保险公司所提存的准备金与保险责任相关，所以称为责任准备金。我国《保险法》第九十八条规定，"保险公司应当根据保障被保险人利益、保证偿付能力的原则，提取各项责任准备金。保险公司提取和结转责任准备金的具体办法，由国务院保险监督管理机构制定"。

责任准备金通常分为未到期责任准备金、未决赔款准备金和总准备金。但我国《保险法》将其分为未到期责任准备金、未决赔款准备金和保险保障基金。

我国保险责任准备金因险种的性质不同而不同，通常分为非寿险责任准备金和寿险责任准备金两类。

### （二）非寿险责任准备金的提存

非寿险责任准备金包括未到期责任准备金、未决赔款准备金和保险保障基金。

1. 未到期责任准备金

未到期责任准备金是会计年度决算时对未满期保单的保险费所提存的准备金。由于会计年度与保险年度的不一致性，按照权责发生制的原则，对于未到期的保单，必须提存未到期责任准备金，以作为保险公司履行保险责任的准备。由于非寿险一般一年一保，因此，非寿险的未到期责任准备金是当年承保业务的保险单中在下一年度有效保单的保险费。未到期责任准备金在会计年度决算时一次计算提存，其提取方法从理论上说，有年平均估算法、季平均估算法、月平均估算法和日平均估算法。

（1）年平均估算法。年平均估算法，又称为 50% 估算法、1/2 法。该方法假定每年中的所有保单是在 365 天中逐日均匀开立的，即每天开立的保单数量及保险金额大体相等，每天收取的保险费数额也差不多，这样一年的保单在当年还有 50% 的有效部分未到期，则应提存有效保单保费的 50% 作为准备金。其计算公式为

$$未到期责任准备金 = 当年自留保险费总额 \times 50\%$$

其中，

$$自留保险费 = 全年保费收入 + 分入保费 - 分出保费$$

（2）季平均估算法。季平均估算法，又称为 8 分法。该方法假定每一季度中承保的所有保单是逐日开出的，且每天开出的保单数量、每份保单的保额及保险费大体均匀。因此，每一季度末已到期责任为 1/8，未到期责任为 7/8，然后每过一季，已到责任加上 2/8，未到责任减去 2/8，因此有

$$未到期责任准备金 = 第一季度自留保险费 \times 1/8 + 第二季度自留保险费 \times 3/8 +$$
$$第三季度自留保险费 \times 5/8 + 第四季度自留保险费 \times 7/8$$

（3）月平均估算法。月平均估算法，又称为 24 分法。该方法假定一个月内所有承保的保险单是 30 天内逐日开出的，且保单数量、保额、保费大体均匀，则对一年期保单来说，出立保单的当月已到期责任为 1/24，23/24 的保费则是未到期责任，以后每过一个月，已到期责任增加 2/24，未到期责任准备金减少 2/24，所以到年末，1 月开出的保单的未到期责任准备金为保费的 1/24，2 月的是 3/24，其余类推，到 12 月的保单则提取到 23/24。因此有

$$未到期责任准备金 = 1 月自留保险费 \times 1/24 + 2 月自留保险费 \times$$
$$3/24 + \cdots + 12 月自留保险费 \times 23/24$$

这种方法比年平均估算法和季平均估算法都精确，适用于每月内开出保单份数与保额大致相同而各月之间差异较大的业务。

（4）日平均估算法。它是根据有效保险单的天数和未到期天数来计算提存未到期责任准备金的方法。若以 $A_n$ 表示某日的自留保险费，$P_n$ 表示某日的未到期责任准备金，$n$（$n = 1，2，3，4，\cdots，365$）表示某日，$(2n-1)/730$ 表示未到期责任准备金时间系数，$P$ 表示全年未到期责任准备金，则其计算公式为

$$P_n = A_n \times \frac{2n-1}{365 \times 2}$$

则

$$P = P_1 + P_2 + P_3 + \cdots + P_{365}$$

　　显然，该方法较月平均估算法更精确，但计算工作量非常大，故常采用如下简化的近似计算公式：

　　未到期责任准备金＝有效保单保费×未到期天数/保险期天数①

　　2. 未决赔款准备金

　　未决赔款准备金也称为赔款准备金，是在会计年度决算以前发生保险事故，但尚未决定赔付或应付而未付赔款，从当年保险费收入中提存的准备金。它是保险人在会计年度决算时，为该会计年度已发生保险事故应付而未付赔款所提存的一种资金准备。

　　未决赔款准备金从当期保险费收入中提存的，有两种类型：已报未决赔款准备金和未报未决赔款准备金。前者为保险事故已经发生，被保险人已经提出的保险赔偿或者给付金额，但保险公司对赔付与否或赔付额尚未决定；后者为已经发生保险事故但尚未提出的保险赔偿或者给付金额。提存未决赔款准备金是为了支付已发生保险事故，但尚未理赔所做的资金准备。

　　（1）已报未决赔款准备金。未决赔案是指被保险人已提出索赔，但保险人与索赔人就索赔案件是否属于保险责任范围、保险赔款应为多少等事项尚未达成协议的案件。未决赔款准备金的估计方法有以下几种：

　　①逐案估计法。逐案估计法即由理赔人员逐一估计每起索赔案件的赔款额，然后记入理赔档案，到一定时间，把这些估计的数字汇总，并进行修正，据此提存准备金。这种方法比较简单，但工作量大，适用于索赔金额确定，或索赔数额大小相差悬殊而难以估算平均赔付额的财产保险业务，如火灾保险、信用保险之类。

　　②平均值估计法。该方法先根据保险公司以往的损失数据计算出平均值，然后根据对将来赔付金额变动趋势的预测加以修正，将这一平均值乘以已报告赔案数目就得出未决赔款额。这一方法适用于索赔案多而索赔金额并不大的业务，如汽车保险。

　　③赔付率法。该方法选择一定时期的赔付率来估计某类业务的最终赔付数额，从估计的最终赔付额中扣除已支付的赔款和理赔费用，即为未决赔款额。这种方法简便易行，但若假定的赔付率与实际赔付率有较大出入，则计算的结果不太准确。

　　（2）已经发生保险事故但尚未提出保险赔偿或者给付金额的未决赔款准备金。此类赔款的估计比较复杂。一般以过去的经验数据为基础，然后根据各种因素的变化进行修正，如出险单位索赔次数、金额、理赔费用的增减、索赔程序的变更等。这种索赔估计需要非常熟悉和精通业务的管理人员准确判断。

　　3. 保险保障基金

　　保险保障基金是保险人为应对保险公司因保险事故而发生保险金赔付危机，从保费收入中提存的准备金。它一般只有在发生保险公司发生赔付保险金危机时方能运用。

　　我国《保险法》第一百条规定，"保险公司应当缴纳保险保障基金。保险保障基金应当

---

　　① 郝演苏. 财产保险. 成都：西南财经大学出版社，1996：25.

集中管理，并在下列情形下统筹使用：在保险公司被撤销或者被宣告破产时，向投保人、被保险人或者受益人提供救济；在保险公司被撤销或者被宣告破产时，向依法接受其人寿保险合同的保险公司提供救济；国务院规定的其他情形。保险保障基金筹集、管理和使用的具体办法，由国务院制定"。建立保险保障基金的目的在于：规范保险保障基金的筹集、管理和使用，保障保单持有人的合法权益，促进保险业的健康发展，维护金融稳定。据此，根据《保险法》等有关法律、行政法规，制定了《保险保障基金管理办法》，这是我国保险保障基金管理的规章。

### （三）寿险责任准备金

人身保险分为人寿保险、健康保险和意外伤害保险。由于健康保险、意外伤害保险大多属一年以内的短期险，与财产保险在费率计算方面具有类似的性质，所以其责任准备金的计算原理与财产保险类似。人寿保险则属于长期险，与财产保险在费率计算方面有显著不同，需要计算寿险责任准备金。

1. 寿险责任准备金的概念

由于人寿保险采取均衡保费的缴费方式，因而在投保后的一定时期内，投保人缴付的均衡纯保费大于自然保费（或支出），此后所缴付的均衡纯保费又小于自然保费（或支出）。对于投保人早期缴付的均衡纯保费中多于自然保费的部分，不能作为公司的业务盈余来处理，只能视为保险人对被保险人的负债，须逐年提存并妥善运用，以保证履行将来的保险金给付义务。这种逐年提存的负债就是寿险责任准备金。《保险法》第九十八条也对提取保险责任准备金作了原则规定。

寿险责任准备金既可以看作保险人为平衡将来要发生的债务而提存的资金，也可以看作保险人还未履行保险责任的已收保费的积累金额。

保险公司将其每年收取的均衡纯保费中的"负债"部分提取出来，并累积生息，其终值就是应提取的寿险责任准备金。

根据我国《保险法》的规定，寿险责任准备金分为未到期责任准备金和保险保障基金，寿险公司保险保障基金的提取与非寿险的相同，故以下只讨论寿险未到期责任准备金的计算。

2. 提存责任准备金的方式

提存责任准备金有两种方式：一种是理论责任准备金提取方法；另一种是修正责任准备金提取法（也称为实际责任准备金提取法）。两者的区别在于计算的依据不同，理论责任准备金是以均衡纯保费为依据计算的；修正准备金则是根据修正后的非均衡纯保费计算的。

均衡保费由均衡纯保费和均衡附加保费构成，其中，均衡纯保费用于保险金给付，均衡附加保费用于营业费用支出。理论责任准备金的提存前提是假定每年的营业费用相同（营业费用也是均衡的），从而每年的均衡附加保费正好满足营业费用支出的需要。这样，在提存责任准备金时，只需将每年收取的均衡纯保费在用于自然保费（或支出）后的剩余部分作为责任准备金提存，这样提存的责任准备金称为理论责任准备金。但是，在实际业务中，营业费用并不是均衡的，表现为前期营业费用（特别是首年营业费用）远高于后期营业费用。原因在于，保险公司在保单签订的前期（特别是首年）需要支出大量费用（如宣传广告费、代理人佣金、体检费等），这些前期费用（特别是首年费用）通常远大于均衡附加保费。因此，若按理论责任准备金提取法提存责任准备金，则前期（特别是首年）所收取的附加保费将不足以满足前期（特别是首年）营业费用支出的需要，势必要动用保险人的资本盈余。为解决这一问题，可以对均衡保费的构成比例加以修正，使得修正后的前期纯保费小于均衡纯保费，前期附加保费大于均衡附加保费，后期纯保费大于均衡纯保费，后期附加保费小于均衡附加保费。然后根据修正后的各年纯保费与自然保费（或支出）的差额提存责任准备金，即实际责任准备金。

可以证明，在整个保险期间内，各年的实际责任准备金总不会超过理论责任准备金，但二者的差额随着时间的延长逐步缩小，直至为零。实际责任准备金和理论责任准备金在保险期间的什么时间达到一致，随缴费方式（如限期缴费年限的长短）和修正方法的不同而有所不同，但到保单满期时，二者的差额必定为零。

3. 寿险责任准备金的计算

责任准备金的计算包括理论责任准备金的计算和实际责任准备金的计算。

（1）理论责任准备金的计算。由于寿险均衡纯保费的计算基于收支平衡原则，即在任何时点上保险人已收和未来应收的均衡纯保费应等价于保险人已付和应付的保险金额。因此，在保单签订日，收支平衡关系如下：

　　　　未来应收均衡纯保费的精算现值 = 未来应付保险金额的精算现值

移项得

　　　　未来应付保险金的精算现值 − 未来应收均衡纯保费的精算现值 = 0

在保单签订日后的某一时点，收支平衡关系如下：

　　　　已收均衡纯保费精算积存值 + 未来应收均衡纯保费精算现值

　　　　= 已付保险金精算积存值 + 未来应付保险金的精算现值

移项得

　　　　未来应付保险金的精算现值 − 未来应收均衡纯保费精算现值

　　　　= 已收均衡纯保费精算积存值 − 已付保险金精算积存值　　　　(9 − 18)

除非在保单签订日，否则一般情况下，式（9 − 18）中的左端差额不为零，这个不为零的差额就是责任准备金。由于左右两端差额相等，我们既可以通过计算左端差额，也可以通过计算右端差额来计算责任准备金，从而得到计算责任准备金的两种等价方法，即追溯法和预期法。

①追溯法。追溯法也称为过去法或已缴保费推算法，是用过去已收纯保费的精算积存值与过去已付保险金的精算积存值差额来计算责任准备金的一种方法。其计算公式为

　　　　责任准备金 = 过去已收纯保费的精算积存值 − 过去已付保险金的精算积存值

②预期法。预期法也称为未来法或未缴保费推算法，是用未来应付保险金的精算现值与未来应收纯保费的精算现值差额来计算责任准备金的一种方法。其计算公式为

责任准备金 = 未来应付保险金的精算现值 − 未来应收纯保费的精算现值

追溯法和预期法是计算责任准备金的两种方法，前者以已缴纯保费推算准备金；后者以未缴纯保费推算责任准备金。如果所使用的生命表和预定利率相同，则二者计算的结果是一致的。

（2）实际责任准备金的计算。实际责任准备金的计算方法有多种，下面介绍两种基本方法。

①Zillmer 修正法，又称为一般修正方法。该方法于 1863 年由德国的精算师 Zillmer 提出，并由此而命名。Zillmer 修正法是将第一年保险公司要支付大量的初始费用的因素加以考虑，使第一年收入的保费中可用于保险公司的附加保费高于均衡附加保费，而使第二年开始以后各年的附加保费减少。因此，第一年的纯保费要少于均衡纯保费，而减少的这部分纯保费再由以后各年"摊还"，这样从第二年开始，以后各年的纯保费就必须高于均衡纯保费。若用 $P$ 表示均衡纯保费，$\alpha$ 为修正后的第一年纯保费，$\beta$ 为修正后的续年度纯保费，则

$$\beta = P + \frac{\beta - \alpha}{\ddot{a}_{x:\overline{n}|}}$$

在 Zillmer 修正法中，为使修正准备金不为负值，要求第一年的纯保费不得小于当年的自然保费。

②FPT 法。FPT 法，即一年定期修正法。FPT 法是令修正后第一年的纯保费等于自然保费的方法，即

$$\alpha = A^{1}_{x:\overline{1}|}$$

在此前提下，以后续年的纯保费为从 $x + 1$ 岁开始的同一类保险的均衡纯保费。

由于 FPT 法计算的修正准备金存在一个缺陷，即对于高额保费的保单，第一年提取的附加保费往往超过实际费用很多，因此，实践中产生了多种修正法，如保险监督官修正法、加拿大修正法等。

本章的重点是说明一般的原理和方法，至于保险费率厘定和寿险责任准备金提取的具体计算，非常复杂。在具体的保险业务中，这就是精算师的工作。

# 第四节　保险投资

## 一、保险投资的必要性和可能性

保险投资又称为保险资金的运用，是保险公司为了取得预期的收益而垫付资金，以形成资产的经济活动。在现代保险经营中，保险承保和理赔主要通过保险代理人办理，保险公司

业务人员则主要从事保险投资，因而保险投资是保险经营的重要环节，是现代保险公司生存与发展的重要支柱。在现代保险经营中，保险投资不仅必要，而且可能。从保险投资的必要性看，它是实现保险的基本职能的需要；是使保险公司正常运营和保险资金保值增值的需要；是适应保险市场竞争的需要。从保险投资的可能性看，保费收支存在时间滞差和数量滞差。其中，时间滞差是保险人收取保险费与赔偿或给付保险金之间所间隔的时间；数量滞差是保险人有时收取保险费与赔偿或给付保险金之间存在数量上的差额，即保费收入大于保费支出之差的存在。时间差和数量差的存在决定了保险人有一部分沉淀的保险资金可用于投资。

## 二、保险投资的资金来源

保险投资的资金来源可从不同角度分析，其基本来源有以下几个：

第一，资本金。资本金是保险公司在开业时必须具备的注册资本。各类保险公司的注册资本由管理机构根据本国经济情况与保险业务情况的需要进行制定和调整。我国设立保险公司注册资本的最低限额为 2 亿元人民币，保险公司的资本金除按法律规定缴存保证金（我国目前为实缴货币资本的 20%）外，均可用于投资。

第二，准备金。责任准备金是保险公司按法律规定为在保险合同有效期内履行经济赔偿或保险金给付义务而将保险费予以提存的各种金额。准备金一般包括未到期责任准备金、未决赔款准备金和总准备金。在我国则包括未到期责任准备金、未决赔款准备金和保险保障基金。

第三，其他投资资金。在保险经营过程中，还存在其他可用于投资的资金来源，主要包括结算中形成的短期负债、未分配利润、公益金、企业债券等。这些资金可根据其期限的不同做相应的投资。

## 三、保险投资的基本原则

保险投资状况直接影响公司经营的稳健程度，影响保险公司的偿付能力，不仅关系到广大保户的利益，而且对保险公司的存亡影响很大。因此，保险资金的运用是保险公司经营上的重要课题，而各国政府都把它列为保险业管理的重要部分。许多国家的保险法都对保险公司资金运用的原则、范围、方向与比例等做了明文的限制性规定。目前，国内外学者对保险投资的原则虽不完全相同，但对安全性、收益性、流动性三项原则比较一致。

第一，安全性。安全性是保险投资的第一原则，保险人的总资产可实现价值必须不少于其总负债的价值，以确保偿付能力。安全性的具体含义包括两个基本方面：一是尽可能避免风险大的投资项目，避免投资失误，以保证资金安全；二是进行组合投资。

第二，收益性。收益性又称为盈利性，是指保险资金运用的使用效果。获得最大的投资收益是保险公司投资的最主要动机。保险公司的收益主要来自承保收益与投资收益。在发达国家，由于保险业内部及保险业与其他行业的激烈竞争，保险人采用低费率进行竞争，使得赔付率偏高，严重时甚至超过 100%，因此，保险业务经营不但不能盈利，而且可能亏损，保险公司的收益从某种意义上讲就取决于投资收益。

第三，流动性。流动性是指资产的变现能力。保险公司在投资时要考虑到有一部分资产能够随时变现，保证支付保险赔款和给付保险金的需要，关键点在于资产业务与负债业务的期限匹配。寿险与非寿险的业务性质的不同决定了投资的资产流动性要求方面的差别。寿险一般以长期业务为主，非寿险多属于短期业务，因此，寿险投资的流动性要求不如非寿险高。20 世纪 70 年代以来，大量利率敏感性寿险产品的出现，导致了发达国家寿险负债期限的改变，寿险投资趋于流动性。由于资产的变现能力与资产的性质、投资渠道及金融工具的状况、金融市场（尤其是资本市场）的效率等因素密切相关，而这些因素与各国家或地区的经济发展水平、经济政策紧密相连，因此，各国的保险业在进行保险资金运用的流动性设计中必须考虑本国的实际情况。

保险投资的安全性、收益性、流动性三者之间存在一致性，但也存在一定的矛盾。从总体上看，安全性与流动性成正比，变现能力强的资产，其风险就小，安全返还保障度高。安全性、流动性与收益性成反比，由于某项投资报酬是某项投资所具风险的函数，通常安全性高、流动性强的资产，其收益就较低；反之，收益就较高。因此，保险投资的原则是从总体上而论的，不同性质的保险公司应有所侧重，要在安全性和流动性的前提下最大限度地盈利。

## 四、可供选择的保险投资方式

一般来说，可供选择的保险投资方式主要有存款、证券投资、贷款和不动产投资。

存款分为银行存款和信托存款。保险公司将资金存入银行，可取得一笔较稳定的利息收入。银行存款的安全性最高，但收益性最低。因此，保险公司一般除根据现金流量估算的日常支出外，不宜保留太多的存款。信托存款的收益率视存款资金运用的效果而定，但一般高于银行存款利率，风险相对也大些。

证券投资是为取得预期收入而买卖有价证券的活动。按流动性不同，可将证券投资分为债券投资和股票投资。由于有价证券可用于贴现、抵押或在二级市场上流通，所以其收益较高，具有集流动性、安全性和收益性为一体的特点。因此，证券投资是较为理想的投资方式。但不同形式的证券投资以及不同保险公司对投资的方式要求不同。债券投资具有安全性，到期还本付息，即使公司破产，债务清偿也优先；具有收益性，有固定的利息；具有流动性，可在二级市场上交易。债券投资分为政府债券投资、公司债券投资、金融债券投资。政府债券的利率比银行存款的利率高，且可享受免税待遇，信用度比其余二者高，但其利率也比二者低；公司债券的信用度是有价证券中最低的，但其收益率是最高的；金融债券则不然，其信用度和收益率均居中。股票是股份公司发给股东的所有权凭证。股票投资通常比债券投资的收益率高，同时风险也大；其不具有返还性，具有极强的投机性和高风险性，风险高于债券，因而各国对股票投资均有严格的比例限制。股票通常分为优先股和普通股。从风险性和收益性来看，优先股的利率固定，在公司破产清算时，优先股优先于普通股，因而其风险小，收益率也相对较小。普通股的收益率是随公司的经营状况变化的，公司破产清算时，在优先股之后，因而其风险大，收益率一般也相对较大。

贷款是保险人将保险资金贷放给单位或个人，并按期收回本金、获取利息的投资活动。贷款比存款的收益率高，但风险相对较高，流动性也相对较低。按贷款条件，可将贷款分为信用贷款、经济担保贷款和抵押贷款，风险一般按顺序递减，信用贷款的风险最大。对流动性较强的保险投资，不宜采用贷款形式。

不动产投资是将保险资金用于购买土地、房产或其他建筑物的投资。它具有流动性较差、投机性强、风险大的特点，因而除寿险公司的少部分资产用于该部分投资外，一般不宜作为保险投资的主要对象。例如，日本保险法规定，保险人投资于不动产投资不得超过总资产的20%。

一般来说，在投资结构上，保险投资以证券投资为主。西方发达国家保险投资的显著特点是投资证券化程度很高，如英国长期保险公司，2002年为72.82%；美国寿险公司，2002年为81.12%。

## 五、我国的保险投资

我国《保险法》规定，保险公司的资金运用必须稳健，遵循安全性原则。保险公司的资金运用限于下列形式：银行存款；买卖债券、股票、证券投资基金份额等有价证券；投资不动产；国务院规定的其他资金运用形式。保险公司资金运用的具体管理办法由国务院保险监督管理机构依照前两款的规定制定。我国《保险资金运用管理暂行办法》对保险资金的运用做了具体规定，不仅规定了保险资金运用方式，而且规定了保险资金运用比例，同时还规定了资金运用模式、决策运行机制、风险管控、监督管理，以利于提高保险公司的盈利能力，从而提高其偿付能力。

## 综合练习

### 一、填空题

1. 保险经营活动是一种具有＿＿＿＿＿＿性质的特殊的劳务活动。

2. 保险经营资产具有＿＿＿＿＿＿性。

3. 保险经营成本具有＿＿＿＿＿＿性。

4. 保险经营除贯彻一般商品经营原则外，还应遵循＿＿＿＿＿＿、＿＿＿＿＿＿、＿＿＿＿＿＿等一些特殊的经营原则。

5. 保险费由_____和_____构成。

6. 保险费率一般由_____和_____两部分组成。

7. 厘定保险费率的基本原则为_____、_____、_____、_____以及_____原则。

8. 非寿险费率的厘定是以_____为依据。

9. 确定毛费率 = _____ + _____。

10. _____精算现值 = 保险金精算现值。

11. 人寿保险费的计算依据应该是_____、_____、_____。

12. _____是保险公司按法律规定，为在保险合同有效期内履行赔偿或给付保险金义务而将保险费予以提存的各种金额。

13. 非寿险责任准备金包括_____、_____和_____。

14. 保险资金的基本来源有_____、_____、_____。

15. 保险投资的一般原则为_____、_____、_____。

16. 可供选择的保险投资方式主要有_____、_____、_____和_____。

## 二、单项选择题

1. （    ）用于保险事故发生后进行赔偿和给付保险金。

A. 毛费率　　　　　　　　　　　　B. 总费率

C. 纯费率　　　　　　　　　　　　D. 附加费率

2. 2004 年 10 月，中国保监会和证监会联合发布的《保险机构投资者股票投资管理暂行办法》允许保险资金（    ），进一步拓宽了保险投资渠道。

A. 进入同业拆借市场　　　　　　　B. 购买证券投资基金间接入市

C. 投资房地产　　　　　　　　　　D. 直接进入股市

3. 年金按支付开始的时期，可分为（    ）。

A. 期首付年金和期末付年金　　　　B. 即期年金和延期年金

C. 趸缴年金和分期缴年金　　　　　D. 定期年金和终身年金

## 三、多项选择题

1. 附加保险费包括（    ）。

A. 营业费用支出　　　　　　　　　B. 税款支出

C. 保险企业盈利　　　　　　　　　D. 赔偿损失支出

E. 给付保险金支出

2. 保险商品的价格是（    ）。

A. 保险费　　　　　　　　　　　　B. 保险费率

C. 风险保障　　　　　　　　　　　D. 每单位保险金额的保险费数额

E. 赔偿金额

3. 保险公司可以运用的资金包括（　　）。

A. 资本金             B. 公积金

C. 保证金             D. 未到期责任准备金

E. 未决赔款准备金

4. 我国《保险法》规定，保险公司的资金运用限于（　　）。

A. 银行存款           B. 抵押贷款

C. 政府债券           D. 金融债券

E. 股票

## 四、判断题

1. 保险企业利润核算以当年收入减去当年支出即可。         （　　）

2. 为了保险经营的稳定性，保险公司应承保大量风险性质相同的保险标的。   （　　）

3. 人寿保险纯保费以预定死亡率、预定利率和预定费用率为基础计算而来。   （　　）

4. 在人寿保险费率计算中，一般以国民生命表为厘定依据。        （　　）

5. 我国目前设定全国性保险公司的注册资本金最低限额为 2 亿元人民币。   （　　）

## 五、名词解释

保险基金　保险责任准备金　未到期责任准备金　未决赔款准备金　纯保费
保险费率　现值　终值　单利　复利　生命表

## 六、简答题

1. 简述保险公司资金运用的基本原则。

2. 简述保险经营的特征。

3. 简述保险经营的原则。

4. 简述厘定保险费率的基本原则及方法。

5. 简述保险基金的特征。

6. 简述保险投资的资金来源。

7. 简述保险投资的基本原则。

8. 简述可供选择的保险投资方式。

9. 简述我国保险投资的规定。

## 七、计算题

1. 若 2013—2017 年五年内，我国某险种 400 000 件标的保额损失率分别为 1.3‰、1.4‰、1.6‰、1.5‰、1.5‰，设均方差为 0.102‰，按纯保费提取附加费的比例为 20%，试计算：

（1）平均保额损失率；

（2）纯费率；

（3）毛费率。

2. 若一个 40 岁的人投保 5 年期的生存保险，保险金额为 200 000 元。据查表，5 年时年利率5%的复利现值系数为0.783 527;据查生命表,40岁投保人数为966 271人,5年内死亡的人数分别为1 594人、1 748人、1 919人、2 107人、2 310人。试计算该投保人应缴的趸缴纯保费。

3. 若一个35岁的人投保5年期的生存保险,保险金额为100 000元。据查表,5年时年利率6%的复利现值系数为0.747 258;据查生命表,35岁投保人数为972 396人,活到40岁的人数为966 271人。试计算该投保人应缴的趸缴纯保费。

4. 若一个40岁的人投保5年期的死亡保险,保险金额为200 000元。据查表,5年间年利率5%的复利现值系数分别为0.952 381、0.907 030、0.863 838、0.822 703、0.783 527;据查生命表,40岁投保人数为966 271人,5年内死亡的人数分别为1 594人、1 748人、1 919人、2 107人、2 310人。试计算该投保人应缴的趸缴纯保费。

# 第十章　保险市场

**教学目标**

了解保险市场的概念、类型，了解国际保险市场上的各种组织形式，了解保险市场的供求结构；掌握保险市场的要素，掌握我国保险市场上的两种组织形式，即股份保险公司和国有独资保险公司；掌握运用保险市场供求平衡的原理，会分析影响保险市场需求与供给的主要因素。

## 第一节　保险市场概述

### 一、保险市场的概念与要素

#### （一）保险市场的概念

保险市场是市场的一种形式。由于市场有狭义和广义之分，因此，保险市场也有狭义和广义之分，狭义的保险市场是指保险商品交换的场所；广义的保险市场是指保险商品交换关系的总和。

#### （二）保险市场的要素

保险市场一般由保险主体、保险商品和保险价格三个要素构成。对于一个完整的保险市场，其保险主体一般由投保人、保险人和保险中介人三方构成。投保人是保险需求者，是保险商品的买者；保险人是保险供给者，是保险商品的卖者；保险中介人是为保险商品的交易提供中介服务的人，主要包括保险代理人、保险经纪人和保险公估人。

在现代保险市场上，保险商品营销的渠道一般如图 10 - 1 所示。

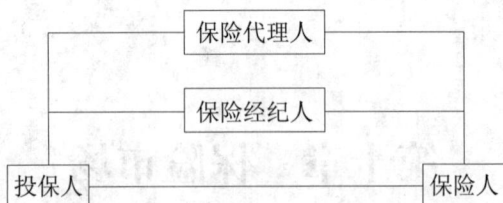

**图 10 - 1　保险商品营销的渠道**

由图 10 - 1 可知，保险市场展业有三种方式：保险人直接展业、保险代理人展业、保险经纪人展业。采用何种展业方式，应视一国保险业的监管制度、经济发展水平及惯例而定。英国的保险展业以保险经纪人为主；日本在 1996 年实施新的保险业法以前，以保险代理人展业为主，1996 年允许成立保险经纪人，之后才开始有保险经纪人参与保险展业；美国则保险代理人展业与保险经纪人展业并存，但以保险代理人展业为主。无论采用何种展业方式，这些国家的保险中介人展业已占 80% 以上。我国则存在保险代理人展业与保险经纪人展业，但目前仍然以保险代理人展业为主。

保险商品是保险市场的客体，它是保险人向被保险人提供的、在保险事故发生时给予经济保障的承诺。其形式是保险合同，保险合同实际上是保险商品的载体；其内容是保险事故发生时提供经济保障的承诺。

保险费率是保险商品的价格，是被保险人为取得保险保障而由投保人向保险人支付的价金。

## 二、保险市场的类型

现代保险市场可按不同的标准分类，但一般有如下主要分类：

### (一) 原保险市场和再保险市场

这是按保险业务承保的程序进行的分类。

原保险市场亦称为直接业务市场，是保险人与投保人之间通过订立保险合同而直接建立保险关系的市场；再保险市场亦称为分保市场，是原保险人将已经承保的直接业务通过再保险合同转分给再保险人的方式形成保险关系的市场。

### (二) 人身保险市场和财产保险市场

这是按照保险业务性质进行的分类。

人身保险市场是专门为社会公民提供各种人身保险商品的市场；财产保险市场是从事各种财产保险商品交易的市场。在西方国家，前者称为寿险市场，后者称为非寿险市场。

### (三) 国内业务市场和国际保险市场

这是按保险业务活动的空间进行的分类。

国内业务市场是专门为本国境内提供各种保险商品的市场，按经营区域范围，又可分为全国性保险市场和区域性保险市场；国际保险市场是国内保险人经营国外保险业务的保险市场。

### (四) 自由竞争型保险市场、垄断型保险市场、垄断竞争型保险市场

这是按保险市场的竞争程度进行的分类。

自由竞争型保险市场是保险市场上存在数量众多的保险人、保险商品交易完全自由、价值规律和市场供求规律充分发挥作用的保险市场，如西方发达国家早期的保险市场大致属于这种类型。

垄断型保险市场是由一家或几家保险人独占市场份额的保险市场，包括完全垄断和寡头垄断型保险市场：

完全垄断型保险市场又称独家垄断型保险市场，它是指在一个保险市场上只有一家或者少数几家保险公司垄断所有保险业务、保险市场上没有竞争。在实践中，完全垄断型保险市场有两种变通形式；一种是专业型完全垄断型保险市场，即在一个保险市场上同时存在两家或两家以上的保险公司、各个保险公司垄断不同的保险业务、相互间业务不交叉，从而保持完全垄断市场的基本性质；另一种变通形式是地区型完全垄断保险市场，即在一国保险市场上两家或两家以上的保险公司，它们分别垄断不同地区的保险业务，相互间业务没有交叉。完全垄断型保险市场在目前世界几乎不复存在。

寡头垄断型保险市场是以大保险公司为主的寡头保险市场结构，其特点是市场被数目不多但规模较大的保险公司所分割。例如，1996 年位居第 2 大保险市场的日本，1996 年占全世界保费收入的 24.67%，其中产险占 12.39%，寿险占 34.5%，但只有 39 家寿险公司、51 家产险公司、5 家再保险公司；位居第 6 大保险市场的韩国，只有 51 家保险公司，前 4 大保险公司的市场份额 32.6%。该保险市场模式有一个十分明显的特点，即保险监管机关对市场规模控制得非常严格，新公司难以进入市场，保险市场的结构较为稳定。该市场模式在日本较为典型，它一方面有利于市场的稳定，另一方面也有利于促进市场竞争，尤其在近几年日本 8 家保险公司破产的情况下，由于有大型保险公司的接管，从而保证了市场的稳定。

垄断竞争型保险市场是指在一个保险市场上存在大量的保险公司，并且大小保险公司在自由竞争中并存，少数大公司在保险市场中分别具有某种业务的局部垄断地位的保险市场。以大、小保险公司混合存在的垄断竞争型市场模式则较为普遍，如位居第一的美国保险市场就是该模式，以英国为主的欧洲国家大多具有垄断竞争型市场模式。例如，1998 年德国、英国、美国前 10 家非寿险公司的市场份额分别为 59%、55%、45%，至于寿险市场，则集中度更高。

我国目前的保险市场属于寡头垄断型保险市场。在封闭型经济条件下，寡头垄断型模式

是中国保险市场模式的理想选择，它既能促进竞争，又能保证市场的稳定；而在开放型经济条件下，中国保险市场的理想模式将是垄断竞争型保险市场模式。其基本依据在于：保险公司自身特点的需要、规模经济要求、经济全球化带来的国际竞争要求，均要求有一定规模的公司稳定市场；同时，根据我国的国情、入世承诺、促进竞争、改善服务，均要求和可能使保险公司的数量迅速增加；同时，借鉴国际保险市场的发展趋势，均说明我国未来的保险市场模式应当为垄断竞争型市场模式①。

## 第二节　保险的组织形式

保险经营组织的形式，是指依法设立、登记，并以经营保险为业的机构。在国外，保险组织形式多种多样。就其经营主体而言，可分为公营保险组织和民营保险组织；就其经营目的而言，可分为营利保险组织和非营利保险组织。公营保险组织是由政府或其他公共团体设立的、经营保险业务的机构。这种组织通常是非营利性的，其成立主要是为了增加财政收入或实施某项政策。民营保险组织是私人或私法上的团体（除国家机关、企事业单位以外的法人组织）设立的经营保险业务的机构，一般都是以营利为目的的。保险业有不同的组织形式，各国保险业的组织形式一般有以下几种：

### 一、国有保险公司

国有保险公司是由国家或政府投资设立的保险经营组织。它由政府或其他公共团体所经营，其经营可能以营利为目的作为增加财政收入的手段，组织形式为举办商业保险的保险组织；也可能以政策的实施为宗旨，并无营利的动机，组织形式为举办社会保险的保险组织等。国有保险就实施而言，通常有强制保险和非强制保险。后者采取商业经营方式，又可分为以下几种：

第一，由政府垄断的保险，如美国政府设立的联邦存款保险公司依法承保银行的存款，日本现行的简易人身保险也是这种垄断性保险。

第二，与民营保险自由竞争的非垄断性保险，如德国以前的公营火灾保险及人寿保险、日本现在的官营森林火灾保险等。强制保险主要是社会保险，但强制保险并不一定都由国家办理。例如，美国的劳工补偿保险，可由州政府垄断经营，也可由州政府授权民营保险公司经营，或者由民营保险公司自由经营，在某种条件下，也可由企业自行举办。

在国有保险公司中，国有独资保险公司是最为重要的一种形式。国有独资保险公司是国家授权投资机构或国家授权的部门单独投资设立的保险有限责任公司。其基本特征为投资者

---

① 王绪瑾. 论我国保险市场模式的选择. 保险研究，2007（12）：17－20.

的单一性、财产的全民性、投资者责任的有限性。因为只有一个股东，即出资者只有国家一人，故而也称为"一人保险公司"；从组织机构上不设立股东会，只设立董事会、总经理和监事会；财产具有特殊性。国有独资保险公司具有的优点如下：资金雄厚，给被保险人以可靠的安全感；多为大规模经营，风险较分散，业务稳定；一般采用固定费率，且费率较低；在公平经营的基础上，注重社会效益，有利于实施国家政策。中国出口信用保险公司属于国有独资保险公司。苏联、朝鲜等国家所设立的国家保险局也具有国有保险公司的性质。

由于国有保险公司存在产权不明晰、筹资能力有限、效率较低等缺点，所以国际上掀起了国有独资保险公司逐步股份化的浪潮，它们中的一些转为国家控股的保险公司，另一些从事政策性保险业务的则仍然适合采用国有独资保险公司的形式。

## 二、股份保险公司

股份保险公司又称为保险股份有限公司，是将全部资本分成等额股份，股东以其所持股份为限对公司承担责任，公司则为以其全部资产对公司债务承担责任的企业法人。其性质为组织资合性、资本股份性。股东以领取股息的办法分配公司所取得的利润。为了保证股份保险公司的稳定经营，各国保险法对其实收资本的最低限额一般都有明确的规定。股份保险公司的资本以股东购买股票的形式募集资金，股东以领取股息或红利的办法分配公司的利润，并以自己认购的股份为限对公司的债务负责。股份保险公司具有分散风险、规模庞大、筹资能力强、效率高的优点，一般具有雄厚的财力，对被保险人的保障较大，因而许多国家的保险业法也规定，经营保险业者必须采用股份保险公司的形式。股份保险公司的内部组织机构主要由权力机构、经营机构和监督机构三部分组成：股东会是股份保险公司的权力机构；董事会是股份保险公司的经营机构；监事会是股份保险公司的监督机构。股份保险公司的不足之处在于：

第一，股份保险公司的控制权操纵在股东之手，经营目的是为投资者攫取利润，被保险人的利益往往被忽视。

第二，对保险金的赔付，往往附以较多的限制性条款。

第三，对那些风险较大、利润不高的险种，股份保险公司往往不愿意承保。中国人民财产保险股份有限公司、中国人寿保险股份有限公司、中国平安保险（集团）股份有限公司、中国太平洋保险（集团）股份有限公司、新华人寿保险公司、华泰财产保险股份有限公司，均为股份保险公司。

## 三、相互保险组织

相互保险是为参加保险的成员之间相互提供保险的一种组织。其组织形式有以下几种：

### （一）相互保险公司

相互保险公司是所有参加保险的人为自己办理保险而合作成立的法人组织。它是保险业特有的公司组织形式，为非营利性组织中最重要的。它虽然名为公司，但实为非营利性组织。其经营方式多由社员事先缴纳基金；所有社员还得按时缴付保险费，但仅负有限责任；相互保险公司经营如有盈余，因无股东分配，完全由社员共享，或分别摊还，或拨作公积金；社员兼具投保人与保险人双重身份，并且双重身份同时存在；经营目的是为参加该组织的投保人谋取福利。相互保险公司较适合保险合同有效期比较长、投保人变动不大的各种人身保险。例如，目前世界上最大的寿险公司日本生命保险公司就是一家相互保险公司。在日本的寿险公司中，大部分是相互保险公司。

### （二）相互保险社

相互保险社是保险组织的原始形态，但在当今欧美各国仍然相当普遍。其经营范围也十分广泛，涉及海上、火灾、人寿及其他有关险种。它是由一些对某种危险有同一保障要求的人组成的一个集团，当其中某个成员遭受损失时，由其余成员共同分担。日本的县级农业共济组织就属此类；在法国，有 26 000 多个此类地方组织。

### （三）交互保险社

交互保险社是由若干商人共同组成相互约定交换保险的组织。交互保险社最先创立于 1881 年，是单独存在于美国的一种保险组织的特殊形态。在美国，合作保险有法人型与非法人型两大类。法人型的称为相互保险公司，非法人型的则以交互保险社为主。交互保险社的投保人仅以社员为限，有相互保险组织的性质。各社员以个人名义在一定金额限度内承担责任，而不是分摊。交互保险社虽为合作保险的一种组织形式，但并非法人或合伙组织。其社员除个人外，还可以是公司或合伙组织。

## 四、个人保险组织

个人保险组织是以个人为保险人的组织。该组织主要存在于英国，英国的劳合社是世界上最大的、历史最悠久的个人保险组织。劳合社实际上不是一家保险公司，而是一个保险市场。劳合社市场上的保险人是劳合社的承保成员，其资格要经过严格的审查。加入劳合社通常需具备以下条件：经 1 名成员推荐，5 名成员附议；愿承担个人的无限责任（自 1994 年起，已改为有限责任）；个人财产不少于 7.5 万英镑；经劳合社委员会审查、批准。另外，还应向劳合社管理公司提供不少于 1 万英镑的保证金，具体数额随业务量而定。20 世纪初，劳合社仅有 600 多名成员，但到 1988 年年底，劳合社注册的成员已达 32 433 人，其中大部分是英国人；2000 年年底，劳合社的成员为 41 713 人。劳合社的每个成员就是保险人，他们常常组成承保小组，以组为单位承保，每个成员以其全部财产承担责任（自 1994 年起，已改为有限责任）。

在美国也有类似的组织，称为美国劳合社（American Lloyd's）。但由于各州法律都加以限制，有的州还禁止此类组织成立，故其在保险市场中所处地位远不如英国。

## 五、保险合作社

保险合作社是由一些对某种风险具有同一保障要求的人自愿集股设立的保险组织。它依合作的原则从事保险业务，是同保险股份有限公司与相互保险公司并存的一种保险组织。它一般属于社团法人，是非营利机构，以较低的保费来满足社员的保险需求，社员与投保人基本上是一体的。

最早的合作保险设为 1867 年英国的合作保险公司，其后逐渐发展，迄今已有 30 多个国家存在保险合作社，其中以英国的数量最多、范围较大，英国是世界合作保险的中心。在法国、美国、日本、新加坡等国，保险合作社均有一定的影响。目前，全球具有影响力的保险合作社有美国的蓝十字与蓝盾协会、日本的"全劳济"等。蓝十字与蓝盾协会是美国颇具影响力的、提供健康险业务的合作社，在美国有许多人向该保险组织投保；日本"全劳济"的会员人数约占日本总人数的 10%，其保费收入占日本保险市场的 11%~20%。

一般而言，保险合作社与相互保险公司最早都属于非营利的保险组织。但两者存在区别：

第一，保险合作社属于社团法人，而相互保险公司属于企业法人。

第二，就经营资金的来源而言，保险合作社的经营资金包括基金和股金；相互保险公司的经营资金为基金。

第三，保险合作社与社员之间的关系比较永久，社员认缴股本后，即使不投保，仍与保险合作社保持关系；在相互保险公司与社员之间，保险关系与社员关系则是一致的，保险关系建立，则社员关系存在；反之，则社员关系终止。

第四，就适用的法律而言，保险合作社主要适用保险法及合作社法的有关规定；相互保险公司主要适用保险法的规定。

由于保险合作社与相互保险公司都属于合作保险，所以两者有很多共性，如均为非营利性保险组织；保险人相同，投保人即社员；决策机关相同，均为社员大会或社员代表大会；责任损益的归属相同，均为社员；等等。

## 六、行业自保组织

行业自保组织是指某一行业或企业为本企业或本系统提供保险保障的组织形式，常以公司命名。欧美国家的许多大型企业集团都有自己的自保保险公司。行业自保公司是在第一次世界大战和第二次世界大战期间首先在英国兴起的，到20世纪50年代，美国也开始出现了这种专业性自保公司。

行业自保公司一般由其母公司拥有，母公司直接影响并支配其自保公司的运营。自保公司可以直接承保母公司及其下属公司的风险，或者间接地通过为母公司及其下属公司的原保险公司办理再保险，向母公司及其下属公司提供保障。较典型的、采用集团自保公司的企业或行业有大型石油公司集团；大型会计师事务所、审计师事务所、医院。

行业自保公司具有一般商业保险所具备的优点，但其适用范围有限制，故而不能像商业保险那样普遍采用。其优点在于：第一，可以降低被保险人的保险成本，防止保费外流；第二，增加承保弹性，即自保公司承保业务的伸缩性较大，对于传统保险市场所不愿承保的风险，也可予以承保，以解决母公司风险管理上的困难；第三，减轻税收负担，行业自保公司设立的重要动机就在于获得税收方面的利益；第四，加强损失控制，即通过建立自保公司，可以降低商业企业保险引起的道德风险，母公司会更加主动地监督其风险管理方案。

其缺点在于：第一，业务量有限。因现今多数自保公司虽皆接受外来业务，以扩大营业范围，但在本质上，其大部分业务仍以母公司为主要来源，危险单位有限，使大数法则难以发挥功能。第二，风险品质相对较差。因自保公司所承保的业务多为财产保险及若干不易由传统保险市场获得保障的责任保险，不仅易于导致风险的过分集中，且责任保险的风险品质较差，如损失频率高、损失额度大、损失补偿所需的时间常拖延甚久等，增加了业务经营的困难。第三，组织规模相对简陋。因自保公司通常因规模较小、组织相对简陋，招揽专业人才难度相对大些，难以采用各种损失预防或财产维护的措施。第四，财务基础脆弱。因其设立资本较小、财务基础脆弱，同时外来业务少，不易分散经营的风险。为解决这一问题，可通过再保险分散风险，提高承保能力和赔付能力。[①]

保险企业的业务组织分为外部组织和内部组织。外部组织分为保险代理人、保险经纪人、保险公估人；内部组织可分别按职能、业务、区域的不同进行分类，如按其职能分为承保部、理赔部、再保险部、代理部、法律部、投资部、会计部、精算和统计部、其他部门。

我国《保险法》第六条规定，"保险业务由依照本法设立的保险公司以及法律、行政法规规定的其他保险组织经营，其他单位和个人不得经营保险业务"。但我国《保险法》对保险公司的形式未作特别规定，我国目前保险公司的组织形式为国有独资保险公司、股份保险公司、相互保险公司（社）、自保公司。从目前我国已有的保险公司来看，中国出口信用保险公司属于国有独资保险公司；中国人民保险公司、中国人寿保险公司、中国再保险公司均于2003年由国有独资保险公司改制为股份保险公司；中国平安保险公司、中国太平洋保险公司则成立时便是股份保险公司；阳光农业相互保险公司等属于相互保险公司；中国铁路财产保险自保有限公司等属于自保公司。保险组织形式的多元化，使其可以满足不同的保险需求，从而提高被保险人的保险保障程度。

---

① 王绪瑾. 李予萱. 我国自保公司研究. 中国金融. 2016（24）：54–55.

## 第三节　保险市场的需求与供给

### 一、保险市场的需求

保险需求是全社会在一定时期内购买保险商品的货币支付能力。它包括保险商品的总量需求和结构需求。其中,结构需求是各类保险商品占保险商品需求总量的比重,如财产保险保费收入占全部保费收入的比率、财产保险和人身保险各自内部的结构。影响保险需求的因素较多,主要有以下几个:

#### (一) 风险因素

保险商品服务的具体内容是各种客观风险,无风险,则无保险。因此,风险的客观存在是保险需求产生的前提。保险需求总量与风险因素存在的程度成正比,风险因素存在的程度越高、范围越广,保险需求的总量也就越大;反之,保险需求的总量就越小。

#### (二) 社会经济与收入水平

保险是社会生产力发展到一定阶段的产物,并且随着社会生产力的发展而发展。一方面,经济发展带来保险需求的增加;另一方面,收入水平的提高也会带来保险商品需求总量和结构的变化。衡量保险需求量变化对收入变化反映程度的指标是保险需求收入弹性。它是需求变化的百分数与收入变化的百分数之比,表示收入变化对保险需求变化影响的程度。保险需求的收入弹性一般大于1,即收入的增长引起对保险需求更大比例的增长,但不同险种的收入弹性不同。

#### (三) 保险商品的价格

保险商品的价格是保险费率。保险需求主要取决于可支付保险费的数量。保险费率与保险需求一般成反比例关系,保险费率愈高,则保险需求量愈小;反之,则愈大。需求曲线如图 10-2 所示。

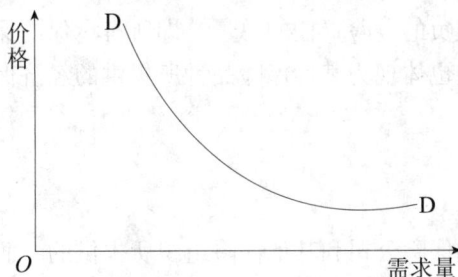

**图 10-2　需求曲线**

反映保险需求量变化对保险商品价格变化反映程度的指标是保险需求的价格弹性表示，它是保险商品需求变化的百分数与保险商品价格变化的百分数之比，表示保险商品价格变化对保险商品需求变化影响的程度。不同险种的价格弹性不同。若以 $D$ 表示保险商品需求量，$\Delta D$ 表示保险商品需求变化量，$P$ 表示保险商品的价格，$\Delta P$ 表示保险商品价格变化量，则需求的价格弹性 $E_d$ 为

$$E_d = \frac{\Delta D/D}{\Delta P/P}$$

### （四）人口因素

人口因素包括人口总量和人口结构。保险业的发展与人口状况有着密切的联系。人口总量与人身保险的需求成正比，在其他因素一定的条件下，人口总量越大，对保险需求的总量也就越多；反之，则越少。人口结构主要包括年龄结构、职业结构、文化结构、民族结构。由于年龄风险、职业风险、文化程度和民族习惯不同，对保险商品需求也就不同。

### （五）商品经济的发展程度

商品经济的发展程度与保险需求成正比，商品经济越发达，则保险需求越大；反之，则越小。

### （六）强制保险的实施

强制保险是政府以法律或行政的手段强制实施的保险保障方式。凡在规定范围内的被保险人都必须投保，因此，强制保险的实施人为地扩大了保险需求。

此外，利率水平的变化对储蓄型的保险商品有一定的影响。

## 二、保险市场的供给

保险供给是保险人在一定时期内通过保险市场可能提供给全社会的保险商品数量。保险供给包括供给总量和供给结构。供给总量是指全社会所提供的保险供给的总量，即全社会的所有保险人对社会经济所担负的危险责任的总量，即所有承保的保险金额之和。保险商品的供给结构体现为险种结构，也体现为某种保险品种所提供的经济保障的额度。影响保险供给的因素主要有以下几个：

### （一）保险资本量

保险供给是由全社会的保险公司和其他保险组织所提供的，而保险公司经营保险业务必须有一定数量的经营资本。在一定时期内，社会总资本的量是一定的，因而能用于经营保险的资本量在客观上也是一定的。因此，这个有限的资本量在客观上制约着保险供给的总规

模。在一般情况下，可用于经营保险业的资本量与保险经营供给成正比关系。

### （二）保险供给者的数量和素质

通常保险供给者的数量越多，意味着保险供给量越大。在现代社会中，保险供给不但要讲求数量，而且要讲求质量，质量的提高关键在于保险供给者的素质。保险供给者的素质高，许多新险种就容易开发出来，并推广出去，从而扩大保险供给。

### （三）经营管理水平

由于保险业本身的特点，在经营管理上，要有相当的专业水平和技术水平，即在风险管理、险种设计、业务选择、再保险分出分入、准备金的提存、费率厘定，以及人事管理和法律知识等方面均要具有一定的水平，其中任何一项水平的高低都会影响保险的供给，因而这些水平的高低与保险供给成正比关系。

### （四）保险价格

保险供给是通过保险市场进行的。由于在保险成本及其他因素一定的条件下，保险价格越高，则保险营业利润率越高，从理论上讲，保险商品价格与保险供给成正比：保险商品价格愈高，则保险商品供给量愈大；反之，则愈小。供给曲线如图 10 – 3 所示。

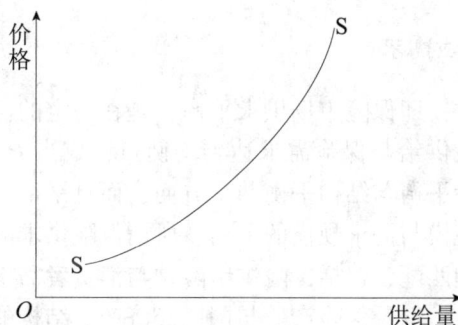

图 10 – 3　供给曲线

反映保险供给量变化对保险商品价格变化敏感程度的指标是保险供给的价格弹性，它是保险商品供给量变化的百分数与保险商品价格变化的百分数之比，表示保险价格变化对保险商品供给量变化影响的程度。若以 $S$ 表示保险商品供给量，$\Delta S$ 表示保险商品供给变化量，$P$ 表示保险商品的价格，$\Delta P$ 表示保险商品价格变化量，则供给的价格弹性 $E_s$ 为

$$E_s = \frac{\Delta S / S}{\Delta P / P}$$

### （五）保险成本

保险成本一般包括赔款、佣金、工资、房屋和租金、管理费用等。对保险人来说，如果

保险成本低，在保险费率一定时，所获得的利润就多，那么保险人对保险业的投资就会扩大，保险供给量就会增加。显然，在一般情况下，保险成本与保险供给成反比例关系，保险成本高，保险供给就少；反之，保险供给就大。

### (六) 保险市场竞争

保险市场竞争对保险供给的影响是多方面的，保险竞争的结果会引起保险公司数量上的增加或减少，从总的方面来看，会增加保险供给。同时，保险竞争使保险人改善经营管理，提高服务质量，开辟新险种，从而扩大保险供给。

### (七) 政府的政策

政府的政策在很大程度上决定了保险业的发展，决定了保险经营的性质，决定了保险市场竞争的性质，也决定了保险业的发展方向。如果政府对保险业采用扶持政策，则保险供给增加；反之，若采取限制发展的政策，则保险供给减少。

## 三、保险市场的供求平衡

保险市场的供求状况一般分为三种状况：保险市场供求平衡；保险供给大于保险需求；保险需求大于保险供给。

### (一) 保险供给等于保险需求

保险供给等于保险需求，即保险市场供求平衡，是在一定的保险价格条件下，保险供给恰好等于保险需求，即保险供给与保险需求达到均衡点，或当 $P$ 不变时，$S = D$。保险市场供求平衡应包括供求的总量平衡与结构平衡两个方面，而且平衡是相对的。所谓保险供求的总量平衡，是指保险供给规模与需求规模的平衡。所谓保险供求的结构平衡，是指保险供给的结构与保险需求的结构相匹配，包括保险供给险种与消费者需求险种的适应性、保险费率与消费者交费能力的适应性，以及保险产业与国民经济产业结构的适应性等。保险市场均衡状态如图 10-4 所示。

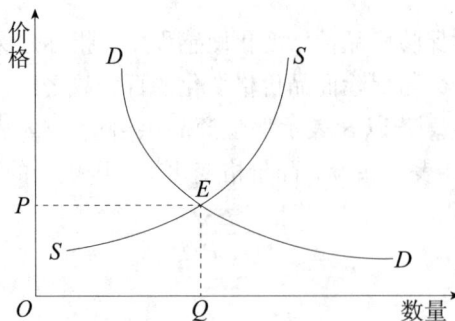

图 10-4 保险市场均衡状态

在图 10 – 4 中，$D$ 曲线表示保险需求曲线，$S$ 曲线表示保险供给曲线，保险需求曲线和保险供给曲线相交的点 $E$ 为均衡点。它表示保险需求与保险供给之间只有在该点处才能达到均衡，在均衡点上的价格（$OP$）为均衡价格，在均衡点上的量为均衡量，即保险需求量等于保险供给量，也即 $D = S$，两者均为 $OQ$。因此，在图 10 – 4 中，离开均衡点 $E$ 以外的任何一点，均无法达到保险需求与保险供给的均衡。

## （二）保险供给大于保险需求

在保险需求量不变的条件下，保险供给量增加会使均衡保险费率改变位置，如图 10 – 5 所示。

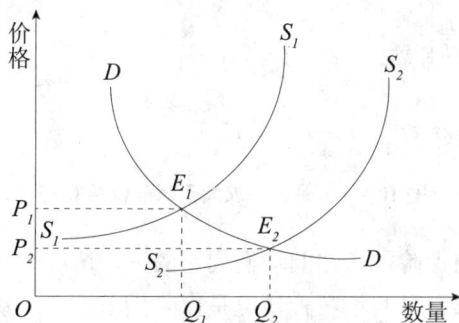

**图 10 – 5　保险供给大于保险需求状态**

在图 10 – 5 中，供给曲线 $S_1$ 向右移动，变为 $S_2$ 曲线，但保险需求曲线 $D$ 仍然保持在原有位置，即人们对保险的需求不变，以前保险供给曲线 $S_1$ 与保险需求曲线 $D$ 在 $E_1$ 点处达到衡点，此时均衡价格为 $OP_1$，供给量与需求量均为 $OQ_1$。现在保险需求保持不变，保险供给增加，其结果表现为：保险供给与保险需求达到一个新的均衡点 $E_2$。由于此时的保险供给量增加，即从 $OQ_1$ 增加到 $OQ_2$，而保险需求 $OQ_1$ 不变，则保险的供给价格从 $OP_1$ 跌至 $OP_2$。此时，$OP_2$ 就是在新均衡点上的均衡价格①。

## （三）保险需求大于保险供给

在保险供给量不变的条件下，保险需求增大会使均衡保险费率改变位置，如图 10 – 6 所示。

在图 10 – 6 中，需求曲线 $D_1$ 向右移动变为 $D_2$ 曲线，但保险供给曲线 $S$ 仍然保持在原有位置，即并未随保险需求的增加而增加，导致供不应求，促使保险价格上升，使得现在的保险价格 $OP_2$ 高于均衡保险价格 $OP_1$，此时的保险需求量增加到 $OQ_2$，而供给量仍保持在 $OQ_1$。因此，其均衡点随着需求曲线 $D_1$ 向右移动变为 $D_2$ 曲线而从 $E_1$ 移至 $E_2$，$E_2$ 即为保险供求的一

---

① 陈朝先. 保险市场论. 成都：西南财经大学出版社，1993：64 – 69.

个新的均衡点。由于此时的保险需求量增加，即从 $OQ_1$ 增加到 $OQ_2$，而保险供给量 $OQ_1$ 不变，则保险价格从 $OP_1$ 上涨至 $OP_2$。因此，$OP_2$ 就是在新均衡点上的均衡价格。这说明：如果保险需求扩大，但供给量仍不增加，则会导致保险供给小于保险需求，从而保险供给方可能随意提高保险价格，如图 10 − 6 中从 $OP_1$ 提高到 $OP_2$。一旦保险价格上涨到投保人无法负担，则会扼杀人们对保险需求的欲望，人们不得不控制自己的保险需求。

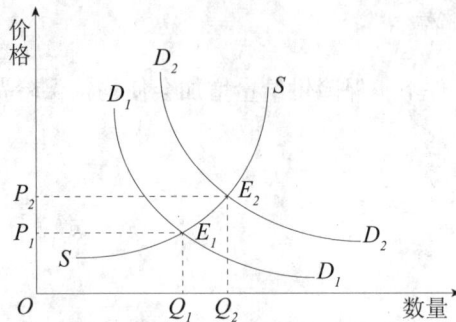

图 10 − 6　保险需求大于保险供给状态

以上分析了保险供给与保险需求之间均衡问题的三种情况，第一种情况达到了保险供给与保险需求之间的均衡，第二种与第三种情况是保险供求的非均衡状态，需要经过调整二者之间的关系，以促成二者达到均衡状态。在第二种情况，即保险供给大于保险需求状态下，要采取的措施为：激发社会公众对保险的需求量增加，同时加强对保险供给方的管理，使二者逐步趋于均衡，即刺激需求，调整供给，并适当地降低保险价格，发挥保险价格的作用。在第三种情况，即保险需求大于保险供给状态下，应从增加保险人的保险供给入手，新增保险业务，扩大保险范围，最大限度地满足投保者的要求，必要时适当地提高保险价格，以达到保险需求与保险供给的均衡。保险市场供求平衡受市场竞争程度的制约。市场竞争程度决定了保险市场费率水平的高低，因此，市场竞争程度不同，保险供求平衡的水平各异。在不同的费率水平下，保险供给与保险需求的均衡状态也是不同的。若市场达到均衡状态后，市场价格高于均衡价格，则保险需求减少，迫使保险供给减少，以维系市场均衡；反之，若市场价格低于均衡价格，则保险供给减少而迫使保险需求下降，实现新的市场均衡。因此，保险市场有自动实现供求平衡的内在机制[①]。

### ✿ 综合练习

**一、填空题**

1. 保险市场的要素包括_____、_____、_____。

---

① 魏华林，林宝清. 保险学. 北京：高等教育出版社，1999.

2. 保险市场展业的方式包括_____、_____、_____。

3. 保险市场按保险业务承保的顺序，分为_____、_____。

4. 保险市场按保险业务的性质，分为_____、_____。

5. 保险市场按竞争程度，分为_____、_____、_____、_____。

6. 我国保险公司的组织形式分为_____、_____。

## 二、单项选择题

1. 保险市场的客体是（　　）。

A. 被保险人
B. 保险标的
C. 保险人
D. 保险商品

2. 保险市场的均衡状态是指（　　）。

A. 保险供给大于保险需求
B. 保险供给等于保险需求
C. 保险供给小于保险需求
D. 保险市场发展速度较快

3. 由若干商人共同组成，相互约定交换保险的组织称为（　　）。

A. 交互保险社
B. 相互保险公司
C. 相互保险社
D. 保险合作社

4. （　　）是保险商品的价格。

A. 保费
B. 保险价值
C. 现金价值
D. 保险费率

## 三、多项选择题

1. 保险市场（　　）。

A. 是保险商品交换关系的总和
B. 仅仅是指某一保险公司
C. 一般由保险主体、保险商品和保险价格三个要素构成
D. 具有其他商品市场通常具有的含义和特点
E. 同样遵循等价交换原则

2. 下列选项中，属于保险中介人的是（　　）。

A. 保险经理人
B. 保险理赔人
C. 保险代理人
D. 保险公估人
E. 保险经纪人

3. 保险合作社与相互保险公司的区别主要表现在（　　）。

A. 适用法律不同
B. 经营资金的来源不同
C. 组织性质不同
D. 经营目的不同
E. 社会关系与保险关系的存续不同

4. 下列关于保险费率的表述中，正确的有（　　）。

A. 保险费率是保险商品的价格

B. 保险费率与保险人提供保险产品的成本成正比

C. 保险费率是影响保险需求的重要因素

D. 保险费率反映保险标的损失的概率

E. 保险费率由纯费率和附加费率两部分构成

## 四、判断题

1. 保险市场进行交易的对象是一种特殊商品——风险保障。　　　　（　　　）

2. 保险经营要实现由规模型向效益型、由粗放型向集约型的转变。　　（　　　）

3. 保险合作社是所有参加保险的人为自己办理保险而合作成立的法人组织。　（　　　）

4. 保险合作社高于社团法人，而相互保险公司属于企业法人。　　　　（　　　）

5. 当保险市场的保险费率偏高时，容易导致保险供给大于保险需求。　（　　　）

## 五、名词解释

股份保险公司　相互保险公司　保险合作社　需求的价格弹性　垄断竞争型保险市场

## 六、简答题

1. 简述保险组织的一般形式。

2. 影响保险市场需求的因素有哪些？

3. 影响保险市场供给的因素有哪些？

4. 简述保险合作社与相互保险公司的区别。

5. 简述保险市场的分类。

# 第十一章　保险监管

　　了解保险监管的含义及其必要性，了解保险监管的部门和目标；掌握保险监管的方式，掌握保险监管的内容。

## 第一节　保险监管概述

### 一、保险监管的含义、部门与目标

#### （一）保险监管的含义

　　保险监管是政府对保险业监督管理的简称。保险监管法又称为保险业法，在采取民商合一制度的国家中，它被视为民法的特别法。在民商分立的国家中，它被视为商法的范畴。我国属于民商合一的国家，保险业法是从属于民法范畴的特殊法律规范。关于保险业监管的立法体例，主要有两种不同方式：制定单行的保险业法；把保险业法列入商法典或保险法典中。我国是将保险合同与保险业法合一的国家，保险业法是对保险业监督管理的法律，因而保险监管是保险法的一部分。

　　我国自 1979 年恢复国内保险业务以来，保险监管方面的法规建设得到了加强。1985年，国务院发布了《保险企业管理暂行条例》；1992 年，中国人民银行公布了《保险代理机构管理暂行规定》，并于同年 9 月 11 日公布了《上海外资保险机构暂行管理规定》；1995年，第八届全国人民代表大会常务委员会颁布了《保险法》；1996 年 2 月 2 日，中国人民银行公布了《保险代理人管理暂行规定》，同年 7 月 25 日又公布了《保险管理暂行规定》；1997 年 11 月 30 日，中国人民银行修订并公布了《保险代理人管理规定（试行）》；1998 年2 月 24 日，中国人民银行公布了《保险经纪人管理规定（试行）》；1999 年，中国保监会公布了《保险机构高级管理人员任职资格暂行规定》，并于 2010 年、2014 年进行了两次修订；2000 年 1 月 3 日，中国保监会发布了《保险公司管理规定》，于 2002 年、2004 年、2009

年、2015 年进行了四次修订并公布；2000 年，中国保监会公布了《保险公估人管理规定
（试行）》；2001 年 11 月 16 日，中国保监会公布了《保险经纪公司管理规定》《保险代理机
构管理规定》《保险公估机构管理规定》，于 2009 年、2013 年、2015 年修订并公布了保险
专业代理机构①、保险经纪机构、保险公估机构监管规定；2003 年，中国保监会公布了
《保险公司偿付能力额度及监管指标管理规定》，2008 年修订并公布了《保险公司偿付能力
管理规定》；2004 年 12 月 30 日，中国保监会发布了《保险保障基金管理办法》，于 2008 年
修订并公布；2010 年，中国保监会公布了《保险资金运用管理暂行办法》，于 2014 年 4 月
4 日修订并发布。与此相关的法律法规和规章亦已修订颁布，2002 年颁布了《外资保险公司
管理条例》，2004 年 5 月中国保监会公布了《外资保险公司管理条例实施细则》，并于 2013
年 5 月修订公布了颁布了《外资保险公司管理条例》；2006 年 3 月 21 日，国务院发布了
《机动车交通事故责任强制保险条例》，于 2012 年 3 月 30 日修订并发布；1995 年 6 月 30 日，
第八届全国人民代表大会常务委员会第十四次会议通过了《保险法》；2002 年 10 月 28 日，
第九届全国人民代表大会常务委员会第三十次会议修正并通过了《保险法》，2009 年 2 月 28
日，第十一届全国人民代表大会常务委员会第七次会议再次修正并通过了《保险法》，2015
年 4 月 24 日，第十二届全国人民代表大会常务委员会第十四次会议第三次修正并通过了
《保险法》，从而初步形成了以《保险法》为核心的保险法律、法规和规章体系。但从长期
来看，我国将在进一步完善保险法律和规章体系的同时，加强保险监管人员的配备，借鉴国
外的保险监管技术和方法，以提高其保险监管的力度。

　　保险监管、行业自律和企业内控存在一定的关系。保险监管是政府为保护被保险人的合
法利益对保险业依法监管管理的行为；行业自律是在国家法律允许的条件下保险企业组织保
险行业协会②，制定同业公约和章程，以相互约束、维护保险行业整体利益的行为；企业内
控则是保险企业在国家法律和行业规定允许的范围内，为维护本企业利益而采取的行为，如
股份有限公司的监事会就是企业内控的一个方面，监事会对股东大会负责，对董事会监督，
从而保证公司既合法经营，又执行股东大会的决议。因此，三者的共同点是都以国家的保险
法为其基本依据，但它们各自的目标存在区别：保险监管最基本的目标是保护被保险人的合
法利益；而行业自律的基本目标是在法律允许的范围内维护本行业的合法利益；企业内控的
目标则是在法律和行业均允许的条件下维护企业的合法利益。

　　**（二）保险监管的部门**

　　为了对保险业实行有效的监督和管理，各国都建立了相应的保险监管部门，并赋予其明

---

　　① 2009 年 10 月 1 日起施行，中国保监会 2004 年 12 月 1 日颁布的《保险代理机构管理规定》（保监
会令 2004 年第 14 号）同时废止，并更名为《保险专业代理机构监管规定》。
　　② 海外称之为保险同业公会。

确的职责。世界各国保险行业的监管机关各不相同，主要是由政府部门实行对于本国保险行业的监管。英国的保险监管机关是金融服务局，由金融服务局颁发保险营业许可证，监管保险公司的偿付能力，管理保险公司的资金事务；日本原来一直由大藏省负责，大藏省银行局下设保险部，具体负责对私营保险公司的行政监督管理工作，大藏省的保险审议会是保险咨询机构，1998 年，日本成立金融监督厅，接管了大藏省的部分保险监管职能；美国保险行业的监管任务由隶属于各个州政府的保险署负责，美国政府的保险监督官协会（National Association of Insurance Commissioners，NAIC）只负责全美各个州政府保险署事务工作的协调；德国保险行业的监管由德国联邦政府的保险管理局负责。

我国保险业监管的归属问题几经周折，开始由中国人民银行领导，中间改为由财政部领导，其后又转归中国人民银行领导。1998 年 11 月以前，中国人民银行作为国务院金融管理部门，代表政府实施对中华人民共和国境内的保险行业的监督和管理。其后，根据分业监管的要求，加强保险监管的力度，1998 年 11 月 18 日成立了中国保监会，作为我国专门的保险监督管理部门。其内部机构由财产保险监管部、人身保险监管部、保险中介监管部、国际部、发展改革部、政策研究室、法规部、资金运用监管部、财务会计部、统计信息部、办公厅、派出机构管理部、人事教育部、监察局、机关党组 15 个部门组成。中国保监会的主要职能在于：拟定保险事业发展的方针和政策；批准设立保险企业，维护保险企业的合法经营，完善保险市场机构体系；健全保险法规；指导、监督保险企业的业务活动，并审查其财务成果；等等。《保险法》第九条规定，"国务院保险监督管理机构依法对保险业实施监督管理。国务院保险监督管理机构根据履行职责的需要设立派出机构。派出机构按照国务院保险监督管理机构的授权履行监督管理职责"。根据我国《保险法》第二条对于保险的解释，明确了保险特指为商业保险。因此，保险行业的监管对象为所有在中华人民共和国境内经营商业保险业务的保险人和保险中介人。

### （三）保险监管的目标

由于保险业经营的高风险性和社会性，保险业的经营状况直接影响到社会经济的稳定和人民生活的安定，而为了保护被保险人的利益，必须对保险业进行监管。保险监管的目的是：保证保险人有足够的偿付能力；规范保险市场，维护保险业的公平竞争；防止保险欺诈；弥补自行管理的不足。在我国，目前及相当一段时期内，前三者是主要的。

## 二、保险监管的方式

利用保险法规实行对于保险行业的监管是世界各国政府的保险管理机关所采取的主要监管手段。由于各个国家的法律制度不同、历史时期不同，在利用保险法规实行监管的过程中，有关国家对保险业的监管曾经采取过截然不同的方式，主要有以下三种①：

## （一）公示主义

公示主义亦称为公告管理，是国家对保险业最为宽松的一种监督管理方式，适用于保险业自律能力较强的国家。其含义是国家对于保险行业的经营不进行直接监督，而将其资产负债、财务成果及相关事项公布于众的管理方式。该方式为保险业的发展提供了较大的自由空间，但它以保险行业本身也具有相当的自我约束能力、社会各界具有较强的保险意识并对保险人经营有正确的判断为前提。英国1901年及1940年的公司法即采用该方式。

## （二）准则主义

准则主义亦称为规范管理，是由国家通过颁布一系列涉及保险行业运作的法律法规，要求所有的保险人和保险中介人必须遵守，并在形式上监督实行的管理方式。该方式适用于保险法规比较严密、健全的国家。准则主义较公示主义方式有了进步，注重保险经营形式上的合法性，并不涉及保险业经营管理的实体，而保险的技术复杂，有关法规很难囊括，因此有时容易流于形式。德国早期私人疾病基金的监督采用此法，但目前大多数国家已放弃该种管理方式。

## （三）批准主义

批准主义亦称为实体管理，是国家保险管理机关在制定保险法规的基础上，根据保险法规所赋予的权力，对保险业实行的全面、有效的监督管理措施。其监管的内容涉及保险业的设立、经营、财务乃至倒闭清算。其监管的内容具体、实际，有明确的衡量尺度，是对保险业监管中最为严格的一种。它追求彻底、有效的监督和管理，赋予国家保险管理机关以较高的权威和灵活处理的权利，一方面，对保险人的市场准入资格的限制，国家保险管理机关对于保险人的审批具有很大的政策灵活性；另一方面，国家保险管理机关辅之以规范管理的某些措施。该方式目前为大多数国家所采用，但随着经济的发展，许多国家已逐步放宽费率管理和条款审定等，故而准则主义有放宽的趋势。

# 第二节 保险监管的内容

尽管各国对保险监管的规定不尽相同，但其基本内容相同。保险监管按对象不同，分为

---

① 对保险监管的方式有不同的解释，实际上是由于分组的标志不同。按是否在现场监管，分为现场监管和非现场监管；按监管的内容不同，分为偿付能力监管、市场行为监管和偿付能力与市场行为并重的监管；按设立上的要求不同，分为公告管理、规范管理和实体管理。在学理上所指的监管方式，一般采用设立要求不同的分类，本书亦采用该观点。

对保险人的监管和对保险中介人的监管。从各自内容分析，对保险人的监管包括保险组织的监管、保险经营的监管、保险财务的监管；对保险中介人的监管一般包括保险中介人设立与执业的监管，但对保险人的监管是重点。根据对我国《保险法》的分析，保险监管的基本内容包括保险组织的监管、保险经营的监管、保险财务的监管和保险中介人的监管四个方面。

**（一）市场准入和退出的监管**

1. 保险公司的市场准入

保险组织是依法设立、登记，并以经营保险为业的机构。我国保险组织的形式包括国有独资公司、股份有限公司和其他形式。根据《中华人民共和国公司法》（以下简称《公司法》）的规定，对保险公司可确定上述两种形式，同时参考国外经验，相互保险公司、保险合作社、自保公司也是保险组织的重要形式。我国《保险法》第六条规定，"保险业务由依照本法设立的保险公司以及法律、行政法规规定的其他保险组织经营，其他单位和个人不得经营保险业务"。第九十四条规定，"保险公司，除本法另有规定外，适用《中华人民共和国公司法》的规定"。第一百八十一条规定，"保险公司以外的其他依法设立的保险组织经营的商业保险业务，适用本法"；第一百八十三条规定，"中外合资保险公司、外资独资保险公司、外国保险公司分公司适用本法规定；法律、行政法规另有规定的，适用其规定"；第一百八十四条规定，"国家支持发展为农业生产服务的保险事业。农业保险由法律、行政法规另行规定"。这些说明：第一，经营保险业务，必须依法设立保险组织；第二，保险组织的形式，除保险公司以外，还允许其他依法设立的保险组织。

（1）保险公司的设立条件。保险公司的设立是创办保险公司的一系列法律行为及其法律程序的总称。在我国，保险公司的设立必须经过国务院保险监督管理机构的批准。未经批准，擅自设立保险公司或非法从事商业保险业务活动的，要依法根据情节追究当事人的法律责任。设立保险组织必须具备比一般工商企业设立更为严格的条件，这是世界各国保险法的普遍规定。我国《保险法》明确规定了设立保险公司的七项条件：

①主要股东具有持续盈利能力，信誉良好，最近三年内无重大违法违规记录，净资产不低于人民币二亿元。

②有符合《保险法》和《公司法》规定的章程。例如，对于股份有限公司，要符合《保险法》和《公司法》关于股份有限公司章程的规定。

③有符合本法规定的注册资本最低限额。根据《保险法》规定，设立保险公司，其注册资本的最低限额为人民币二亿元，并且保险公司的注册资本必须为实缴货币资本。国务院保险监督管理机构根据保险公司的业务范围、经营规模，可以调整其注册资本的最低限额，但不得低于人民币二亿元的限额。资本金是公司承担财产责任的基础。由于保险公司是经营高风险的公司，其资本金必须远远高于工商企业。

④有具备任职专业知识和业务工作经验的董事、监事和高级管理人员。高级管理人员是

指对保险机构经营管理活动和风险控制具有决策权或者重大影响的人员，包括：总公司总经理、副总经理和总经理助理；总公司董事会秘书、合规负责人、总精算师、财务负责人和审计责任人；分公司、中心支公司总经理、副总经理和总经理助理；支公司、营业部经理；与上述高级管理人员具有相同职权的管理人员。由于保险业务是专业性很强的业务，所以保险监督管理机构对保险公司的董事、监事和高级管理人员有特别规定，一般为除了符合基本条件外，还要符合学历、经验和经历的要求。根据《保险公司董事、监事和高级管理人员任职资格管理规定》，保险机构董事、监事和高级管理人员的基本条件为：应当遵守法律、行政法规和中国保监会的有关规定，遵守保险公司章程；应当具有诚实信用的品行、良好的合规经营意识和履行职务必需的经营管理能力；应当通过中国保监会认可的保险法规及相关知识测试。但在从业经验和学历上有所区别，保险公司董事长应当具有金融工作 5 年以上或者经济工作 10 年以上的工作经历，保险公司董事和监事应当具有 5 年以上与其履行职责相适应的工作经历；保险公司董事会秘书应当具有大学本科以上学历以及 5 年以上与其履行职责相适应的工作经历。保险公司总经理、副总经理和总经理助理应当具有下列条件：大学本科以上学历或者学士以上学位；从事金融工作 8 年以上或者经济工作 10 年以上。其中，保险公司总经理除满足前款规定的条件外，还应当具有下列任职经历之一：担任保险公司分公司总经理以上职务高级管理人员 5 年以上；担任保险公司部门负责人 5 年以上；担任金融监管机构相当管理职务 5 年以上；其他足以证明其具有拟任职务所需知识、能力、经验的职业经历。同时，保险公司省级分公司总经理、副总经理和总经理助理，保险公司分公司、中心支公司总经理、副总经理和总经理助理，具体任职条件在学历、经验和经历要求上具有差别，具体可参见根据《保险公司董事、监事和高级管理人员任职资格管理规定》。

⑤有健全的组织机构和管理制度。健全的组织机构是指具有健全的权力机构、经营机构和监督机构。例如，保险公司的组织形式为股份有限公司、国有独资公司，则根据我国《公司法》的规定，从内部机构体制来看，股份有限公司内部机构应由股东会、董事会和监事会三个机构组成。国有独资公司则由董事会和监事会组成。为了公司稳健经营，保险公司应当聘用经国务院保险监督管理机构认可的精算专业人员，建立精算报告制度；保险公司应当聘用专业人员，建立合规报告制度。

⑥有符合要求的营业场所和与经营业务有关的其他设施。

⑦法律、行政法规和国务院保险监督管理机构规定的其他条件。

上述七项条件是对设立保险公司实质要件的规定，同时，依照《保险公司管理规定》，保险监督管理部门在审查保险设立申请时，除审查上述条件外，还要审查其他条件，包括具有明确的发展规划、经营策略、组织机构框架、风险控制体系；有投资人认可的筹备组负责人。保险监管机构在审查设立保险公司时应当遵循的原则为：符合法律、行政法规；有利于保险业的公平竞争和健康发展。

在中国设立外资保险公司的基本条件为：经营保险业务 30 年以上；提出申请前一年年末的资产总额在 50 亿美元以上；在中华人民共和国境内设立代表处在 2 年以上。它分别反映了保险公司的稳健经营能力、经济实力和对中国保险市场的适应能力。

（2）保险公司的设立程序。依照我国《公司法》《保险法》和《保险公司管理规定》的要求，设立保险公司的一般程序包括筹建和开业两个阶段。

①筹建。筹建是申请人向保险监督管理机构提出要求筹备建立保险组织的书面请求。申请设立保险公司时，应当向保险监督管理机构提出书面申请，并提交材料，包括：设立申请书，申请书应当载明拟设立的保险公司的名称、注册资本、业务范围等；可行性研究报告；筹建方案；投资人的营业执照或者其他背景资料，经会计师事务所审计的上一年度财务会计报告；投资人认可的筹备组负责人和拟任董事长、经理名单及本人认可证明；国务院保险监督管理机构规定的其他材料。保险监督管理机构应当对设立保险公司的申请进行审查，自受理之日起六个月内作出批准或者不批准筹建的决定，并书面通知申请人。决定不批准的，应当书面说明理由。保险公司经过筹建，应向保险监督管理部门提交正式申请表和有关文件、资料。筹建期为 1 年。筹建期是指从企业被批准筹建之日起至开始经营（包括试营业）之日的期间。

②开业。申请开业时，保险公司应提出开业申请，并提交有关资料；保险监督管理部门审查批准后，认为符合条件的，应颁发《经营保险业务许可证》。我国《保险法》第七十三条规定，"筹建工作完成后，申请人具备本法第六十八条①规定的设立条件的，可以向国务院保险监督管理机构提出开业申请。国务院保险监督管理机构应当自受理开业申请之日起六十日内，作出批准或者不批准开业的决定。决定批准的，颁发经营保险业务许可证；决定不批准的，应当书面通知申请人并说明理由"。最后，保险公司到工商行政管理机关办理登记，领取营业执照，并缴存保证金，方可营业②。

2. 保险公司的变更

保险公司的变更包括保险组织的合并、分立、组织形式的变更及其他事项变更。在保险组织进行变更时，首先要由股东会或董事会同意；其次要经过保险监督管理部门批准；最后要向原登记机关办理登记。当涉及减少实收货币资本金时，必须通知债权人。

3. 保险公司的终止

保险公司的终止分为保险公司的解散、撤销和破产三种形式。保险公司的解散和撤销都要经保险监督管理部门批准，但由于人寿保险合同具有储蓄性质、涉及的社会面广，故经营人寿保险业务的公司不得解散。当保险公司不能支付到期债务时，经保险监管机构同意，由人民法院宣告破产。但对经营人寿保险业务的保险公司被依法撤销或依法宣告破产的，其持有的人寿保险合同及其责任准备金必须转让给其他经营人寿保险业务的保险公司；不能同其他保险公司达成转让协议的，由保险监管机构指定经营人寿保险业务的保险公司接受转让。

① 即上述设立的七项条件——作者注。

② 我国《保险法》第七十八条规定，"保险公司及其分支机构自取得经营保险业务许可证之日起六个月内，无正当理由未向工商行政管理机关办理登记的，其经营保险业务许可证失效"。

### （二）保险经营的监管

1. 保险经营的业务范围

我国《保险法》按保险标的的不同，将保险公司的业务范围分为财产保险业务和人身保险业务两大类。财产保险业务包括财产损失保险、责任保险、信用保险、保证保险等保险业务；人身保险业务包括人寿保险、健康保险、意外伤害保险等保险业务。我国关于保险经营的业务范围包括两层含义：

（1）禁止兼业。保险组织不得从事除保险业务以外的业务；非保险组织不得经营保险或类似于保险的业务。

（2）禁止兼营。同一保险公司不得同时兼营人身保险和财产保险两种业务。人寿保险公司不得经营财产保险业务，财产保险公司不得经营人寿保险业务。我国《保险法》第九十五条规定，保险人不得兼营人身保险业务和财产保险业务；但是，经营财产保险业务的保险公司经保险监督管理机构批准，可以经营短期健康保险业务和意外伤害保险业务。我国禁止兼营的原因在于：财产保险与人寿保险的性质不同、经营技术不同、保护被保险人的利益和便于保险监管。人寿保险带有长期性和储蓄性，兼营财产保险，有可能将人寿保险的保费挪作财产保险的保险金赔付之用，有可能使人寿保险业务缺乏保险金保证；同时，我国保险市场尚不完善，有必要严格监管。当然，这有利于稳健经营，但不利于灵活经营。世界绝大部分国家的保险法曾对保险公司的经营范围做了类似限制性的规定，但随着金融自由化浪潮的到来，有放松管制的趋势。

国际上习惯将人寿保险业务称为第一领域，将财产保险业务称为第二领域，将意外伤害和健康保险业务称为第三领域。国际上绝大部分国家允许第三领域兼营（产、寿险公司均可经营），其理由是第三领域与第二领域具有相同的性质，厘定费率的依据相同，经营技术也相同。

2. 保险条款和保险费率的监管

保险条款和保险费率的确定带有很强的技术性，远非一个保险公司所能为，同时，我国缺乏过去保险市场的基础，因而我国对关系社会公众利益的保险险种、依法执行强制保险的险种和新开发的人寿保险险种等的保险条款和保险费率，应报国务院保险监督管理机构批准；而对其他险种的保险条款和保险费率，由保险公司拟定，但应当报国务院保险监督管理机构备案。这样，既能保证保险业的健康发展、保护被保险人的利益，又能促进市场的公平竞争。当然，从长期来看，它不利于运用价格策略和产品策略。

3. 保险人恶性竞争行为的禁止

为了规范保险市场、防止恶性竞争，遵循诚实信用和公平竞争的原则，《保险法》对保险人在保险业务中的行为作出了一些禁止性规定。在保险业务活动中，保险公司及其工作人员不得：

（1）欺骗投保人、被保险人或者受益人；

（2）对投保人隐瞒与保险合同有关的重要情况；

（3）阻碍投保人履行本法规定的如实告知义务，或者诱导其不履行本法规定的如实告知义务；

（4）给予或者承诺给予投保人、被保险人、受益人保险合同约定以外的保险费回扣或者其他利益；

（5）拒不依法履行保险合同约定的赔偿或者给付保险金义务；

（6）故意编造未曾发生的保险事故、虚构保险合同或者故意夸大已经发生的保险事故的损失程度进行虚假理赔，骗取保险金或者牟取其他不正当利益；

（7）挪用、截留、侵占保险费；

（8）委托未取得合法资格的机构或者个人从事保险销售活动；

（9）利用开展保险业务为其他机构或者个人牟取不正当利益；

（10）利用保险代理人、保险经纪人或者保险评估机构，从事以虚构保险中介业务或者编造退保等方式套取费用等违法活动；

（11）以捏造、散布虚假事实等方式损害竞争对手的商业信誉，或者以其他不正当竞争行为扰乱保险市场秩序；

（12）泄露在业务活动中知悉的投保人、被保险人的商业秘密；

（13）违反法律、行政法规和国务院保险监督管理机构规定的其他行为。

4. 再保险经营

在我国，再保险公司也要分业经营，即再保险公司不得将财产保险与人身保险业务兼营。同时，在分保方面，保险公司应当按照国务院保险监督管理机构的规定办理再保险，并审慎选择再保险接受人。

5. 承保责任限额的规定

为了保证保险公司的偿付能力，有必要通过保险公司业务量的限制控制其责任限额，从而分散风险、稳定经营。这主要通过下列规定控制：

（1）每一危险单位承担责任的限制。这是对任何保险公司承保能力的规定。任何保险公司对每一危险单位，即对一次保险事故可能造成的最大损失范围（危险单位）所承担的责任不得超过其实有资本金和公积金总和的10%。

（2）总自留额的限制。它即经营财产保险业务的保险公司当年自留保险费，不得超过其实有资本金加公积金总和的四倍①。

**（三）保险财务的监管**

1. 最低偿付能力的监管

偿付能力是指保险组织履行赔偿或给付责任的能力。我国《保险公司偿付能力管理规定》第二条第二款规定，"保险公司偿付能力是指保险公司偿还债务的能力"。"保险公司应

---

① 这源自我国《保险法》第一百零二条。随着我国偿付能力监管的完善，该四倍的规定应该取消。

当具有与其业务规模相适应的最低偿付能力。保险公司的实际偿付能力为其会计年度末实际资产减去实际负债的差额，实际资产种类及其认可比率由中国保监会规定，实际资产价值为各项认可资产认可价值之和。保险公司的认可资产减去认可负债的差额不得低于保险监督管理机构规定的数额，其中，保险公司的资产是流动资产、固定资产、长期资产、无形资产及其他资产之和；保险公司的负债是流动负债与长期负债之和；法定余额是保险监督管理部门规定的最低数额，即最低偿付能力。认可资产是保险公司在评估偿付能力时，依据中国保监会的规定所确认的资产；认可负债是保险公司在评估偿付能力时，依据中国保监会的规定所确认的负债。保险公司认可资产与认可负债的差额便是其实际资本，即最低偿付能力。保险公司的最低资本是指保险公司为应对资产风险、承保风险等风险对偿付能力的不利影响，依据中国保监会的规定而应当具有的资本数额。最低偿付能力应与其业务规模相适应，不同保险公司的业务规模不同，因而最低偿付能力也就不一样。我国《保险法》第一百零一条规定，"保险公司应当具有与其业务规模和风险程度相适应的最低偿付能力。保险公司的认可资产减去认可负债的差额不得低于国务院保险监督管理机构规定的数额；低于规定数额的，应当按照国务院保险监督管理机构的要求采取相应措施达到规定的数额。"我国《保险法》第一百三十七条规定，"国务院保险监督管理机构应当建立健全保险公司偿付能力监管体系，对保险公司的偿付能力实施监控"。《保险公司偿付能力管理规定》则对偿付能力评估、报告、管理和监督作出了更为具体的规定①。

为了保证保险公司的最低偿付能力，还有必要通过保险公司业务量的限制控制其责任限额。我国《保险法》对此主要从以下三方面控制：每一危险单位承保责任的限制；每笔保险业务承保责任的限制；总自留额的限制。每一危险单位承保责任的限制是对任何保险公司承保能力的规定。任何保险公司对一次保险事故可能造成的最大损失范围（危险单位）所承担的责任不得超过其资本金和公积金总和的10%；对超过的部分，应当办理再保险。由于非人寿保险比人寿保险业务的风险大，因而经营非人寿保险业务的保险公司，一方面，应当将其承保的每笔保险业务按国家的有关规定办理再保险；另一方面，经营财产保险业务的保险公司当年自留保险费，不得超过其实有资本金加公积金总和的四倍，对超过的部分，必须办理再保险分出业务，以分散风险、稳定经营。

2. 各种保险准备金的监管

责任准备金是保险公司按法律规定，为在保险合同有效期内承担赔偿或给付保险金义务而从保险费收入中提存的一种资金准备。保险准备金是保险公司的负债。保险公司应有与准备金等值的资产作为后盾，才能完全履行保险责任。因此，保险准备金的提存实际上也是为了确保

---

① 反映保险公司偿付能力常用两个指标：偿付能力溢额和偿付能力充足率。前者从绝对数上反映，后者从相对数上反映，二者结合运用，才能全面反映保险公司的偿付能力。其中，实际偿付能力额度＝认可资产－认可负债；偿付能力溢额＝实际偿付能力额度－最低偿付能力额度；偿付能力充足率（％）＝实际偿付能力额度/最低偿付能力。

保险组织具有充足的偿付能力。我国《保险法》规定，"保险公司应当根据保障被保险人利益、保证偿付能力的原则，提取各项责任准备金。保险公司提取和结转责任准备金的具体办法，由国务院保险监督管理机构制定"。保险准备金依其用途不同，体现在下述指标监管上：

（1）未到期责任准备金。由于寿险业务一般属于长期业务，非寿险业务一般一年一保，因而非人寿保险的未到期责任准备金是当年承保业务的保险单中在下一年度有效保单的保险费。寿险和非寿险的期限不同、性质不同，导致其提取的方法也不同；同时，非寿险各险种的期限不同，导致其提取方法也有别，因而有必要针对不同险种，采用提存未到期责任准备金的不同方法。

（2）未决赔款准备金。保险公司应当提存未决赔款准备金的原因是：保险事故已经发生，被保险人已经提出保险赔偿或者给付申请，但保险公司对赔付与否或赔付额尚未决定；已经发生保险事故，但尚未提出保险赔偿或者给付申请。提存未决赔款准备金是为了对已发生保险事故但尚未理赔所做的资金准备。

（3）保险保障基金的监管。保险保障基金属于保险组织的资本，主要在应付发生保险公司赔付危机或破产时方能运用。提取保险保障基金是为了保障被保险人的利益、支持保险公司稳健经营的需要。在我国，保险公司应当按照保险监督管理机构的规定提存保险保障基金。保险保障基金应当集中管理、统筹使用。

3. 公积金

公积金是保险公司依照法律和公司章程的规定，从公司税后利润中提取的积累资金。保险公司提取公积金是为了用于弥补公司亏损和增加公司资本金。按其来源不同，分为资本公积金和盈余公积金。

根据《公司法》和《金融保险企业财务制度》的规定，保险公司应在税后利润中提取10%的法定盈余公积金；当法定盈余公积金累计达到注册资本的50%时，可不再提取。

4. 保险公司资金运用的规定

保险资金运用是现代保险业得以生存和发展的基础，同时，由于保险公司是经营风险的企业，其资金运用状况直接影响公司的赔付能力，因而许多国家的保险费都对保险公司资金运用的原则、范围、比例和方向等作了明文的限制性规定。我国《保险法》对保险资金运用的首要原则是安全性原则，同时保证资产的保值增值。我国《保险法》第一百零六条规定，"保险公司的资金运用必须稳健，遵循安全性原则。保险公司的资金运用限于下列形式：银行存款；买卖债券、股票、证券投资基金份额等有价证券；投资不动产；国务院规定的其他资金运用形式。保险公司资金运用的具体管理办法由国务院保险监督管理机构依照前两款的规定制定。"我国《保险资金运用管理暂行办法》则从保险资金运用的形式、决策运行机制、风险管控、监督管理方面作了具体规定，从运用形式而言，既规定了保险资金运用的方式，也规定了每一资金运用方式的比例和每一融资主体的比例，既有利于提高盈利性，也安全；既有利于提高保险公司的风险控制能力，也便于提高保险公司的盈利能力，从而提高保险公司的偿付能力。

------------------------------------------------------------------------

**（四）保险中介人的监管**

保险中介人的监管是指对保险代理人、保险经纪人和保险公估人的监管。对三者的监管既有联系，又有区别。其共同点在于都涉及将有关的业务许可证放置在营业场所适当的位置，以备检查；对保险代理人和保险公估人均有每年一定期限培训的要求。

1. 保险代理人的监管①

（1）保险代理人的类型与组织形式。保险代理人是根据保险人的委托，向保险人收取佣金，代为办理保险业务的机构或者个人。我国《保险法》规定，保险代理机构包括专门从事保险代理业务的保险专业代理机构和兼营保险代理业务的保险兼业代理机构。我国《保险代理人管理规定》对保险代理人采用复合分类法，先按保险代理主体的性质，将保险代理人分为机构代理人和个人代理人，然后将机构代理人按行业性质不同，分为专业代理人和兼业代理人，从而形成了专业代理人、兼业代理人和个人代理人。专业代理人是专门从事保险代理业务的保险代理公司，其组织形式为有限责任公司或者股份有限公司；兼业代理人是受保险人的委托，在从事自身业务的同时，指定专人为保险人代办保险业务的机构；个人代理人是根据保险人的委托，向保险人收取佣金，并在保险人授权的范围内代为办理保险业务的个人。我国于 2001 年制定及于 2004 年修订的《保险代理机构管理规定》将保险代理机构的组织形式分为合伙企业、有限责任公司、股份有限公司；于 2009 年、2013 年、2015 年修订并公布的《保险专业代理机构监管规定》则将保险代理机构的组织形式分为有限责任公司、股份有限公司。

保险代理机构在符合保险监督管理部门所规定的条件后，经保险监督管理部门颁发经营保险代理业务许可证，并在工商行政管理部门注册登记，领取营业执照，并缴存保证金或者投保职业责任保险，方可营业。当然，对各类保险代理人的具体要求有所不同。

（2）保险代理人的设立条件。我国《保险法》规定，保险代理机构应当具备国务院保险监督管理机构规定的条件，取得保险监督管理机构颁发的经营保险代理业务许可证。保险专业代理机构凭保险监督管理机构颁发的许可证向工商行政管理机关办理登记，领取营业执照。保险兼业代理机构凭保险监督管理机构颁发的许可证，向工商行政管理机关办理变更登记。设立保险专业代理机构的条件一般包括资本金要求、章程要求、人员要求、高级管理人员要求、营业场所要求。

根据《公司法》和《保险专业代理机构监管规定》的要求，设立保险专业代理机构应当具备如下条件：

第一，股东、发起人信誉良好，最近 3 年无重大违法记录。

第二，注册资本达到《公司法》和《保险专业代理机构监管规定》的最低限额，中国

------------------------------------------------------------------------

① WANG XUJIN, On the administration and operation of insurance agents in china. Singapore international insurance and actuarial journal, 1998（2）.

保监会另有规定的除外，设立保险专业代理公司，其注册资本的最低限额为人民币 5 000 万元，保险专业代理公司的注册资本必须为实缴货币资本。

第三，公司章程符合有关规定。

第四，董事长、执行董事、高级管理人员符合本规定的任职资格条件。保险专业代理机构高级管理人员是指保险专业代理公司的总经理、副总经理或者具有相同职权的管理人员；保险专业代理公司分支机构的主要负责人。保险专业代理机构拟任董事长、执行董事和高级管理人员应当具备下列条件，并报经中国保监会核准：①大学专科以上学历；②持有中国保监会规定的资格证书，从事经济工作 2 年以上；③具有履行职责所需的经营管理能力，熟悉保险法律、行政法规及中国保监会的相关规定；④诚实守信，品行良好。其中，从事金融工作 10 年以上，可以不受前款第①项的限制；担任金融机构高级管理人员 5 年以上或者企业管理职务 10 年以上，可以不受前款第②项的限制。

第五，具备健全的组织机构和管理制度。

第六，有与业务规模相适应的固定住所。

第七，有与开展业务相适应的业务、财务等计算机软硬件设施。

第八，法律、行政法规和中国保监会规定的其他条件。

其中，保险专业代理机构的名称中应当包含"保险代理"或者"保险销售"字样，且字号不得与现有的保险中介机构相同，中国保监会另有规定的除外。依据法律、行政法规规定不能投资企业的单位或者个人，不得成为保险专业代理公司的发起人或者股东。

（3）保险代理人的设立程序。保险专业代理机构设立的基本程序一般经过筹建和开业两个阶段。

申请设立保险专业代理机构，应当向中国保监会提交下列材料：全体股东、全体发起人签署的保险代理机构设立申请表；保险专业代理机构设立申请委托书；公司章程；自然人股东、发起人的身份证明复印件和简历，非自然人股东、发起人的营业执照副本复印件及加盖财务印章的最近一年财务报表；具有法定资格的验资机构出具的验资证明，资本金入账原始凭证复印件；可行性报告，包括市场情况分析、近三年的业务发展计划等；企业名称预先核准通知书复印件；内部管理制度，包括组织框架、决策程序、业务、财务和人事制度等；本机构业务服务标准；拟任高级管理人员任职资格的申请材料；保险公司出具的委托代理意向书；住所或者经营场所证明文件；计算机软硬件配备情况说明。

中国保监会在收到申请材料后，可以召集投资人进行投资风险提示，就申请设立事宜进行谈话，询问、了解拟设机构的市场发展战略、业务发展计划、内控制度建设等有关事项。

中国保监会应当依法对设立保险代理机构、保险代理分支机构的申请进行审查，并自受理申请之日起一定时间内作出批准或者不予批准的决定。决定不予批准的，应当书面通知申请人并说明理由。中国保监会可以根据实际需要组织现场验收。

中国保监会作出批准设立保险专业代理机决定的，应当向申请人颁发保险代理经营许可证。申请人在收到许可证后，应当按照有关规定办理工商登记，领取营业执照后方可开业。

保险专业代理机构自取得许可证之日起 90 日内，无正当理由未向工商行政管理机关办理登记的，其许可证自动失效。依法设立的保险专业代理机构，应当自领取营业执照之日起 20 日内，书面报告中国保监会。

保险专业代理公司应当自办理工商登记之日起 20 日内，投保职业责任保险或者缴存保证金。保险专业代理机构应当按注册资本的 5% 缴存保证金；保险专业代理公司增加注册资本的，应当相应增加保证金数额；保险专业代理公司保证金缴存额达到人民币 100 万元的，可不再增加保证金。或者，保险专业代理公司投保的职业责任保险保单对一次事故的赔偿限额不得低于人民币 100 万元，一年期保单的累计赔偿限额不得低于人民币 500 万元，同时不得低于保险专业代理机构上年营业收入的 2 倍。职业责任保险累计赔偿限额达到人民币 5 000 万元的，可不再增加职业责任保险的赔偿额度。

（4）保险代理人的执业管理。根据我国《保险法》《保险代理人管理规定》和《保险专业代理机构管理规定》，并结合有关法规和惯例，保险代理人的执业规则主要应包括以下几方面：

①保险代理人在从事代理业务前，应与保险人签订代理合同，这是执业的基本条件。保险代理合同是保险代理人与保险人之间约定保险代理权利义务关系的协议，一般由保险人制作，应当遵循《中华人民共和国民法通则》（以下简称《民法通则》）《中华人民共和国民法总则》（以下简称《民法总则》）《中华人民共和国合同法》（以下简称《合同法》）《保险法》及《保险代理人管理规定》《保险专业代理机构监管规定》等法律、法规和规章中有关合同的规定。

保险代理合同作为委托合同的一种形式，其主体是保险代理人与保险人；其客体是双方当事人在保险代理授权范围内应当各自完成的行为；其内容是保险代理人与保险人双方的权利和义务。保险代理合同的签订应当在保险代理人从事保险代理业务之前完成，通过合同的订立，明确双方的权利和义务、代理期限、手续费支付标准和方式、代理范围、代理险种、保险费支付方式和其他有关代理事项，同时，根据法律的规定，保险代理合同应报当地中国保监会备案。

尽管保险代理合同因其代理形式、代理业务范围及险种不同而有所差异，但其基本内容是一致的，主要包括：保险代理人和保险人的名称；代理范围；代理险种；代理手续费支付的标准和方式；代理期限；违约责任；保险费支付方式；争议处理和保险代理合同的变更、终止的条件及其方法。保险代理人的权利和义务依据保险代理合同的签订而产生。

②代理业务活动范围的限制。它主要包括代理对象的合法性、代理范围的区域性、特定对象的专属性、代理业务的限定性和专业性。从代理对象的合法性看，只能为依法成立的保险公司代理保险业务，不能为未经中国保监会批准的保险公司代理保险业务①；从代理范围的区域性看，代理人只能为其注册登记的行政辖区内的保险公司代理保险业务；从特定对象

---

① 中国保监会另有规定的除外。

的专属性看，由于人寿保险业务技术要求较高，同时具有储蓄性质，所以代理寿险业务的个人代理人只能是专用代理人。

③遵循保险代理的原则。根据诚信原则的要求，保险代理人应将被保险人应该知道的保险公司业务情况和保险条款的内容及其含义如实告诉被保险人，在代理业务活动中不得：欺骗保险人、投保人、被保险人或者受益人；隐瞒与保险合同有关的重要情况；阻碍投保人履行本法规定的如实告知义务，或者诱导其不履行本法规定的如实告知义务；给予或者承诺给予投保人、被保险人或者受益人保险合同约定以外的利益；利用行政权力、职务或者职业便利以及其他不正当手段，强迫、引诱或者限制投保人订立保险合同；伪造、擅自变更保险合同，或者为保险合同当事人提供虚假证明材料；挪用、截留、侵占保险费或者保险金；利用业务便利，为其他机构或者个人牟取不正当利益；泄露在业务活动中知悉的保险人、投保人、被保险人的商业秘密。

④禁止滥用代理权。它包括以下几方面：

第一，禁止自己代理。保险代理中的自己代理是以保险人的名义承保自己或本单位的保险业务。从民法的角度看，自己代理是无效代理，同样也适用于保险代理。因此，保险代理人为自己或本单位投保，均被视为保险公司的直接业务，保险代理人不得从中提取代理手续费。

第二，禁止恶意串通。保险代理中的恶意串通是保险代理人与投保人、被保险人或受益人串通损害保险人利益的行为。例如，串通投保人、被保险人或者受益人，骗取保险金。这有悖于代理的初衷，故为法律所禁止。

⑤接受保险监管。中国保监会是保险代理人的保险监督管理部门，为了保证保险代理人经营的合法性、财务的合规性，可随时检查除个人代理人以外的保险代理人的经营状况、账册、业务记录、收据。保险代理人则有接受其监管的义务，不得以任何借口拒绝。

2. 保险经纪人的监管①

(1) 我国保险经纪人的类型与性质。我国对保险经纪人的监管已有明确规定。对保险经纪人监管的法律法规有《保险法》《保险经纪机构监管规定》《民法通则》《民法总则》和《公司法》。在保险市场中，保险经纪人是投保人的代理人，保险代理人是保险人的代理人。我国《保险法》第一百一十八条规定，"保险经纪人是基于投保人的利益，为投保人与保险人订立保险合同提供中介服务，并依法收取佣金的机构"。这说明在我国保险经纪人限于机构。我国《保险经纪机构监管规定》第二条规定，本规定所称保险经纪机构是指基于投保人的利益，为投保人与保险公司订立保险合同提供中介服务，并按约定收取佣金的机构，包括保险经纪公司及其分支机构。除中国保监会另有规定外，保险经纪机构应当采取的组织形式为有限责任公司、股份有限公司。保险经纪包括直接保险经纪和再保险经纪。其

---

① Wang Xujin, On the Administration and Operation of Insurance Broker in China. INSURANCE BEYOND BEYOND YEAR 2000 IN ASIA, Hong Kong: Hong Kong Institute of Business Studies and Lignan University, 1999.

中，直接保险经纪是指保险经纪公司与投保人签订委托合同，基于投保人或被保险人的利益，为投保人与保险人订立保险合同提供中介服务，并按约定收取中介费用的经纪行为；再保险经纪是指保险经纪公司与原保险人签订委托合同，基于原保险人的利益，为原保险人与再保险人安排再保险业务提供中介服务，并按约定收取中介费用的经纪行为。经营保险经纪业务应当是依照本规定设立的保险经纪公司。未经中国保监会批准，任何单位和个人不得在中华人民共和国境内从事保险经纪活动。保险经纪公司的组织形式为有限责任公司或股份有限公司。保险经纪公司在办理保险经纪业务过程中，因过错给投保人、被保险人或其他委托人造成损失的，由保险经纪公司依法承担法律责任。

保险经纪人的性质是由其业务范围决定的。根据《保险经纪机构监管规定》，经中国保监会批准依法设立的保险经纪公司可以经营下列业务：为投保人拟订投保方案，选择保险公司以及办理投保手续；协助被保险人或者受益人进行索赔；再保险经纪业务；为委托人提供防灾、防损或者风险评估、风险管理咨询服务；中国保监会批准的其他业务。因此，保险经纪人的性质上具有居间、代理、咨询的性质。

（2）保险经纪人的设立条件。设立保险经纪公司应具备法律规定的条件，我国《保险经纪机构监管规定》要求必须具备以下条件：

第一，资本金要求。注册资本达到《公司法》和本规定的最低限额，中国保监会另有规定的除外。设立保险经纪公司，其注册资本的最低限额为人民币 5 000 万元，且保险经纪公司的注册资本必须为实缴货币资本。

第二，应具有符合法律规定的公司章程。其章程应符合《公司法》或有关法律有限责任公司或股份有限公司章程的规定。

第三，具有健全的组织机构和管理制度。

第四，董事长、执行董事和高级管理人员符合本规定的任职资格条件。保险经纪机构高级管理人员包括：保险经纪公司的总经理、副总经理或者具有相同职权的管理人员；保险经纪公司分支机构的主要负责人。保险经纪机构拟任董事长、执行董事和高级管理人员应当具备下列条件，并报经中国保监会核准：①大学专科以上学历；②持有中国保监会规定的资格证书；③从事经济工作 2 年以上；④具有履行职责所需的经营管理能力，熟悉保险法律、行政法规及中国保监会的相关规定；⑤诚实守信，品行良好。从事金融工作 10 年以上的，可不受前款第①项的限制；担任金融机构高级管理人员 5 年以上或者企业管理职务 10 年以上的，可不受前款第②项的限制。

第五，有与业务规模相适应的固定住所。

第六，有与开展业务相适应的业务、财务等计算机软硬件设施。

第七，股东、发起人信誉良好，最近 3 年无重大违法记录。

第八，法律、行政法规和中国保监会规定的其他条件。

上述条件是对设立保险经纪机构实质要件的规定，中国保监会在审查设立申请时，除要审查上述条件外，还应考虑保险市场发展的需要。但是，依据法律、行政法规和中国保监会的有关规定，不能投资保险经纪公司的单位和个人，不得成为保险经纪公司的股东或发起人，如依据法律、行政法规规定，不能投资企业的单位或者个人，不得成为保险经纪公司的发起人或者股东。同时，保险经纪机构的名称中应当包含"保险经纪"字样，且字号不得与现有的保险中介机构相同，中国保监会另有规定的除外。

（3）保险经纪人的设立程序。保险经纪公司设立的基本程序一般经过筹建和开业两个阶段。

申请设立保险经纪机构，应当向中国保监会提交下列材料：全体股东、全体发起人签署的保险经纪机构设立申请表；保险经纪机构设立申请委托书；公司章程；自然人股东、发起人的身份证明复印件和简历，非自然人股东、发起人的营业执照副本复印件及加盖财务印章的最近一年财务报表；具有法定资格的验资机构出具的验资证明，资本金入账原始凭证复印件；可行性报告，包括市场情况分析、近三年的业务发展计划等；企业名称预先核准通知书复印件；内部管理制度，包括组织框架、决策程序、业务、财务和人事制度等；本机构业务服务标准；拟任高级管理人员任职资格的申请材料；住所或者经营场所证明文件；计算机软硬件配备情况说明。

中国保监会在收到申请材料后，可以召集投资人进行投资风险提示，就申请设立事宜进行谈话，询问、了解拟设机构的市场发展战略、业务发展计划、内控制度建设等有关事项。中国保监会应当自受理设立保险经纪机构申请之日起一定时间内进行初审，并自受理申请之日起一定时间内作出批准或者不予批准的决定。决定不予批准的，应当书面通知申请人并说明理由。中国保监会可以根据实际需要组织现场验收。

中国保监会作出批准设立保险经纪机构决定的，应当向申请人颁发保险经纪经营许可证。申请人在收到许可证后，应当按照有关规定办理工商登记，领取营业执照后方可开业。保险经纪机构自取得许可证之日起90日内，无正当理由未向工商行政管理机关办理登记的，其许可证自动失效。依法设立的保险经纪机构应当自领取营业执照之日起20日内，书面报告中国保监会。

保险经纪机构应当自办理工商登记之日起20日内，投保职业责任保险或者缴存保证金。保险经纪公司投保职业责任保险的，应当确保该保险持续有效。保险经纪公司投保的职业责任保险对一次事故的赔偿限额不得低于人民币500万元，一年期保单的累积赔偿限额不得低于人民币1 000万元，同时不得低于保险经纪机构上年营业收入的2倍。职业责任保险累计赔偿限额达到人民币5 000万元的，可不再增加职业责任保险的赔偿额度。或者，保险经纪公司缴存保证金的，应当按注册资本的5%缴存，保险经纪公司增加注册资本的，应当相应增加保证金数额；保险经纪公司保证金缴存额达到人民币100万元的，可不再增加保证金。该规定的基本依据在于保护投保人、被保险人或受益人的利益，因为"保险经纪人因过错给投保人或被保险人损失的，依法承担赔偿责任"[①]。

---

① 参见《保险法》第一百二十八条。

　　显然，只有保证保险经纪人有足够的偿债能力，才能使投保人、被保险人或受益人的利益得到保障。

　　保险经纪人的变更和终止均须经中国保监会批准，其破产则由人民法院组织进行。

　　（4）保险经纪人的执业管理。保险经纪人的执业管理是对保险经纪人从事保险居间、委托代理、咨询等经纪业务活动的约束规则的总和。保险经纪人在其经纪执业中应接受保险监管，《保险法》对其只作一般规定，《保险经纪机构监管规定》作了具体规定。根据《保险法》和《保险经纪机构监管规定》《合同法》，并结合有关法规和惯例，保险经纪人的执业规则可归纳为以下几个主要方面：

　　①保险经纪人经纪业务的范围。它包括：保险经纪人只能同保险标的所在地的保险公司洽谈和办理直接投保手续等；不得兼营保险代理业务①。

　　②保险经纪人应遵循最大诚信、自愿、公平、平等的原则。根据诚信原则的要求，保险经纪人不得做不实、误导的广告或宣传，不得做不如实转告投保人的声明事项；根据平等、自愿原则的要求，保险经纪人不得利用行政权力、职务或者职业便利，以及其他不正当手段强迫或者限制投保人订立保险合同；根据公平原则的要求，保险经纪人不得利用不正当手段引诱投保人订立保险合同②。

　　③禁止恶意代理。包括：

　　第一，禁止自己代理，如保险经纪人为自身财产、人员投保不得收取佣金。

　　第二，禁止恶意串通，如禁止保险经纪人损害委托人的利益，这有悖于代理的初衷，故为法律所禁止。

　　第三，禁止双方代理，如禁止保险经纪公司兼管保险代理业务，这有损于公平原则。

　　④收取合法的佣金。它包括：为投保人向保险人介绍保险业务、代为投保人向保险人办理投保手续的，由保险人支付取佣金；为被保险人代办索赔等手续，由被保险人支付佣金；同时，保险经纪公司的佣金标准应在委托合同中约定并列明③。

　　⑤独立承担赔偿责任。因保险经纪人的过错，给投保人、被保险人、受益人、分出人造成损失的，由保险经纪人承担赔偿责任。

　　⑥接受保险监管。它包括：接受中国保监会对保险经纪人实行日常检查和年度检查制度；按规定向中国保监会定期报送业务和财务报表。

　　3. 保险公估人的监管

　　（1）我国保险公估人的性质与类型。我国对保险公估人的监管已有明确规定。对保险

---

　　① 我国此规定在于防止在保险经纪人的佣金低于代理手续费时，其将经纪业务转作代理业务，以获得更大的利益，从而损害投保人的利益。在英国，它只适用于寿险经纪人；而美国，保险经纪人可以兼做保险代理人的业务。

　　② 具体内容可参见《保险法》第一百三十一条。

　　③ 由于保险经纪人从事居间或代投保人投保的佣金一般由保险人支付，为了防止保险经纪人为获得较高的佣金而损害投保人的利益，所以在保费收据中载明。

公估人监管的法律法规有《保险公估机构监管规定》以及《保险法》《民法通则》《民法总则》。在保险市场中，保险经纪人是投保人的代理人，代表投保人的利益；保险代理人是保险人的代理人，代表保险人的利益；保险公估人则基于第三者的地位。在我国，虽然《保险法》尚无对保险公估人的明确规定，但《保险法》规定，保险活动当事人可以委托保险公估机构等依法设立的独立评估机构或者具有相关专业知识的人员，对保险事故进行评估和鉴定①。根据《保险公估机构监管规定》，"本规定所称保险公估机构是指接受委托，专门从事保险标的或者保险事故评估、勘验、鉴定、估损理算等业务，并按约定收取报酬的机构"。这说明在我国，保险公估人限于机构。根据《保险公估机构监管规定》，保险公估机构可以经营的业务包括：保险标的承保前和承保后的检验、估价及风险评估；保险标的出险后的查勘、检验、估损理算及出险保险标的残值处理；风险管理咨询；中国保监会批准的其他业务。据此，保险公估人的民事法律行为具有委托性质，其委托人既可以是保险人，亦可以是被保险人或受益人，还可以是保险人和被保险人或受益人双方。

保险公估人的类别也较为复杂，按资本金性质不同，分为中资保险公估公司、外资保险公估公司、中外合资保险公估公司。我国《保险公估机构监管规定》规定，保险公估机构可以为合伙企业、有限责任公司或股份有限公司。

（2）保险公估人的设立。

①我国保险公估人的性质与类型。我国对保险公估人的监管已有明确规定，其监管的法律法规有《保险公估机构监管规定》以及《保险法》、《资产评估法》、《民法通则》、《民法总则》、《公司法》的有关规定。在保险市场中，保险经纪人是投保人的代理人，代表投保人的利益；保险代理人是保险人的代理人，代表保险人的利益；保险公估人则基于第三者的地位。在我国，虽然《保险法》尚无对保险公估人的明确规定，但《保险法》规定，保险活动当事人可以委托保险公估机构等依法设立的独立评估机构或者具有相关专业知识的人员，对保险事故进行评估和鉴定。根据我国《保险公估机构监管规定》："本规定所称保险公估机构是指接受委托，专门从事保险标的或者保险事故评估、勘验、鉴定、估损理算等业务，并按约定收取报酬的机构"。这说明在我国保险公估人限于机构。根据《保险公估机构监管规定》，保险公估机构可以经营的业务包括：保险标的承保前和承保后的检验、估价及风险评估；保险标的出险后的查勘、检验、估损理算及出险保险标的残值处理；风险管理咨询；中国保监会批准的其他业务。据此，保险公估人的民事法律行为具有委托性质，其委托人既可以是保险人，亦可以是被保险人或受益人，还可以是保险人和被保险人或受益人双方。

保险公估人的类别也较为复杂，按资本金性质不同分为中资保险公估公司、外资保险公估公司、中外合资保险公估公司。我国《保险公估机构监管规定》则规定，保险公估机构可以为合伙企业、有限责任公司或股份有限公司。

②保险公估人设立的条件。设立保险公估公司应具备法律规定的条件。设立保险公估机

---

① 参见《保险法》第一百二十九条。

构的条件一般包括资本金要求①、章程要求、人员要求、高级管理人员要求、营业场所要求。根据《保险公估机构监管规定》，设立保险公估机构，应当具备下列条件：

第一，股东、发起人或者合伙人信誉良好，最近3年无重大违法记录。

第二，公司章程或者合伙协议符合有关规定。

第三，董事长、执行董事和高级管理人员符合本规定的任职资格条件。根据我国《保险公估机构监管》规定，保险公估机构高级管理人员包括：公司制保险公估机构的总经理、副总经理或者具有相同职权的管理人员；合伙制保险公估机构执行合伙企业事务的合伙人或者具有相同职权的管理人员；保险公估分支机构的主要负责人。保险公估机构拟任董事长、执行董事和高级管理人员应当具备下列条件，并报经中国保监会核准：A. 大学专科以上学历；B. 从事经济工作2年以上；C. 具有履行职责所需的经营管理能力，熟悉保险法律、行政法规及中国保监会的相关规定；D. 诚实守信，品行良好；E. 中国保监会规定的其他条件。其中，从事金融或者评估工作10年以上的，可以不受前款第A项限制。

第四，有与业务规模相适应的固定住所。

第五，有与开展业务相适应的业务、财务等计算机软硬件设施。

第六，法律、行政法规和中国保监会规定的其他条件。

上述条件是对设立保险公估机构实质要件的规定，中国保监会在审查设立申请时，除要审查上述条件外，还应考虑保险市场发展的需要。但是，依据法律、行政法规规定，不能投资企业的单位或者个人，不得成为保险公估机构的发起人、股东或者合伙人。例如，各级党政机关、部队、社会团体及国家拨给经费的事业单位以及保险公司不得向保险公估机构投资入股。同时，保险公估机构及其分支机构的名称中应当包含"保险公估"字样，且字号不得与现有的保险中介机构相同，中国保监会另有规定的除外。

③保险公估人设立的程序。保险公估人设立的基本程序一般经过筹建和开业两个阶段。

保险公估机构的设立，要经过一定的程序，首先，向保险监管机构申请，并按规定提交有关的资料，保险监管机构自收到申请成立的材料之日起，在30日内书面通知申请人是否受理。如果同意的，经批准成立开业的保险代理机构应按规定领取《经营保险公估业务许可证》（以下简称《许可证》）。其次，保险公估机构经中国保监会批准并颁发《许可证》，并在工商行政管理机关注册登记后，取得营业执照，方可营业。

虽然《保险公估机构监管规定》未对保证金或职业责任保险作出规定，但《中华人民共和国资产评估法》第二十一条规定："评估机构根据业务需要建立职业风险基金，或者自愿办理职业责任保险，完善风险防范机制。"

保险公估机构的变更、分立、合并和解散均须经中国保监会的批准，其破产经中国保监会同意，由人民法院组织进行。

---

① 《保险公估机构监管规定》未对保险公估人作出资本金要求，由于保险公估人是公司形式，故适用《公司法》对相应组织形式的资本金要求。

（3）保险公估人的执业管理。保险公估人的执业管理是对保险公估人从事保险标的的评估、勘验、鉴定、估损、理算等公估业务活动的约束规则的总和。《保险公估机构监管规定》中规定，保险公估人在其公估执业中应接受保险监管。根据《保险法》《保险公估机构监管规定》《中华人民共和国资产评估法》《民法通则》《民法总则》《合同法》，并结合有关法律、法规和惯例，保险公估人的执业规则可归纳为以下几个主要方面：

①从业的合法性。在中华人民共和国境内设立保险公估公司，应当由中国保监会审批；任何机构未经中国保监会批准，都不得从事保险公估业务。

②聘用公估人员的合规性。保险公估公司内部直接从事保险公估业务的人员及其他保险公估公司临时聘用的专业技术人员，应事先经由保险公估公司向原批准机关备案后，方可从事保险公估业务。

③业务范围的一定限制性。它包括：第一，任何保险公估公司不得从事保险代理或保险经纪活动，这是为了公正的需要；第二，保险公估公司只能在指定的经营区域内从事保险公估业务，其经营区域由中国保监会核定。

④遵循诚信、公平、公正、公开原则。根据诚信原则的要求，保险公估公司不得为开展业务做夸大不实的广告及宣传，不得在开展业务时有弄虚作假、收受贿赂、向客户索要额外利益、与客户串通等行为；根据公正、公平原则的要求，保险公估公司不得为其自身利益及有利害关系的委托人进行保险公估活动，其营业场所也不得设在保险公司、保险代理公司或保险经纪公司等机构的营业场所内，以便与其有利害关系的人回避①。

⑤保守商业秘密。当保险人、被保险人和其他保险关系人及时、准确地向保险公估公司提供有关保险标的的资料时，保险公估公司有义务为其保守商业秘密。

⑥公估报告的真实性、要素性和有效性。保险公估报告是保险赔付的重要依据之一，因此，保险公估报告应当合法。合法的保险公估报告应当包括：第一，公估报告的真实性，保险公估公司不得向当事人出具虚假的公估报告。第二，公估报告内容的要素性，其内容至少应包括：保险公估事项发生的时间、地点、起因、过程、结果等情况；保险公估标的简介，进行保险公估活动所依据的原则、定义、手段和计算方法，标的理算，以及其他费用的计算公式和金额，保险公估结论。第三，公估报告的有效性。《中华人民共和国资产评估法》第二十七条规定"评估报告应当由至少两名承办该项业务的评估专业人员签名并加盖评估机构印章"。

⑦依规定收取公估费。保险公估费用标准应当依国家有关规定或双方约定执行。从理论上说，保险公估费用应当由委托人支付，但实际上，通常由保险人支付。不过，当发生争议以至诉讼时，通常由败诉方支付。

⑧独立承担赔偿责任。因保险公估公司的过错，给保险人、被保险人造成损失的，由保险公估人公司承担赔偿责任。

⑨接受保险财务和业务的监管。它包括：按规定向中国保监会定期报送业务报表和财务

---

① 参见《保险法》第一百二十九条。

报表；接受其对保险公估公司实行检查制度，从而要求保险公估公司将各类财务原始凭证、勘察原始资料、保险公估报告及其他重要文件保存至少 5 年，以备其检查。

### 综合练习

**一、填空题**

1. 保险的组织形式有_____、_____、_____、_____、_____。

2. 我国《保险法》规定，保险公司注册资本的最低限额为人民币_____。

3. 国有独资公司的内部组织机构分为_____和_____。

4. 股份有限公司内部组织机构分为_____、_____和_____。

5. 分业经营是指同一保险人不得同时兼营_____和_____。

6. 保险准备金按提取方式的不同，分为_____和_____；按业务的不同，分为_____和_____。

7. 自留保险费是指保险公司收取的全部保险费中扣除_____，再加上_____的保险费。

8. 对于经营有人寿保险业务的保险公司，应当按照_____提取未到期责任准备金。

**二、单项选择题**

1. 中国保险监督管理委员会是我国的保险监督机构，它成立于（       ）。

A. 1996 年　　　　　　　　　　B. 1997 年

C. 1998 年　　　　　　　　　　D. 1999 年

2. 保险公司的偿付能力大小以偿付能力额度表示，偿付能力额度等于（       ）。

A. 资产减负债　　　　　　　　　B. 资本减负债

C. 认可资产减认可负债　　　　　D. 认可资本减认可负债

3. 保险公司偿付能力充足率（%）为（       ）。

A. 实际偿付能力额度/最低偿付能力

B. 实际偿付能力额度/总资本额

C. 最低偿付能力额度/总资本额

D. 实际偿付能力额度/实际认可资产

4. 国际上习惯将（     ）业务称为第三领域。

A. 财产保险　　　　　　　　　　B. 人寿保险

C. 意外险和健康保险　　　　　　D. 人身保险

**三、多项选择题**

1. 有关国家曾采用的三种主要保险监管模式是（       ）。

A. 公告管理　　　　　　　　　　B. 规范管理

C. 实体管理　　　　　　　　　　D. 公示管理

E. 告示管理

2. 保险监督的目标在于（　　　）。

A. 保证保险人有足够的偿付能力

B. 规范保险市场，维护保险业的公平竞争

C. 防止保险欺诈

D. 弥补自行管理的不足

E. 优化保险资源的配置

3. 根据我国《保险法》及有关管理规定，我国保险代理人可以分为（　　　）。

A. 保险专业代理机构　　　　　　　B. 保险兼业代理机构

C. 保险混业代理机构　　　　　　　D. 保险团体代理机构

E. 保险个人代理人

4. 绝大部分国家允许第三领域兼营的原因是第三领域与第二领域（　　　）。

A. 性质相同　　　　　　　　　　　B. 费率厘定依据相同

C. 损失频率相同　　　　　　　　　D. 损失程度相同

E. 经营技术相同

5. 按照我国《保险专业代理机构监管规定》，设立保险专业代理机构，需要满足的基本条件有（　　　）。

A. 股东、发起人信誉良好，最近 3 年无重大违法记录

B. 股东、发起人信誉良好，最近 2 年无重大违法记录

C. 保险专业代理公司的注册资本不得少于人民币 200 万元

D. 保险专业代理公司的注册资本不得少于人民币 100 万元

E. 公司章程符合有关规定

## 四、判断题

1. 企业工会和民间团体可以经营某些商业保险业务。　　　　　　　　　　（　　　）

2. 全国性的保险公司只要符合 5 亿元的最低注册资本金要求，就可以开业和成立分公司。　　　　　　　　　　　　　　　　　　　　　　　　　　　　　　　（　　　）

3. 股份有限公司的决策机构是总经理室。　　　　　　　　　　　　　　　（　　　）

4. 保险公司在筹建申请得到批准后，就可以从事保险业务活动。　　　　　（　　　）

5. 当保险公司资金周转困难时，可运用其缴存的保证金。　　　　　　　　（　　　）

6. 健康保险的未到期责任准备金按其有效保单的净值提取。　　　　　　　（　　　）

7. 年金保险的未到期责任准备金按其有效保单的净值提取。　　　　　　　（　　　）

8. 保险公司提取的保险保证基金可以扩充公司资本、弥补公司经营亏损。　（　　　）

## 五、名词解释

资本金　公积金　最低偿付能力　保证金　保险监管　公文主义　准则主义　实体主义

## 六、简答题

1. 简述设立保险公司应当具备的条件。

2. 简述设立保险公司的程序。

3. 简述保险代理人的执业规则。

4. 简述我国保险公司业务范围规定的主要内容。

5. 为什么同一保险人不得同时兼营财产保险业务和人寿保险业务?

6. 我国《保险法》对于承保责任限额的规定有哪些?

7. 简述保险监管的主要内容。

8. 保险监管的方式有哪些?

9. 简述保险经纪人的执业规则。

10. 简述保险公估人的执业规则。

11. 简述对保险公司财务监管的主要内容。

## 七、计算题

已知某财产保险公司收取的全年保费收入为 100 亿元，该公司当年度的分出保费为 40 亿元，分入保费为 10 亿元。

(1) 计算自留保费;

(2) 若按年平均法计提，则未到期责任准备金为多少?

# 第十二章　社会保险

## 教学目标

了解社会保险的概念及作用，了解社会保险的种类；掌握社会保险与商业人身保险的区别。

## 第一节　社会保险概述

### 一、社会保险的概念

#### （一）社会保险的含义

社会保险是国家通过立法对社会劳动者暂时或永久丧失劳动能力，或失业带来收入减少时提供一定的物质帮助，以保障其基本生活的社会保障制度。它是一项社会政策，是通过提供物质帮助的方式体现的，一般包括生育保险、工伤保险、医疗保险①、养老保险和失业保险等。社会保险通常实行强制保险制度，被保险人没有选择的权利。

实施社会保险的目的是使劳动者在暂时或永久失去劳动能力时享有基本生活的权利；其资金由政府、企业、个人三方面负担；其举办机构是政府或其委托的保险公司。社会保险是社会保障的核心，也是公民应享有的基本权利。我国第十届全国人民代表大会常务委员会第二十八次会议于 2007 年 6 月 29 日通过、第十一届全国人民代表大会常务委员会第三十次会议于 2012 年 12 月 28 日修订并通过了《中华人民共和国劳动合同法》。2010 年 10 月 28 日第十一届全国人民代表大会常务委员会第十七次会议通过了《中华人民共和国社会保险法》

---

① 依照国际劳工局的定义，称为疾病保险，但从理论上看，严格来说，疾病保险与医疗保险是有区别的。疾病保险是按风险性质进行的分类，其保障包括收入给付和医疗给付（包括医疗服务和医药费用）；而医疗保险系疾病或身体伤残等的保险，疾病、工伤和生育均存在医疗给付问题，同时不包括收入给付，因此，它所包括的风险项目比疾病保险宽泛，保障的内容却比疾病保险少。但基于我国社会保险实际工作，常常称为医疗保险，故而这里沿用该习惯。

（以下简称《社会保险法》），于2011年7月1日施行。该法第二条规定，"国家建立基本养老保险、基本医疗保险、工伤保险、失业保险、生育保险等社会保险制度，保障公民在年老、疾病、工伤、失业、生育等情况下依法从国家和社会获得物质帮助的权利"。1994年7月5日第八届全国人民代表大会常务委员会第八次会议通过的《中华人民共和国劳动法》（以下简称《劳动法》）对社会保险作了专章规定，第七十条规定，国家发展社会保险事业，建立社会保险制度，设立保险基金，使劳动者在年老、患病、工伤、失业、生育等情况下获得帮助和补助。第七十三条对享受社会保险待遇做了进一步的具体规定。从上述定义可以看出，社会保险包括下述含义：

第一，社会保险是一种社会保障制度。社会保障是国家通过立法对社会成员给予物质帮助而采取的各种社会措施的总和。社会保障是每一个社会成员享有的基本权利，也是政府对每一个社会成员应承担的义务和责任。社会保障体系是由相互联系、相互制约的一系列社会保障项目所构成的体系的总和。社会保障可从不同的角度分类，一般按保障对象，分为社会保险、社会救助、社会福利和社会优抚四类。

社会救助是国家及各种社会群体运用掌握的资金、实物、服务手段，通过一定机构和专业人员，按照科学的工作方法，向无生活来源、丧失工作能力者，以及生活在"贫困线"或最低生活标准以下的个人和家庭，一时遭受严重自然灾害和不幸事故的遇难者提供物质帮助，以保障其最低生活水平的一种社会保障制度。

社会福利是现代国家实施的改进居民生活福利的一整套社会保障制度。其保障对象是全体社会成员；其保障标准是满足社会成员改善生活和提高生活水平的需要。社会福利的内容较多，按内容，分为教育福利、住房福利、基础设施、个人生活福利、财政补贴等；按保障的主体，分为未成年福利、老年人福利、残疾人福利、职工福利和家庭福利。对非劳动者而言，社会福利是其变相的收入来源；对劳动者而言，社会福利则是获得工资后的额外收益。因此，社会福利有"社会工资"的美称。

社会优抚是社会优抚和安置的简称，是国家和社会依照法律规定，对特定对象通过抚恤、优待和安置，确保他们的生活不低于当地群众平均生活水平并带有褒扬性质的特殊社会保障制度。因此，其优待和抚恤标准一般为保证被保障人的生活水平相当于或略高于当地平均生活水平。社会优抚的对象是复员退伍军人、伤残军人、为国捐躯军人和现役军人的家属；其资金主要来源于政府；其内容主要包括举办社会优抚事业、伤残军人抚恤优待、军人抚恤金、军人家属优待、退伍军人就业安置。

上述关系如图12-1所示。

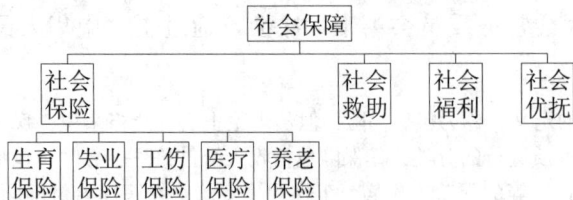

图 12-1 社会保障关系

第二，社会保险对象通常是社会劳动者（少数国家除外），而且社会保险实行的是强制保险，被保险人没有选择的余地。凡是实行社会保险的国家，其承保对象的范围都是从小到大，逐步扩大的，一般先以从事风险程度较大、发生灾害较多的体力劳动者为承保对象，然后逐步扩大到一般工薪阶层，最后才普及社会全体成员。纵观世界各国的社会保险制度，社会保险的对象就参加的资格条件而言，一般分为五类：

一是被雇用的劳动者，即一切被雇用的劳动者，无论工商企业，还是文、教、卫、行政机关工作人员，不分性别，都被纳入强制保险的范围。

二是生产达到一定规模的企业劳动者，即企业工人数必须达到一定规模才能准许参加保险。

三是达到一定收入水平的劳动者，即参加社会保险者，其收入水平必须达到法定的数额。

四是从事特定职业的劳动者，即凡从事保险法令规定必须参加保险的劳动者，无论其收入水平高低，也不管被雇用者还是独立工作的人，都无条件地参加保险。

五是达到一定年龄的全体公民，即凡达到保险法规定的投保年龄的人，无论被雇用者还是独立劳动者，或是无固定工作的劳动者，不分性别、地区及经济和社会地位，都在被保险范围之内。

我国社会保险的对象范围较窄。中华人民共和国成立初期，我国劳动保险条例规定，只有全民所有制的企事业劳动者才享有社会保险待遇。现在虽然某些险种已逐步扩大到集体企事业单位，但广大农民和个体劳动者还未被纳入社会保险的范围。随着我国正在进行的社会保障改革的不断深入，广大农民和独立劳动者将逐步被纳入社会保险的范围。

第三，社会保险承保的风险是社会劳动者暂时或永远丧失劳动能力，或失业带来收入减少的风险，即劳动者年老、患病、工伤、失业、生育带来经济损失的风险。

第四，社会保险的保障标准是保障社会劳动者暂时或永远丧失劳动能力，或失业带来收入减少时的基本生活。

第五，社会保险是强制保险。它通过国家立法强制实施。获得社会保险是每个社会劳动者的权利，而缴纳社会保险费是其义务。

### （二）社会保险费与费率

社会保险费是社会保险机构通过各种渠道筹集的、用于社会保险事业开支的费用。由于社会保险是由最初的互助组织经过商业保险演变而成的，所以商业保险在保险技术方面的基本属性在社会保险上也适用。因此，社会保险对于有关交费与给付之间的权利义务对等、财务收入与支出的平衡，以及其他保险原理的运用，也适用于社会保险。但社会保险在保险费的性质上与商业保险不同。从总体上来说，社会保险费来源于整个社会，但由于社会是由个人、企事业单位和政府三个层次构成的，因此，社会保险实际上由劳动者个人、企事业单位和政府三方面负担。除了被保险人外，政府与雇主往往分担一部分或全部。由三方面负担社会保险费是由社会保险的性质和特征所决定的。

1. 社会保险费的特点

（1）保费与给付不成比例。在商业保险中，若投保同一险种的被保险人交纳的保险费相等，则他们在发生保险事故时所得到的保障也必然相等；社会保险中被保险人所交保险费的多少在一定程度上取决于当时工资水平的高低，而不完全取决于将来给付的多少。

（2）成本估计不易确定。在社会保险中，由于许多因素属于社会因素，如失业等，非常难以确定，因而社会保险的成本计算不能像商业保险那样准确。

（3）风险分类较粗略。由于社会保险是为了实施社会政策而进行的，因而对风险分类的较粗略，对风险的大小也考虑较少，而是以收入为主考虑保费的多少。

（4）保险费负担较轻。由于商业保险是以盈利为目的的，其保费由纯保费和附加保费构成，纯保费用于风险事故发生时赔偿或给付保险金，附加保费则包括各种经营费用、税收和利润。社会保险是非盈利性活动，无须纳税，其管理费用亦由政府负担或资助，其保费仅限于纯保险部分，因而其保险费的负担较商业保险轻，被保险人不需负担全部保险费。商业保险的保费全部由投保人负担；社会保险所承保的保费负担则不然，通常由雇主、被保险人和政府三方分担，并且因险种不同而不同。例如，大部分国家的工伤保费，被保险人完全不承担。

2. 社会保险费的分担方式

社会保险费通常由三方分担，它说明其负担的对象是相对社会保险费的总数而言的，并非每一险种的保险费均由三方分担。事实上，具体到某一险种，其保费分担者或许是被保险人和企事业单位，或许是政府和企事业单位等。在目前实施社会保险的国家中，因不同类型及不同险种，分担方式也不同，主要有以下几种：

（1）雇主与被保险人共同负担。在1883年德国首创社会保险时，其医疗保险费就规定由雇主与被保险人共同分担。至今绝大多数国家的医疗保险均采用该种分担方式。

（2）政府与被保险人共同负担。在该方式下，被保险人只负担少量保费，大部分保费由政府负担，这样既减轻了雇主的经济负担，也有利于贯彻社会政策。

（3）雇主与政府共同负担。这种方式是有关政府和雇主为减轻被保险人的经济负担、扩大社会保险范围而规定的。

（4）雇主、政府与被保险人共同分担。该方式最早在德国1889年举办的年金保险中实施。现在，多数国家都采用该种方式。

（5）被保险人全部负担。该方式只是在少数国家的少数险种上实施，旨在适当减轻雇主和政府的经济负担，增强被保险人办好社会保险的责任感。

（6）雇主全部负担。采用该方式，有利于增强雇主的安全意识，减少灾害事故，减轻雇员和政府的经济负担。

（7）政府全部负担。该方式通常为政府财力雄厚，并为了扶持某些险种的发展和加强政府对社会保险的宏观控制的国家所采用。

我国《劳动法》第七十二条规定，社会保险基金按照保险类型确定资金来源，逐步实行社会统筹。用人单位和劳动者必须依法参加社会保险，缴纳社会保险费。这说明我国社会保险费的负担方式因险种不同而有所区别。

3. 影响社会保险费分担比例的因素

在社会保险中，对保费负担的比例，各国及各国的险种不一致。概括起来，有平均分担的方式、一方大于另一方负担比例的方式。因此，确定社会保险负担比例的因素通常由以下因素决定：

（1）保险险种的性质。由于保险险种是由风险的性质所决定的，有些风险属于社会风险，应由政府承担；有些介于社会风险与个人风险之间，应由政府、雇主与雇员共同承担。例如，老年、疾病等风险是每个劳动者都会遇到的纯粹的、自然性的风险，几乎每一个劳动者都会享受该种保险待遇，因而被保险人应交纳保险费；失业风险是社会经济原因所引起的，非被保险人所能控制，它关系到社会稳定，因而政府负有主要责任，应承担失业保险费的大部分或全部；工伤风险与生产直接相关，雇主负有重大责任，因而应承担工伤保险费的大部分或全部。由此可知，风险的性质决定了保险的类型，从而决定了保费的负担方式。

（2）雇员、雇主和政府三方各自负担保险费的能力。这是根据交费三方的收入水平来确定各方的负担比例。世界上绝大多数国家采用雇员和雇主按工资总额的一定比例交纳保费、政府根据财力的可能予以适当补贴的办法，即三方各自负担份额，以各自负担保费的能力为出发点。例如，1952 年国际劳工大会通过的《社会保障最低公约》规定，社会保险费应通过交纳保险费或税收的方式，或两者都交纳的方式，以免给低收入者造成困难，并考虑成员国的经济情况和被保险人的类别，由集体分担。但由被保险人分担的保费不得超过全部社会保险费的 50%。根据该因素，如果一国的经济发展水平高，财政的承受能力强，则政府承担的保费相对高一些；反之，则雇员或雇主承担的比例高一些。例如，在一些发达国家，社会保险费用主要由政府承担；反之，在一些发展中国家，则以雇员承担为主。新加坡的社会养老保险实行个人账户，便是比较典型的实例。

（3）国家的社会保险政策。社会保险一般是国家举办的强制性保险，因此，在其保险的对象、范围、险种及保险费负担的比例等方面，均可作出一些政策性规定。政府可根据本国的实际情况，为某些险种确定一个由社会保险各方负担的法定比例。例如，在实行普遍型社会保险的英国，国家财政补贴占全部资金来源的 43.6%；而在实行自助型社会保险的法国，这一比例仅为 17.7%。同时，国家如要发展或限制某些险种，也可采用保费负担比例大小的办法加以引导。例如，国家鼓励发展某些险种，则在保费交纳比例上由政府承担大部分；反之，则由雇员与被保险人承担大部分。

4. 社会保险费的确定方式

一般来说，社会保险费的确定方式有两种：比例保险费制和均等保险费制。

（1）比例保险费制。这是以被保险人的工薪收入为基准，规定一定的百分比作为保险费率，从而确定应交的保险费的方法。该方法于 1883 年在德国实施的医疗保险时首先采用，其费率为被保险人工资的 5%。该方法将所交保险费与被保险人的收入相联系，有利于根据其收入承受能力确定保费负担。现在多数国家的大部分社会保险项目采用这种方式。在比例保险费制中，由于各种规定和限制不同，通常分为固定比例制、等级比例制和累积比例制三种方式。其中，固定比例制是指根据被保险人的实际收入征收同一百分比的保险费，该方法计算简便，为大多数国家所采用；等级比例制又称为差别比例制，是按被保险人的收入分为若干个等级，并规定其标准收入，然后就每一等级的标准收入按规定的费率计算保险费；累积比例制是指因收入高低不同而规定不同的保险费率，对低收入者征收的保险费率低，对高收入者征收的保险费率高，并且随着收入的递增，保险费率按级递增。该方式的特点是：保费负担随收入的增加而增加。

（2）均等保险费制。均等保险费制又称为同一保险费率制，是不论被保险人或雇主的收入为多少，一律计收同等的保险费的方法。其最大优点是：计算便利，易于普遍实施；在保险金给付方面，具有收付一律平等的意义。其缺点是：低收入的被保险人与高收入的被保险人交纳同等数额的保费，在负担能力方面显失公平，有悖于社会保险风险分担、互助合作和收入再分配的原则。此种方法主要适用于以全体国民为保险对象的国家。最典型的是英国，丹麦、瑞典和爱尔兰等国家也都采用该种方式。

为了弥补均等保险费制的缺陷，并顾及被保险人保费负担能力的公平，有些国家在实行均等保险费制的同时，又采用了等级保费制，即按被保险人的收入划分为若干等级，再就每一等级规定相应的保险费，也即规定每一等级的均等保险费，收入多者多交，收入少者少交。该方式虽然在一定程度上克服了均等保险费制负担不公平的弊病，但也有缺点：在物价和工资变动时，它不如比例保险费制富有弹性，必须随时调整保险费，否则会形成新的不平衡。因此，少数采用均等保险费制的国家已逐步采用比例保险费制。

在上述方法中，采用比例保险费制的国家较多。

5. 社会保险费率

社会保险费率是社会保险单位在一定时期内计算和收取保险费的比率。它通常用百分数（%）或千分数（‰）来表示。制定保险费率除了应符合正确合理、稳定灵活的一般要求外，还应符合不以盈利为目的以及国民收入在国家、企事业单位和个人三者之间分配的比例等特殊原则。

社会保险费率通常分为综合保险费率和分类保险费率。综合保险费率是将两种以上的保险项目综合在一起，根据某一基数（如工薪总额）计算出来的总保险费率，然后按总的保险费率在政府、雇主和雇员之间分别承担比例。目前，绝大多数国家的老年保险、残疾保险、遗属保险、生育保险和疾病保险均采用综合保险费率。分类保险费率是根据保险险种的性质、特征或其他因素分别计算的费率。该费率适用于具有特殊风险的险种，如工伤保险、失业保险等，但也有例外。分类保险费率的优点在于：能反映各保险项目的特殊风险情况，使用灵活；其缺点在于：制定手续比较复杂，不利于降低保险成本。

### （三）社会保险的特征

社会保险的基本特征为强制性、普遍性、福利性、社会公平性、基本保障性和互济性。

1. 强制性

所谓强制性，是指社会保险是通过立法强制实施的，社会保障的内容和实施都是通过法律进行的，凡属于法律规定范围内的成员都必须无条件地参加社会保险，并按规定履行缴纳保险费的义务，并受到保险保障。社会保险的这种强制性一般是通过立法和国家征收社会保险费及给付保险金两种方式体现出来的。国家通过制定社会保险法规来实施社会保险制度，雇员和雇主必须依法缴纳社会保险费；社会保险的缴费标准和给付标准等也都是按国家法律、法令统一确定的，被保险对象对于是否参加社会保险、投保的项目及待遇标准等均无权任意选择与更改，同时，凡属社会保险的对象都享有得到保险金的权利。社会保险的这种强制性确保了保险基金有可靠的来源，从而为社会保险制度得以全面贯彻落实提供了法律的和经济的保障。

2. 普遍性

社会保险要求社会化，凡是符合法律规定的所有企业和社会成员都必须参加。因为保险费率是以大量同类风险的存在为前提，运用大数法则的原理计算出来的，故社会保险的领域越广泛，计算出来的费率就越精确。此外，保险是以多数人的力量来共同分担少数人的风险损失，故保险的覆盖面越广，就越能发挥这种互助互济的功能。

3. 福利性

所谓福利性，是指社会保险不以盈利为目的，实施社会保险完全是为了保障社会成员的基本生活。社会保险的主要目的是稳定社会、增进福利，而不是盈利。因此，社会保险十分重视社会效益，要求以最少的社会投入解决最大的社会保障问题。社会保险基金来源于政府、雇主和雇员三个方面，而且要尽量减轻雇员的个人负担。

4. 社会公平性

公平分配是宏观经济政策的目标之一，社会保险作为一种分配形式，具有明显的公平特征。一方面，社会保险中不能存在任何特殊阶层，在同等条件下的公民所得到的保障是相同的；另一方面，在形成保险基金的过程中，高收入的社会成员比低收入的社会成员缴纳较多的保险费。在使用的过程中，一般都是根据实际需要进行调剂的，不是完全按照缴纳保险费的多少给付保险金，个人享有的权利与承担的义务并不严格对价，从而体现出一定程度的社会公平。

5. 基本保障性

社会保险的保障标准是满足保障对象的基本生活需要，因为社会保险的根本目的是保证人们的收入稳定、生活安定，发挥社会稳定器的作用。

6. 互济性

社会保险通过法律的形式向全社会有交纳义务的单位和个人收取社会保费，建立社会保障基金，并在全社会统一用于济助被保障对象，同时各项社会保险基金可以从统一基金中相互调节。

## 二、社会保险的作用

社会保险是现代社会经济生活的重要方面，是一项重要的社会政策，它既是劳动者享有的维持基本生活的权利，也是政府应承担的义务，对保障人民基本生活、维护社会稳定、促进经济发展起着重要作用。

社会保险的作用具体体现在以下几方面：

第一，社会保险能发挥社会稳定器的作用。社会成员的老、弱、病、残、孕以及丧失劳动能力，是在任何时代和任何社会制度下都无法避免的客观现象。在现代社会里，随着生产的高度社会化和分工协作的发展，风险因素日益增多，危害程度也日益加剧。当风险事故发生时，许多社会成员因灾害事故损失和丧失收入而难以维持基本的生活条件，成为社会的一种不安定因素。社会保险就是当社会成员遇到这种情况时给予其适当的补偿，以保障其基本生活水平，从而防止不安定因素的出现。

第二，社会保险有利于保证社会劳动力再生产的顺利进行。劳动者在劳动过程中必然会遇到各种意外事件，如疾病、伤残、失业等，这样就会使劳动者失去正常收入，造成劳动力再生产过程的停顿。社会保险就是劳动者在遇到上述风险事故时给予其必要的经济补偿和生活保障，使劳动力得以恢复。例如，劳动者在患病和遭受意外伤害时，可能会因为无力支付巨额医疗费用而耽误及时治疗，从而造成社会劳动力的损失。社会医疗保险就能为其提供医药费补贴和治疗服务，有助于其早日恢复健康，重返工作岗位，从而保证社会劳动力再生产的顺利进行。

第三，社会保险有利于实现社会公平。人们在文化水平、劳动能力等方面的差异，会造成收入上的差距。一些文化水平低、劳动能力较弱的劳动者和家庭，其生活水平本来就比较低，如果再遇上风险事故，将难以维持基本的生活水平，与文化水平高、劳动能力较强的劳动者和家庭相比较，生活水平的差距会进一步扩大，从而激化人与人之间的社会矛盾，不利于社会稳定和生产发展。社会保险可以通过强制征收保险费，聚集成保险基金，对收入较低或失去收入来源的劳动者给予补助，提高其生活水平，在一定程度上实现社会的公平分配。

第四，社会保险有利于推动社会进步。保险具有互助性的特点，社会保险更能体现出互助合作、同舟共济的精神。因为社会保险遵循的是权利与义务相结合、先尽义务后享权利的原则，这样有利于协调和处理好个人利益与社会利益、眼前利益与长远利益之间的关系，从而提高国民保险保障程度，推动社会进步。

## 三、社会保险与商业人身保险比较

社会保险与商业人身保险都是通过建立保险基金的方式应付风险的，以保证社会经济生活的稳定，并且其保险标的都是人的生命和身体。由于社会保险是由最初的互助组织经过商业人身保险演变而成的，所以商业人身保险在保险技术方面的基本属性、财务收入与支出的平衡以及其他保险原理的运用也适用于社会保险。但二者在许多方面存在不同。

### （一）保险性质不同

社会保险是国家保障劳动者基本生活的一项社会政策，当被保险人在遇到生育、老年、疾病、伤残、失业等风险而丧失劳动能力或暂时中断收入时，他们都有从社会获得基本生活保障的权利，同时这也是政府应承担的责任，属于政策性保险，属于政府行为；商业人身保险属于商业性质，是商业保险的一种形式，其行为是等价交换的买卖行为。

### （二）保险对象不同

社会保险的保险对象是法令规定的社会劳动者，有的国家甚至扩展到全体公民，凡法律规定属于社会保险的保险对象都必须参加，社会化程度高；商业人身保险的保险对象较灵活，是一切自愿投保的国民，无论劳动者还是非劳动者，均可投保，可由个人根据需要选择。但实际上，往往劳动者，尤其是低收入劳动者，无力参加。

### （三）实施方式不同

社会保险主要采取强制方式实施，属于强制保险。凡属于社会保险的保险对象，无论其是否愿意，都必须参加，并缴纳保费；当被保险人在遇到生育、老年、疾病、伤残、失业等风险而丧失劳动能力或暂时中断收入时，政府必须按法定标准给付。这是因为，社会保险以社会大多数人为对象，故必须有大多数人的加入，才能收到实施社会政策的效果。商业人身保险一般采取自愿原则，主要属于自愿保险，投保人是否投保、投保什么险种、投保多少等，主要由投保人自行决定。

### （四）保险关系的建立依据不同

在社会保险中，保险人与被保险人之间保险关系的建立主要以法律为依据，如保险对象、保险资金来源、保费负担、受给资格、给付内容等均由法律规定，双方当事人不能另有约定。在商业人身保险中，保险人与投保人之间保险关系的建立完全依据保险合同的签订，通过保险合同确定双方的权利义务关系，如保险人可因投保人不履行缴付保险费的义务而有权停止被保险人或受益人在保险合同中享有的权利，但社会保险不能。

### （五）保障水平不同

社会保险的保障水平是基本生活需要，一般在贫困线以上，而在一般水平以下，如果这一水平过高，则会产生依赖和懒惰的副作用；商业人身保险的保障水平是满足人们对保障水平的特定需要，投保人可根据其面临的风险与保费承受能力确定险种和保险金额，其保障水平多样，一般较社会保险高，是社会保险的必要补充。

### （六）给付标准的依据不同

社会保险的给付标准主要取决于能提供社会劳动者某种程度基本生活的保障，并不一定与其所缴的保险费具有对价关系，即偏重于社会的适当性。商业人身保险则不然，其给付高低与所缴保费之间必然具有密切的关系，比较重视个别的公平性，支付保费多的人得到的保险金额自然就高。社会保险中如最低标准的订立、给付占保费的比例的增减、抚养家属的考虑，均为社会适当性的表现，这在医疗给付和老年给付中尤为明显。

### （七）保费的承担者不同

社会保险的保费通常由劳动者个人、企业和国家三方共同分担。其基本原则主要是保障基本生活需要，主要强调社会的公平性，而不特别强调权利与义务的对等。个人负担多少，主要取决于其经济承受能力，而不是将来给付的需要。因为社会保险是为了保障社会大多数人的经济生活安全，这些人在一般情况下均因无力支付保险费而不能参加商业人身保险，以至于一旦不幸的事件发生，便使其经济生活陷于不安定状态，造成严重的社会问题。故社会保险的保费常由各方分担，以减轻被保险人的负担，使其有参加保险的机会。商业人身保险的保险费则完全由投保人负担，保险费负担的多少取决于给付被保险人保险金额的多少和风险程度的高低，严格强调权利与义务对等的原则，强调个别的公平性。

### （八）经营主体不同

社会保险的经营主体是政府，包括政府设置的社会保险机构或政府委托的政策性金融机构或保险公司；商业人身保险的经营主体是保险公司，是营利性的企业法人。当然，社会保险应以何者为经营主体，学者间说法不一。据各国先例，有委托民间保险公司代办的，有利用非营利的社团办理的，也有由国家特设机构承办的。公营保险与民营保险各有利弊。但就原则而论，社会保险以实施社会政策为目标，由非营利的社团或特设机构承办，易于达到政策目标。

### （九）经营目的不同

社会保险不以营利为目的，而是为确保社会安定、提高社会福利、促进经济增长、推动社会进步；商业人身保险必须以营利为目的。因社会保险以从事某种职业的人或小额收入者为对象，他们虽有保险的需要，但因经济能力不足，苦于没有参加保险的机会，一旦风险发生，其经济生活不安定的现象对社会影响极大，故不能有营利的因素介入。同时，社会保险是以救济贫困者为目的的保险，既然以救贫为目的，便不能以营利为手段。商业人身保险则不然，虽然客观上也起到保障人民生活和稳定生产经营的作用，但为了市场竞争的需要，它必须偏向于取得更多的利润，以增强其竞争力。

### （十）调整的法律依据不同

社会保险调整的法律依据是宪法、劳动法及有关的社会保障法律、法规；商业人身保险调整的法律依据是保险法及商业保险法律、法规。

## 第二节　社会保险的种类

社会保险的项目各国不一，依 1952 年国际劳工组织订立的《社会保障最低标准公约》规定，分为医疗津贴、疾病津贴、失业津贴、老龄津贴、工伤津贴、家庭津贴、生育津贴、残疾津贴及遗属津贴九项。美国卫生教育福利部社会安全署出版的《世界各国社会保障制度》，将社会保障分为五类：老年残疾及遗属、疾病与生育、职业伤害、失业及家庭津贴。我国《劳动法》第七十条规定，国家发展社会保险事业，建立社会保险制度，设立社会保险基金，使劳动者在年老、患病、工伤、失业、生育等情况下获得帮助和补偿。我国《劳动法》第七十三条进一步规定，劳动者在下列情形下依法享受社会保险待遇：退休；患病、负伤；因工伤残或患职业病；失业；生育。劳动者死亡后，其遗属依法享受遗属津贴。根据我国《社会保险法》第二条的规定，我国的社会保险包括养老保险、医疗保险、工伤保险、失业保险、生育保险。由上述分析可知，各项可归并为社会保险的五项：生育保险、失业保险、工伤保险、医疗保险、养老保险。

### 一、生育保险

#### （一）生育保险的含义

生育保险是国家通过立法对妇女劳动者因生育子女而暂时丧失劳动能力、失去劳动收入时，提供一定物质帮助，以维持其基本生活的一种社会保险。它保证妇女劳动者在怀孕、生育期间以及在生育行为刚刚结束时期，因劳动能力暂时丧失而中断生活来源后，能够从国家和企业获得收入补偿，从而保障基本生活，顺利地渡过生育时期。

#### （二）我国生育保险的待遇

我国生育保险制度的建立始于 1951 年政务院颁布的《中华人民共和国劳动保险条例》。长期以来，我国生育保险实行的是两种制度并存。第一种是新中国成立初期延续下来的传统生育保险制度。其覆盖范围包括国家机关、人民团体、企业和事业单位。具体待遇标准按照《劳动部关于女职工生育待遇若干问题的通知》执行，即职工生育后，由所在单位负担职工的生育产假工资、报销生育医疗费，生育保险的管理由职工所在单位负责。第二种是生育保险社会统筹制度。《企业职工生育保险试行办法》规定，参保单位女职工生育或流产后，其生育津贴和生育医疗费由生育保险基金支付。在实践中，很多省市规定将机关、事业单位、社会团体、民办非企业、个体工商户等单位纳入了生育保险覆盖范围。

随着社会保障制度的不断完善，我国的生育保险制度也在逐步改革。自 2011 年 7 月 1 日起实施的《社会保险法》规定，职工应当参加生育保险，由用人单位按照国家规定缴纳生育保险费，职工不缴纳生育保险费。用人单位已经缴纳生育保险费的，其职工享受生育保险待遇；职工未就业的，配偶按照国家规定享受生育医疗费用待遇。所需资金从生育保险基金中支付。生育保险待遇包括生育医疗费用和生育津贴。生育医疗费用包括：生育的医疗费用；计划生育的医疗费用；法律、法规规定的其他项目费用。职工有下列情形之一的，可以按照国家规定享受生育津贴：女职工生育享受产假；享受计划生育手术休假；法律、法规规定的其他情形。生育津贴按照职工所在用人单位上一年度职工的月平均工资计发。2012 年 4 月，国务院发布的《女职工劳动保护特别规定》对女职工的生育待遇作了新的规定，各地也根据实际情况，将实施生育保险和计划生育工作结合起来，并制定了一些相应的规定。2015 年 12 月 27 日，全国人大常委会表决通过了《人口与计划生育法修正案》，全面实施一对夫妇可生育两个孩子的政策。按该修正案中的规定，生育一孩或两孩的夫妻均可获得延长生育假的奖励。

我国的生育保险除实行免费医疗之外，还包括产假、工资待遇和生育补助费三项内容。现行的生育保险待遇主要内容有以下几方面：

（1）女职工达到法定婚龄，符合国家有关计划生育的法规规定，在法定生育休假期间、实施节育手术休假期间、实施节育手术后引起并发症的医疗期间以及已婚女职工流产休假期间，可享受生育保险待遇。

（2）女职工生育或者流产的医疗费用，按照生育保险规定的项目和标准，对已经参加生育保险的，由生育保险基金支付；对未参加生育保险的，由用人单位支付。

（3）女职工产假期间的生育津贴，以女职工产前或计划生育手术前 12 个月的生育保险月平均缴费工资为计发基数。

（4）一次性生育补贴。原在单位参加生育保险的女职工失业后，在领取失业保险金期间，符合计划生育规定生育时，可享受一次性生育补贴：流产为 400 元、顺产为 2 400 元、难产和多胞胎生育为 4 000 元；对参加生育保险的男职工，其配偶未列入生育保险范围，符合计划生育规定生育第一胎时，可享受 50% 的一次性生育补贴。

（5）计划生育手术费，包括因计划生育需要，实施放置（取出）宫内节育器、流产术、引产术、皮埋术、绝育及复通手术所发生的费用，列入生育保险基金结付范围。女职工实施节育手术引起的并发症，经计划生育主管部门和劳动鉴定委员会鉴定，并确认是由节育手术引起的，其医疗期间的医疗费用全部予以报销，工资按标准支付。

（6）女职工生育享受 98 天产假，其中产前可以休假 15 天；难产的，增加产假 15 天；生育多胞胎的，每多生育一个婴儿，增加产假 15 天。晚育的女职工增加产假 14 天。女职工怀孕未满 4 个月流产的，享受 15 天产假；怀孕满 4 个月流产的，享受 42 天产假。

此外，妇女在分娩、节育时，有可能出现一些医疗、医药责任事故和其他因素造成的妇女和婴儿的残疾或死亡，我国各地还普遍开展了"分娩、节育保险"和"母婴安康保险"。

## 二、失业保险

### （一）失业与失业保险的概念

对失业的理解有广义和狭义两种。广义的失业包括自愿失业和非自愿失业。非自愿失业者是有劳动能力与劳动意愿而未能在劳动力市场上找到工作的人。非自愿失业者由于非本人所能控制的原因失业后，其收入受到损失并因此影响其生活状况。这里采用国际上通用的非自愿失业标准。

失业保险是国家通过立法对劳动者因遭受本人所不能控制的失业风险而暂时失去收入时，提供一定的物质帮助，以维持其基本生活的一种社会保险。目前全世界实施失业保险的国家约有 40 多个，其中约 80% 是第二次世界大战以后实施的。究其原因，是因为失业已成为社会问题，必须由社会解决，从而失业保险成为社会保险的一个重要险种。

### （二）我国的失业保险

中华人民共和国成立后，1950 年 6 月，政务院公布了《救济失业工人暂行办法》，对失业保险基金的筹措渠道和保险范围做了明确规定：从三个渠道筹措失业保险基金，即国有企业、私有企业按职工工资总额的 1% 缴纳保险费，职工个人按工资额的 1% 缴纳保险费，政府拨款和各界赞助；保障范围为国营企业、私营企业与码头运输业中失业的职工，以及文教部门的失业人员。但后来认为，失业是资本主义的产物，在社会主义条件下，人民已成为国家的主人，不存在失业问题，也就没有必要搞失业保险，因而自 1958 年起，我国原有的失业保险制度不再发生效力。但在实际中，有一部分人没有工作，这与没有失业不相符，于是将这一现象解释为待业，即等待工作的意思，并且仅限于城镇待业人员，认为：城镇待业人员是在劳动年龄内，有劳动能力、无业而要求就业，并在城镇基层政权组织进行登记的人员，包括城镇 16～25 岁的初高中生未能升学、参军的社会青年和年龄在 25 岁至男 50 岁、女 45 岁的其他待业人员。显然，我国对待业人员的界定，无论从年龄还是从地域，均大大小于失业的范围。直到 1978 年改革开放后，人们才认识到失业是市场经济条件下竞争的不可避免的产物，并开始逐步重视失业保险。

我国失业保险制度的真正建立是在 1986 年。1986 年 7 月 12 日，国务院颁布了《国有企业职工待业保险暂行规定》，明确规定对国有企业职工实行职工待业保险制度。建立失业保险制度的主要目的之一是配合国有企业改革和劳动制度改革。

1986—1993 年是我国失业保险制度的形成和初步运行时期。1993 年 4 月，国务院发布了《国有企业职工待业保险规定》。这一规定的发布和实施标志着我国的失业保险制度进入了正常运行时期，也进一步完善了我国的失业保险制度。近几年来，一些地方根据本地情况，扩大了失业保险的覆盖范围，将城镇集体企业、外商投资企业、私营企业及其职工，部分机关、社会团体和事业单位及其职工也纳入了失业保险的范围。为了增强失业保险基金的承受能力，部分省、市实行了个人缴费。

1994 年 7 月 5 日第八届全国人民代表大会常务委员会第八次会议颁布的《中华人民共和国劳动法》"社会保险与福利"章第七十条和第七十三条均已明确提到"失业"保险问题，使我国失业保险逐步规范化和法制化。我国失业保险制度自 1986 年建立 2017 年，已有 32 年的发展历史。在这期间，失业保险制度发挥了多方面的积极作用。首先，有效地保障了失业人员的基本生活；其次，促进了失业人员的再就业；第三，支持了企业改革。但其还不能完全适应建立社会主义市场经济体制、深化国有企业改革和建立现代企业制度的要求，并存在一些问题：一是适用范围小，只是在国有企业和企业化管理的事业单位实行；二是基金承受能力较弱；三是统筹程度不高，失业保险基金主要实行市县统筹，不能完全发挥失业保险社会互济的功能。因此，2010 年 10 月 28 日第十一届全国人民代表大会常务委员会第十七次会议通过的《社会保险法》中关于失业保险的规定揭开了我国失业保险的新篇章，其意义的所在将失业保险作为法律的层面实施。

### （三）我国现行失业保险的主要内容

根据我国 2010 年颁布的《社会保险法》，结合 1999 年颁布的《失业保险条例》，我国现行失业保险的主要内容包括以下几方面：

1. 失业保险的范围

按《失业保险条例》，目前我国失业保险的实施范围包括国有企业、城镇集体企业、外商投资企业、港澳台投资企业、城镇私营企业以及其他城镇企业。从单位来讲，城镇的国有企业、集体企业、外商投资企业、港澳台投资企业、私营企业等各类企业，以及事业单位都必须参加失业保险并按规定缴纳失业保险费；从个人来讲，上述单位的职工也要按规定缴纳失业保险费，失业后符合条件的可以享受失业保险待遇。社会团体及其专职人员、民办非企业单位及其职工、城镇中有雇工的个体工商户及其雇工是否适用《失业保险条例》，由各省级人民政府确定。根据我国《社会保险法》的规定，也同样限于职工。

2. 失业保险所需资金的来源和失业保险费的缴纳

按《失业保险条例》，失业保险所需资金来源于四个部分：一是失业保险费，包括单位缴纳和个人缴纳两部分，这是基金的主要来源；二是财政补贴，这是政府负担的一部分；三是基金利息，这是基金存入银行和购买国债的收益部分；四是其他资金，主要是指对不按期缴纳失业保险费的单位征收的滞纳金等。失业保险费由城镇企业、事业单位按照本单位工资总额的 2% 缴纳，城镇企业、事业单位职工按照本人工资的 1% 缴纳失业保险费。城镇企业、事业单位招用的农民合同制工人本人不缴纳失业保险费。

但基本缴费人是用人单位和职工，根据我国《社会保险法》第四十四条规定，"职工应当参加失业保险，由用人单位和职工按照国家规定共同缴纳失业保险费"[1]。

3. 享受失业保险的条件

享受失业保险，需要满足以下条件：按照规定参加失业保险，所在单位和本人已按照规定履行缴费义务满一年的；非因本人意愿中断就业的，失业后已办理就业登记并有就职要求的。根据我国《社会保险法》第四十五条规定：失业人员符合下列条件的，从失业保险基金中领取失业保险金：失业前用人单位和本人已经缴纳失业保险费满一年的；非因本人意愿中断就业的；已经进行失业登记，并有求职要求的。失业人员在领取失业保险金期间，按照规定，同时享受其他失业保险待遇。

关于领取失业保险金的程序，《社会保险法》第五十条规定：用人单位应当及时为失业人员出具终止或者解除劳动关系的证明，并将失业人员的名单自终止或者解除劳动关系之日起15日内告知社会保险经办机构。失业人员应当持本单位为其出具的终止或者解除劳动关系的证明，及时到指定的公共就业服务机构办理失业登记。失业人员凭失业登记证明和个人身份证明，到社会保险经办机构办理领取失业保险金的手续。失业保险金领取期限自办理失业登记之日起计算。

失业人员在领取失业保险金期间，重新就业的、应征服兵役的、移居境外的、享受基本养老保险待遇的，以及无正当理由，拒不接受当地人民政府指定部门或者机构介绍的适当工作或者提供的培训的，应当停止领取失业保险金，并同时停止享受其他失业保险待遇。

4. 失业保险期限

失业保险金的领取时间是由失业人员失业前所在单位和本人按照规定累计缴费时间决定的，累计缴费时间满1年不足5年的，领取失业保险金的期限最长为12个月；累计缴费时间满5年不足10年的，领取失业保险金的期限最长为18个月；累计缴费时间为10年以上的，领取失业保险金的最长期限为24个月。

5. 失业保险金的标准

失业保险金的标准，按照低于当地最低工资标准，高于城市居民最低生活保障标准的水平，由省、自治区、直辖市人民政府确定。我国《社会保险法》第四十七条规定，"失业保险金的标准，由省、自治区、直辖市人民政府确定，不得低于城市居民最低生活保障标准"。具体来说，包括按月领取的失业保险金，领取失业保险金期间的医疗补助金，领取失业保险金期间死亡的失业人员的丧葬补助金及其供养的配偶、直系亲属的抚恤金。另外，还可以为失业人员在领取失业保险金期间开展职业培训、职业介绍的机构或接受职业培训、职业介绍的本人给予补贴，以帮助失业人员实现再就业，并减轻失业人员的经济负担。医疗补助金的标准由省级人民政府规定。丧葬补助金和抚恤金的标准应参照对当地职工的规定办理，一次性发放。我国《社会保险法》第四十六条规定：失业人员失业前用人单位和本人

---

[1] 本书认为，失业风险属于系统性风险，属于社会风险，并非个人所能控制的，并且在很大程度上与政府的政策相关联；同时，用人单位和个人已经缴纳一定的税收，因此，政府应该承担其中的一部分。

累计缴费满 1 年不足 5 年的，领取失业保险金的期限最长为 12 个月；累计缴费满 5 年不足 10 年的，领取失业保险金的期限最长为 18 个月；累计缴费 10 年以上的，领取失业保险金的期限最长为 24 个月。重新就业后，再次失业的，缴费时间重新计算，领取失业保险金的期限与前次失业应当领取而尚未领取的失业保险金的期限合并计算，最长不超过 24 个月。

另外，《失业保险条例》还对哪个机构负责失业保险工作、如何对失业保险基金进行统筹和管理、对违法行为如何处罚等方面做了规定。

## 三、工伤保险

### （一）工伤保险的概念

工伤保险是国家通过立法对被保险人因生产、工作中遭受意外事故或职业病伤害提供一定的物质帮助，以维持其基本生活的一种社会保险。

### （二）我国的工伤保险

我国自 2004 年 1 月 1 日起施行的《工伤保险条例》适用于各类企业的职工和个体工商户的雇工。工伤保险待遇主要包括以下几个方面：职工因工作遭受事故伤害或者患职业病进行治疗，享受工伤医疗待遇；职工因工作遭受事故伤害或者患职业病需要暂停工作接受工伤医疗的，原工资福利待遇不变；工伤职工已经评定伤残等级并经劳动能力鉴定委员会确认需要生活护理的，从工伤保险基金中按月支付生活护理费；职工因工致残的，按照伤残等级享受补助金和津贴；工伤职工因日常生活或者就业需要必须安置假肢等辅助器具的，所需费用按照国家规定的标准从工伤保险基金中支付；职工因工死亡的，其直系亲属按照规定从工伤保险基金中领取丧葬补助金、供养亲属抚恤金和一次性工亡补助金等。

根据我国《社会保险法》的规定，工伤保险的保险费，应由用人单位缴纳工伤保险费，职工不缴纳工伤保险费。因为工伤是雇员因为用人单位务工而受伤，理当由用人单位支付其保险费。当然，由于不同行业不同，国家应根据不同行业的工伤风险程度确定行业的差别费率，并根据使用工伤保险基金、工伤发生率等情况在每个行业内确定费率档次。行业差别费率和行业内费率档次由社会保险行政部门制定，并报国务院批准后公布施行；社会保险经办机构则根据用人单位使用工伤保险基金、工伤发生率和所属行业费率档次等情况，确定用人单位缴费费率。用人单位应当按照本单位职工的工资总额，根据社会保险经办机构确定的费率缴纳工伤保险费。

工伤保险的条件和待遇如下：职工因工作原因受到事故伤害或者患职业病，且经工伤认定的，享受工伤保险待遇；其中，经劳动能力鉴定丧失劳动能力的，享受伤残待遇。根据性质不同，在我国，工伤保险费用的支付有两种途径，一种是按照国家规定，从工伤保险基金中支付，包括因工伤发生的下列费用：治疗工伤的医疗费用和康复费用；住院伙食补助费；到统筹地区以外就医的交通食宿费；安装配置伤残辅助器具所需的费用；生活不能自理的，经劳动能力鉴定委员会确认的生活护理费；一次性伤残补助金和一至四级伤残职工按月领取的伤残津贴；在终止或者解除劳动合同时，应当享受的一次性医疗补助金；因工死亡的，其遗属领取的丧葬补助金、供养亲属抚恤金和因工死亡补助金；劳动能力鉴定费。另一种是按照国家规定，由用人单位支付，包括因工伤发生的下列费用：治疗工伤期间的工资福利；五级、六级伤残职工按月领取的伤残津贴；在终止或者解除劳动合同时，应当享受的一次性伤残就业补助金。

职工所在用人单位未依法缴纳工伤保险费，发生工伤事故的，由用人单位支付工伤保险待遇。用人单位不支付的，则从工伤保险基金中先行支付。但从工伤保险基金中先行支付的工伤保险待遇应当由用人单位偿还。用人单位不偿还的，社会保险经办机构可依法追偿。

由第三人的原因造成工伤，第三人不支付工伤医疗费用或者无法确定第三人的，由工伤保险基金先行支付。从工伤保险基金中先行支付后，社会保险经办机构有权向第三人追偿。

对于工伤职工符合领取基本养老金条件的，停发伤残津贴，享受基本养老保险待遇。基本养老保险待遇低于伤残津贴的，从工伤保险基金中补足差额。

工伤职工有下列情形之一的，停止享受工伤保险待遇：丧失享受待遇条件的；拒不接受劳动能力鉴定的；拒绝治疗的。职工因下列情形之一导致本人在工作中伤亡的，不认定为工伤：故意犯罪；醉酒或者吸毒；自残或者自杀；法律、行政法规规定的其他情形。

## 四、医疗保险

医疗保险是社会保险中最古老的保险项目。它首创于德国，1883 年 12 月 1 日《疾病保险法》正式在德国实施。随着社会的进步，人们对疾病影响的处理观念有了改变，由治疗转向保健。这种观念的转变主要表现在现今各国制定的社会保险法规中，一般称医疗社会保险为健康社会保险，也有些国家称之为国民健康保险，旨在将健康保险的对象覆盖全体国民，如英国和日本实施的国民健康保险制度。

### （一）医疗保险的含义和基金来源

1. 医疗保险的含义

医疗保险是国家通过立法对被保险人非因工疾病或患病或伤残而暂时丧失劳动能力、失去收入时，提供一定的物质帮助，以维持其基本生活的一种社会保险。医疗保险所保障的风险是一般疾病、患病和伤残。其中，疾病或患病系劳动者自身身体所致，并非职业病；伤残是指非工伤致残导致丧失劳动能力，其发病、致残原因与劳动无直接关系。医疗保险的保障对象一般是劳动者，也有的包括家属；其给付条件是劳动者因疾病丧失劳动能力、失去收入；其给付形式可以是现金给付或医疗给付。由于医疗保险是社会保险制度中涉及面广、社会作用大的项目，同时医疗保险的难度也大，因而该保险属于福利性质和救济性质的社会保险。实行医疗保险可以为病伤劳动者弥补收入损失，使其恢复劳动能力，重返生产和工作岗位。因此，实行医疗保险有利于保障劳动者及家属的生活稳定；有利于提高国民的健康水平；有利于维持劳动力的再生产；有利于经济发展和社会进步。

2. 医疗保险的基金来源

由于疾病、患病或非工伤残系劳动者自身的身体素质所致，与其工作或社会经济因素没有必然的联系，因而实行医疗保险所需的经费主要来源于被保险人和雇员，政府一般只提供少量的补助或不提供补助（在对所有居民实行普遍免费医疗服务的国家，其医疗费用由政府从一般税收中拨付，或征收国民健康服务费）。实行国民保健服务方式的，其经费全部或大部分来自国家税收和地方税收。但在不同国家，雇主、被保险人和政府三方各自通常负担的保险费比例不同。

### （二）我国的医疗保险

在 1949 年后，我国根据劳动者从事的工作性质不同，对医疗保险采用"双轨"制，即医疗保险分为国有企业单位职工的医疗社会保险和国家机关、事业单位工作人员的医疗社会保险，也就是通常所说的劳保医疗和公费医疗。

1998 年 12 月，国务院决定在全国范围内进行城镇职工医疗保险制度改革，颁布了《国务院关于建立城镇职工基本医疗保险制度的决定》。该决定扩大了原医疗保险制度的覆盖范围，包括企业（如国有企业、集体企业、外商投资企业、私营企业等）、机关、事业单位、社会团体、民办非企业单位及其职工。基本医疗保险费由用人单位和职工共同缴纳，用人单位的缴费率应控制在职工工资总额的 6% 左右，职工缴费率一般为本人工资收入的 2%。基本医疗保险基金由统筹基金和个人账户组成。职工个人缴纳的基本医疗保险费全部计入个人账户。用人单位缴纳的基本医疗保险费分为两部分：一部分用于建立统筹基金；另一部分被划入个人账户。

在我国，社会医疗保险为基本医疗保险，其保障对象包括：职工；无雇工的个体工商户、未在用人单位参加职工基本医疗保险的非全日制从业人员以及其他灵活就业人员；农村人口；城镇居民。但不同人口，适用的规定有所不同。对前二者，适用职工基本医疗保险制度；对于城镇居民，适用城镇居民基本医疗保险制度；对于农村人口，则适用新型农村合作医疗制度。

由于适用对象不同，其缴纳保险费的对象也不同。我国《社会保险法》规定，职工应当参加职工基本医疗保险，由用人单位和职工按照国家规定，共同缴纳基本医疗保险费。无雇工的个体工商户、未在用人单位参加职工基本医疗保险的非全日制从业人员以及其他灵活就业人员可以参加职工基本医疗保险，由个人按照国家规定缴纳基本医疗保险费。城镇居民基本医疗保险实行个人缴费和政府补贴相结合。享受最低生活保障的人、丧失劳动能力的残疾人、低收入家庭六十周岁以上的老年人和未成年人等所需个人缴费部分，由政府给予补贴。新型农村合作医疗的管理办法由国务院规定。

我国《社会保险法》第二十六条规定，"职工基本医疗保险、新型农村合作医疗和城镇居民基本医疗保险的待遇标准按照国家规定执行"。

对于参加职工基本医疗保险的个人，达到法定退休年龄时，累计缴费达到国家规定年限的，退休后不再缴纳基本医疗保险费，按照国家规定，享受基本医疗保险待遇；未达到国家规定年限的，可以缴费至国家规定年限。符合基本医疗保险药品目录、诊疗项目、医疗服务设施标准以及急诊、抢救的医疗费用，按照国家规定，从基本医疗保险基金中支付。参保人员医疗费用中应当由基本医疗保险基金支付的部分，由社会保险经办机构与医疗机构、药品经营单位直接结算。社会保险行政部门和卫生行政部门应当建立异地就医医疗费用结算制度，方便参保人员享受基本医疗保险待遇。

但是，下列医疗费用不纳入基本医疗保险基金的支付范围：应当从工伤保险基金中支付的；应当由第三人负担的；应当由公共卫生负担的；在境外就医的。医疗费用依法应当由第三人负担，第三人不支付或者无法确定第三人的，由基本医疗保险基金先行支付。从基本医疗保险基金中先行支付后，社会保险经办机构有权向第三人追偿。

## 五、养老保险

### （一）养老保险的含义及其特征

养老保险是国家通过立法对劳动者因达到规定的年龄界限而解除劳动义务，由国家提供一定的物质帮助，以维持其基本生活的一种社会保险。

养老保险属于国民收入再分配的范畴。一个国家有无养老保险、养老保险制度是否完备，与一个国家的生产力发展水平有着极大的关系。养老保险一般是通过建立离休、退休制度来实现，并以国家立法加以保证的。

### （二）养老保险的资金筹集模式

世界社会保障发展到今天，从养老保险的角度来看，其资金筹集模式有三种：一是现收现付制；二是基金积累制；三是现收现付制与基金积累制相结合的部分积累制。

1. 现收现付制

现收现付制是指从全社会的角度来说，把今天的缴费用于今天社会保障的养老、失业和医疗需求，今天具有从事经济活动能力的人为今天那些没能参与经济活动的人提供经济支持，而不必对未来进行储备积累。虽然终有一天他们也会不再参与经济活动，但在这种社会保障制度下，那些正在参与经济活动的劳动者，按法律的要求提供给这些曾经为社会保障体系做过贡献的人以经济支持。现收现付制要求先确定近年内可能支付的养老保险费总额，然后以此为参考依据，制定参加养老保险的投保人应缴纳的保险费标准，并以筹集到的养老资金来支付退休人员的养老金。现收现付制实际上是一种静态平衡模式。

2. 基金积累制

基金积累制又称为个人账户制度，是指社会成员在具有劳动能力时，从参与经济活动创造的财富中，按法律的要求拿出一部分，为自己将来的退休养老基金、医疗保障和失业等积累后备金。社会成员在从业期间所缴纳的保险费，与退休后所享受的养老待遇有着密切的联系。国家通过立法，采用强制性措施，要求每一个社会劳动者都参加国家或社会其他机构举办的养老保险。在劳动就业期间，按规定的时间和缴费办法缴纳养老保险费。年老退休后，所有缴费人有权根据自己工作年限的长短以及缴纳的数额，定期或一次性地领取养老金。不过，作为储备基金的费用不是全由个人负担的，其中有相当一部分是雇主或企业负担的，还有一部分来自国家的补助。

3. 部分积累制

部分积累制其实不是一种独立的模式，是介乎于现收现付制和基金积累制两种模式之间的养老保险资金筹集模式。它具有现收现付制和基金积累制两种模式的长处，与此同时，又回避了二者的短处。也正因此，它受到重视。部分积累制集现收现付制与基金积累制于一身：对已退休人员，实行现收现付制；对新参加投保的劳动者，实行基金积累制。

总之，现收现付制、基金积累制、部分积累制都是养老保险的财务管理模式。至于采用哪一种办法，需要从具体的社会情况出发，不存在绝对的标准。

### （三）我国的养老保险

新中国成立不久，1951 年就颁布了《中华人民共和国劳动保险条例》，规定对城镇企业职工实行养老保险。接着，又对国家机关、事业单位和人民团体也实行养老保险，以与企业职工养老保险相衔接。进入 20 世纪 90 年代，我国又决定在农村地区实施养老保险，先在乡镇企业以及富裕农村地区展开。至此，我国才建立了从城市到农村的养老保险网络。

1995 年，国务院颁布《国务院关于深化企业职工养老保险制度改革的通知》，制定了社会统筹与个人账户相结合的养老保险制度改革方案，建立了职工基本养老保险个人账户。1997 年，国务院又颁布《国务院关于建立统一的企业职工基本养老保险制度的决定》，决定到 20 世纪末，要基本建立适应社会主义市场经济体制要求、适用城镇各类企业职工和个体劳动者、资金来源多渠道、保障方式多层次、社会统筹与个人账户相结合、权利与义务相对应、管理服务社会化的养老保险体系。

根据我国《社会保险法》的规定，我国的社会养老保险称为基本养老保险。其具体内容如下：根据保障对象不同，其保障对象分为职工，无雇工的个体工商户、未在用人单位参加基本养老保险的非全日制从业人员以及其他灵活就业人员，农村人口，城镇居民。公务员和参照公务员法管理的工作人员养老保险的办法由国务院制定。

社会保险费的缴纳根据不同情况区别处理：职工参加基本养老保险的，由用人单位和职工共同缴纳基本养老保险费；无雇工的个体工商户、未在用人单位参加基本养老保险的非全日制从业人员以及其他灵活就业人员可以参加基本养老保险的，由个人缴纳基本养老保险费。其基本养老保险实行社会统筹与个人账户相结合。基本养老保险基金由用人单位和个人缴费以及政府补贴等组成。用人单位应当按照国家规定的本单位职工工资总额的比例缴纳基本养老保险费，计入基本养老保险统筹基金；职工则应当按照国家规定的本人工资的比例缴纳基本养老保险费，记入个人账户；无雇工的个体工商户、未在用人单位参加基本养老保险的非全日制从业人员以及其他灵活就业人员参加基本养老保险的，应当按照国家规定缴纳基本养老保险费，分别记入基本养老保险统筹基金和个人账户。对于国有企业、事业单位职工参加基本养老保险前，视同缴费年限期间应当缴纳的基本养老保险费由政府承担。当基本养老保险基金出现支付不足时，由政府给予补贴。个人账户不得提前支取，记账利率不得低于银行定期存款利率，免征利息税。个人死亡的，个人账户余额可以继承。

对于养老金的支付，基本养老金由统筹养老金和个人账户养老金组成。基本养老金根据个人累计缴费年限、缴费工资、当地职工的平均工资、个人账户金额、城镇人口平均预期寿命等因素确定。参加基本养老保险的个人，达到法定退休年龄时累计缴费满 15 年的，按月领取基本养老金。参加基本养老保险的个人，达到法定退休年龄时累计缴费不足 15 年的，可以缴费至满 15 年，按月领取基本养老金；也可以转入新型农村社会养老保险或者城镇居民社会养老保险，按照国务院规定，享受相应的养老保险待遇。对于参加基本养老保险的个人，因病或者非因工死亡的，其遗属可以领取丧葬补助金和抚恤金；在未达到法定退休年龄时，因病或者非因工致残，完全丧失劳动能力的，可以领取病残津贴。所需资金从基本养老保险基金中支付。

为了应对工资增长和物价上涨因素，以便养老金水平不降低，国家建立基本养老金正常调整机制，根据职工的平均工资增长、物价上涨情况，适时提高基本养老保险待遇水平。

## 综合练习

### 一、填空题

1. 我国社会保险的项目包括_____、_____、_____、_____和_____。

2. 社会保障按保障对象，可分为_____、_____、_____和_____。

3. 社会保障费的确定方式主要有_____和_____两种。

4. 社会保险的基本特征有_____、_____、_____、_____、_____和_____。

### 二、单项选择题

1. 社会保障作为工业化和社会化大生产的产物，它产生于（　　）。

A. 德国　　　　　　　　　　B. 美国

C. 英国　　　　　　　　　　D. 法国

2. 与商业保险不同的是，社会保障的实施方式采用（　　）。

A. 自愿方式　　　　　　　　B. 强制方式

C. 半自愿、半强制方式　　　D. 以自愿为主、强制为辅的方式

3. 在我国, 失业者可享受的失业救济金待遇领取时间长度最长为 (　　)。

A. 6 个月　　　　　　　　　　B. 12 个月

C. 18 个月　　　　　　　　　D. 24 个月

## 三、多项选择题

1. 社会保险与商业保险的区别主要体现在 (　　)。

A. 经营目的不同　　　　　　　B. 经营主体不同

C. 保费的承担者不同　　　　　D. 给付标准的依据不同

E. 保险性质不同

2. 社会保险费的特点主要表现在 (　　)。

A. 保费与给付不成比例　　　　B. 风险分类较粗略

C. 保险费负担较重　　　　　　D. 成本估计不易确定

E. 一般由国家、集体、个人三者合理分担

## 四、判断题

1. 社会保险的对象是人和物。　　　　　　　　　　　　　　(　　)

2. 商业保险的保险费通常是个人、企业和政府三方面合理负担。　(　　)

3. 社会保险是依合同实施的契约行为。　　　　　　　　　　(　　)

4. 商业保险强调的是 "社会公平" 原则。　　　　　　　　　(　　)

## 五、名词解释

社会保障　社会保险　失业保险　工伤保险　养老保险　生育保险

## 六、简答题

1. 社会保险具有哪些功能?

2. 社会保险有何特点?

3. 社会保险制度的类型有哪几种?

4. 简述社会保险和商业人身保险的区别。

5. 简述养老保险的模式。

# 参考文献

[1] 王绪瑾. 保险学. 6版. 北京：高等教育出版社，2017.

[2] 朱志忠，彭喜峰. 保险学概论. 北京：学苑出版社，2000.

[3] 郝演苏. 保险学教程. 北京：清华大学出版社，2004.

[4] 陈继儒. 新编保险学. 上海：立信会计出版社，1996.

[5] 庹国柱. 保险学. 7版. 北京：首都经济贸易大学出版社，2016.

[6] 孙祁祥. 保险学. 6版. 北京：北京大学出版社，2017.

[7] 马永伟. 保险知识读本. 北京：中国金融出版社，2000.

[8] 魏华林，林宝清. 保险学. 3版. 北京：高等教育出版社，2016.

[9] 张念. 保险学原理. 成都：西南财经大学出版社，1997.

[10] 陈云中. 保险学. 台北：五南图书出版公司，1993.

[11] 袁宗蔚. 保险学：危险与保险. 北京：首都经济贸易大学出版社，2000.

[12] 徐文虎，陈冬梅. 保险学. 上海：上海人民出版社，1994.

[13] 刘新立. 风险管理. 北京：北京大学出版社，2006.

[14] 宋明哲. 现代风险管理. 北京：中国纺织出版社，2003.

[15] 普雷切特，丝米特，多平豪斯，等. 风险管理与保险. 孙祁祥，译，北京：中国社会科学出版社，1998.

[16] 哈林顿，尼豪斯. 风险管理与保险. 陈秉正，王珺，周伏平，译，北京：清华大学出版社，2001.

[17] 特里斯曼，古斯特夫森，霍伊特. 风险管理与保险. 裴平，译. 11版. 沈阳：东北财经大学出版社，2002.

[18] 中国保险学会，《中国保险史》编审委员会. 中国保险史. 北京：中国金融出版社，1998.

[19] 吴定富. 《中华人民共和国保险法》释义. 北京：中国财政经济出版社，2009.

[20] 李玉泉. 保险法学. 北京：高等教育出版社，2010.

[21] 郑伟，贾若. 保险法. 北京：中国发展出版社，2009.

[22] 朱铭来. 保险法学. 天津：南开大学出版社，2006.

[23] 李玉泉. 保险法学案例教程. 北京：知识产权出版社，2005.

[24] 许飞琼.财产保险案例分析.北京:中国金融出版社,2004.

[25] 黎宗剑.保险案例汇编.北京:中国时代经济出版社,2007.

[26] 中国保险监督管理委员会.重大灾害事故保险理赔案例选编2016.北京:中国金融出版社,2017.

[27] 潘履孚.保险管理学.北京:中国金融出版社,1989.

[28] 迪克森.保险入门.罗烈先,译.北京:新时代出版社,1989.

[29] 王绪瑾.财产保险.北京:北京大学出版社,2017.

[30] 郝演苏.财产保险学.北京:中国财政经济出版社,1998.

[31] 许飞琼,郑功成.财产保险.北京:中国金融出版社,2015.

[32] 许飞琼.财产保险.北京:高等教育出版社,2014.

[33] 林增余.财产保险.北京:中国金融出版社,1993.

[34] 王绪瑾.保险专业知识与实务(中级).中国人事出版社,2017.

[35] 张拴林.海上保险.沈阳:东北财经大学出版社,1999.

[36] 应世昌.新编海上保险学.上海:同济大学出版社,2010.10.

[37] 郑功成.责任保险理论与经营实务.北京:中国金融出版社,1991.

[38] 许飞琼.责任保险.北京:中国金融出版社,2007.

[39] 江平,费安玲.中国侵权责任法教程.北京:知识产权出版社,2010.

[40] 庹国柱,李军.农业保险.北京:中国人民大学出版社,2004.

[41] 魏迎宁.人身保险.成都:西南财经大学出版社,1993.

[42] 卓志.寿险精算的理论与操作.成都:西南财经大学出版社,1993.

[43] 王晓军,孟生旺.保险精算原理与实务.3版.北京:中国人民大学出版社,2014.

[44] 陈继儒.再保险.成都:西南财经大学出版社,1993.

[45] 李晓林,王绪瑾.社会保障学.北京:中国财政经济出版社,1997.

[46] 裴光.中国保险业监管研究.北京:中国金融出版社,1999.

[47]《各国保险法律制度译编》译编委员会.各国保险法规制度译编.北京:中国金融出版社,2000.

# 附　　录

## 附录一　《中华人民共和国保险法》

（1995 年 6 月 30 日第八届全国人民代表大会常务委员会第十四次会议通过，根据 2002 年 10 月 28 日第九届全国人民代表大会常务委员会第三十次会议《关于修改〈中华人民共和国保险法〉的决定》第一次修正，2009 年 2 月 28 日第十一届全国人民代表大会常务委员会第七次会议修订，根据 2014 年 8 月 31 日第十二届全国人民代表大会常务委员会第十次会议《关于修改〈中华人民共和国保险法〉等五部法律的决定》第二次修正，根据 2015 年 4 月 24 日第十二届全国人民代表大会常务委员会第十四次会议《关于修改〈中华人民共和国计量法〉等五部法律的决定》第三次修正）

### 目　　录

第一章　总　则
第二章　保险合同
　第一节　一般规定
　第二节　人身保险合同
　第三节　财产保险合同
第三章　保险公司
第四章　保险经营规则
第五章　保险代理人和保险经纪人
第六章　保险业监督管理
第七章　法律责任
第八章　附则

### 第一章　总　　则

**第一条**　为了规范保险活动，保护保险活动当事人的合法权益，加强对保险业的监督管理，维护社会经济秩序和社会公共利益，促进保险事业的健康发展，制定本法。

**第二条**　本法所称保险，是指投保人根据合同约定，向保险人支付保险费，保险人对于合同约定的可能发生的事故因其发生所造成的财产损失承担赔偿保险金责任，或者当被保险人死亡、伤残、疾病或者达到合同约定的年龄、期限等条件时承担给付保险金责任的商业保险行为。

**第三条** 在中华人民共和国境内从事保险活动，适用本法。

**第四条** 从事保险活动必须遵守法律、行政法规，尊重社会公德，不得损害社会公共利益。

**第五条** 保险活动当事人行使权利、履行义务应当遵循诚实信用原则。

**第六条** 保险业务由依照本法设立的保险公司以及法律、行政法规规定的其他保险组织经营，其他单位和个人不得经营保险业务。

**第七条** 在中华人民共和国境内的法人和其他组织需要办理境内保险的，应当向中华人民共和国境内的保险公司投保。

**第八条** 保险业和银行业、证券业、信托业实行分业经营、分业管理，保险公司与银行、证券、信托业务机构分别设立。国家另有规定的除外。

**第九条** 国务院保险监督管理机构依法对保险业实施监督管理。

国务院保险监督管理机构根据履行职责的需要设立派出机构。派出机构按照国务院保险监督管理机构的授权履行监督管理职责。

## 第二章　保险合同

### 第一节　一般规定

**第十条** 保险合同是投保人与保险人约定保险权利义务关系的协议。

投保人是指与保险人订立保险合同，并按照合同约定负有支付保险费义务的人。

保险人是指与投保人订立保险合同，并按照合同约定承担赔偿或者给付保险金责任的保险公司。

**第十一条** 订立保险合同，应当协商一致，遵循公平原则确定各方的权利和义务。

除法律、行政法规规定必须保险的外，保险合同自愿订立。

**第十二条** 人身保险的投保人在保险合同订立时，对被保险人应当具有保险利益。

财产保险的被保险人在保险事故发生时，对保险标的应当具有保险利益。

人身保险是以人的寿命和身体为保险标的的保险。

财产保险是以财产及其有关利益为保险标的的保险。

被保险人是指其财产或者人身受保险合同保障，享有保险金请求权的人。投保人可以为被保险人。

保险利益是指投保人或者被保险人对保险标的具有的法律上承认的利益。

**第十三条** 投保人提出保险要求，经保险人同意承保，保险合同成立。保险人应当及时向投保人签发保险单或者其他保险凭证。

保险单或者其他保险凭证应当载明当事人双方约定的合同内容。当事人也可以约定采用其他书面形式载明合同内容。

依法成立的保险合同，自成立时生效。投保人和保险人可以对合同的效力约定附条件或者附期限。

**第十四条**　保险合同成立后，投保人按照约定交付保险费，保险人按照约定的时间开始承担保险责任。

**第十五条**　除本法另有规定或者保险合同另有约定外，保险合同成立后，投保人可以解除合同，保险人不得解除合同。

**第十六条**　订立保险合同，保险人就保险标的或者被保险人的有关情况提出询问的，投保人应当如实告知。

投保人故意或者因重大过失未履行前款规定的如实告知义务，足以影响保险人决定是否同意承保或者提高保险费率的，保险人有权解除合同。

前款规定的合同解除权，自保险人知道有解除事由之日起，超过三十日不行使而消灭。自合同成立之日起超过二年的，保险人不得解除合同；发生保险事故的，保险人应当承担赔偿或者给付保险金的责任。

投保人故意不履行如实告知义务的，保险人对于合同解除前发生的保险事故，不承担赔偿或者给付保险金的责任，并不退还保险费。

投保人因重大过失未履行如实告知义务，对保险事故的发生有严重影响的，保险人对于合同解除前发生的保险事故，不承担赔偿或者给付保险金的责任，但应当退还保险费。

保险人在合同订立时已经知道投保人未如实告知的情况的，保险人不得解除合同；发生保险事故的，保险人应当承担赔偿或者给付保险金的责任。

保险事故是指保险合同约定的保险责任范围内的事故。

**第十七条**　订立保险合同，采用保险人提供的格式条款的，保险人向投保人提供的投保单应当附格式条款，保险人应当向投保人说明合同的内容。

对保险合同中免除保险人责任的条款，保险人在订立合同时应当在投保单、保险单或者其他保险凭证上作出足以引起投保人注意的提示，并对该条款的内容以书面或者口头形式向投保人作出明确说明；未作提示或者明确说明的，该条款不产生效力。

**第十八条**　保险合同应当包括下列事项：

（一）保险人的名称和住所；

（二）投保人、被保险人的姓名或者名称、住所，以及人身保险的受益人的姓名或者名称、住所；

（三）保险标的；

（四）保险责任和责任免除；

（五）保险期间和保险责任开始时间；

（六）保险金额；

（七）保险费以及支付办法；

（八）保险金赔偿或者给付办法；

（九）违约责任和争议处理；

（十）订立合同的年、月、日。

投保人和保险人可以约定与保险有关的其他事项。

受益人是指人身保险合同中由被保险人或者投保人指定的享有保险金请求权的人。投保人、被保险人可以为受益人。

保险金额是指保险人承担赔偿或者给付保险金责任的最高限额。

**第十九条**　采用保险人提供的格式条款订立的保险合同中的下列条款无效：

（一）免除保险人依法应承担的义务或者加重投保人、被保险人责任的；

（二）排除投保人、被保险人或者受益人依法享有的权利的。

**第二十条**　投保人和保险人可以协商变更合同内容。

变更保险合同的，应当由保险人在保险单或者其他保险凭证上批注或者附贴批单，或者由投保人和保险人订立变更的书面协议。

**第二十一条**　投保人、被保险人或者受益人知道保险事故发生后，应当及时通知保险人。故意或者因重大过失未及时通知，致使保险事故的性质、原因、损失程度等难以确定的，保险人对无法确定的部分，不承担赔偿或者给付保险金的责任，但保险人通过其他途径已经及时知道或者应当及时知道保险事故发生的除外。

**第二十二条**　保险事故发生后，按照保险合同请求保险人赔偿或者给付保险金时，投保人、被保险人或者受益人应当向保险人提供其所能提供的与确认保险事故的性质、原因、损失程度等有关的证明和资料。

保险人按照合同的约定，认为有关的证明和资料不完整的，应当及时一次性通知投保人、被保险人或者受益人补充提供。

**第二十三条**　保险人收到被保险人或者受益人的赔偿或者给付保险金的请求后，应当及时作出核定；情形复杂的，应当在三十日内作出核定，但合同另有约定的除外。保险人应当将核定结果通知被保险人或者受益人；对属于保险责任的，在与被保险人或者受益人达成赔偿或者给付保险金的协议后十日内，履行赔偿或者给付保险金义务。保险合同对赔偿或者给付保险金的期限有约定的，保险人应当按照约定履行赔偿或者给付保险金义务。

保险人未及时履行前款规定义务的，除支付保险金外，应当赔偿被保险人或者受益人因此受到的损失。

任何单位和个人不得非法干预保险人履行赔偿或者给付保险金的义务，也不得限制被保险人或者受益人取得保险金的权利。

**第二十四条**　保险人依照本法第二十三条的规定作出核定后，对不属于保险责任的，应当自作出核定之日起三日内向被保险人或者受益人发出拒绝赔偿或者拒绝给付保险金通知书，并说明理由。

**第二十五条**　保险人自收到赔偿或者给付保险金的请求和有关证明、资料之日起六十日内，对其赔偿或者给付保险金的数额不能确定的，应当根据已有证明和资料可以确定的数额先予支付；保险人最终确定赔偿或者给付保险金的数额后，应当支付相应的差额。

**第二十六条**　人寿保险以外的其他保险的被保险人或者受益人，向保险人请求赔偿或者给付保险金的诉讼时效期间为二年，自其知道或者应当知道保险事故发生之日起计算。

人寿保险的被保险人或者受益人向保险人请求给付保险金的诉讼时效期间为五年，自其知道或者应当知道保险事故发生之日起计算。

**第二十七条**　未发生保险事故，被保险人或者受益人谎称发生了保险事故，向保险人提出赔偿或者给付保险金请求的，保险人有权解除合同，并不退还保险费。

投保人、被保险人故意制造保险事故的，保险人有权解除合同，不承担赔偿或者给付保险金的责任；除本法第四十三条规定外，不退还保险费。

保险事故发生后，投保人、被保险人或者受益人以伪造、变造的有关证明、资料或者其他证据，编造虚假的事故原因或者夸大损失程度的，保险人对其虚报的部分不承担赔偿或者给付保险金的责任。

投保人、被保险人或者受益人有前三款规定行为之一，致使保险人支付保险金或者支出费用的，应当退回或者赔偿。

**第二十八条**　保险人将其承担的保险业务，以分保形式部分转移给其他保险人的，为再保险。

应再保险接受人的要求，再保险分出人应当将其自负责任及原保险的有关情况书面告知再保险接受人。

**第二十九条**　再保险接受人不得向原保险的投保人要求支付保险费。

原保险的被保险人或者受益人不得向再保险接受人提出赔偿或者给付保险金的请求。

再保险分出人不得以再保险接受人未履行再保险责任为由，拒绝履行或者迟延履行其原保险责任。

**第三十条**　采用保险人提供的格式条款订立的保险合同，保险人与投保人、被保险人或者受益人对合同条款有争议的，应当按照通常理解予以解释。对合同条款有两种以上解释的，人民法院或者仲裁机构应当作出有利于被保险人和受益人的解释。

**第二节　人身保险合同**

**第三十一条**　投保人对下列人员具有保险利益：

（一）本人；

（二）配偶、子女、父母；

（三）前项以外与投保人有抚养、赡养或者扶养关系的家庭其他成员、近亲属；

（四）与投保人有劳动关系的劳动者。

除前款规定外，被保险人同意投保人为其订立合同的，视为投保人对被保险人具有保险利益。

订立合同时，投保人对被保险人不具有保险利益的，合同无效。

**第三十二条**　投保人申报的被保险人年龄不真实，并且其真实年龄不符合合同约定的年龄限制的，保险人可以解除合同，并按照合同约定退还保险单的现金价值。保险人行使合同解除权，适用本法第十六条第三款、第六款的规定。

投保人申报的被保险人年龄不真实，致使投保人支付的保险费少于应付保险费的，保险人有权更正并要求投保人补交保险费，或者在给付保险金时按照实付保险费与应付保险费的比例支付。

投保人申报的被保险人年龄不真实，致使投保人支付的保险费多于应付保险费的，保险人应当将多收的保险费退还投保人。

**第三十三条** 投保人不得为无民事行为能力人投保以死亡为给付保险金条件的人身保险，保险人也不得承保。

父母为其未成年子女投保的人身保险，不受前款规定限制。但是，因被保险人死亡给付的保险金总和不得超过国务院保险监督管理机构规定的限额。

**第三十四条** 以死亡为给付保险金条件的合同，未经被保险人同意并认可保险金额的，合同无效。

按照以死亡为给付保险金条件的合同所签发的保险单，未经被保险人书面同意，不得转让或者质押。

父母为其未成年子女投保的人身保险，不受本条第一款规定限制。

**第三十五条** 投保人可以按照合同约定向保险人一次支付全部保险费或者分期支付保险费。

**第三十六条** 合同约定分期支付保险费，投保人支付首期保险费后，除合同另有约定外，投保人自保险人催告之日起超过三十日未支付当期保险费，或者超过约定的期限六十日未支付当期保险费的，合同效力中止，或者由保险人按照合同约定的条件减少保险金额。

被保险人在前款规定期限内发生保险事故的，保险人应当按照合同约定给付保险金，但可以扣减欠交的保险费。

**第三十七条** 合同效力依照本法第三十六条规定中止的，经保险人与投保人协商并达成协议，在投保人补交保险费后，合同效力恢复。但是，自合同效力中止之日起满二年双方未达成协议的，保险人有权解除合同。

保险人依照前款规定解除合同的，应当按照合同约定退还保险单的现金价值。

**第三十八条** 保险人对人寿保险的保险费，不得用诉讼方式要求投保人支付。

**第三十九条** 人身保险的受益人由被保险人或者投保人指定。

投保人指定受益人时须经被保险人同意。投保人为与其有劳动关系的劳动者投保人身保险，不得指定被保险人及其近亲属以外的人为受益人。

被保险人为无民事行为能力人或者限制民事行为能力人的，可以由其监护人指定受益人。

**第四十条** 被保险人或者投保人可以指定一人或者数人为受益人。

受益人为数人的，被保险人或者投保人可以确定受益顺序和受益份额；未确定受益份额的，受益人按照相等份额享有受益权。

**第四十一条** 被保险人或者投保人可以变更受益人并书面通知保险人。保险人收到变更受益人的书面通知后，应当在保险单或者其他保险凭证上批注或者附贴批单。

投保人变更受益人时须经被保险人同意。

**第四十二条**　被保险人死亡后，有下列情形之一的，保险金作为被保险人的遗产，由保险人依照《中华人民共和国继承法》的规定履行给付保险金的义务：

（一）没有指定受益人，或者受益人指定不明无法确定的；

（二）受益人先于被保险人死亡，没有其他受益人的；

（三）受益人依法丧失受益权或者放弃受益权，没有其他受益人的。

受益人与被保险人在同一事件中死亡，且不能确定死亡先后顺序的，推定受益人死亡在先。

**第四十三条**　投保人故意造成被保险人死亡、伤残或者疾病的，保险人不承担给付保险金的责任。投保人已交足二年以上保险费的，保险人应当按照合同约定向其他权利人退还保险单的现金价值。

受益人故意造成被保险人死亡、伤残、疾病的，或者故意杀害被保险人未遂的，该受益人丧失受益权。

**第四十四条**　以被保险人死亡为给付保险金条件的合同，自合同成立或者合同效力恢复之日起二年内，被保险人自杀的，保险人不承担给付保险金的责任，但被保险人自杀时为无民事行为能力人的除外。

保险人依照前款规定不承担给付保险金责任的，应当按照合同约定退还保险单的现金价值。

**第四十五条**　因被保险人故意犯罪或者抗拒依法采取的刑事强制措施导致其伤残或者死亡的，保险人不承担给付保险金的责任。投保人已交足二年以上保险费的，保险人应当按照合同约定退还保险单的现金价值。

**第四十六条**　被保险人因第三者的行为而发生死亡、伤残或者疾病等保险事故的，保险人向被保险人或者受益人给付保险金后，不享有向第三者追偿的权利，但被保险人或者受益人仍有权向第三者请求赔偿。

**第四十七条**　投保人解除合同的，保险人应当自收到解除合同通知之日起三十日内，按照合同约定退还保险单的现金价值。

**第三节　财产保险合同**

**第四十八条**　保险事故发生时，被保险人对保险标的不具有保险利益的，不得向保险人请求赔偿保险金。

**第四十九条**　保险标的转让的，保险标的的受让人承继被保险人的权利和义务。

保险标的转让的，被保险人或者受让人应当及时通知保险人，但货物运输保险合同和另有约定的合同除外。

因保险标的转让导致危险程度显著增加的，保险人自收到前款规定的通知之日起三十日内，可以按照合同约定增加保险费或者解除合同。保险人解除合同的，应当将已收取的保险费，按照合同约定扣除自保险责任开始之日起至合同解除之日止应收的部分后，退还投保人。

被保险人、受让人未履行本条第二款规定的通知义务的，因转让导致保险标的危险程度显著增加而发生的保险事故，保险人不承担赔偿保险金的责任。

**第五十条** 货物运输保险合同和运输工具航程保险合同，保险责任开始后，合同当事人不得解除合同。

**第五十一条** 被保险人应当遵守国家有关消防、安全、生产操作、劳动保护等方面的规定，维护保险标的的安全。

保险人可以按照合同约定对保险标的的安全状况进行检查，及时向投保人、被保险人提出消除不安全因素和隐患的书面建议。

投保人、被保险人未按照约定履行其对保险标的的安全应尽责任的，保险人有权要求增加保险费或者解除合同。

保险人为维护保险标的的安全，经被保险人同意，可以采取安全预防措施。

**第五十二条** 在合同有效期内，保险标的的危险程度显著增加的，被保险人应当按照合同约定及时通知保险人，保险人可以按照合同约定增加保险费或者解除合同。保险人解除合同的，应当将已收取的保险费，按照合同约定扣除自保险责任开始之日起至合同解除之日止应收的部分后，退还投保人。

被保险人未履行前款规定的通知义务的，因保险标的的危险程度显著增加而发生的保险事故，保险人不承担赔偿保险金的责任。

**第五十三条** 有下列情形之一的，除合同另有约定外，保险人应当降低保险费，并按日计算退还相应的保险费：

（一）据以确定保险费率的有关情况发生变化，保险标的的危险程度明显减少的；

（二）保险标的的保险价值明显减少的。

**第五十四条** 保险责任开始前，投保人要求解除合同的，应当按照合同约定向保险人支付手续费，保险人应当退还保险费。保险责任开始后，投保人要求解除合同的，保险人应当将已收取的保险费，按照合同约定扣除自保险责任开始之日起至合同解除之日止应收的部分后，退还投保人。

**第五十五条** 投保人和保险人约定保险标的的保险价值并在合同中载明的，保险标的发生损失时，以约定的保险价值为赔偿计算标准。

投保人和保险人未约定保险标的的保险价值的，保险标的发生损失时，以保险事故发生时保险标的的实际价值为赔偿计算标准。

保险金额不得超过保险价值。超过保险价值的，超过部分无效，保险人应当退还相应的保险费。

保险金额低于保险价值的，除合同另有约定外，保险人按照保险金额与保险价值的比例承担赔偿保险金的责任。

第五十六条　重复保险的投保人应当将重复保险的有关情况通知各保险人。

重复保险的各保险人赔偿保险金的总和不得超过保险价值。除合同另有约定外，各保险人按照其保险金额与保险金额总和的比例承担赔偿保险金的责任。

重复保险的投保人可以就保险金额总和超过保险价值的部分，请求各保险人按比例返还保险费。

重复保险是指投保人对同一保险标的、同一保险利益、同一保险事故分别与两个以上保险人订立保险合同，且保险金额总和超过保险价值的保险。

第五十七条　保险事故发生时，被保险人应当尽力采取必要的措施，防止或者减少损失。

保险事故发生后，被保险人为防止或者减少保险标的的损失所支付的必要的、合理的费用，由保险人承担；保险人所承担的费用数额在保险标的的损失赔偿金额以外另行计算，最高不超过保险金额的数额。

第五十八条　保险标的发生部分损失的，自保险人赔偿之日起三十日内，投保人可以解除合同；除合同另有约定外，保险人也可以解除合同，但应当提前十五日通知投保人。

合同解除的，保险人应当将保险标的未受损失部分的保险费，按照合同约定扣除自保险责任开始之日起至合同解除之日止应收的部分后，退还投保人。

第五十九条　保险事故发生后，保险人已支付了全部保险金额，并且保险金额等于保险价值的，受损保险标的的全部权利归于保险人；保险金额低于保险价值的，保险人按照保险金额与保险价值的比例取得受损保险标的的部分权利。

第六十条　因第三者对保险标的的损害而造成保险事故的，保险人自向被保险人赔偿保险金之日起，在赔偿金额范围内代位行使被保险人对第三者请求赔偿的权利。

前款规定的保险事故发生后，被保险人已经从第三者取得损害赔偿的，保险人赔偿保险金时，可以相应扣减被保险人从第三者已取得的赔偿金额。

保险人依照本条第一款规定行使代位请求赔偿的权利，不影响被保险人就未取得赔偿的部分向第三者请求赔偿的权利。

第六十一条　保险事故发生后，保险人未赔偿保险金之前，被保险人放弃对第三者请求赔偿的权利的，保险人不承担赔偿保险金的责任。

保险人向被保险人赔偿保险金后，被保险人未经保险人同意放弃对第三者请求赔偿的权利的，该行为无效。

被保险人故意或者因重大过失致使保险人不能行使代位请求赔偿的权利的，保险人可以扣减或者要求返还相应的保险金。

第六十二条　除被保险人的家庭成员或者其组成人员故意造成本法第六十条第一款规定的保险事故外，保险人不得对被保险人的家庭成员或者其组成人员行使代位请求赔偿的权利。

第六十三条　保险人向第三者行使代位请求赔偿的权利时，被保险人应当向保险人提供必要的文件和所知道的有关情况。

**第六十四条** 保险人、被保险人为查明和确定保险事故的性质、原因和保险标的的损失程度所支付的必要的、合理的费用，由保险人承担。

**第六十五条** 保险人对责任保险的被保险人给第三者造成的损害，可以依照法律的规定或者合同的约定，直接向该第三者赔偿保险金。

责任保险的被保险人给第三者造成损害，被保险人对第三者应负的赔偿责任确定的，根据被保险人的请求，保险人应当直接向该第三者赔偿保险金。被保险人怠于请求的，第三者有权就其应获赔偿部分直接向保险人请求赔偿保险金。

责任保险的被保险人给第三者造成损害，被保险人未向该第三者赔偿的，保险人不得向被保险人赔偿保险金。

责任保险是指以被保险人对第三者依法应负的赔偿责任为保险标的的保险。

**第六十六条** 责任保险的被保险人因给第三者造成损害的保险事故而被提起仲裁或者诉讼的，被保险人支付的仲裁或者诉讼费用以及其他必要的、合理的费用，除合同另有约定外，由保险人承担。

### 第三章　保险公司

**第六十七条** 设立保险公司应当经国务院保险监督管理机构批准。

国务院保险监督管理机构审查保险公司的设立申请时，应当考虑保险业的发展和公平竞争的需要。

**第六十八条** 设立保险公司应当具备下列条件：

（一）主要股东具有持续盈利能力，信誉良好，最近三年内无重大违法违规记录，净资产不低于人民币二亿元；

（二）有符合本法和《中华人民共和国公司法》规定的章程；

（三）有符合本法规定的注册资本；

（四）有具备任职专业知识和业务工作经验的董事、监事和高级管理人员；

（五）有健全的组织机构和管理制度；

（六）有符合要求的营业场所和与经营业务有关的其他设施；

（七）法律、行政法规和国务院保险监督管理机构规定的其他条件。

**第六十九条** 设立保险公司，其注册资本的最低限额为人民币二亿元。

国务院保险监督管理机构根据保险公司的业务范围、经营规模，可以调整其注册资本的最低限额，但不得低于本条第一款规定的限额。

保险公司的注册资本必须为实缴货币资本。

**第七十条** 申请设立保险公司，应当向国务院保险监督管理机构提出书面申请，并提交下列材料：

（一）设立申请书，申请书应当载明拟设立的保险公司的名称、注册资本、业务范围等；

（二）可行性研究报告；

（三）筹建方案；

（四）投资人的营业执照或者其他背景资料，经会计师事务所审计的上一年度财务会计报告；

（五）投资人认可的筹备组负责人和拟任董事长、经理名单及本人认可证明；

（六）国务院保险监督管理机构规定的其他材料。

**第七十一条**　国务院保险监督管理机构应当对设立保险公司的申请进行审查，自受理之日起六个月内作出批准或者不批准筹建的决定，并书面通知申请人。决定不批准的，应当书面说明理由。

**第七十二条**　申请人应当自收到批准筹建通知之日起一年内完成筹建工作；筹建期间不得从事保险经营活动。

**第七十三条**　筹建工作完成后，申请人具备本法第六十八条规定的设立条件的，可以向国务院保险监督管理机构提出开业申请。

国务院保险监督管理机构应当自受理开业申请之日起六十日内，作出批准或者不批准开业的决定。决定批准的，颁发经营保险业务许可证；决定不批准的，应当书面通知申请人并说明理由。

**第七十四条**　保险公司在中华人民共和国境内设立分支机构，应当经保险监督管理机构批准。

保险公司分支机构不具有法人资格，其民事责任由保险公司承担。

**第七十五条**　保险公司申请设立分支机构，应当向保险监督管理机构提出书面申请，并提交下列材料：

（一）设立申请书；

（二）拟设机构三年业务发展规划和市场分析材料；

（三）拟任高级管理人员的简历及相关证明材料；

（四）国务院保险监督管理机构规定的其他材料。

**第七十六条**　保险监督管理机构应当对保险公司设立分支机构的申请进行审查，自受理之日起六十日内作出批准或者不批准的决定。决定批准的，颁发分支机构经营保险业务许可证；决定不批准的，应当书面通知申请人并说明理由。

**第七十七条**　经批准设立的保险公司及其分支机构，凭经营保险业务许可证向工商行政管理机关办理登记，领取营业执照。

**第七十八条**　保险公司及其分支机构自取得经营保险业务许可证之日起六个月内，无正当理由未向工商行政管理机关办理登记的，其经营保险业务许可证失效。

**第七十九条**　保险公司在中华人民共和国境外设立子公司、分支机构，应当经国务院保险监督管理机构批准。

**第八十条**　外国保险机构在中华人民共和国境内设立代表机构，应当经国务院保险监督管理机构批准。代表机构不得从事保险经营活动。

**第八十一条** 保险公司的董事、监事和高级管理人员，应当品行良好，熟悉与保险相关的法律、行政法规，具有履行职责所需的经营管理能力，并在任职前取得保险监督管理机构核准的任职资格。

保险公司高级管理人员的范围由国务院保险监督管理机构规定。

**第八十二条** 有《中华人民共和国公司法》第一百四十六条规定的情形或者下列情形之一的，不得担任保险公司的董事、监事、高级管理人员：

（一）因违法行为或者违纪行为被金融监督管理机构取消任职资格的金融机构的董事、监事、高级管理人员，自被取消任职资格之日起未逾五年的；

（二）因违法行为或者违纪行为被吊销执业资格的律师、注册会计师或者资产评估机构、验证机构等机构的专业人员，自被吊销执业资格之日起未逾五年的。

**第八十三条** 保险公司的董事、监事、高级管理人员执行公司职务时违反法律、行政法规或者公司章程的规定，给公司造成损失的，应当承担赔偿责任。

**第八十四条** 保险公司有下列情形之一的，应当经保险监督管理机构批准：

（一）变更名称；

（二）变更注册资本；

（三）变更公司或者分支机构的营业场所；

（四）撤销分支机构；

（五）公司分立或者合并；

（六）修改公司章程；

（七）变更出资额占有限责任公司资本总额百分之五以上的股东，或者变更持有股份有限公司股份百分之五以上的股东；

（八）国务院保险监督管理机构规定的其他情形。

**第八十五条** 保险公司应当聘用专业人员，建立精算报告制度和合规报告制度。

**第八十六条** 保险公司应当按照保险监督管理机构的规定，报送有关报告、报表、文件和资料。

保险公司的偿付能力报告、财务会计报告、精算报告、合规报告及其他有关报告、报表、文件和资料必须如实记录保险业务事项，不得有虚假记载、误导性陈述和重大遗漏。

**第八十七条** 保险公司应当按照国务院保险监督管理机构的规定妥善保管业务经营活动的完整账簿、原始凭证和有关资料。

前款规定的账簿、原始凭证和有关资料的保管期限，自保险合同终止之日起计算，保险期间在一年以下的不得少于五年，保险期间超过一年的不得少于十年。

**第八十八条** 保险公司聘请或者解聘会计师事务所、资产评估机构、资信评级机构等中介服务机构，应当向保险监督管理机构报告；解聘会计师事务所、资产评估机构、资信评级机构等中介服务机构，应当说明理由。

　　**第八十九条**　保险公司因分立、合并需要解散，或者股东会、股东大会决议解散，或者公司章程规定的解散事由出现，经国务院保险监督管理机构批准后解散。

　　经营有人寿保险业务的保险公司，除因分立、合并或者被依法撤销外，不得解散。

　　保险公司解散，应当依法成立清算组进行清算。

　　**第九十条**　保险公司有《中华人民共和国企业破产法》第二条规定情形的，经国务院保险监督管理机构同意，保险公司或者其债权人可以依法向人民法院申请重整、和解或者破产清算；国务院保险监督管理机构也可以依法向人民法院申请对该保险公司进行重整或者破产清算。

　　**第九十一条**　破产财产在优先清偿破产费用和共益债务后，按照下列顺序清偿：

　　（一）所欠职工工资和医疗、伤残补助、抚恤费用，所欠应当划入职工个人账户的基本养老保险、基本医疗保险费用，以及法律、行政法规规定应当支付给职工的补偿金；

　　（二）赔偿或者给付保险金；

　　（三）保险公司欠缴的除第（一）项规定以外的社会保险费用和所欠税款；

　　（四）普通破产债权。

　　破产财产不足以清偿同一顺序的清偿要求的，按照比例分配。

　　破产保险公司的董事、监事和高级管理人员的工资，按照该公司职工的平均工资计算。

　　**第九十二条**　经营有人寿保险业务的保险公司被依法撤销或者被依法宣告破产的，其持有的人寿保险合同及责任准备金，必须转让给其他经营有人寿保险业务的保险公司；不能同其他保险公司达成转让协议的，由国务院保险监督管理机构指定经营有人寿保险业务的保险公司接受转让。

　　转让或者由国务院保险监督管理机构指定接受转让前款规定的人寿保险合同及责任准备金的，应当维护被保险人、受益人的合法权益。

　　**第九十三条**　保险公司依法终止其业务活动，应当注销其经营保险业务许可证。

　　**第九十四条**　保险公司，除本法另有规定外，适用《中华人民共和国公司法》的规定。

**第四章　保险经营规则**

　　**第九十五条**　保险公司的业务范围：

　　（一）人身保险业务，包括人寿保险、健康保险、意外伤害保险等保险业务；

　　（二）财产保险业务，包括财产损失保险、责任保险、信用保险、保证保险等保险业务；

　　（三）国务院保险监督管理机构批准的与保险有关的其他业务。

　　保险人不得兼营人身保险业务和财产保险业务。但是，经营财产保险业务的保险公司经国务院保险监督管理机构批准，可以经营短期健康保险业务和意外伤害保险业务。

　　保险公司应当在国务院保险监督管理机构依法批准的业务范围内从事保险经营活动。

　　**第九十六条**　经国务院保险监督管理机构批准，保险公司可以经营本法第九十五条规定的保险业务的下列再保险业务：

（一）分出保险；

（二）分入保险。

**第九十七条**　保险公司应当按照其注册资本总额的百分之二十提取保证金，存入国务院保险监督管理机构指定的银行，除公司清算时用于清偿债务外，不得动用。

**第九十八条**　保险公司应当根据保障被保险人利益、保证偿付能力的原则，提取各项责任准备金。

保险公司提取和结转责任准备金的具体办法，由国务院保险监督管理机构制定。

**第九十九条**　保险公司应当依法提取公积金。

**第一百条**　保险公司应当缴纳保险保障基金。

保险保障基金应当集中管理，并在下列情形下统筹使用：

（一）在保险公司被撤销或者被宣告破产时，向投保人、被保险人或者受益人提供救济；

（二）在保险公司被撤销或者被宣告破产时，向依法接受其人寿保险合同的保险公司提供救济；

（三）国务院规定的其他情形。

保险保障基金筹集、管理和使用的具体办法，由国务院制定。

**第一百零一条**　保险公司应当具有与其业务规模和风险程度相适应的最低偿付能力。保险公司的认可资产减去认可负债的差额不得低于国务院保险监督管理机构规定的数额；低于规定数额的，应当按照国务院保险监督管理机构的要求采取相应措施达到规定的数额。

**第一百零二条**　经营财产保险业务的保险公司当年自留保险费，不得超过其实有资本金加公积金总和的四倍。

**第一百零三条**　保险公司对每一危险单位，即对一次保险事故可能造成的最大损失范围所承担的责任，不得超过其实有资本金加公积金总和的百分之十；超过的部分应当办理再保险。

保险公司对危险单位的划分应当符合国务院保险监督管理机构的规定。

**第一百零四条**　保险公司对危险单位的划分方法和巨灾风险安排方案，应当报国务院保险监督管理机构备案。

**第一百零五条**　保险公司应当按照国务院保险监督管理机构的规定办理再保险，并审慎选择再保险接受人。

**第一百零六条**　保险公司的资金运用必须稳健，遵循安全性原则。

保险公司的资金运用限于下列形式：

（一）银行存款；

（二）买卖债券、股票、证券投资基金份额等有价证券；

（三）投资不动产；

（四）国务院规定的其他资金运用形式。

保险公司资金运用的具体管理办法，由国务院保险监督管理机构依照前两款的规定制定。

**第一百零七条**　经国务院保险监督管理机构会同国务院证券监督管理机构批准，保险公司可以设立保险资产管理公司。

保险资产管理公司从事证券投资活动，应当遵守《中华人民共和国证券法》等法律、行政法规的规定。

保险资产管理公司的管理办法，由国务院保险监督管理机构会同国务院有关部门制定。

**第一百零八条**　保险公司应当按照国务院保险监督管理机构的规定，建立对关联交易的管理和信息披露制度。

**第一百零九条**　保险公司的控股股东、实际控制人、董事、监事、高级管理人员不得利用关联交易损害公司的利益。

**第一百一十条**　保险公司应当按照国务院保险监督管理机构的规定，真实、准确、完整地披露财务会计报告、风险管理状况、保险产品经营情况等重大事项。

**第一百一十一条**　保险公司从事保险销售的人员应当品行良好，具有保险销售所需的专业能力。保险销售人员的行为规范和管理办法，由国务院保险监督管理机构规定。

**第一百一十二条**　保险公司应当建立保险代理人登记管理制度，加强对保险代理人的培训和管理，不得唆使、诱导保险代理人进行违背诚信义务的活动。

**第一百一十三条**　保险公司及其分支机构应当依法使用经营保险业务许可证，不得转让、出租、出借经营保险业务许可证。

**第一百一十四条**　保险公司应当按照国务院保险监督管理机构的规定，公平、合理拟订保险条款和保险费率，不得损害投保人、被保险人和受益人的合法权益。

保险公司应当按照合同约定和本法规定，及时履行赔偿或者给付保险金义务。

**第一百一十五条**　保险公司开展业务，应当遵循公平竞争的原则，不得从事不正当竞争。

**第一百一十六条**　保险公司及其工作人员在保险业务活动中不得有下列行为：

（一）欺骗投保人、被保险人或者受益人；

（二）对投保人隐瞒与保险合同有关的重要情况；

（三）阻碍投保人履行本法规定的如实告知义务，或者诱导其不履行本法规定的如实告知义务；

（四）给予或者承诺给予投保人、被保险人、受益人保险合同约定以外的保险费回扣或者其他利益；

（五）拒不依法履行保险合同约定的赔偿或者给付保险金义务；

（六）故意编造未曾发生的保险事故、虚构保险合同或者故意夸大已经发生的保险事故的损失程度进行虚假理赔，骗取保险金或者牟取其他不正当利益；

（七）挪用、截留、侵占保险费；

（八）委托未取得合法资格的机构从事保险销售活动；

（九）利用开展保险业务为其他机构或者个人牟取不正当利益；

（十）利用保险代理人、保险经纪人或者保险评估机构，从事以虚构保险中介业务或者编造退保等方式套取费用等违法活动；

（十一）以捏造、散布虚假事实等方式损害竞争对手的商业信誉，或者以其他不正当竞争行为扰乱保险市场秩序；

（十二）泄露在业务活动中知悉的投保人、被保险人的商业秘密；

（十三）违反法律、行政法规和国务院保险监督管理机构规定的其他行为。

### 第五章　保险代理人和保险经纪人

**第一百一十七条**　保险代理人是根据保险人的委托，向保险人收取佣金，并在保险人授权的范围内代为办理保险业务的机构或者个人。

保险代理机构包括专门从事保险代理业务的保险专业代理机构和兼营保险代理业务的保险兼业代理机构。

**第一百一十八条**　保险经纪人是基于投保人的利益，为投保人与保险人订立保险合同提供中介服务，并依法收取佣金的机构。

**第一百一十九条**　保险代理机构、保险经纪人应当具备国务院保险监督管理机构规定的条件，取得保险监督管理机构颁发的经营保险代理业务许可证、保险经纪业务许可证。

**第一百二十条**　以公司形式设立保险专业代理机构、保险经纪人，其注册资本最低限额适用《中华人民共和国公司法》的规定。

国务院保险监督管理机构根据保险专业代理机构、保险经纪人的业务范围和经营规模，可以调整其注册资本的最低限额，但不得低于《中华人民共和国公司法》规定的限额。

保险专业代理机构、保险经纪人的注册资本或者出资额必须为实缴货币资本。

**第一百二十一条**　保险专业代理机构、保险经纪人的高级管理人员，应当品行良好，熟悉保险法律、行政法规，具有履行职责所需的经营管理能力，并在任职前取得保险监督管理机构核准的任职资格。

**第一百二十二条**　个人保险代理人、保险代理机构的代理从业人员、保险经纪人的经纪从业人员，应当品行良好，具有从事保险代理业务或者保险经纪业务所需的专业能力。

**第一百二十三条**　保险代理机构、保险经纪人应当有自己的经营场所，设立专门账簿记载保险代理业务、经纪业务的收支情况。

**第一百二十四条**　保险代理机构、保险经纪人应当按照国务院保险监督管理机构的规定缴存保证金或者投保职业责任保险。

**第一百二十五条**　个人保险代理人在代为办理人寿保险业务时，不得同时接受两个以上保险人的委托。

**第一百二十六条**　保险人委托保险代理人代为办理保险业务，应当与保险代理人签订委托代理协议，依法约定双方的权利和义务。

**第一百二十七条**　保险代理人根据保险人的授权代为办理保险业务的行为，由保险人承担责任。

保险代理人没有代理权、超越代理权或者代理权终止后以保险人名义订立合同，使投保人有理由相信其有代理权的，该代理行为有效。保险人可以依法追究越权的保险代理人的责任。

**第一百二十八条**　保险经纪人因过错给投保人、被保险人造成损失的，依法承担赔偿责任。

**第一百二十九条**　保险活动当事人可以委托保险公估机构等依法设立的独立评估机构或者具有相关专业知识的人员，对保险事故进行评估和鉴定。

接受委托对保险事故进行评估和鉴定的机构和人员，应当依法、独立、客观、公正地进行评估和鉴定，任何单位和个人不得干涉。

前款规定的机构和人员，因故意或者过失给保险人或者被保险人造成损失的，依法承担赔偿责任。

**第一百三十条**　保险佣金只限于向保险代理人、保险经纪人支付，不得向其他人支付。

**第一百三十一条**　保险代理人、保险经纪人及其从业人员在办理保险业务活动中不得有下列行为：

（一）欺骗保险人、投保人、被保险人或者受益人；

（二）隐瞒与保险合同有关的重要情况；

（三）阻碍投保人履行本法规定的如实告知义务，或者诱导其不履行本法规定的如实告知义务；

（四）给予或者承诺给予投保人、被保险人或者受益人保险合同约定以外的利益；

（五）利用行政权力、职务或者职业便利以及其他不正当手段强迫、引诱或者限制投保人订立保险合同；

（六）伪造、擅自变更保险合同，或者为保险合同当事人提供虚假证明材料；

（七）挪用、截留、侵占保险费或者保险金；

（八）利用业务便利为其他机构或者个人牟取不正当利益；

（九）串通投保人、被保险人或者受益人，骗取保险金；

（十）泄露在业务活动中知悉的保险人、投保人、被保险人的商业秘密。

**第一百三十二条**　本法第八十六条第一款、第一百一十三条的规定，适用于保险代理机构和保险经纪人。

### 第六章　保险业监督管理

**第一百三十三条**　保险监督管理机构依照本法和国务院规定的职责，遵循依法、公开、公正的原则，对保险业实施监督管理，维护保险市场秩序，保护投保人、被保险人和受益人的合法权益。

**第一百三十四条**　国务院保险监督管理机构依照法律、行政法规制定并发布有关保险业监督管理的规章。

**第一百三十五条** 关系社会公众利益的保险险种、依法实行强制保险的险种和新开发的人寿保险险种等的保险条款和保险费率,应当报国务院保险监督管理机构批准。国务院保险监督管理机构审批时,应当遵循保护社会公众利益和防止不正当竞争的原则。其他保险险种的保险条款和保险费率,应当报保险监督管理机构备案。

保险条款和保险费率审批、备案的具体办法,由国务院保险监督管理机构依照前款规定制定。

**第一百三十六条** 保险公司使用的保险条款和保险费率违反法律、行政法规或者国务院保险监督管理机构的有关规定的,由保险监督管理机构责令停止使用,限期修改;情节严重的,可以在一定期限内禁止申报新的保险条款和保险费率。

**第一百三十七条** 国务院保险监督管理机构应当建立健全保险公司偿付能力监管体系,对保险公司的偿付能力实施监控。

**第一百三十八条** 对偿付能力不足的保险公司,国务院保险监督管理机构应当将其列为重点监管对象,并可以根据具体情况采取下列措施:

(一)责令增加资本金、办理再保险;

(二)限制业务范围;

(三)限制向股东分红;

(四)限制固定资产购置或者经营费用规模;

(五)限制资金运用的形式、比例;

(六)限制增设分支机构;

(七)责令拍卖不良资产、转让保险业务;

(八)限制董事、监事、高级管理人员的薪酬水平;

(九)限制商业性广告;

(十)责令停止接受新业务。

**第一百三十九条** 保险公司未依照本法规定提取或者结转各项责任准备金,或者未依照本法规定办理再保险,或者严重违反本法关于资金运用的规定的,由保险监督管理机构责令限期改正,并可以责令调整负责人及有关管理人员。

**第一百四十条** 保险监督管理机构依照本法第一百三十九条的规定作出限期改正的决定后,保险公司逾期未改正的,国务院保险监督管理机构可以决定选派保险专业人员和指定该保险公司的有关人员组成整顿组,对公司进行整顿。

整顿决定应当载明被整顿公司的名称、整顿理由、整顿组成员和整顿期限,并予以公告。

**第一百四十一条** 整顿组有权监督被整顿保险公司的日常业务。被整顿公司的负责人及有关管理人员应当在整顿组的监督下行使职权。

**第一百四十二条** 整顿过程中,被整顿保险公司的原有业务继续进行。但是,国务院保险监督管理机构可以责令被整顿公司停止部分原有业务、停止接受新业务，调整资金运用。

第一百四十三条　被整顿保险公司经整顿已纠正其违反本法规定的行为，恢复正常经营状况的，由整顿组提出报告，经国务院保险监督管理机构批准，结束整顿，并由国务院保险监督管理机构予以公告。

第一百四十四条　保险公司有下列情形之一的，国务院保险监督管理机构可以对其实行接管：

（一）公司的偿付能力严重不足的；

（二）违反本法规定，损害社会公共利益，可能严重危及或者已经严重危及公司的偿付能力的。

被接管的保险公司的债权债务关系不因接管而变化。

第一百四十五条　接管组的组成和接管的实施办法，由国务院保险监督管理机构决定，并予以公告。

第一百四十六条　接管期限届满，国务院保险监督管理机构可以决定延长接管期限，但接管期限最长不得超过二年。

第一百四十七条　接管期限届满，被接管的保险公司已恢复正常经营能力的，由国务院保险监督管理机构决定终止接管，并予以公告。

第一百四十八条　被整顿、被接管的保险公司有《中华人民共和国企业破产法》第二条规定情形的，国务院保险监督管理机构可以依法向人民法院申请对该保险公司进行重整或者破产清算。

第一百四十九条　保险公司因违法经营被依法吊销经营保险业务许可证的，或者偿付能力低于国务院保险监督管理机构规定标准，不予撤销将严重危害保险市场秩序、损害公共利益的，由国务院保险监督管理机构予以撤销并公告，依法及时组织清算组进行清算。

第一百五十条　国务院保险监督管理机构有权要求保险公司股东、实际控制人在指定的期限内提供有关信息和资料。

第一百五十一条　保险公司的股东利用关联交易严重损害公司利益，危及公司偿付能力的，由国务院保险监督管理机构责令改正。在按照要求改正前，国务院保险监督管理机构可以限制其股东权利；拒不改正的，可以责令其转让所持的保险公司股权。

第一百五十二条　保险监督管理机构根据履行监督管理职责的需要，可以与保险公司董事、监事和高级管理人员进行监督管理谈话，要求其就公司的业务活动和风险管理的重大事项作出说明。

第一百五十三条　保险公司在整顿、接管、撤销清算期间，或者出现重大风险时，国务院保险监督管理机构可以对该公司直接负责的董事、监事、高级管理人员和其他直接责任人员采取以下措施：

（一）通知出境管理机关依法阻止其出境；

（二）申请司法机关禁止其转移、转让或者以其他方式处分财产，或者在财产上设定其他权利。

**第一百五十四条** 保险监督管理机构依法履行职责，可以采取下列措施：

（一）对保险公司、保险代理人、保险经纪人、保险资产管理公司、外国保险机构的代表机构进行现场检查；

（二）进入涉嫌违法行为发生场所调查取证；

（三）询问当事人及与被调查事件有关的单位和个人，要求其对与被调查事件有关的事项作出说明；

（四）查阅、复制与被调查事件有关的财产权登记等资料；

（五）查阅、复制保险公司、保险代理人、保险经纪人、保险资产管理公司、外国保险机构的代表机构以及与被调查事件有关的单位和个人的财务会计资料及其他相关文件和资料；对可能被转移、隐匿或者毁损的文件和资料予以封存；

（六）查询涉嫌违法经营的保险公司、保险代理人、保险经纪人、保险资产管理公司、外国保险机构的代表机构以及与涉嫌违法事项有关的单位和个人的银行账户；

（七）对有证据证明已经或者可能转移、隐匿违法资金等涉案财产或者隐匿、伪造、毁损重要证据的，经保险监督管理机构主要负责人批准，申请人民法院予以冻结或者查封。

保险监督管理机构采取前款第（一）项、第（二）项、第（五）项措施的，应当经保险监督管理机构负责人批准；采取第（六）项措施的，应当经国务院保险监督管理机构负责人批准。

保险监督管理机构依法进行监督检查或者调查，其监督检查、调查的人员不得少于二人，并应当出示合法证件和监督检查、调查通知书；监督检查、调查的人员少于二人或者未出示合法证件和监督检查、调查通知书的，被检查、调查的单位和个人有权拒绝。

**第一百五十五条** 保险监督管理机构依法履行职责，被检查、调查的单位和个人应当配合。

**第一百五十六条** 保险监督管理机构工作人员应当忠于职守，依法办事，公正廉洁，不得利用职务便利牟取不正当利益，不得泄露所知悉的有关单位和个人的商业秘密。

**第一百五十七条** 国务院保险监督管理机构应当与中国人民银行、国务院其他金融监督管理机构建立监督管理信息共享机制。

保险监督管理机构依法履行职责，进行监督检查、调查时，有关部门应当予以配合。

## 第七章 法律责任

**第一百五十八条** 违反本法规定，擅自设立保险公司、保险资产管理公司或者非法经营商业保险业务的，由保险监督管理机构予以取缔，没收违法所得，并处违法所得一倍以上五倍以下的罚款；没有违法所得或者违法所得不足二十万元的，处二十万元以上一百万元以下的罚款。

**第一百五十九条** 违反本法规定，擅自设立保险专业代理机构、保险经纪人，或者未取得经营保险代理业务许可证、保险经纪业务许可证从事保险代理业务、保险经纪业务的，由保险监督管理机构予以取缔，没收违法所得，并处违法所得一倍以上五倍以下的罚款；没有违法所得或者违法所得不足五万元的，处五万元以上三十万元以下的罚款。

第一百六十条　保险公司违反本法规定，超出批准的业务范围经营的，由保险监督管理机构责令限期改正，没收违法所得，并处违法所得一倍以上五倍以下的罚款；没有违法所得或者违法所得不足十万元的，处十万元以上五十万元以下的罚款。逾期不改正或者造成严重后果的，责令停业整顿或者吊销业务许可证。

第一百六十一条　保险公司有本法第一百一十六条规定行为之一的，由保险监督管理机构责令改正，处五万元以上三十万元以下的罚款；情节严重的，限制其业务范围、责令停止接受新业务或者吊销业务许可证。

第一百六十二条　保险公司违反本法第八十四条规定的，由保险监督管理机构责令改正，处一万元以上十万元以下的罚款。

第一百六十三条　保险公司违反本法规定，有下列行为之一的，由保险监督管理机构责令改正，处五万元以上三十万元以下的罚款：

（一）超额承保，情节严重的；

（二）为无民事行为能力人承保以死亡为给付保险金条件的保险的。

第一百六十四条　违反本法规定，有下列行为之一的，由保险监督管理机构责令改正，处五万元以上三十万元以下的罚款；情节严重的，可以限制其业务范围、责令停止接受新业务或者吊销业务许可证：

（一）未按照规定提存保证金或者违反规定动用保证金的；

（二）未按照规定提取或者结转各项责任准备金的；

（三）未按照规定缴纳保险保障基金或者提取公积金的；

（四）未按照规定办理再保险的；

（五）未按照规定运用保险公司资金的；

（六）未经批准设立分支机构的；

（七）未按照规定申请批准保险条款、保险费率的。

第一百六十五条　保险代理机构、保险经纪人有本法第一百三十一条规定行为之一的，由保险监督管理机构责令改正，处五万元以上三十万元以下的罚款；情节严重的，吊销业务许可证。

第一百六十六条　保险代理机构、保险经纪人违反本法规定，有下列行为之一的，由保险监督管理机构责令改正，处二万元以上十万元以下的罚款；情节严重的，责令停业整顿或者吊销业务许可证：

（一）未按照规定缴存保证金或者投保职业责任保险的；

（二）未按照规定设立专门账簿记载业务收支情况的。

第一百六十七条　违反本法规定，聘任不具有任职资格的人员的，由保险监督管理机构责令改正，处二万元以上十万元以下的罚款。

**第一百六十八条** 违反本法规定，转让、出租、出借业务许可证的，由保险监督管理机构处一万元以上十万元以下的罚款；情节严重的，责令停业整顿或者吊销业务许可证。

**第一百六十九条** 违反本法规定，有下列行为之一的，由保险监督管理机构责令限期改正；逾期不改正的，处一万元以上十万元以下的罚款：

（一）未按照规定报送或者保管报告、报表、文件、资料的，或者未按照规定提供有关信息、资料的；

（二）未按照规定报送保险条款、保险费率备案的；

（三）未按照规定披露信息的。

**第一百七十条** 违反本法规定，有下列行为之一的，由保险监督管理机构责令改正，处十万元以上五十万元以下的罚款；情节严重的，可以限制其业务范围、责令停止接受新业务或者吊销业务许可证：

（一）编制或者提供虚假的报告、报表、文件、资料的；

（二）拒绝或者妨碍依法监督检查的；

（三）未按照规定使用经批准或者备案的保险条款、保险费率的。

**第一百七十一条** 保险公司、保险资产管理公司、保险专业代理机构、保险经纪人违反本法规定的，保险监督管理机构除分别依照本法第一百六十条至第一百七十条的规定对该单位给予处罚外，对其直接负责的主管人员和其他直接责任人员给予警告，并处一万元以上十万元以下的罚款；情节严重的，撤销任职资格。

**第一百七十二条** 个人保险代理人违反本法规定的，由保险监督管理机构给予警告，可以并处二万元以下的罚款；情节严重的，处二万元以上十万元以下的罚款。

**第一百七十三条** 外国保险机构未经国务院保险监督管理机构批准，擅自在中华人民共和国境内设立代表机构的，由国务院保险监督管理机构予以取缔，处五万元以上三十万元以下的罚款。

外国保险机构在中华人民共和国境内设立的代表机构从事保险经营活动的，由保险监督管理机构责令改正，没收违法所得，并处违法所得一倍以上五倍以下的罚款；没有违法所得或者违法所得不足二十万元的，处二十万元以上一百万元以下的罚款；对其首席代表可以责令撤换；情节严重的，撤销其代表机构。

**第一百七十四条** 投保人、被保险人或者受益人有下列行为之一，进行保险诈骗活动，尚不构成犯罪的，依法给予行政处罚：

（一）投保人故意虚构保险标的，骗取保险金的；

（二）编造未曾发生的保险事故，或者编造虚假的事故原因或者夸大损失程度，骗取保险金的；

（三）故意造成保险事故，骗取保险金的。

保险事故的鉴定人、评估人、证明人故意提供虚假的证明文件，为投保人、被保险人或者受益人进行保险诈骗提供条件的，依照前款规定给予处罚。

**第一百七十五条**　违反本法规定，给他人造成损害的，依法承担民事责任。

**第一百七十六条**　拒绝、阻碍保险监督管理机构及其工作人员依法行使监督检查、调查职权，未使用暴力、威胁方法的，依法给予治安管理处罚。

**第一百七十七条**　违反法律、行政法规的规定，情节严重的，国务院保险监督管理机构可以禁止有关责任人员一定期限直至终身进入保险业。

**第一百七十八条**　保险监督管理机构从事监督管理工作的人员有下列情形之一的，依法给予处分：

（一）违反规定批准机构的设立的；

（二）违反规定进行保险条款、保险费率审批的；

（三）违反规定进行现场检查的；

（四）违反规定查询账户或者冻结资金的；

（五）泄露其知悉的有关单位和个人的商业秘密的；

（六）违反规定实施行政处罚的；

（七）滥用职权、玩忽职守的其他行为。

**第一百七十九条**　违反本法规定，构成犯罪的，依法追究刑事责任。

### 第八章　附　　则

**第一百八十条**　保险公司应当加入保险行业协会。保险代理人、保险经纪人、保险公估机构可以加入保险行业协会。

保险行业协会是保险业的自律性组织，是社会团体法人。

**第一百八十一条**　保险公司以外的其他依法设立的保险组织经营的商业保险业务，适用本法。

**第一百八十二条**　海上保险适用《中华人民共和国海商法》的有关规定；《中华人民共和国海商法》未规定的，适用本法的有关规定。

**第一百八十三条**　中外合资保险公司、外资独资保险公司、外国保险公司分公司适用本法规定；法律、行政法规另有规定的，适用其规定。

**第一百八十四条**　国家支持发展为农业生产服务的保险事业。农业保险由法律、行政法规另行规定。

强制保险，法律、行政法规另有规定的，适用其规定。

**第一百八十五条**　本法自 2009 年 10 月 1 日起施行。

# 附录二　《保险公司管理规定》

## 保险公司管理规定

（2009 年 9 月 25 日中国保险监督管理委员会令 2009 年第 1 号发布，根据 2015 年 10 月

19 日中国保险监督管理委员会令 2015 年第 3 号《关于修改〈保险公司设立境外保险类机构管理办法〉等八部规章的决定》修订)

## 第一章 总 则

**第一条** 为了加强对保险公司的监督管理，维护保险市场的正常秩序，保护被保险人合法权益，促进保险业健康发展，根据《中华人民共和国保险法》（以下简称《保险法》）、《中华人民共和国公司法》（以下简称《公司法》）等法律、行政法规，制定本规定。

**第二条** 中国保险监督管理委员会（以下简称中国保监会）根据法律和国务院授权，对保险公司实行统一监督管理。

中国保监会的派出机构在中国保监会授权范围内依法履行监管职责。

**第三条** 本规定所称保险公司，是指经保险监督管理机构批准设立，并依法登记注册的商业保险公司。

本规定所称保险公司分支机构，是指经保险监督管理机构批准，保险公司依法设立的分公司、中心支公司、支公司、营业部、营销服务部以及各类专属机构。专属机构的设立和管理，由中国保监会另行规定。

本规定所称保险机构，是指保险公司及其分支机构。

**第四条** 本规定所称分公司，是指保险公司依法设立的以分公司命名的分支机构。

本规定所称省级分公司，是指保险公司根据中国保监会的监管要求，在各省、自治区、直辖市内负责许可申请、报告提交等相关事宜的分公司。保险公司在住所地以外的各省、自治区、直辖市已经设立分公司的，应当指定其中一家分公司作为省级分公司。

保险公司在计划单列市设立分支机构的，应当指定一家分支机构，根据中国保监会的监管要求，在计划单列市负责许可申请、报告提交等相关事宜。

省级分公司设在计划单列市的，由省级分公司同时负责前两款规定的事宜。

**第五条** 保险业务由依照《保险法》设立的保险公司以及法律、行政法规规定的其他保险组织经营，其他单位和个人不得经营或者变相经营保险业务。

## 第二章 法人机构设立

**第六条** 设立保险公司，应当遵循下列原则：

（一）符合法律、行政法规；

（二）有利于保险业的公平竞争和健康发展。

**第七条** 设立保险公司，应当向中国保监会提出筹建申请，并符合下列条件：

（一）有符合法律、行政法规和中国保监会规定条件的投资人，股权结构合理；

（二）有符合《保险法》和《公司法》规定的章程草案；

（三）投资人承诺出资或者认购股份，拟注册资本不低于人民币 2 亿元，且必须为实缴货币资本；

（四）具有明确的发展规划、经营策略、组织机构框架、风险控制体系；

（五）拟任董事长、总经理应当符合中国保监会规定的任职资格条件；

（六）有投资人认可的筹备组负责人；

（七）中国保监会规定的其他条件。

中国保监会根据保险公司业务范围、经营规模，可以调整保险公司注册资本的最低限额，但不得低于人民币2亿元。

**第八条**　申请筹建保险公司的，申请人应当提交下列材料一式三份：

（一）设立申请书，申请书应当载明拟设立保险公司的名称、拟注册资本和业务范围等；

（二）设立保险公司可行性研究报告，包括发展规划、经营策略、组织机构框架和风险控制体系等；

（三）筹建方案；

（四）保险公司章程草案；

（五）中国保监会规定投资人应当提交的有关材料；

（六）筹备组负责人、拟任董事长、总经理名单及本人认可证明；

（七）中国保监会规定的其他材料。

**第九条**　中国保监会应当对筹建保险公司的申请进行审查，自受理申请之日起6个月内作出批准或者不批准筹建的决定，并书面通知申请人。决定不批准的，应当书面说明理由。

**第十条**　中国保监会在对筹建保险公司的申请进行审查期间，应当对投资人进行风险提示。

中国保监会应当听取拟任董事长、总经理对拟设保险公司在经营管理和业务发展等方面的工作思路。

**第十一条**　经中国保监会批准筹建保险公司的，申请人应当自收到批准筹建通知之日起1年内完成筹建工作。筹建期间届满未完成筹建工作的，原批准筹建决定自动失效。

筹建机构在筹建期间不得从事保险经营活动。筹建期间不得变更主要投资人。

**第十二条**　筹建工作完成后，符合下列条件的，申请人可以向中国保监会提出开业申请：

（一）股东符合法律、行政法规和中国保监会的有关规定；

（二）有符合《保险法》和《公司法》规定的章程；

（三）注册资本最低限额为人民币2亿元，且必须为实缴货币资本；

（四）有符合中国保监会规定任职资格条件的董事、监事和高级管理人员；

（五）有健全的组织机构；

（六）建立了完善的业务、财务、合规、风险控制、资产管理、反洗钱等制度；

（七）有具体的业务发展计划和按照资产负债匹配等原则制定的中长期资产配置计划；

（八）具有合法的营业场所，安全、消防设施符合要求，营业场所、办公设备等与业务发展规划相适应，信息化建设符合中国保监会要求；

（九）法律、行政法规和中国保监会规定的其他条件。

**第十三条**　申请人提出开业申请，应当提交下列材料一式三份：

（一）开业申请书；

（二）创立大会决议，没有创立大会决议的，应当提交全体股东同意申请开业的文件或者决议；

（三）公司章程；

（四）股东名称及其所持股份或者出资的比例，资信良好的验资机构出具的验资证明，资本金入账原始凭证复印件；

（五）中国保监会规定股东应当提交的有关材料；

（六）拟任该公司董事、监事、高级管理人员的简历以及相关证明材料；

（七）公司部门设置以及人员基本构成；

（八）营业场所所有权或者使用权的证明文件；

（九）按照拟设地的规定提交有关消防证明；

（十）拟经营保险险种的计划书、3 年经营规划、再保险计划、中长期资产配置计划，以及业务、财务、合规、风险控制、资产管理、反洗钱等主要制度；

（十一）信息化建设情况报告；

（十二）公司名称预先核准通知；

（十三）中国保监会规定提交的其他材料。

**第十四条**　中国保监会应当审查开业申请，进行开业验收，并自受理开业申请之日起 60 日内作出批准或者不批准开业的决定。验收合格决定批准开业的，颁发经营保险业务许可证；验收不合格决定不批准开业的，应当书面通知申请人并说明理由。

经批准开业的保险公司，应当持批准文件以及经营保险业务许可证，向工商行政管理部门办理登记注册手续，领取营业执照后方可营业。

### 第三章　分支机构设立

**第十五条**　保险公司可以根据业务发展需要申请设立分支机构。

保险公司分支机构的层级依次为分公司、中心支公司、支公司、营业部或者营销服务部。保险公司可以不逐级设立分支机构，但其在住所地以外的各省、自治区、直辖市开展业务，应当首先设立分公司。

保险公司可以不按照前款规定的层级逐级管理下级分支机构；营业部、营销服务部不得再管理其他任何分支机构。

**第十六条**　保险公司以 2 亿元人民币的最低资本金额设立的，在其住所地以外的每一省、自治区、直辖市首次申请设立分公司，应当增加不少于人民币 2 千万元的注册资本。

申请设立分公司，保险公司的注册资本达到前款规定的增资后额度的，可以不再增加相应的注册资本。

保险公司注册资本达到人民币 5 亿元，在偿付能力充足的情况下，设立分公司不需要增加注册资本。

第十七条　设立省级分公司，由保险公司总公司提出申请；设立其他分支机构，由保险公司总公司提出申请，或者由省级分公司持总公司批准文件提出申请。

在计划单列市申请设立分支机构，还可以由保险公司根据本规定第四条第三款指定的分支机构持总公司批准文件提出申请。

第十八条　设立分支机构，应当提出设立申请，并符合下列条件：

（一）上一年度偿付能力充足，提交申请前连续 2 个季度偿付能力均为充足；

（二）保险公司具备良好的公司治理结构，内控健全；

（三）申请人具备完善的分支机构管理制度；

（四）对拟设立分支机构的可行性已进行充分论证；

（五）在住所地以外的省、自治区、直辖市申请设立省级分公司以外其他分支机构的，该省级分公司已经开业；

（六）申请人最近 2 年内无受金融监管机构重大行政处罚的记录，不存在因涉嫌重大违法行为正在受到中国保监会立案调查的情形；

（七）申请设立省级分公司以外其他分支机构，在拟设地所在的省、自治区、直辖市内，省级分公司最近 2 年内无受金融监管机构重大行政处罚的记录，已设立的其他分支机构最近 6 个月内无受重大保险行政处罚的记录；

（八）有申请人认可的筹建负责人；

（九）中国保监会规定的其他条件。

第十九条　设立分支机构，申请人应当提交下列材料一式三份：

（一）设立申请书；

（二）申请前连续 2 个季度的偿付能力报告和上一年度经审计的偿付能力报告；

（三）保险公司上一年度公司治理结构报告以及申请人内控制度；

（四）分支机构设立的可行性论证报告，包括拟设机构 3 年业务发展规划和市场分析，设立分支机构与公司风险管理状况和内控状况相适应的说明；

（五）申请人分支机构管理制度；

（六）申请人作出的其最近 2 年无受金融监管机构重大行政处罚的声明；

（七）申请设立省级分公司以外其他分支机构的，提交省级分公司最近 2 年无受金融监管机构重大行政处罚的声明；

（八）拟设机构筹建负责人的简历以及相关证明材料；

（九）中国保监会规定提交的其他材料。

第二十条　中国保监会应当自收到完整申请材料之日起 30 日内对设立申请进行书面审查，对不符合本规定第十八条的，作出不予批准决定，并书面说明理由；对符合本规定第十八条的，向申请人发出筹建通知。

第二十一条　申请人应当自收到筹建通知之日起 6 个月内完成分支机构的筹建工作。筹建期间不计算在行政许可的期限内。

筹建期间届满未完成筹建工作的，应当根据本规定重新提出设立申请。

筹建机构在筹建期间不得从事任何保险经营活动。

**第二十二条** 筹建工作完成后，筹建机构具备下列条件的，申请人可以向中国保监会提交开业验收报告：

（一）具有合法的营业场所，安全、消防设施符合要求；

（二）建立了必要的组织机构和完善的业务、财务、风险控制、资产管理、反洗钱等管理制度；

（三）建立了与经营管理活动相适应的信息系统；

（四）具有符合任职条件的拟任高级管理人员或者主要负责人；

（五）对员工进行了上岗培训；

（六）筹建期间未开办保险业务；

（七）中国保监会规定的其他条件。

**第二十三条** 申请人提交的开业验收报告应当附下列材料一式三份：

（一）筹建工作完成情况报告；

（二）拟任高级管理人员或者主要负责人简历及有关证明；

（三）拟设机构营业场所所有权或者使用权证明；

（四）计算机设备配置、应用系统及网络建设情况报告；

（五）业务、财务、风险控制、资产管理、反洗钱等制度；

（六）机构设置和从业人员情况报告，包括员工上岗培训情况报告等；

（七）按照拟设地规定提交有关消防证明，无须进行消防验收或者备案的，提交申请人作出的已采取必要措施确保消防安全的书面承诺；

（八）中国保监会规定提交的其他材料。

**第二十四条** 中国保监会应当自收到完整的开业验收报告之日起 30 日内，进行开业验收，并作出批准或者不予批准的决定。验收合格批准设立的，颁发分支机构经营保险业务许可证；验收不合格不予批准设立的，应当书面通知申请人并说明理由。

**第二十五条** 经批准设立的保险公司分支机构，应当持批准文件以及分支机构经营保险业务许可证，向工商行政管理部门办理登记注册手续，领取营业执照后方可营业。

## 第四章 机构变更、解散与撤销

**第二十六条** 保险机构有下列情形之一的，应当经中国保监会批准：

（一）保险公司变更名称；

（二）变更注册资本；

（三）扩大业务范围；

（四）变更营业场所；

（五）保险公司分立或者合并；

（六）修改保险公司章程；

（七）变更出资额占有限责任公司资本总额 5% 以上的股东，或者变更持有股份有限公司股份 5% 以上的股东；

（八）中国保监会规定的其他情形。

**第二十七条** 保险机构有下列情形之一，应当自该情形发生之日起 15 日内，向中国保监会报告：

（一）变更出资额不超过有限责任公司资本总额 5% 的股东，或者变更持有股份有限公司股份不超过 5% 的股东，上市公司的股东变更除外；

（二）保险公司的股东变更名称，上市公司的股东除外；

（三）保险公司分支机构变更名称；

（四）中国保监会规定的其他情形。

**第二十八条** 保险公司依法解散的，应当经中国保监会批准，并报送下列材料一式三份：

（一）解散申请书；

（二）股东大会或者股东会决议；

（三）清算组织及其负责人情况和相关证明材料；

（四）清算程序；

（五）债权债务安排方案；

（六）资产分配计划和资产处分方案；

（七）中国保监会规定提交的其他材料。

**第二十九条** 保险公司依法解散的，应当成立清算组，清算工作由中国保监会监督指导。

保险公司依法被撤销的，由中国保监会及时组织股东、有关部门以及相关专业人员成立清算组。

**第三十条** 清算组应当自成立之日起 10 日内通知债权人，并于 60 日内在中国保监会指定的报纸上至少公告 3 次。

清算组应当委托资信良好的会计师事务所、律师事务所，对公司债权债务和资产进行评估。

**第三十一条** 保险公司撤销分支机构，应当经中国保监会批准。分支机构经营保险业务许可证自被批准撤销之日起自动失效，并应当于被批准撤销之日起 15 日内缴回。

保险公司合并、撤销分支机构的，应当进行公告，并书面通知有关投保人、被保险人或者受益人，对交付保险费、领取保险金等事宜应当充分告知。

**第三十二条** 保险公司依法解散或者被撤销的，其资产处分应当采取公开拍卖、协议转让或者中国保监会认可的其他方式。

**第三十三条** 保险公司依法解散或者被撤销的，在保险合同责任清算完毕之前，公司股东不得分配公司资产，或者从公司取得任何利益。

**第三十四条** 保险公司有《中华人民共和国企业破产法》第二条规定情形的,依法申请重整、和解或者破产清算。

<h2 style="text-align:center">第五章 分支机构管理</h2>

**第三十五条** 保险公司应当加强对分支机构的管理,督促分支机构依法合规经营,确保上级机构对管理的下级分支机构能够实施有效管控。

**第三十六条** 保险公司总公司应当根据本规定和发展需要制定分支机构管理制度,其省级分公司应当根据总公司的规定和当地实际情况,制定本省、自治区、直辖市分支机构管理制度。

保险公司在计划单列市设立分支机构的,应当由省级分公司或者保险公司根据本规定第四条第三款指定的分支机构制定当地分支机构管理制度。

**第三十七条** 分支机构管理制度至少应当包括下列内容:

(一) 各级分支机构职能;

(二) 各级分支机构人员、场所、设备等方面的配备要求;

(三) 分支机构设立、撤销的内部决策制度;

(四) 上级机构对下级分支机构的管控职责和措施。

**第三十八条** 保险公司分支机构应当配备必要数量的工作人员,分支机构高级管理人员或者主要负责人应当是与保险公司订立劳动合同的正式员工。

**第三十九条** 保险公司分支机构在经营存续期间,应当具有规范和稳定的营业场所,配备必要的办公设备。

**第四十条** 保险公司分支机构应当将经营保险业务许可证原件放置于营业场所显著位置,以备查验。

<h2 style="text-align:center">第六章 保险经营</h2>

**第四十一条** 保险公司的分支机构不得跨省、自治区、直辖市经营保险业务,本规定第四十二条规定的情形和中国保监会另有规定的除外。

**第四十二条** 保险机构参与共保、经营大型商业保险或者统括保单业务,以及通过互联网、电话营销等方式跨省、自治区、直辖市承保业务,应当符合中国保监会的有关规定。

**第四十三条** 保险机构应当公平、合理拟订保险条款和保险费率,不得损害投保人、被保险人和受益人的合法权益。

**第四十四条** 保险机构的业务宣传资料应当客观、完整、真实,并应当载有保险机构的名称和地址。

**第四十五条** 保险机构应当按照中国保监会的规定披露有关信息。

保险机构不得利用广告或者其他宣传方式,对其保险条款内容和服务质量等做引人误解的宣传。

**第四十六条** 保险机构对保险合同中有关免除保险公司责任、退保、费用扣除、现金价值和犹豫期等事项,应当依照《保险法》和中国保监会的规定向投保人作出提示。